Kohlhammer

Behinderung – Theologie – Kirche

Beiträge zu diakonisch-caritativen Disability Studies

Herausgegeben von

Johannes Eurich
Andreas Lob-Hüdepohl

Band 7

Johannes Eurich
Andreas Lob-Hüdepohl (Hrsg.)

Behinderung – Profile inklusiver Theologie, Diakonie und Kirche

Verlag W. Kohlhammer

1. Auflage 2014

Reproduktionsvorlage: Andrea Siebert, Neuendettelsau
Gesamtherstellung: W. Kohlhammer GmbH, Stuttgart

Print:
ISBN 978-3-17-023427-7

E-Book-Formate:
pdf: ISBN 978-3-17-023471-0
epub: ISBN 978-3-17-028370-1
mobi: ISBN 978-3-17-028371-8

Inhalt

Johannes Eurich / Andreas Lob-Hüdepohl
Vorwort 9

I. Theologische Grundfragen vor der Herausforderung von Behinderung

Ottmar Fuchs
Inklusion als theologische Leitkategorie! 12

Johannes von Lüpke
Beziehung und Behinderung.
Zur Frage nach Gott im Kontext des Lebens mit Behinderung 37

Sabine Schäper
Inklusive Kirche – Kirche der Andersheiten? 54

Günter Thomas
Behinderung als Teil der guten Schöpfung Gottes?
Fragen und Beobachtungen im Horizont der Inklusionsdebatte 67

Manfred Oeming
Behinderung als Strafe?
Zum biblisch fundierten seelsorglichen Umgang mit dem Tun-Ergehen-Zusammenhang 98

Markus Schiefer Ferrari
Der gebrochene Leib.
Behinderung und Abendmahl aus bibeltheologischer Sicht 127

Esther Bollag
„Wisst Ihr nicht, dass euer Leib ein Tempel des Heiligen Geistes ist“:
Körper – Körperlichkeit – Körpersprache 148

Andreas Lob-Hüdepohl
Behinderung und Sexualität 154

II. Kirchliche Handlungsfelder im Kontext von Behinderung

Wolfhard Schweiker
Implikationen von Inklusion für Kirchengemeinden 167

Thomas Schüller
Menschen mit Behinderung als Amtsträger der Kirche aus römisch-katholischer Perspektive 178

Thomas Jakubowski
Behinderung und kirchliche Berufe:
Anmerkungen zur Situation im Pfarramt 187

Johannes Eurich
Von der Integration zur Inklusion in Freizeitgestaltung und Jugendarbeit 205

Andreas Lob-Hüdepohl
Behinderung und Beratung – soziokulturelle Deutungsmuster als „Kopf-Barrieren“ für gelingende Inklusion 224

Cornelia Coenen-Marx
Was ist gelingendes Leben?
Zielvorstellungen und gesellschaftliche Wirklichkeit 237

Brigitte Huber
Positionen aus der Ökumene:
Die Dokumente „Kirche aller“ und „unBehindert Leben und Glauben teilen“ 244

III. Erfahrungen mit Inklusion im kirchlichen Handeln

Franz Fink
Behinderung und Pflegebedürftigkeit: Sozialpolitische Perspektive 248

Bettina Kiesbye und Inge Ostertag
Das Rückenwindprojekt der Lübecker St. Markus-Gemeinde – ein Praxisbeispiel 254

Jochen Straub
Weg-weisen.de –
Ein Projekt zu inklusiver Pastoral im Bistum Limburg 265

Kyra Seufert und Gerd Frey-Seufert
„Mit dabei“ – inklusiver Gottesdienst.
Außergewöhnliche Begegnung sensibilisiert für andere Lebenswelten . 277

Thorsten Hinz und Joachim Walter
Sexualität als gelebte Leiblichkeit: Formen – Fragen – Tabus 284

Autorinnen, Autoren und Herausgeber 287

Vorwort

Vor zehn Jahren veröffentlichte der Ökumenische Rat der Kirchen unter dem programmatischen Titel „Kirche aller. Eine vorläufige Erklärung“ ein Grundsatzdokument, das die kirchliche Sicht auf Menschen mit Behinderungen und vor allem das Miteinanderleben von Menschen mit und ohne Behinderungen in Kirche und Gesellschaft auf eine neue theologische Grundlage stellte.[1] Zuvor hatten sich schon aus Anlass des Europäischen Jahres der Menschen mit Behinderungen die katholischen Bischöfe Deutschlands unter dem Leitwort „unBehindert Leben und Glauben teilen“ der Situation der Menschen mit Behinderungen gewidmet.[2] Zwar sollen, wie der Vorsitzende der Deutschen Bischofskonferenz, Kardinal Lehmann, in seinem Geleitwort betont, besonders „die Menschen mit Behinderungen und ihre Angehörigen eine starke Ermutigung erfahren“[3]. Gleichwohl ist der Adressatenkreis keineswegs auf diesen unmittelbar betroffenen Personenkreis beschränkt. Das Nachdenken über ein „gewandeltes Verständnis menschlicher Behinderung“ (9) oder über die „Hoffnungsbotschaft des christlichen Glaubens“ (12), die sich jedem „Traum vom perfekten Menschen“ (12) widersetzt, richtet sich ebenso wie das Plädoyer für eine „Kultur der Achtsamkeit“ (14) oder für ein „Sich einmischen“ (19) zugunsten der „Würde und Rechte behinderter Menschen in der Biomedizin“ (19) an alle Christinnen und Christen, die darin ein echtes christliches Zeugnis geben von einem gemeinsam geteilten Leben und Glauben. Der Ökumenische Rat der Kirchen wiederum macht sich in seinem Dokument ausdrücklich zum authentischen Sprachrohr jener Menschen mit Behinderungen, die bislang eher *Objekte*, über die andere reden, denn *Subjekte* ihres eigenen Glaubenszeugnisses waren.[4]

Natürlich unterscheiden sich beide Dokumente in Anlass, sprachlichem Duktus oder auch inhaltlichen Schwerpunkten. Dennoch stehen sie beide – über manch neue theologische Einsicht hinaus – für eine neue Weise kirchli-

---

1 Ökumenischer Rat der Kirchen (ÖRK), Kirche aller. Eine vorläufige Erklärung. Beschlossen vom Zentralausschuss des ÖRK am 02.09.2003. Zu diesem Dokument vgl. weiter unten in diesem Band Huber.

2 Die deutschen Bischöfe, unBehindert Leben und Glauben teilen. Wort der deutschen Bischöfe zur Situation der Menschen mit Behinderungen vom 12.03.2003 (Die deutschen Bischöfe 70), hrsg. vom Sekretariat der Deutschen Bischofskonferenz, Bonn 2003. Zu diesem Dokument vgl. ebenfalls weiter unten in diesem Band Huber.

3 A.a.O., 3.

4 Vgl. ÖRK, Kirche aller, 2.

chen Redens im Kontext von Behinderung. Sie bemüht sich vor allem darum, die lebensgeschichtlich gewachsenen unterschiedlichen Perspektiven von Menschen mit und ohne Behinderungen ins Gespräch zu bringen und besonders die Veränderungsbedarfe auf Seiten der gewohnten Mehrheit in Kirche und Gesellschaft herauszustellen. Damit leisten beide Dokumente – explizit oder implizit[5] – einen wichtigen Beitrag auf dem Weg zu einer *inklusiven* Kirche und Gesellschaft.

Der Weg zu einer inklusiven Kirche[6] bedarf einer kontinuierlichen Aufbereitung der Erfahrungen und der Neujustierung von Planungen und Konzepten. Die vorliegende Publikation versammelt im Wesentlichen Beiträge, die im Frühjahr 2012 auf dem Symposium „Wissenschaft trifft Praxis: Behinderung – Theologie – Kirche" in Plenumsvorträgen oder Werkstattgesprächen vorgetragen und diskutiert wurden. Dieses Symposium fand zwar auf Einladung des Diakoniewissenschaftlichen Instituts an der Universität Heidelberg mit mehreren hundert Teilnehmerinnen und Teilnehmern aus kirchlichen Einrichtungen der Diakonie/Caritas, der Gemeinden und der Wissenschaft statt. Seine Konzeption beabsichtigte aber eine gegenläufige Richtung: Die (theologische) Wissenschaft sucht die Orte auf, in denen Menschen mit und ohne Behinderungen im Sinne inklusiver Gemeinschaft und Kirche zusammenleben, um von dort aus gemeinsam mit (zum Teil auch professionellen) „Praktikerinnen" und „Praktikern" Grundfragen von Theologie und Kirche zu reflektieren und die Entwicklung der kirchlichen Praxis im Bereich von Behinderung zu unterstützen.

Diese Konzeption spiegelt sich auch in den Beiträgen dieses Symposium-Bandes wider: Denn neben der wissenschaftlichen Durchdringung theologischer Grundfragen zu Behinderung und Inklusion in Teil I werden in Teil II kirchliche Handlungsfelder einer inklusiven Praxis exemplarisch abgeschritten. Die dabei sichtbar werdenden Impulse für eine Veränderung kirchlicher Praktiken sind keineswegs umfassend noch grundlegend zu verstehen, sondern wollen – vor dem Hintergrund praktischer Erfahrungen – Anstöße zum Überdenken eingefahrener Wege geben. Aus diesem Grunde wurden auch in Teil III kürzere Werkstattberichte in den Band aufgenommen, die Erfahrungen mit Inklusion im kirchlichen Handeln darstellen oder daraus gewonnene Fragen prägnant zur Diskussion stellen. Diesem Charakter trug das interdisziplinäre Symposium auch insofern Rechnung, als es – neben dem Diakoniewissenschaftlichen Institut der Universität Heidelberg und der Katholischen Hochschule für Sozialwesen in Berlin – gemeinsam von der Evangelischen Kirche in Deutschland (EKD), der Deutschen Bi-

---

5 Der ÖRK bezieht sich ausdrücklich auf die Programmatik einer inklusiven Kirche, während der Begriff der „Inklusion" im Wort der deutschen Bischöfe nicht aufgenommen ist.

6 Vgl. hierzu den programmatischen Eröffnungsband dieser Buchreihe: Johannes Eurich/Andreas Lob-Hüdepohl (Hg.), Inklusive Kirche, Stuttgart 2011.

schofskonferenz (DBK) sowie den Fachverbänden der Caritas (Caritas Behindertenhilfe und Psychiatrie [cbp]) und der Diakonie (Bundesverband evangelische behindertenhilfe [beb]) getragen, konzipiert und durchgeführt wurde.

Die Herausgeber der Publikation danken allen Beteiligten des Symposiums für ihr Engagement – in welcher Form auch immer: als Vortragende, als Moderatorinnen und Moderatoren oder auch als Sponsoren. Sie danken auch dem Kohlhammer-Verlag, der über seinen Lektor Florian Specker wie gewohnt hilfreich und verlässlich die Publikation begleitet hat. Besonderer Dank gilt schließlich allen Mitarbeiterinnen und Mitarbeitern des Diakoniewissenschaftlichen Instituts der Universität Heidelberg: unter der Leitung von Dietmar Kauderer haben in der Organisation des Symposiums Nina-Marie Bust-Bartels, Hanna Horst, Franziska Kneißel, Christoph Brandt und Oliver Seel sowie beim Lektorat des vorliegenden Symposium-Bandes Lena Maurach, Tanja Hensel und Carolin Schrenk großen Einsatz gezeigt. Ohne ihre gleichermaßen sorgfältige wie unermüdliche Unterstützung wäre dem Symposium nicht dieser Erfolg beschieden gewesen, den dieser Band nun auch einer weiteren kirchlichen und wissenschaftlichen Fachöffentlichkeit zugänglich machen will.

Heidelberg/Berlin im August 2013
Johannes Eurich Andreas Lob-Hüdepohl

I. Theologische Grundfragen vor der Herausforderung von Behinderung

Inklusion als theologische Leitkategorie!

Ottmar Fuchs

1. Inklusionsdynamik beginnt in Kopf und Herz

Als Beschenkte können Menschen fähig werden zu Verzicht, zur Hingabe und zum Opfer. Menschen können in dem Maß solidarisch sein, als sie selbst Solidarität geschenkt bekommen. Sie können nicht mehr an Ängsten und Unsicherheiten aushalten bzw. bewältigen, als ihnen Vertrauen geschenkt wird und sie Vertrauen schenken können. Es geht für die besitzenden Menschen und Länder in Zukunft nicht nur darum, den Eigennutz nicht zu steigern, sondern das, was man an eigenem Nutzen schon besitzt, zu Gunsten allgemeiner Verbesserung abzubauen. Das geht nicht postulatorisch oder durch moralisierende Anwandlungen.

Dies gelingt eher auf eine Weise, wie sie Freundschafts- oder Liebesbeziehungen zwischen Menschen charakterisieren. Wenn diese einander zugetan sind und zueinander sagen: „Für dich bin ich da, ohne Wenn und Aber!", wenn sie also füreinander Verantwortung übernehmen, nicht weil es von außen gefordert wäre, sondern weil diese Verantwortung unmittelbar aus einer Beziehung heraus wächst, die als Geschenk, die als Gnade erlebt wird. Forderungen allein geben keine Kraft und machen defensiv.

Theodor W. Adorno präzisiert das Problem mit der „Liebe": „Jeder Mensch heute, ohne jede Ausnahme, fühlt sich zu wenig geliebt, weil jeder zu wenig lieben kann." Diese Liebe kann man nicht verordnend predigen, denn sie setzt „bereits eine andere Charakterstruktur voraus als die, welche man verändern will."[7] Und er bringt die Begründung: „Denn die Menschen, die man lieben soll, sind ja selber so, dass sie nicht lieben können, und da-

---

[7] Theodor W. Adorno, Stichworte. Kritische Modelle 2, Frankfurt a.M. 1969, 98.

rum ihrerseits keineswegs so liebenswert.“[8] Adorno trifft hier das entscheidende Dilemma der Liebe als Solidarität, sofern sie nicht eine vital geschenkte Liebe zwischen Menschen ist. Wie kann letztere in den angesprochenen Bereich der zweiten Liebe (als Solidarität auch vital Nicht-Geliebten gegenüber) hineingeraten? Aufforderungen helfen hier nichts. „Die Aufforderung, den Kindern mehr Wärme zu geben, dreht die Wärme künstlich an und negiert sie dadurch … Der Zuspruch zur Liebe – womöglich in der imperativischen Form, dass man es *soll* – ist selber Bestandteil der Ideologie, welche die Kälte verewigt. Ihm eignet das Zwanghafte, Unterdrückende, das der Liebesfähigkeit entgegenwirkt.“[9] Adorno ahnt, dass es einer der entscheidenden und „großen … Impulse des Christentums (war), die alles durchdringende Kälte zu tilgen. Aber dieser Versuch scheiterte; wohl darum, weil er nicht an die gesellschaftliche Ordnung rührte, welche die Kälte produziert und reproduziert.“[10] Theologisch gesprochen: Die Botschaft von der universalen und unbegrenzten Liebe Gottes, die immer zuerst gibt, um zu ermöglichen, und die nicht erst geschenkt wird, wenn Bedingungen erfüllt werden, hat also zu wenig das reale Leben der Menschen getragen, erreicht und verändert – weil diese Liebe durch Jahrhunderte hindurch immer wieder zu sehr mit allzu menschlichen und unmenschlichen Bedingungen verbunden wurde.

Weit davon entfernt, Adorno mit christlichem Antwortgehabe zu begegnen, darf diese Ahnung von Adorno durchaus bestätigt werden, wenn auch gleichzeitig die relative geschichtliche Wirkungslosigkeit zu bestätigen ist: Wo dagegen Gottes entgrenzende Liebe gelebt und verkündet wird, wo der Glaube nicht als Bedingung der Liebe Gottes, sondern als ihr Ausdruck den Menschen geschenkt wird, wo Menschen sich von daher unbedingt, noch bevor sie sich verändert haben, von Gott, ihrem Schöpfer, als unendlich geliebt erfahren, wäre dies ein Weg zur Heilung und ein Ausweg aus dem angesprochenen Dilemma: Denn dann wird Liebe nicht mehr gefordert, sondern ist ermöglicht und wird von daher zur Triebkraft universaler Solidarität und zur ungeschminkten Analyse der Wirklichkeit, ihrer sozialen Widersprüche und ihrer Kälte.

Mit dem Vertrauen Gottes im Rücken kann es Menschen gelingen, über ihren eigenen Schatten zu springen, über ihr Scheitern und über ihre Grenzen hinaus wieder Vertrauen in sich und andere zu setzen, weil Gott sein Vertrauen nicht zurückzieht. In Verkündigung und Glaube kommt alles darauf an, dass die Gläubigen Gottes unbedingter Annahme ihrer selbst „inne“ werden, dass sie seine Liebe mit dem Herzen auf sich beziehen und nicht für sich und für die anderen verdunkeln. Deswegen ist es von elementarer Bedeutung, dass in der zwischenmenschlichen Beziehung wie auch in der Gottesbeziehung etwas von dem erfahren wird, was Paulus die Rechtfertigung

---

8 Ebd.

9 A.a.O., 99.

10 Ebd.

der Sünder und Sünderinnen nennt, nämlich die barrierefreie Aufnahme in Gottes Liebe, der keine „Behinderung“, sei sie moralischer oder psychischer bzw. leiblicher Art,[11] im Wege steht. Von daher muss keine sichtbare oder weniger sichtbare Behinderung in den Strudel der Selbstrechtfertigung führen, denn immer mit ihr sind die Menschen ersehnt und gewollt.

Durch die Person des evangelischen Pfarrers Ulrich Bach höre ich in diesem Zusammenhang auf einen behinderten, an den Rollstuhl gebundenen Menschen, wenn er sagt: Wer hat uns eigentlich eingeflüstert, eine Behinderung nicht auch als eine Begabung zu sehen?[12] Eine Begabung zum Beispiel, die eigenen Erfahrungen und die eigene Lebenssicht zusammen mit anderen behinderten Menschen für die Lebensgestaltung aller ernst und wichtig zu nehmen? Oder die Begabung, dass äußerlich unbehinderte Menschen elementar von behinderten Menschen lernen können, ihre eigenen unsichtbaren Behinderungen nicht zu verkrampfen und zu verstecken? Eine Begabung also, die für alle Beteiligten das Leben vertieft und bereichert: nämlich Ohnmachtserfahrungen nicht zu verdrängen, sondern in ihrem Rücken nach neuen Erfahrungen der Ermächtigung im eigenen Leben und für das Leben der Anderen zu suchen?

Selbstverständlich ist alles dafür zu tun, dass solche Behinderungen nicht entstehen bzw. gemildert werden, wofür alles beansprucht werden darf, auch alle technischen Möglichkeiten wie etwa ein Rollstuhl, um die Behinderung selbst zu mindern. Dazu gehört auch die entsprechende Sozialpolitik, damit sich das soziale und gesellschaftliche Umfeld so verändert, dass behinderte Menschen darin gleichberechtigt leben können. Aber Bach weiß auch, dass die Behinderung nicht einfach zu beseitigen ist. Sie ist da. Deswegen kann Bach angesichts bestehender und nicht geheilter Behinderungen die Wundergeschichten des Evangeliums nicht in ihrer wunderbaren Weise auf sich beziehen. Er bezieht sich auf das Kreuz, auf jenen am Kreuz radikal behinderten Menschensohn, der darin Gottessohn ist und bleibt und dieses Sterben und den Tod nochmals wendet als durch nichts mehr bedingte und gebremste Hingabe für die Menschen. Nicht dass damit Behinderung und Leiden einen Sinn bekämen, sie münden weiterhin, und jetzt *mit* dem Gekreuzigten, in die anklagende Frage, warum Gott die Menschen derart verlässt (vgl. Mk 15,34). Aber was in ihnen aufscheint, das ist die Möglichkeit, sie in der eigenen

---

[11] Beide Arten, die des leidbringenden Bösen und die des leidvollen Übels, dürfen nicht in eins gesetzt und auch nicht insofern kausal vernetzt werden, als Leid durch eigenes Böses verursacht ist. Die biblische Figur des „leidenden Gerechten“ spricht hier eine andere Sprache. Wenn ich hier beide „Behinderungen“ nenne, dann um die allumfassende Dimensionierung der Liebe Gottes zu verdeutlichen, die alle Hindernisse „nimmt“.

[12] Vgl. dazu Ulrich Bach, Kreuzes-Theologie und Behindertenhilfe, in: Pastoraltheologie 73. 1984, 211–224.

Spiritualität als einen Raum der Liebe und der (vielleicht auch stellvertretenden[13]) Hingabe zu gestalten.

2. Barrierefreier Glaube[14]

Die Erzählungen der Bibel kann man als eine immer wieder neu beginnende und nie aufgegebene Suche nach Gottvertrauen wahrnehmen. Die Menschen sehnen sich darin nicht nur nach der Allmacht Gottes, nicht nur danach, dass ein Gott Schöpfer der Welt ist, sondern danach, dass die Menschen diesem Gott wichtig sind, ja mehr noch, dass Gott selbst unser Vertrauen sucht und darum wirbt. Viele Bilder des Vertrauens auf Gott begegnen in der Bibel, wie zum Beispiel das Bild aus Jesaja, dass uns Gott in seine Hand geschrieben hat (vgl. Jes 49,16). Die eigentliche Frage liegt nicht darin, ob es einen göttlichen Schöpfer dieser Welt gibt, sondern darin, welche Beziehung er zu dieser Schöpfung hat. Die Religionen leben von der Gewissheit, dass Gott kein Satan ist, keiner, der am Ende das Chaos über alles hereinbrechen lässt, so dass schließlich immer alles in Schutt und Asche fällt. Es ist die Sehnsucht danach, dass es nicht ein Gott ist, der grausam zuschaut, wie Georg Büchner Camille in der fünften Szene von „Dantons Tod“ fragen lässt: „Ist denn der Äther mit seinen Goldaugen eine Schüssel mit Goldkarpfen, die am Tisch der seligen Götter steht, und die seligen Götter lachen ewig, und die Fische sterben ewig, und die Götter erfreuen sich ewig am Farbenspiel des Todeskampfes?“ (4. Akt, 5. Aufzg.). Dies wäre ein satanisch kalter Inklusivismus ausnahmslos aller ins Verderben.

Wo ist Gott zu finden: im Hass oder in der Liebe, im Leben oder in der Vernichtung? Und wenn er liebt, liebt er dann nur ein wenig, liebt er dann nur unter ganz bestimmten Bedingungen, gewissermaßen wenn wir brav sind? Gibt es ein exkludierendes „Wenn-Dann“, so dass sich die Welt angesichts Gottes spaltet in diejenigen, die mit dem vernichtenden Chaos zu rechnen haben, und diejenigen, die gerettet werden? Hinsichtlich der Exklusivismustraditionen ist auch die Bibel nicht unschuldig (vgl. Mk 16,16). Aber es gibt darin auch die Texte unbegrenzter Treue Gottes, in der Gott alles Exkludierende reut (vgl. Hos 11,1–9). Nicht von ungefähr beinhaltet in diesem Zusammenhang das deutsche Wort der Treue das Wort der Reue über verhängte Exklusionen.[15]

---

[13] Vgl. J. Christine Janowski/Bernd Janowski/Hans P. Lichtenberger (Hg.), Stellvertretung. Theologische, philosophische und kulturelle Aspekte, Neukirchen-Vluyn 2006.

[14] Vgl. zum folgenden Ottmar Fuchs, Wer's glaubt wird selig, wer's nicht glaubt, kommt auch in den Himmel, Würzburg 2012.

[15] Vgl. Jan-Dirk Döhling, Der bewegliche Gott. Eine Untersuchung des Motivs der Reue in der Hebräischen Bibel, Freiburg i. Br. 2009.

Die Frage bleibt: Kann denn die Unendlichkeit des allmächtigen Geheimnisses Gottes gespalten sein, so dass eine Eigenschaft, nämlich die Liebe, an Unendlichkeit verliert, weil sie von der Vernichtung der Anderen und Nichtdazugehörigen begrenzt wird? Oder ist nicht doch die heilige Unendlichkeit Gottes auch auf seine heilenden Eigenschaften zu beziehen, und wenn er die barmherzige Liebe ist, dann auch auf die Liebe, so dass sie unerschöpflich bedingungslos und alle Grenzen durchbrechend ist, mit dem Geschenk unendlichen Lebens, weil in Gott Leben und Liebe identisch sind? Bejaht man diese Frage, dann bestraft Gott nie mit Liebesentzug. Dass diese Liebe, wird man ihrer im Gericht „ungeschützt" ansichtig, angesichts des eigenen Lebens abgrundtief schmerzen kann und wird,[16] steht auf demselben Blatt.

Die Gläubigen der Bibel suchen aus ihren jeweiligen Erfahrungen, Problemen und Situationen heraus nach Antworten auf diese Fragen. Viele Texte kommen dabei ohne „Wenn-dann"-Vorstellungen (noch) nicht aus. Aber sie werden inhaltlich überholt von anderen Texten, in denen sich das „Immer Mehr", die immer größere Liebe Gottes zeigt, die alle Bedingungen unter- und überschreitet. Es sind Geschichten und Vorstellungen, in denen Gott seine Liebe niemals, jedenfalls niemals endgültig, zurückzieht: nicht gleichgültig, aber doch weit über das hinausgehend, wie die Menschen handeln und wie sie selbst Gott darin untreu werden können. Selbst wenn Israel abfällt, lässt Gott sein Volk nicht im Stich. Er will die Umkehr, aber letztlich ist die Umkehr nicht die Bedingung seiner Liebe, sondern seine nicht zurückgezogene Liebe ist die Ermöglichung der Umkehr, und sie bleibt, auch wenn die Umkehr nicht erfolgt. So wandelt sich das „Wenn-Dann" in der Gottesvorstellung in ein Ohne-Wenn-und-Aber.[17]

Wenn Gott die Menschen als Sünder und Sünderinnen in seine Anerkennung und Barmherzigkeit aufnimmt, kann das dann nicht auf Seiten der Menschen zur großen Versuchung führen: Wenn mich Gott derart liebt, dann kann ich ja tun, was ich will? Denn ich kann niemals aus der Barmherzigkeit Gottes herausfallen. In der Tat: Wer so spricht, hat den Sinn der Liebe Gottes durchaus verstanden, aber er hat sich nicht in ihre Bedeutung hineinbegeben, sonst könnte er so etwas nicht sagen. Er steht noch außerhalb, benutzt die Liebe Gottes als Instrument gegen ihn, anstatt aus ihr heraus zu leben. Gott kann nichts dagegen tun. Dies zeigt eindrucksvoll die Geschichte Jesu über den barmherzigen Vater und den verlorenen Sohn (vgl. Lk 15,11–32). Der Vater lässt den Sohn ziehen. Aber seine Liebe bleibt und geht mit ihm. Sie wartet auf seine Rückkehr. So darf man hier insofern vom barmherzigen Vater sprechen, als er dem weggehenden Sohn dessen Recht erhält und si-

---

16 Vgl. Fuchs, Selig, 159.

17 Zum Verhältnis von Doxologie als der Anerkennung eines nicht instrumentalisierbaren „nutzlosen" Gottes zur unbedingten solidarischen Anerkennung menschlichen Lebens in einem entzwungenen Glauben vgl. Fuchs, Selig, 136–156.

chert: Dessen Recht auf Heimkehr, dessen Recht auf ein Leben zu Hause, dessen Recht auf Rettung durch den Vater, der ihm Anerkennung und Geborgenheit zuteil werden lässt. Aus Gottes Wesen heraus gibt es nur einen Weg, die sündigen Menschen zu bekehren und zu retten, nämlich den einer buchstäblich unendlichen Ausdauer in Liebe und Barmherzigkeit.

Gottes Barmherzigkeit ist voraussetzungslos, aber darin nicht blind: Er sieht die Schattenseiten und spricht die Täter schuldig, schon um der Barmherzigkeit und Gerechtigkeit den Opfern gegenüber willen. Aber er zieht seine Liebe nicht zurück. Die Menschen müssen vor Gott nichts vorspielen, nichts verdrängen und sich nicht in Selbstrechtfertigung stürzen. Sie müssen sich nicht wie Adam und Eva vor Gott verstecken, brauchen keine Angst vor Liebesentzug zu haben. Denn Gott liebt nicht gestuft, weil sich in ihm Barmherzigkeit und unendliche Göttlichkeit in unerschöpflicher Intensität und unbegrenzbarer Reichweite gegenseitig bedingen. Er ist immer mit seiner ganzen Göttlichkeit barmherzig.

3. Heilsuniversalität vom Kreuz her

Im Zusammenhang des Teilhabegedankens geht Gott also absolut nicht-integralistisch auf uns zu. Gott nimmt nicht nur diejenigen in seine Liebe, die ganz bestimmte Bedingungen erfüllen, sondern er überschreitet alle Grenzen, aber nicht billig, sondern so, dass er sich dabei selbst verändert, Mensch wird, sich selbst „behindert“, und zutiefst verwundet, bis zum Kreuz hin. Bei ihm wird deutlich: Eine solche Selbstveränderung ermöglicht erst eine grenzüberschreitende Teilgabe durch eine Teilhabe, die bis zur Selbsthingabe am Schicksal des Anderen teilnimmt und so dem Anderen die *Freiheit zum Anderssein* ohne die Sanktionsandrohung eines Liebesentzugs schenkt. Gott selbst wird die Liebe zum Schmerz angesichts derer, die nicht lieben, wie seine Liebe zur Freude wird, wenn die Menschen lieben. Ob Schmerz oder Freude, das unendliche Maß der göttlichen Liebe bleibt.

Am radikalsten zeigt Gott diese Liebe in seiner Menschwerdung, und darin am Kreuz. Obgleich Jesus die Absicht hat, dass alle das Reich Gottes annehmen und gerettet werden, muss er das Scheitern dieser Verkündigung erleben. Am Kreuz hält die Welt den Atem an: Wird nun Gott die Welt, da sie seine Barmherzigkeit nicht angenommen hat, endgültig in den Abgrund stürzen lassen, oder ist seine Barmherzigkeit so groß, dass sie auch diesen Abgrund des menschlichen Neins zu Gott überwindet? Hierin liegt die Heilsbedeutsamkeit, nämlich die total entgrenzende Barmherzigkeitsbedeutung des Kreuzes: Denn vom Kreuz her spricht Jesus das Wort: „Vater vergib ihnen, denn sie wissen nicht, was sie tun!“ (Vgl. Lk 23,34). Nun gilt die Liebe Gottes nicht nur denen, die sie annehmen, sondern auch denen, die sie ablehnen, den Tätern, den Sündern und Sünderinnen, und das sind auch immer wieder die Gläubigen selbst. Jesus öffnet damit endgültig die Schleusen unendlicher Barmherzigkeit. Er wandelt die Gewalt und gibt diese als umfassende Liebe zurück.

Genau diese Vorstellung unterscheidet sich von einer ebenso integralistischen wie exklusivistischen Christentumsvergangenheit, in der man hörte: Gott liebt dich nur, wenn du glaubst und wenn du zu den eigenen Glaubensbereichen dazugehörst, oder wenn du Gutes tust. Im christlichen Glauben ist der Glaube nicht die Bedingung für die Liebe Gottes, sondern die Auskunft über diese konkrete Liebe Gottes und so die Bedingung für die Einladung und Ermöglichung, etwas von dieser allen Menschen längst geschenkten und sie darin inkludierenden Liebe Gottes zu wissen und aus diesem Glaubenswissen heraus, dass Gott alle Menschen bedingungslos liebt, das Leben zu feiern, zu gestalten und, wenn erforderlich, zu verändern. Denn es ist ein großer Unterschied, ob mich jemand liebt, und ich weiß in Worten und Zeichen davon und kann mein Leben entsprechend gestalten, oder ob mich jemand liebt, und ich weiß nichts davon. Weiß ich, dass mir ein Mensch in Freundschaft zugeneigt ist, dann kann ich daraus leben, dann gibt das die Kraft, aus dieser Freundschaft heraus Verantwortung zu übernehmen: nicht, weil es eine Forderung von außen wäre, sondern weil die Kraft für diese Verantwortung in der Liebe selber liegt.

Die inhaltliche Exklusivität dieses Glaubens (im Sinne seiner widersprüchlichen Unterscheidbarkeit zu exklusivistischen Heilslehren) kann nur nichtexklusivistisch, also inklusiv vertreten werden. So gilt nicht die Vorstellung: Wenn ich an Gott glaube, wenn ich bete, wenn ich das und jenes tue, dann erst liebt mich Gott, im Gegensatz zu den anderen, die dies alles nicht tun und die Gott deshalb nicht oder weniger liebt. Diese Vorstellung schlägt als Angst vor der drohenden eigenen Exklusion zurück. Denn ich weiß nie, ob ich genug getan habe, um die Bedingungen zu erfüllen. Demgegenüber gilt das Vertrauen, dass Gott mich genauso bedingungslos liebt wie die Anderen.

Darin besteht die Verantwortung des Gottesvolkes: den Menschen die frohe Botschaft zu sagen, auf einen solchen Gott zu vertrauen und das Leben bewältigen zu können. Wenn dann Menschen zu den Kirchen kommen, dann ist dies Gnade, dann ist dies Wirkung des Geistes Gottes und niemals mit Gewalt oder Drohung herstellbar. Die Grenzen des Glaubens sind nicht die Grenzen des Heils und nicht die Grenzen der Barmherzigkeit Gottes. Von dieser Gottesgüte etwas zu erfahren, ist Glaubens- und Solidaritätsermöglichung und das Gegenteil von einem ein- und zusperrenden Glauben, wo Gottes Barmherzigkeit nur unter ganz bestimmten „Wenn-dann"-Bedingungen zu erfahren ist. In einer Gesellschaft, wo fast alles von Bedingungen, Kompetenzen, Mobilitäten und Fähigkeiten abhängig ist, ist es im Glauben selber eine große Befreiung, dass dort Liebe und Barmherzigkeit nicht von menschlichen Leistungen abhängig sind. Christen ist der Glaube geschenkt, dass alle Menschen von Gott unbedingt geliebt sind, noch bevor sie etwas dafür getan haben, als schuldig Gewordene, als religiös Gleichgültige, als Nichtchristen und Nichtchristinnen, als Atheisten und Atheistinnen.

Nach einer zum Teil blutigen Christentumsgeschichte im letzten Jahrtausend steht uns jetzt eine neue Missionsgeschichte bevor – nämlich Gott ohne „Wenn-dann“-Exklusionen als das unendliche Geheimnis der unbedingten Liebe zu verkünden, so sehr, dass darin Unendlichkeit und Unbedingtheit sich gegenseitig ins Unerschöpfliche steigern: semper maior, immer größer, als wir sie uns vorstellen können. Ob und inwieweit Menschen dann auf diesen Glauben aufmerksam werden, sich in ihn hineinbegeben und in dieser auch liturgisch vermittelten Erfahrung, von Gott in dieser Weise geliebt zu sein, ihr Leben gestalten, liegt nicht in unserer Macht, sondern in der Kraft des Geistes Gottes selbst. Dieses Nicht-im-Griff-haben-Können und -Müssen entlastet von Gotteskomplexen und bewahrt die Anderen vor Zwangsstrategien jeder Art.

Viele Menschen, nicht zuletzt auch viele Gläubige, unterstellen dem christlichen Glauben nach wie vor die fundamentalistische Einstellung zwischen innen und außen als die Unterscheidung zwischen Heil und Unheil, zwischen Glaube und Vernichtung. Der eigene Glaube ist dann die Bedingungsleistung dafür, dass man dem Heil Gottes zugehört. Auch interreligiös wird sich das Christentum diesbezüglich auf eine alternative Mission im dritten Jahrtausend einlassen und darin seine eigene Identität profilieren: nämlich dass es solche Bedingungen für die Liebe Gottes nicht gibt, dass Gott darin zu gering gedacht wird. Genau das ist die Herausforderung einer neuen Mission im christlichen Glauben: nicht der Versuchung nachzugeben, das von Gott her Geschenkte in die Verfügungsgewalt eines „Wenn-dann“-Gefüges zu zwingen.

Diese Herausforderung führt zu Auseinandersetzungen zwischen und in den Religionen und auch innerhalb des Christentums selbst, wo insbesondere seine fundamentalistischen Anteile wieder mit verschärften Ausgrenzungen und Höllendrohungen insbesondere in den Vereinigten Staaten, aber auch zunehmend in Lateinamerika und Europa zahlenmäßig explodieren. Es ist eben zu verführerisch, eine immer komplexere und pluralere Welt derart in ein Schwarz-weiß-Korsett zu bringen und diese auch noch mit einem dafür zurechtgestutzten ungöttlichen Gott, also einem Götzen, zu begründen. Die Leidtragenden solcher Innen-Außen-Exklusion sind die „Anderen“, je nach Gefahrenlage die andersethnischen oder anderweitig stigmatisierten, benachteiligten und wie auch immer gegenüber der „Normalität“ auffälligen Menschen.

4. Unterbrechender Mitschmerz als vitale Basis entgrenzender Inkludierung

Die Bibel bringt diese Lerngeschichte bezüglich der Liebe Gottes, die bestehende Grenzen und Bedingungen übersteigt, in der Vorstellung und im Bild von der Barmherzigkeit Gottes zum Ausdruck. Dafür gibt es eindrucksvolle Texte: Gott erbarmt sich auch dann noch, und gerade dann und darüber hinaus, wenn die Menschen schuldig geworden sind bzw. wenn sie an ihrem eigenen Leid selbst schuldig sind. Das Erbarmen konzentriert sich auf den leidenden Menschen als solchem, nicht abgesehen, aber auch nicht abhängig davon, ob er nun unschuldig oder schuldig leidet.

In den Evangelien erscheint Jesus als ein Mensch, der anderen, die vom Übel betroffen sind, weder das Übel kausallogisch noch theo-logisch erklärt, sondern ihnen in der ungeschützten Beanspruchung seines leiblichen „Angerührtseins“ begegnet. Das griechische Wort, das meist mit „Mitleid haben“ übersetzt wird, verliert darin seine drastische Bedeutung, meint es doch, dass sich die Gedärme, dass sich alles im Bauch herumdreht, weil man bis in die körperliche Tiefe hinein so erschüttert ist von dem, was andere Menschen an Leid und Schicksal trifft (vgl. Lk 15,20; Mt 9,36 ff.).

Jesus kann gar nicht anders, als innezuhalten, den Lauf der Dinge zu unterbrechen, stehen zu bleiben und entsprechend zu handeln.[18] Nirgendwo wird bei ihm dieses Angerührtsein blockiert, durch keine Wenn-Dann-Bedingung, dass etwa jemand nur Mitleid verdiene, wenn er nicht selber an seiner Situation schuldig sei. Angerührtsein schlägt auf die Schicht durch, die nicht mehr irgendwelchen Berechnungen oder anderen Interessen verfügbar gemacht werden kann. Es verwirklicht die Öffnung zum anderen im Leib selber, in dem das Nicht-Integrierbare tatsächlich als solches und darin als Schmerz erlebt wird. Es bezieht sich von der Sensibilität für bestehendes Leiden her auch auf zukünftig drohendes Leiden der Menschen und will es durch entsprechende Gerechtigkeit verhindern. Wie es auch den erinnernden Blick für die vergangenen Leiden und Opfer prägt.

Barmherzigkeit schlägt auf die Schicht durch, die nicht mehr irgendwelchen Berechnungen oder anderen Interessen verfügbar gemacht werden kann. Es hat Durchbruchcharakter gegen alle Grenzen des Strafenwollens und der Rache, gegen alle Ideologien, Vorurteile und sogenannten Gesetzmäßigkeiten und Prinzipien, in Spannungen, Konflikten und Feindschaften. Ein solches Mitleid ist nicht mehr hintergehbar, weil es unmittelbar auf Magen, Herz und Nieren durchschlägt und jeder Verhärtung widersteht. In der unmittelbaren Evidenz des Mit-leidens spiegelt sich die unmittelbare Evi-

---

18 Zur neueren systematischen Reflexion der Unterbrechungskategorie vgl. Lieven Boeve, God Interrupts History. Theology in a Time of Upheaval, New York/London 2007.

denz des Leidens selbst. Nicht umsonst heißt es „Mitleid", oder besser Mitschmerz, und beinhaltet damit auf der Seite der Reaktion auf das Leiden einen Bestandteil des Leidens selbst.

Von daher erweist sich die Unterscheidung zwischen unschuldigem und schuldigem Leiden als eine zwar notwendige, aber auch zugleich gefährliche Unterscheidung. Notwendig, weil die Frage von Schuld und Unschuld immer eine elementar wichtige ist, weil das Leiden der Unschuldigen das Leiden in seiner abgrundtiefen Ungerechtigkeit, Unerklärbarkeit und Sinnlosigkeit offenbart, weil es dann absolut keine Spur von Erklärung und Sinn mehr gibt, warum der Mensch dem Elend und der Grausamkeit ausgeliefert ist. Schwierig ist der Begriff allerdings darin, dass er hintergründig unterstellt, es könne ein Leiden geben, das durch Schuld gerechtfertigt sei. Dies mag für in Freiheit angenommenes Sühneleiden gelten, nicht aber für ein von den Betroffenen nicht angenommenes und damit sie vergewaltigendes Leiden. Gefährlich ist bei dieser Vorstellung auch, dass sich Menschen erst einmal als unschuldig zu erweisen hätten, damit ihnen kein Leid zugefügt wird bzw. dass Opfer sich erst als insgesamt (auch noch moralisch) unschuldig zu erweisen hätten, damit sie diesen Würdetitel verdienen.

Mitleid hat in unserer gegenwärtigen Gesellschaft allerdings keine allzu große Konjunktur. Und doch haben wir eine Gesellschaft, in der Mitleid höchst gefährdet und bitter notwendig ist. So ist Horst Eberhard Richter beizupflichten: „Das Mitleid ist leider zum Spottbegriff geworden. In Wirklichkeit ist es *die* lebenserhaltende Anlage überhaupt."[19] So ist Mitleid insbesondere bedroht durch die massenhafte Darstellung leidender Menschen in den Bildmedien und damit verbundene massenhafte Abstumpfung der Mitleidsfähigkeit: mit dem Abschalten der Medien erfolgt dann auch die Exkludierung des Wahrgenommenen aus dem eigenen Leben. Umgekehrt sind diese Bilder aber auch fähig, Mitleid zu wecken (was die entsprechenden Spendenaufkommen auch signalisieren), aber wohl nur bei denen, die sich die Weichteile der eigenen Barmherzigkeit im Alltagsleben nicht haben abstumpfen lassen. Dort ist man oft geneigt, Mitleid mit etwas Schwächlichem zu verbinden, auch mit Hilflosigkeit und mangelnder Sachlichkeit. Von „Mitleidsfalle" ist die Rede. Man darf sich vom Mitleid nicht überwältigen lassen, weil man sonst zu wenig auf das eigene Leben schaut und dann selber unter die Räder kommt. So muss man sich gegen Mitleid stark machen und schützen. Auch Betroffene selbst verbitten sich manchmal Mitleid, durchaus mit Recht, weil sie es als Herablassung erfahren. Man muss auch wirklich genau hinschauen, um welches „Mitleid" es sich handelt.

Es sind unterschiedliche Weisen von Mitleid zu unterscheiden. Manches Mitleid ist lediglich ein Mitleid des Mitleidenden mit sich selber, wie etwa beim Angstmitleid, das sich vor allem daraus speist, dass man Angst davor hat, in das gleiche Leid wie der Andere hineinzugeraten. Es ist ein abweh-

---

19 In einem Fernsehgespräch mit Bettina Böttinger im WDR 1999.

rendes Mitleid, zum Teil auch aus einem schlechten Gewissen heraus, dass es einem selbst noch so gut geht. Im Mitleid für den anderen Menschen will man gewissermaßen eine Genugtuung leisten, damit man nicht selbst in diese Situation kommt. Das Mitleid wird dann zum Ausdruck des Selbstmitleids. Ein solches Mitleid kann schließlich zu einer tödlichen Waffe werden und gerade das unmöglich machen, was das hilfreiche Mitleid anzielt, nämlich das Leben und die Lebenswürde des anderen aufzubauen: Wenn zum Beispiel pflegerische und ärztliche Helfer und Helferinnen die Schwerstbehinderungen anderer schon viel eher als diese selbst nicht mehr aushalten und ertragen können und von daher gefährlich versucht sind, sie vorzeitig abzuschaffen (von pharmalogischer Stilllegung über die pränatale Selektion bis hin zur Euthanasie). „Tödliches Mitleid" nennt Klaus Dörner diese Unerträglichkeit des Leidens.[20]

Stefan Zweig hat in seinem Roman „Ungeduld des Herzens" dieses „zweierlei Mitleid" in der ihm eigenen Sprachkraft getroffen. „Es gibt eben zweierlei Mitleid. Das eine, das schwachmütige und sentimentale, das eigentlich nur Ungeduld des Herzens ist, sich möglichst schnell frei zu machen von der peinlichen Ergriffenheit vor einem fremden Unglück, jenes Mitleid, das gar nicht Mit-leiden ist, sondern nur instinktive Abwehr des fremden Leidens von der eigenen Seele. Und das andere, das einzig zählt – das unsentimentale, aber schöpferische Mitleid, das weiß, was es will, und entschlossen ist, geduldig und mitduldend alles durchzustehen bis zum Letzten seiner Kraft und noch über dieses Letzte hinaus."[21]

Auf eine neue Kultur des schöpferischen und lebensstützenden Mitleidens zu achten, bedeutet nicht, dass man sich immer und überall mit einer radikalen Gefühlstiefe engagieren könnte. Wichtig ist allerdings, dass man in dieser Tiefe der eigenen Existenz verwundbar bleibt, dass die Weichteile nicht verhärten, so dass sie gar nicht mehr „herumdrehbar" sind durch das Leid von Menschen. Um die Offenheit für diese emotionale Tiefe geht es, ohne die Versteinerungen nicht durchbrochen werden können, ohne die niemand fähig wäre, um des leidenden Menschen willen Barmherzigkeit vor Recht ergehen zu lassen, ohne die alles kalt bliebe, auch der Glaube. Denn Mitleid ist emotionaler Grund der Barmherzigkeit und damit auch des Glaubens an einen barmherzigen Gott.

Nicht von ungefähr bringt Emmanuel Lévinas in seiner Philosophie leibbezogene Begriffe: Wie den Begriff des *Antlitzes* als konkrete leibliche und darin unverwechselbare Erscheinungsform des ganz anderen Antlitzes im Vorgängigen des Seins. Und auch die ethische Verantwortung wird in dem leiblichen Vorgang des *Angerührtwerdens* verwurzelt, um genau darin das

---

[20] Vgl. Klaus Dörner, Tödliches Mitleid. Zur Frage der Unerträglichkeit des Leidens, Gütersloh [2]1989.

[21] Stefan Zweig, Ungeduld des Herzens. Roman, Stockholm 1943, 228.

Leid des anderen (selbstverständlich auch seine Freude) erleben zu können.[22] In einem tatsächlichen, nicht oberflächlich-apotropäischen Mitleid ereignet sich die Ausgesetztheit, die jeden Gedankenzugriff unterbricht und als nachträglich entlarvt, wenn dieser Gedanke zum Beispiel auf Kausalitäten zu sprechen kommen will, die das Mitleid bremsen.

5. Inklusionsbeispiele in den Evangelien

Inhaltlich nimmt christliches Handeln Maß insbesondere an jener Art und Weise, wie Jesus das „Reich Gottes" verkündigt und verwirklicht hat: als Versöhnung mit den Sündern und Sünderinnen, als Heilung seelischer Verletzungen, leiblicher Wunden und sozialer Benachteiligungen, aber auch als Aushalten und Miterleiden des nicht mehr Heilbaren (am Kreuz ereignet sich kein Wunder, dort hält Gott selbst, jenseits der Tyrannei des Erfolgs und der Leistung, der Machbarkeit und des Gelingens, auch das nichtkurative, hoffnungs- und nutzlose Leiden der Menschen aus) sowie als Eröffnung einer Gottesbeziehung, die die Menschen beschenkt und als solche befähigt und herausfordert, Gerechtigkeit, Barmherzigkeit und Versöhnung weiterzugeben. An Jesus selbst ist auch abzulesen, wie eine solche Tätigkeit ausschaut, welche Wirkungen sie zeitigt und welche Konflikte sie einbringt. Indem Jesus die Unverdientheit und Unendlichkeit der solidarischen Liebe Gottes den Menschen gegenüber als Überschreitungen herrschender sozialer bzw. „reinheitsgebotener" Grenzen verwirklicht, bringt er Unordnung in die bestehenden Herrschaftsverhältnisse, kommt in den entsprechenden Konflikt und in Gefahr. Jesus desintegriert geltende Integrationsverhältnisse und schafft damit eine neue Integration, die die alte konterkariert. Eine solche Herausforderung gehört prinzipiell zum pastoralen Handeln von Gläubigen und kirchlichen Institutionen: in der unablässig zu stellenden Frage, wem die bestehenden sozialen bzw. strukturellen Integrationen dienen, und wer davon profitiert.

Vielleicht wurde bislang noch zu wenig gesehen, dass viele Geschichten des Evangeliums die Themen Integration und Inklusion mitprägen. Im Gleichnis vom barmherzigen Samariter erzählt Jesus nicht nur die Geschichte einer spontanen Barmherzigkeit, sondern er gestaltet sein Gleichnis absichtsreich so, dass es eben ein Samariter ist, der das Gute tut. Samariter aber gehören für diejenigen, die Jesus gerade zuhören, zum „Außen" ihrer selbst. Man blickt mit Verachtung auf sie, weil sie angeblich den jüdischen Glauben nicht richtig einhalten. Indem Jesus den Samariter lobt, kritisiert er

---

[22] Vgl. Emmanuel Lévinas, Jenseits des Seins oder anders als Sein geschieht, Freiburg/München 1992, 200; vgl. dazu Thomas Freyer (Hg.), Der Leib. Theologische Perspektiven aus dem Gespräch mit Emmanuel Lévinas, Ostfildern 2009.

gleichzeitig die Vorurteile, die seine Hörerschaft bezüglich der Samariter hat. So überbrückt er die Innen-außen-Grenze, und man kann sich vorstellen, dass dies vor allem die Dabeistehenden reizt und zum Widerstand herausfordert, die von dieser Grenzziehung für ihr eigenes Ansehen und für ihre Macht profitieren (vgl. Lk 10,25–37; Lk 17,11–19). Indem Jesus hier die bestehende Integrationsgrenze auf den Samariter hin überschreitet, integriert er ihn in einen nunmehr erweiterten Bereich der Anerkennung und der Hochschätzung. Wichtig ist nun, dass diese neue Integration den Samariter als Samariter in die Wertschätzung einbezieht – nicht etwa verbunden mit der Bedingung, dass er sich nun in den eigenen Bereich integrieren soll. Er darf Samariter bleiben und gehört als solcher, der nicht zum eigenen Bereich gehört, in den Radius einer gleichstufigen und konstruktiven Begegnung. Jesus entgrenzt bestehende Gemeinschaften, indem er mit dem Ausgegrenzten gemeinsame Sache macht. Er tut dies mit der Zumutung an das bestehende Kollektiv, sich entsprechend zu verändern. So entsteht neue Solidarität.

Jesus hat keine Berührungsängste gegenüber denen, die Andere nicht mehr berühren wollen. Er kommt den Aussätzigen nahe und lässt sich von der blutflüssigen Frau berühren, also von einer Frau, die als unrein gilt und die in dieser Zeit kein jüdischer Mann anrührt (vgl. Mt 9,20–22). Auch den psychisch kranken Menschen, die damals für Besessene gehalten wurden, kommt er nahe. Er spricht mit ihnen und nimmt sie ernst, so sehr, dass sie über Jesu Identität mehr wissen als die „Normalen“ (vgl. Lk 4,41). In einer anderen Geschichte ruft Jesus den Mann mit der verdorrten Hand in die Mitte der Synagoge, vom Rand in die Hauptszene. Das bedeutet viel; denn die Mitte der Synagoge ist der Ort, wo sonst die Thorarolle, das Wort Gottes, Gott selbst Platz hat (vgl. Mk 2,27–36). Und nicht zuletzt überschreitet Jesus auch die Grenze zwischen (angeblich) rechtschaffenen und verurteilten Menschen, zwischen solchen, die sich für wenig sündig halten, und solchen, die ganz massiv als Sünder gelten. In der Begegnung mit der bereits zur Steinigung verurteilten Ehebrecherin dreht er den Spieß um: Wer von euch ohne Sünde ist, der soll den ersten Stein werfen. Er selbst verurteilt die Verurteilte nicht. Vielmehr spricht er das Urteil über die Verurteilenden und stellt die bisherige Ordnung des sozialen Systems auf den Kopf, die ganz bestimmte Menschen ausgrenzt, am Ende bis zu ihrer Vernichtung endgültig ausschließt (vgl. Joh 8,1–11).

Sogar die Grenze zwischen sich und seinen Gegnern unterwirft er der Dekonstruktion. So schreibt er auch die Reichen nicht ab. Er trifft den reichen Jüngling und gewinnt ihn lieb (vgl. Mk 10,20–22). Er spricht mit den Mächtigen und lässt sich von ihnen einladen, auch wenn es dabei zu Konfliktgesprächen kommt. Er redet ihnen nicht nach dem Mund, sondern begegnet ihnen aus der Perspektive der Anderen, mit denen er sonst zusammenkommt und die entweder mehr oder weniger aus der bestehenden Integrationsordnung herausfallen. Auch hier ist sein klares Ziel die Gerechtigkeit des Reiches Gottes, wie sie im Magnifikat der Maria und in der Bergpredigt in aller Schärfe deutlich wird. Die Kleinen werden erhöht, die am Rande Stehenden kommen in die Mitte, und die Armen werden begütert. So trifft er sich des Nachts heimlich mit Nikodemus (vgl. Joh 3,1–2), der genau weiß, wie seine Freunde reagieren würden, wenn sie wüssten, dass er die Grenze zu dem Anderen (hier zu Jesus) und damit zur gegnerischen Welt überschreitet. Und nochmals: Vom Kreuz her überschreitet er in Versöhnung den wohl tiefsten Graben zwischen Opfer und Täter: „Vater, vergib ihnen, denn sie wissen nicht, was sie tun“ (Lk 23,34). Nicht von ungefähr zerreißt der Vorhang des Tempels, dieses Eingrenz- und Ausgrenzsymbol zwischen Innen und Außen, zwischen dem Heiligen und dem Befleckten.

Der Neutestamentler Joachim Kügler hat die jüdische und christliche Alternative zur Abtrennungsheiligkeit herausgestellt: „So realisiert sich die königliche Heiligkeit Gottes bei Jesus im Staub der galiläischen Landstraße“.[23] Der Gottesdienst Jesu ist das heilsame Berühren der Kranken, ist die Gemeinschaft mit Menschen, „von denen er sich eigentlich hätte absondern müssen.“[24] Jesu Handeln ist also norm- und kultsprengend, um einer möglichst wirksamen Solidarität mit den Menschen willen, verbunden mit den Konflikten, die man sich dabei einhandelt, gegenüber denen, die ein ausgrenzendes Heiligkeitskonzept vertreten. Bei Jesus begibt sich die Heiligkeit seiner Identität und Sendung in die Alltagswelt der Menschen hinein und erweitert dort so weit wie möglich die Räume der Gnade, der Barmherzigkeit, der Gerechtigkeit und der Freiheit. Heiligkeit ist der gesamte Vorgang, in dem sich das Erlösende mit dem Unerlösten berührt. Das innerste Prinzip dieser Heiligkeit ist nicht die Ausgrenzung, sondern die Überbrückung und Verbindung zwischen ausgrenzendem und ausgegrenztem Bereich.[25]

Von daher erschließt sich auch der Satz von Helmut Merklein: „Wir können keine heile, wohl aber eine heilige Welt gestalten.“[26] Auch im Unheil seiner tödlichen Krebserkrankung wusste er sich in der Heiligkeit, in der Nähe Gottes. Auch wenn wir keine heile Welt gestalten können, bleibt sie doch immer eine heilige, das heißt: eine, die in jeder Situation, auch in der letzten Ohnmacht, auch in der Sünde mit Gott in Verbindung bleibt. Nichts

---

23 Joachim Kügler, Wer braucht wozu einen Klerus? Religionswissenschaftliche Marginalien zu Heiligkeitskonzepten und Klerusbildung, in: Rainer Bucher/Johann Pock (Hg.), Klerus und Pastoral, Wien/Münster 2010, 319–330, 327.

24 Ebd.

25 Das Heilige ist also in diesem Sinn nicht mit dem Sakralen identisch, welches das Profane entweder ausgrenzt oder in sich auflöst, sondern stellt das Profane selbst in den Raum Gottes, in dem es profan bleibt, vgl. dazu Christian Bauer, Priester im Blaumann. Praktisch-theologische Impulse aus der französischen Bewegung der Arbeiterpriester, in: Bucher/Pock (Hg.), Klerus, 115–148.

26 Helmut Merklein, Studien zu Jesus und Paulus II (Wissenschaftliche Untersuchungen zum Neuen Testament 105), Tübingen 1998, VIII.

fällt aus dieser in ihrer Gnade unendlichen Beziehung Gottes heraus. Denn geheiligt sein heißt, vom lebendigen Gott her niemals aus seiner Hand herausfallen können, auch nicht und gerade nicht im Unheil, auch nicht und gerade nicht in der Sünde und im Bösen, schon gar nicht an der totalen Handlungsgrenze, im Tod, und auch nicht im allerletzten Gericht.

Man übertreibt sicher nicht, wenn man Jesu Wirken zu Gunsten dessen, was er Reich Gottes nennt, in einzigartiger Weise als solidarisch, von daher bestehende Sozialgestalten entgrenzend und derart inkludierend ansieht! Es geht um Teilnehmen und Teilgeben, um passive und aktive Teilhabe. Wie Jesus den Menschen gegenübertritt, so begegnet in ihm Gott selbst den Menschen. In Jesus desintegriert sich Gott gewissermaßen selbst, indem er in ihm in das Ausland seiner selbst geht. Denn wir sind Gottes Ausland. Und von Grund auf sind wir tatsächlich radikal anders als er. Ein Blick in die Elends-, Leid- und Sündengeschichte der Menschheit macht dies unmittelbar und massiv deutlich. Gott aber überspringt den Graben, indem er selbst überwechselt: Der göttliche Ausländer in unserem Menschenland, aber auch der menschliche Inländer, der diese Art von Inklusion weiter trägt und gerade darin Opfer jener wird, die ihre Integrationsgrenzen allzu eng, zu ihren Gunsten und zu Ungunsten der Anderen ziehen. So baut Jesus neue Gerechtigkeit auf, indem er zu den Ungerechten geht. So wertet uns Gott in Christus auf, und Christus wertet die auf, die unter uns und zwischen den Völkern abgewertet sind. Und je mehr Menschen sich von Gott aufgewertet wissen, desto mehr können sie sich und anderen diese Wertschätzung gönnen und weitergeben.

6. Ambivalenz von religiösen Gemeinwesen für „Andere“

Es kommt alles im christlichen Glauben, wie überhaupt in den Religionen, darauf an, dass die (auch im Judentum und im Islam) angesprochene Barmherzigkeit Gottes durch die Religionsgemeinschaften selbst bei den Menschen als solche ankommt und nicht durch destruierende Blockaden be- oder verhindert wird. Glaubenszentristische und exklusivistische „Missionen“ haben Millionen von Identitäten und Menschenleben zerstört.[27] Hier sind wir zur gegenseitigen Religionskritik aufgerufen, dass nämlich der in den Religionen apostrophierte gütige und gerechte Gott auch als solcher erfahren werden darf.

Das Innen-Außen-Problem hat immer auch eine Entsprechung im inneren Bereich selbst, etwa wenn dieser in sich selbst eine Hierarchie zwischen vollkommen und weniger vollkommen Glaubenden bzw. zwischen Nicht-

[27] Paulo Süss, „Man hat ihnen die Decke weggezogen“, in: Misereor aktuell 2. 1989, 7.

sünderInnen und SünderInnen aufrichtet. Immer gibt es dann so etwas wie einen Komparativ, demgegenüber andere weniger „wert" sind. Oder insofern unter bestimmten Kategorien abstufende Bewertungen und damit relative Ausgrenzungen vorgenommen werden: zum Beispiel unter der Kategorie der Reinheit, der Gesundheit und der Unversehrtheit. Dabei wirkt vor allem die sozialpsychologische Angst der sogenannten Reinen, Gesunden und Unversehrten, nicht auf die Seite der unreinen, kranken und behinderten Menschen geraten zu wollen.

Eine solche Ambivalenz der Religionen gab es hinsichtlich psychisch kranker Menschen: Gelten sie als vom Teufel oder bösen Geistern Besessene, dann kann man auch entsprechend ausgrenzend und abwehrend mit ihnen umgehen und darüber hinaus auch noch diejenigen, die sich mit ihnen abgeben, selber als Besessene einstufen. Jesus musste sich bezeichnenderweise eben diesen Vorwurf bieten lassen (vgl. Lk 11,14 ff.). Dagegen gibt es aber auch religiöse Vorstellungen, in denen gerade psychisch kranke Menschen in ihren rätselhaften Auffälligkeiten mehr als andere unter dem Schutz Gottes stehen oder gar mit ihm in besonderer Weise zu tun haben, indem sie in ihrer eigenen Besonderheit das Besondere und das Geheimnis Gottes selbst in dieser Welt signalisieren. So sind es die psychisch kranken Menschen in den Evangelien, die die Wahrheit der Sendung Jesu erkennen.[28]

Auch bezüglich kranker Menschen gab es gegensätzliche religiöse Denkbilder, die einmal deren Achtung, zum anderen aber auch deren Verachtung prägen. Die Vorstellung von Krankheit als einer Strafe Gottes setzt die kranken Menschen der sozialen Verdächtigung aus bis hin zu höchst zerstörerischen Sündenbock-Projektionen. Die befreiende biblische Botschaft ist dagegen, dass Gott auf der Seite der Kranken steht, wie dies insbesondere in den Klagepsalmen des Alten Testaments zum Vorschein kommt, vor allem auch in der heilenden und befreienden Praxis, in der Jesus kranken Menschen begegnet, sich mit ihnen solidarisiert und ihnen aufhilft. In seiner Interpretation hat erst ein solcher Umgang mit kranken Menschen buchstäblich etwas mit dem Reich Gottes zu tun.

Auch hinsichtlich körperlich behinderter Menschen lässt sich Ähnliches bemerken: So gab es jahrhundertelang die Vorstellung, dass Behinderung ein Zeichen von Strafe oder gar der Ausdruck einer Verhexung sei, wie etwa das Hinkebein oder der Buckel (bis hin zu der Phantasie, dass einer Person bestimmte Kräfte oder Glückszustände zufließen, wenn man beispielsweise den Buckel eines Menschen berührt). Die Vorstellung, dass ein behinderter Mensch kein vollständiger und vollwertiger Mensch sei, prägte nicht zuletzt auch noch die Zulassungsbestimmungen zum kirchlichen Weiheamt, wie sie im (erst 1983 abgelösten) Kodex des Kirchenrechtes von 1917 benannt sind: „Die Irregularität ... ist ein dauerndes Hindernis, das eine Person für den

---

28 Vgl. Ottmar Fuchs, Im Brennpunkt: Stigma. Gezeichnete brauchen Beistand, Frankfurt am Main 1993, 119 ff.

Empfang bzw. für die Ausübung der empfangenen Weihe ... untauglich macht. Sie kann auf einen äußeren Mangel beruhen, z. B. Mangel der ehelichen Geburt, körperlicher Integrität ... Der innere Grund ist, dass nur normale, nicht körperlich, gesellschaftlich oder sittlich minderwertige Menschen den kirchlichen Dienst versehen sollen." Weiterhin galt: „Körperliche Mängel, wenn sie derart sind, dass der mit ihnen Behaftete entweder die Messe nicht sicher, d. h. nicht ohne Gefahr einer Verunehrung der heiligen Gestalten, oder nicht mit Anstand, d. h. nicht ohne unliebsames Aufsehen und Ärgernis des Volkes lesen kann. Als solche Mängel gelten: Blindheit, Taubheit, Stummheit, das Fehlen eines oder beider Arme, einer oder beider Hände, des Daumens oder Zeigefingers; irregulär sind Lahme, Höckrige, Zwerge, Aussätzige, Geschlechtskranke, im Gesicht schwer Verstümmelte (Fehlen der Nase, Ohren, Lippen), Zwitter."[29] Ähnliches gilt bis heute für die sexistische Exkludierung der Frau aus dem römisch-katholischen Weiheamt, insofern allein ihr Frausein als totale Behinderung zum Weiheamt angesehen wird.

7. Identitätszerstörung durch Integration?

Gemeinschaft und Inklusion sind zwiespältige Begriffe, die erst aus dem Kontext heraus inhaltlich zu bewerten sind: nämlich im Horizont der Frage, wer wen oder was zu wessen Gunsten desintegriert oder integriert. Kollektivistischer Integrationszwang, in dem die Kleinen, Schwachen und Unpassenden um den Preis integriert werden, dass sie den Bedingungen der Starken, scheinbar Unbehinderten und Gesunden unterworfen werden und so ihre Freiheit und Subjekthaftigkeit verlieren, kann nicht die positive Aura des Integrations- oder Inklusionsbegriffes für sich beanspruchen. Genau das Gleiche gilt umgekehrt aber auch für solche Desintegrationsprozesse, in denen bestimmten Menschen die soziale, rechtliche und wohlstandsgerechte Integration in die eigene Gesellschaft verweigert wird.

Bezüglich der Indios spricht Paulo Suess von „Integrationsmord":[30] „Durch *Integration* wird versucht, den Unterschied des anderen zu zerstö-

---

[29] Eduard Eichmann, Lehrbuch des Kirchenrechts aufgrund des Codex juris canonici I, Paderborn [4]1934, 440 und 442.

[30] Vgl. Paulo Süss, Integrationsmord in Amazonien. Die Indianerfrage vor einer Endlösung, in: Lateinamerika. Analysen und Berichte 7. 1983, 69–85; vgl. ders., Entwicklungsstrategie und Integrationsmord in Amazonien, in: Entwicklungsperspektiven. Lateinamerika – Dokumentationsstelle der Gesamthochschule FB. 6, Kassel 1984, Heft 11, 1–41, 17. Was dort Integrationsstress bedeutet, kann hierzulande durchaus analog auf jenen Stress bezogen werden, in dem die Kinder den Prestige- und Ökonomiestrukturen derart unterworfen werden, dass sie keine Ressourcen an Zeit und

ren."[31] So darf die Begegnung mit anderen Menschen und Lebensformen, so darf auch die Inkulturation des Evangeliums immer zuerst affirmativ, also anerkennend sein: „nämlich in der Annahme von Kultur und im Ja zur Lebensweise anderer Völker"[32] und anderer Menschen, nach außen und nach innen. So dass sich letztere nicht in die herrschende Kultur bzw. Gesellschaft zu integrieren haben, bei gleichzeitigem Ressourcen- und Rechtsentzug, sich als eine eigene Gruppe in einem bestimmten institutionellen Zusammenhang zu behaupten. Deshalb muss das personale Inklusionskonzept durch ein intersystemisches bzw. interkulturelles ergänzt werden.

Dass hier ein Aspekt der Schöpfungstheologie auf dem Spiele steht, liegt auf der Hand: nämlich die Praxis der Anerkennung, des *Sein*-Lassens, der großen göttlichen Gut-Heißung gegenüber aller geschaffenen Wirklichkeit. Im Worte des Dichters Erich Fried heißt es: „Es ist was es ist, sagt die Liebe!" Es geht um die Grundmentalität, Seiendes erst einmal in seinem Vorhandensein als Gegebenes zu sehen, als Geheimnis stehen zu lassen und als Neuheit zu bestaunen, als es immer zuerst nach eigenem „Bild und Gleichnis" verändern zu wollen. Gegenseitiges Nicht-Kennen und Nicht-Verstehen dürfen dann nie zur gegenseitigen Missachtung oder Verachtung führen, als ob alles, was sich außerhalb des Radius des eigenen Verstehenshorizontes befindet, dadurch weniger Existenzrecht hätte. Es geht um die *blinde* Anerkennung der anderen Lebenswelt, noch bevor man sie kennt. Erst dann hat auch die Neugierde eine Chance, mitmenschlich auf die Spurensuche des Verstehens und des Dialogs zu gehen. Die Neugierde verkommt dann nicht zum destruktiven Trieb, die andere Lebenswelt als Objekt des eigenen Herrschaftswissens zu sezieren und dabei zu vernichten.

Dabei geht es nicht darum, die anderen Kulturen, Religionen und Menschen idealistisch oder romantisch zu verklären. Unter den Stichworten der Erlösung und Befreiung entfaltet das Evangelium immer auch eine kritische Kraft in den Kulturen: aber in ihnen und auf der Basis ihrer eigenen Menschen, ihrer Sehnsüchte, Nöte und Bräuche. Auch in der anderen Kultur ist vieles nicht gut; aber dies ist eben nicht nur bei der anderen der Fall, sondern auch bei der eigenen, und dort womöglich ein gutes Stück mehr, im Anschluss an das Wort Jesu, bei der eigenen Sichtweise den Balken und bei der anderen den Splitter zu suchen (vgl. Mt 7,3–5). Inkulturation ist dann der nichtintegralistische Versuch, das Evangelium nicht mehr „aus einer domi-

---

Energie mehr haben, etwas „anderes" zu werden: vgl. Arno Gruen, Der Wahnsinn der Normalität. Realismus als Krankheit, München 1987.

31 Paulo Süss, Indianisches Anderssein und Befreiung, in: Lateinamerika. Analysen und Berichte 10. 1986, 82–101, 96.

32 Vgl. Paulo Süss, Ethnische Vielfalt. Notizen über Befreiung zur Sache der Indianer (I), in: Orientierung 49. 1985, 229–232, 230.

nierenden Kultur heraus zu verkünden“,[33] sondern es im empathischen Übergang zur anderen Kultur dieser zur freien Selbstentfaltung zu überantworten. Im Glauben daran, dass der pfingstliche Geist des Evangeliums in den unterschiedlichen Kulturen jeweils seine eigene unverwechselbare Geschichte und Entfaltung haben wird.

In den Evangelien gibt es je nach Situation beide Richtungen der Desintegration bzw. Integration: *Einmal* die Aufhebung einer bestehenden Desintegration durch jene Integration, die jemanden von außen in die eigene Mitte hineinholt. Dafür steht zum Beispiel die Geschichte vom Mann mit der verdorrten Hand, den Jesus in die Synagogenmitte hineinruft und dafür den normalen Liturgieablauf unterbricht. Dafür steht auch die Begegnung Jesu mit den Kindern, die er nicht nur in die Mitte der aktuellen Begebenheit bringt, sondern die er auch als auskunftsfähige Subjekte bezüglich dessen, was das Reich Gottes ist, ernst nimmt (vgl. Mk 9,36 ff.). Hier handelt es sich um eine Auflösung bestehender menschendegradierender Desintegrationen durch die Integration der Betroffenen in die eigene Gemeinschaft, und zwar als solche, die sie sind: als Kinder und als behinderte Menschen. Die Bedingungsstrukturen werden aufgelöst, nach denen diese Personen bisher nicht zur Mitte der eigenen Gemeinschaft gehörten. So gilt nicht mehr: Wenn du nicht behindert bist, gehörst du zu uns. Oder wenn du kein Kind mehr, sondern erwachsen bist, gehörst du vollständig zu unserer Rechts- und Kultgemeinschaft. Jesus ist immer anzumerken, dass er insbesondere bezüglich bedürftiger Menschen diese unbedingte Integration vertritt, einklagt und auch selbst realisiert.

Das Samaritergleichnis ist in seiner vorurteils- und damit gesellschaftskritischen Fokussierung von einer *anderen* Struktur. Hier ist keine Rede davon, dass der Samariter in den eigenen Bereich der Hörer und Hörerinnen, des „eigentlichen“ Israel also, aufgenommen werden müsste oder könnte. Er bleibt vielmehr der, der er ist, und zwar dort, wo er ist, in jener sozialen und religiösen Einheit. Die strukturelle Differenz bleibt also erhalten. Was sich allerdings auf einem anderen Niveau des Verhältnisses verändert, ist die Integration dieses anderen Kollektivs in die gleiche Wertschätzung, die man dem eigenen gegenüber einnimmt. Jesus vertritt sogar den Standpunkt, dass der Samariter in diesem Fall derjenige ist, der dem eigenen Kollektiv etwas vormacht, indem er einem Israeliten aufhilft, also einem, der nicht zum eigenen Kollektiv gehört. Auch hier werden Grenzen überschritten, aber nicht im Sinne einer intersubjektiven Auflösung zweier Integrationssysteme, sondern der gegenseitigen Beziehung dieser Systeme selbst, indem degradierende Vorurteile über die Anderen aufgelöst werden. Der nicht leicht integrierbare Mensch, der dominant in seinem eigenen Sozialbereich lebt, wird in die Gleichstufigkeit der Begegnung aufgenommen, weil dieses andere Kollektiv

33 Paulo Süss, Stichworte zur Solidarität der Überlebenden, in: Johannes Meier (Hg.), Wem gehört Lateinamerika?, München/Zürich 1990, 98–111, 107.

von Vorurteilen befreit nun die gleiche Würde besitzt wie der eigene Bereich – und dies so sehr, dass man von ihm nicht nur etwas, sondern womöglich etwas Besseres, als man selbst im eigenen Bereich ist, erwarten kann.

8. Zwiespältige Inklusionen

Man kann diese Dialektik zwischen personaler Integration (in die eigene soziale Welt bei Wertschätzung der Andersheit von Personen) und struktureller Dissoziierung (bei Wertschätzung der anderen sozialen Welt) in vielen Integrationsbereichen ausbuchstabieren. So wird man bezüglich behinderter Menschen soweit wie möglich dafür plädieren, dass sie – in die Lebens-, Arbeits- und Kulturbereiche der Gesellschaft integriert – sich verwirklichen und tätig sein können. Zugleich muss es auch jene Institutionen geben, die im Gegensatz dazu gerade deswegen notwendig sind, damit behinderte Menschen tatsächlich menschenwürdig in der entsprechenden Pflege und in der entsprechenden besonderen Kommunikation leben und tätig sein können. Entscheidend ist nun, dass die Gleichstufigkeit nicht nur im Bereich intersubjektiver Begegnung und Integration praktiziert wird, sondern auch im Bereich der Beziehungen dieser Institutionen mit den anderen Institutionen und den Lebensbereichen der Gesellschaft: dass zum Beispiel die kritischen Botschaften, die Wohlfahrtseinrichtungen für die Gesamtgesellschaft bereithalten, gehört werden. Die inhaltliche Auskunftsfähigkeit (Definitionsmacht der Betroffenen), die Jesus den Kindern zutraut, gilt also nicht nur personal, sondern auch systemisch: dass zum Beispiel eine psychiatrische Klinik sich nicht nur bezüglich der Patienten und Patientinnen als notwendig erfährt und aufbaut, sondern auch bezüglich ihrer kritischen Außenwirkung in die Gesellschaft hinein, insofern sie deren destruktive, etwa depressiv machende Wirkungen in den Betroffenen nicht nur therapiert, sondern die eventuell damit verbundenen Verursachungszusammenhänge in gesellschaftlichen Verhältnissen offen legt und anklagt.[34] Dies wäre dann ein Beispiel intersystemischer Inklusion.

So richtig es ist, kulturelle und soziale Minderheiten nicht daraufhin zu fixieren, dass sie gleichsam statisch ihre kollektive Identität in der Mehrheitskultur aufrechterhalten, um darin zu bestehen, so sehr also die Veränderungsdynamik solcher Minderheiten in die Gesellschaft hinein zu unterstützen ist, so sehr kann es eine gesellschaftliche Situation und Machtverhältnisse geben, in denen die Aufrechterhaltung einer eigenen kontrastiven kollektiven Identität zur Überlebensfrage wird: damit im Notfall nicht nur Einzelpersonen, sondern auch sperrige Kollektive und ihre Institutionen in der

---

[34] Vgl. Fuchs, Stigma, 125 ff.

eigenen Gesellschaft Rechtsschutz bekommen und auch sozial geschützt werden und bleiben, durchaus mit der Dynamik, die interpersonale Integration zu steigern, aber auch mit dem Recht, von dieser Gesellschaft alle Ressourcen zu bekommen, um betroffene Menschen nicht dazu zwingen zu müssen, sich zu integrieren, wenn sie dies nicht können. Gerade deswegen wäre zu bedenken, was denn zu geschehen hätte, wenn Minoritätsgruppen und -personen die Integrationsangebote eher bremsend als beschleunigend wahrnehmen und den Grad ihrer Inklusion selbst bestimmen wollen. Das Recht auf personale Identität innerhalb eines interpersonalen Vernetzungsvorgangs, etwa einer christlichen Gemeinde, wäre konzeptionell wie praktisch zu ergänzen und möglicherweise zu korrigieren durch das gleiche Recht einer kollektiven Einheit im Gesamt unterschiedlicher Sozialformen einer dann nicht nur gemeindezentrierten, sondern auch lebensraumorientierten Kirche.

Diese Überlegungen werfen ein kritisches Licht auf den aktuellen Teilhabe- und Inklusionsdiskurs zwischen Wohlfahrt und Politik. Teilhabe und Inklusion sind wichtige Leitbegriffe, um darin eine gegenseitige Inklusion von Gesellschaft und teilweise bis ganz ausgegrenzten Minoritäten vorwärts zu bringen. Doch diese Leitbegriffe sind nicht ohne Schatten. Es ist einfach verdächtig, dass man mit diesen Schlagwörtern fast überall auf Plausibilität und Zustimmung trifft, bei ganz unterschiedlichen Menschen, bei ganz unterschiedlichen und gegensätzlichen Gruppierungen und Parteien. Verbinden manche vielleicht gerade damit einen Abbau des Sozialstaates, insofern bei gesteigerter Inklusion zum Beispiel von behinderten Menschen dann auch auf die Einrichtungen der Behindertenhilfe verzichtet werden kann, weil ja nun die ganze Gesellschaft entsprechende Verantwortung übernimmt? Aber tut sie das? Für eine entsprechende Mentalitätsveränderung stehen die Zeichen nicht gerade gut. Wer sind die Agenten und Agentinnen notwendiger Haltungs- und Einstellungsveränderung? Und wer bezahlt sie? Wenn nicht für die entsprechende Gemeinwesenarbeit neue Gelder investiert werden, wird die gewünschte Inklusion Schiffbruch erleiden. Was ist, wenn Betroffene erfahren, dass sie in dieser Gesellschaft nicht willkommen sind und wieder in die schützenden Institutionen zurückwollen, es diese aber möglicherweise nicht mehr gibt? Und für die Institutionen selbst droht eine Reduzierung und Konzentrierung auf schwerstbehinderte Menschen, so dass diese ihrerseits keine Möglichkeiten inklusiver Arbeit mehr haben.

Die Begriffe Teilhabe und Inklusion sind also zweischneidig, trotzdem haben wir keine Alternative. Und so sind wir in dem Dilemma, einerseits auf diesen Diskurs setzen zu müssen, zum anderen aber wachsam gegenüber seinem ideologischen Missbrauch (etwa zur Dämpfung von Widerstandspotentialen) einzutreten. Erst daran, ob für die sozialen Bedingungen für die Inklusion in der Gesellschaft finanzielle Ressourcen investiert werden, wird man erkennen, welche Ziele tatsächlich damit verfolgt werden. Wenn sich die Gesellschaft nicht verändert, ist das Inklusionsprogramm für die Inkludierten ein gefährliches Unternehmen. Für das Rechtssystem steht dann an, dass der Sozialstaat entsprechende Solidaritätsansprüche vonseiten stigmatisierter Minoritäten in juristische Ansprüche transformiert und derart justiziabel und einklagbar macht. Auch der Begriff der selbstbestimmten Teilhabe ist nicht ambivalenzfrei, wenn er nur diejenigen als dazugehörig erklärt, die sich einbringen *können*, als müsste sich nicht auch die Gesellschaft verändern und als müssten sich nur jene verändern, die inkludiert sein wollen. Müsste man nicht überhaupt bereits die Wortwahl überprüfen und verändern, um benennen zu können, was tatsächlich abläuft: Handelt es sich um Rehabilitierung oder um Conhabilitierung, um Integration oder um Contegration, um Resozialisierung oder um Consozialisierung, um Inklusion oder um Conclusion? Im „Con" sei jeweils ausgedrückt, dass es sich nicht um einen einseitig bestimmten, sondern um einen zweiseitigen Prozess handelt. Und was ist mit denen, die sich nicht selbst bestimmen und einbringen können? Wird hier die Basis der Selbstbestimmung normalitätszentrisch im reflexiven Vernunftgebrauch gesehen?[35] Wo bleiben dann die schwer geistig Behinderten Menschen? Es wird also nötig sein, genauestens und kritisch die Bedingungen der Inklusion auf Seiten der Betroffenen im Blick zu haben, besonders hinsichtlich des Verhältnisses zwischen Integration in die Gesellschaft auf der einen und den einschlägigen Wohlfahrtsinstitutionen auf der anderen Seite. Denn es ist ein oft nicht oder erst zu spät durchschauter Trick, vollmundig als Querschnittverantwortung aller zu deklarieren, was gleichzeitig um seine bisherigen institutionellen Repräsentanzen gebracht wird, mit dem Effekt eines empfindlichen Lobby- und Einflussverlustes.

9. Die Kirchen als Erfahrungsorte sozialer und sozialkritischer Inklusion

Eines der Grundprobleme zwischen Menschen, Gruppen und Völkern sind die Sicht und die Gestaltung ihrer Innen- und Außenbeziehungen. Von Anfang an gibt es immer ein Innen-Außen: Das Innere der Familie gegenüber der äußeren Umwelt, das Innere der Kirchen gegenüber anderen Kirchen und gegenüber der Gesellschaft, eines Volkes gegenüber anderen Völkern, einer Religion gegenüber anderen Religionen. Vor allem in Bezug auf andere Völker und Religionen ist dieses Außen mittlerweile lokal sehr nahe gerückt; andere Völker und Religionen sind nicht nur im Ausland, sondern sie sind im Inland nahe und gegenwärtig. Das Problem dieser Innen-Außen-Beziehung

[35] Vgl. Ottmar Fuchs, Die theologisch-ethische Kompetenz in der Wissensgesellschaft, in: Thomas Laubach (Hg.), Angewandte Ethik und Religion, Tübingen/Basel 2003, 21–38.

ist, dass Menschen meist dazu neigen, das Innere für wertvoller, wahrheitshaltiger und wichtiger zu halten als das Äußere. Besonders Religionen sind diesbezüglich gefährdet, weil es zu ihrer Identität gehört, bezüglich des Eigenen einen solchen Mehrwert gegenüber dem Anderen zu behaupten. Auch Jesus behauptet einen Mehrwert gegenüber seinen Gegnern: dass nämlich seine Praxis im Horizont der von ihm vertretenen Gottesbeziehung die richtigere, ja die richtige schlechthin sei, und dass die Anderen, die die angesprochenen Überbrückungen verhinderten, mit Gott nichts zu tun hätten. Jesus behauptet also seine Wahrheit gegenüber den Gegnern als etwas, das Menschen, vor allem benachteiligten und versöhnungsbedürftigen Menschen, zugutekommt. Er antwortet mit einer die Benachteiligten vornehmlich achtenden Asymmetrie auf eine menschenverachtende Asymmetrie. Darin lässt er sich nicht überbieten.

Wie werden Menschen aber dazu fähig, das Andere ihrer selbst nicht mit Angst wahrnehmen zu müssen, sondern sich ihm zu öffnen, anderen Menschen – seien sie behindert, fremd oder verurteilt – die Gleichstufigkeit ihrer Menschenwürde und die Gleichstufigkeit ihrer Gotteskindschaft interpersonal und interstrukturell erlebbar werden zu lassen: im Einsatz für die Gerechtigkeit, dass sie sich integrieren dürfen bzw. dass sie sich nicht integrieren müssen, dass sich ihre Desintegration nicht zu ihrem Schaden auswirkt und dass ihre Integration sie nicht um ihre Fremdheit bringen muss? Wie werden kirchliche Sozialgestalten Plausibilitätsräume gegen Gier und Berechnung, wie werden sie Orte jener religiösen Traditionen, die tiefere Motivationen schenken, als sie der Rationalitätsdiskurs vermitteln kann? Es sind hier nur einige Momente zu nennen, die diesbezüglich in den Kirchen zu beachten wären:

– Christliche Gemeinden werden der Ort sein, wo Menschen lernen, sich gegenseitig wichtig zu nehmen, auch wenn sie zueinander widersprüchlich sind, auch wenn sie nicht stark, sondern schwach sind. Dies bedeutet für die Sozialgestalten der Kirchen, dass darin die Menschen, vor allem junge Menschen, anders werden können und dafür nicht mit Liebesentzug oder Gemeinschaftsverhinderung bestraft werden. Dann entsteht ein sozialer Raum, wo das wachsen kann, was in der Sozialpsychologie „Ich-Stärke" genannt wird und was als grundlegende Bedingung für die Fähigkeit zur Nächsten- und Anderenliebe vorauszusetzen ist. Jede Offenheit für die Inklusion anderer Menschen braucht solche Ich-Stärke, die sich auch darin zeigt, dass man die eigene Begrenzung realistisch einschätzt. Ich-schwache Menschen sind dagegen oft darauf angewiesen, ihre Selbstwerterfahrung in Abhängigkeit von einem integralistischen Kollektiv zu definieren und von daher entsprechende Identitätsanleihen zu nehmen. Vom überschätzten Kollektiv her überschätzen sie dann auch über-ich-haft sich selbst und haben gerade deswegen eine abgrundtiefe Angst vor individuellen Begrenzungs- und strukturellen Entgrenzungserfahrungen. Dieser Zusammenhang ist mittlerweile auch empirisch belegt:

Die religiösen Räume, in denen es untereinander Vernetzungen gibt und in denen der Glaube nicht autoritär vermittelt und erfahren wird, zeigen auffällig mehr Offenheit und Bereitschaft, als dies in der Gesamtbevölkerung der Fall ist, nicht nur für die Nah-, sondern auch für die Fernsolidarität, also nicht nur für die Solidarität im eigenen sozialen Bereich, sondern auch darüber hinaus. Hier zeigt sich ein nicht beängstigender, sondern entlastender, nicht reglementierender, sondern Freiheit eröffnender Glaube tatsächlich als Quelle solidarischer Überbrückungsfähigkeit. Vernetzte (also in der Gemeinschaft erlebte) und nicht autoritäre (also in Freiheit erfahrbare) Religion ist die beste Voraussetzung, um nicht in unserer Gesellschaft den ansteigenden Tendenzen der Ellenbogenmentalität und des Chauvinismus zu verfallen.[36] Religionen können dann mit ihren Gemeinden zu Inklusionsagenturen im besten Sinne des Wortes werden, keine Menschen und Menschengruppen exkludierend und zugleich selbst dafür sorgend, dass dies auch sozial erlebbar und politisch durchsetzbar ist.

- Nicht nur in der Theologie der Religionen, sondern im Lebensvollzug und in der Mentalität der Gemeinden wird es wichtig sein, zwischen integrierender Sammlung und dem darin beanspruchten Recht auf eine eigene strukturierte soziale Identität und desintegrierender Sendung zu unterscheiden. Zudem ist eine Unterscheidung zwischen der Profilierung des eigenen Glaubens und der gerade von diesem Glauben her notwendigen, die eigenen Sozialgestalten irritierenden Entgrenzung den Menschen gegenüber wichtig, die der Gerechtigkeit und Barmherzigkeit und Versöhnung, vor allem der Anerkennung ihrer Andersheit bedürfen. Die durchaus selbstbewusste Sammlung im gemeinsamen Glauben führt zu jenem Zeugnis zu Gunsten der Menschen, welches die universale Gotteskindschaft aller Menschen, die im eigenen Glauben behauptet wird, für diese in der Anerkennung ihrer körperlichen, religiösen und sozialen Welten mittels der eigenen Institutionen erfahrbar zu machen versucht: in vielen möglichen Ausdrucksformen des Begegnens, des Feierns, der Musik, der Gespräche, der Kunst, der Diakonie und der Wohlfahrt.
- Christinnen und Christen können Beziehungen mit Blick auf sozial bzw. körperlich behinderte und andere Menschen vor allem dadurch ermöglichen, dass sie selbst eine Atmosphäre aufbauen, in der die eigenen Noterfahrungen, Behinderungen und auch das eigene Scheitern ausgetauscht werden, nicht zuletzt auch die eigenen Erfahrungen mit der Verborgenheit Gottes. Wo diese Erfahrungen desintegriert sein und bleiben müssen, wo man sich die Fiktion aufrechterhält, perfekte Selbstvorstellungen leisten zu müssen, wird man auf Dauer darauf angewiesen sein, jede Schwäche und damit auch die Schwachen als eine gefährdende

---

[36] Vgl. Paul Michael Zulehner u. a., Solidarität. Option für die Modernisierungsverlierer, Innsbruck u. a. 1996, 215 ff.

Fremderfahrung zu etikettieren, die abzustoßen und auszugrenzen ist. Gerade der Horizont des christlichen Glaubens und des darin erlebbaren Geliebtseins des Menschen als Sünder und Sünderin, gibt den Gläubigen die Möglichkeit, ihre dunklen und schwachen Seiten nicht vor sich und voreinander verstecken zu müssen. Im Angesicht Gottes sind sie gerade darin nicht degradiert, sondern als solche Andere (in Bezug auf Gott) von ihm unbedingt in ihrem Lebens- und Überlebensrecht angenommen. Entsprechende Selbsterkenntnis ist dann keine Funktion der Selbstverkleinerung, sondern der realistischen Selbstwahrnehmung, um auf dieser Basis immer wieder neu mit der Umkehr anfangen zu können. Was Gläubige nicht von innen her (in Familien, Gemeinden und Verbänden) lernen, können sie auch nicht nach außen hin verwirklichen. Wie sie miteinander umgehen, besonders wenn sie sich gegenseitig Veränderungen, Anderswerden, Behinderungen verschiedener Art zugestehen, so gehen sie auch mit Anderen um. Von daher könnten die Kirchen als eine soziale Lernschule im Horizont des Gottes betrachtet werden, der seinerseits mit den Menschen in Jesus Christus radikal sozial umgeht. In solcher Lernschule verwirklichen Christinnen und Christen nicht nur das Wesen der Kirchen, sondern leisten gerade dadurch einen unerlässlichen Dienst an der Gesellschaft, an der Vermenschlichung ihrer Inklusionsprozesse nach innen und nach außen und an der Gerechtigkeit.

Beziehung und Behinderung. Zur Frage nach Gott im Kontext des Lebens mit Behinderung

Johannes von Lüpke

1. Der lebendige Gott: „behindert und göttlich"?

Der lebendige Gott, den die Bibel bezeugt und zur Sprache kommen lässt, erweist sich darin als lebendig, dass er reden, sehen, hören, riechen, greifen, laufen kann. So menschlich, so anthropomorph von Gott zu reden ist ebenso anstößig wie problematisch, und das in zweifacher Hinsicht: zum einen wenn Gott auf diese Weise vermenschlicht wird und also in seiner Göttlichkeit unterbestimmt bleibt, zum anderen wenn mit der Vorstellung eines Gottes in Menschengestalt ein bestimmtes Bild des Menschen vergöttlicht wird – mit der problematischen Konsequenz, dass nicht alle Menschen an dem so verstandenen Göttlichen teilhaben. In diesem Sinn könnte die anthropomorphe Gottesrede, die Gottes Vollkommenheit leiblich auslegt, exklusiv verstanden und damit, wie die folgenden Überlegungen zeigen wollen, missverstanden werden. Denn der lebendige Gott ist gerade darin vollkommen, dass er sich inklusiv auf alles von ihm geschaffene Leben zu beziehen vermag. Als der Schöpfer lebendiger Wesen, die sich in unterschiedlicher und unterschiedlich eingeschränkter Weise bewegen können und in unterschiedlicher und unterschiedlich eingeschränkter Weise über Fähigkeiten der sinnlichen Wahrnehmung und der Sprache verfügen, ist der lebendige Gott in gesteigertem, alles umfassendem Maße ein sich bewegendes, wahrnehmendes und redendes Wesen. „Der das Ohr gepflanzt hat, sollte der nicht hören? Der das Auge gemacht hat, sollte der nicht sehen?" (Ps 94,9) Der Schöpfer, der den Menschen in dieser Leiblichkeit, Sinnlichkeit und Kommunikationsfähigkeit lebendig sein lässt, vermag sich selbst in durchaus leiblicher, sinnlicher und kommunikativer Weise auf seine Schöpfung zu beziehen. Zu seiner Gottheit gehört diese Leiblichkeit wesentlich hinzu.

Der so lebendige Gott ist keineswegs „behindert", wenn man denn unter dem Stichwort „Behinderung" an Einschränkungen, Defizite und Verluste des Wahrnehmungsvermögens, der Bewegungsfreiheit und der Kommunikationsfähigkeit denkt. Man nehme als Beispiel die Sinnesorgane Augen und Ohren. Während diese bei Menschen unterschiedlich ausgebildet und mehr oder weniger funktionsfähig sind, ist der Schöpfer, der Augen und Ohren gemacht hat, im ‚Vollbesitz' seines Wahrnehmungsvermögens: er ist stets wach – „der Hüter Israels schläft und schlummert nicht“ (Ps 121,4). Eben indem er vollkommen gegenwärtig und aufmerksam ist, unterscheidet er sich von allen Menschen und von allen ‚Göttern‘, die von Menschen gemacht sind. Diese Götzen haben zwar „Mäuler, Augen, Ohren, Nasen, Hände und Füße“, können aber mit diesen Organen doch nicht am Leben teilnehmen und kommunizieren (Ps 115,4–8). Was Menschen sich ausdenken und was dann in Gottesbildern sowie auch in Gottesbegriffen Ausdruck und Gestalt gewinnt, vermag das Sein des lebendigen Gottes weder zu erfassen noch zu reproduzieren. Von Menschen gedacht und gemacht, sind diese Götzen „Mängelwesen“. Zwar werden sie als Idealgestalten entworfen, um Mängel des Menschen auszugleichen. Aber als bloße Abbilder dessen, was Menschen sich als göttliches Wesen vorstellen, sind sie doch unfähig, sich auf den Menschen zu beziehen. In der Sicht der prophetischen Kritik erscheinen sie als teilnahmslos, beschränkt und in diesem Sinn als „behindert“. Eben deswegen ziehen sie den Spott auf sich. Beispielhaft sei nur an die Spottrede Elias erinnert, der die auf dem Berg Karmel versammelten Baalspriester auffordert: „Ruft laut! Denn er ist ja ein Gott; er ist in Gedanken oder hat zu schaffen oder ist über Land oder schläft vielleicht, dass er aufwache.“ (1. Kön 18,27) Dieser „Gott“ scheint gerade außer Dienst zu sein oder ist verhindert; und gerade das erweist ihn als Götzen; „da war keine Stimme noch Antwort noch einer der aufmerkte.“ (1. Kön 18,29) Da war kein lebendiger Gott, kein Gott, der Leben schafft und am Leben teilnimmt. Insbesondere im Buch des Propheten Jesaja finden sich weitere Beispiele, die das Unvermögen der „Götzen“ und die Dummheit derer, die sie anbeten, drastisch herausstellen: „Keine Erkenntnis haben, die sich abschleppen mit den Klötzen ihrer Götzen und zu einem Gott flehen, der nicht helfen kann.“ (Jes 45,20)

Die Unterscheidung zwischen dem einen Gott, der einzig und allein so genannt zu werden verdient, und den sogenannten Göttern, die es doch nicht sind, will zur rechten Gotteserkenntnis verhelfen. In ihrer Durchführung erweist sie sich freilich als schwierig. Nachdenklich muss es bereits stimmen, dass der Spott, der in den zitierten Prophetenworten den Götzen gilt, im Neuen Testament Jesus trifft und in ihm auch den Gott, den er als seinen Vater anruft und mit dem er als Sohn aufs Engste verbunden ist: „Hilf dir selber, wenn du Gottes Sohn bist“ (Mt 27,40; Mk 15,30; Lk 23,37.39). Auch hier ist es wieder das Unvermögen zu helfen, das den Anspruch auf gottgleiche Autorität widerlegen soll. Es ist mithin keineswegs eindeutig, worin die Macht des lebendigen Gottes besteht und bei wem sie zu finden ist. Nicht nur der verspottete Baal scheint außer Landes zu sein; auch der Gott, für den Jesus in Wort und Tat eintritt, ist nicht immer zur Stelle, wo er erwartet wird. Es wäre somit wohl allzu einfach, würde man das Adjektiv „behindert“ nur auf die falschen Götter beziehen, um im Gegensatz zu ihnen das wahrhaft göttliche Sein als unbehindertes Sein zu definieren. Und wenn man den Begriff „Mängelwesen“, der in der Anthropologie zur Beschreibung des Menschen eingeführt ist, auch in theologischen Zusammenhängen verwendet, dann ist durchaus fragwürdig, auf wen dieser Begriff zutrifft und was mit ihm gemeint ist. Dass die Götzen „Mängelwesen" sind, weil sie über die ihnen zugeschriebenen Fähigkeiten nicht verfügen, ist ebenso offenkundig, wie es andererseits doch anfechtbar und umstritten ist, ob der Gott der biblischen Überlieferung frei ist von allen Mängeln, Einschränkungen und Behinderungen.

Ist der Gott, dessen Wort in der Bibel zu finden ist, wirklich unbehindert, wenn er doch den Beschränktheiten dieser irdischen, endlichen Welt keineswegs enthoben ist, sondern vielmehr in ihr wirkt und in seinem Wirken die kreatürlichen Schranken nicht einfach aufhebt? „Unser Gott ist im Himmel; er kann schaffen, was er will" – heißt es in Ps 115,3. Wirkt er aber als der Vater im Himmel auch hier auf Erden und erweist er seine Macht gerade in dem Menschen Jesus bis hin zum Tode am Kreuz, dann legt es sich nahe, von einem Gott zu reden, der sich behindern lässt und darin zum „behinderten Gott" wird. So formuliert Ottmar Fuchs: In Jesus, auf seinem Weg zum Kreuz, wird Gott „einer der Geringsten", „lässt er sich behindern" und ist er somit in dieser Geschichte „ein Behinderter unter Behinderten"[1]. Kurz: Der Gott, der den Tod am Kreuz erleidet, erweist sich als „der behinderte Gott". Eben unter diesem programmatischen Titel hat 1994 die US-amerikanische Theologin Nancy L. Eiesland einen befreiungstheologischen Entwurf veröffentlicht, der zu einer radikalen Umkehr in der Wahrnehmung „behinderter" Menschen und zugleich zu einem Umdenken in der Gotteslehre auffordert.[2] Auch bei ihr ist das Verständnis Gottes wesentlich christologisch geprägt. Den entscheidenden Impuls verdankt sie der Erzählung vom auferstandenen Christus, der sich von seinen Jüngern an Händen und Füßen anfassen und erkennen lässt (Lk 24,36–39). Der Auferstandene wird „erkannt als Gottheit, deren Hände, Füße und Seite die Zeichen deutlicher körperlicher Versehrtheit tragen"[3]. Gerade als der verwundete, verletzte Christus vermag

---

1 Zitiert nach Ulf Liedke, Beziehungsreiches Leben. Studien zu einer inklusiven theologischen Anthropologie für Menschen mit und ohne Behinderung, Göttingen 2009, 97.

2 Nancy L. Eiesland, The Disabled God. Towards a Liberatory Theology of Disability, Nashville 1994; kurzgefasst: dies., Dem behinderten Gott begegnen. Theologische und soziale Anstöße einer Befreiungstheologie der Behinderung, in: Stephan Leimgruber, Annabelle Pithan und Martin Spieckermann (Hg.), Der Mensch lebt nicht vom Brot allein. Forum für Heil- und Religionspädagogik, Münster 2001, 7–25. Zu diesem Entwurf und zu kritischen Anfragen vgl. Johannes Eurich, Gerechtigkeit für Menschen mit Behinderung. Ethische Reflexionen und sozialpolitische Perspektiven, Frankfurt a.M./New York 2008, 347–355. Weitere Beiträge zur Rezeption und Diskussion der Thesen finden sich auch in dem Sammelband: Ilse Falk u. a. (Hg.), So ist mein Leib. Alter, Krankheit und Behinderung – feministisch-theologische Anstöße, Gütersloh 2012.

3 Eiesland, Dem behinderten Gott begegnen (s. Anm. 2), 10 f.

er Menschen mit Behinderung nahe zu kommen, löst er „Gottes Verheißung ein, Gott würde mit uns sein, Leib geworden wie wir sind – behindert und göttlich“[4].

„Behindert und göttlich“ zugleich – man kann in dieser Formulierung aufgenommen finden, was im altkirchlichen Bekenntnis als Einheit von Gott und Mensch in Jesus Christus behauptet wird. Hat der Sohn Gottes in Jesus Christus den wirklichen Menschen angenommen, dann gehört dazu „auch das behinderte, kranke, schwache, hilflose und lebensunfähige Menschsein“[5]. Menschwerdung Gottes heißt somit nicht Vergöttlichung des Menschen als Steigerungsform menschlichen Vollkommenheitsstrebens; sie vollzieht sich vielmehr als Eingehen Gottes in die Gebrochenheit menschlicher Existenz, als Anteilnahme an ihrer Endlichkeit und Sterblichkeit. Das bedeutet: „Jeder Mensch, wie behindert er auch ist, nimmt durch sein Leben an dem göttlichen Leben teil.“[6] In dieser Hinsicht wird die Differenz zwischen „Behinderten“ und „Nicht-Behinderten“ grundsätzlich aufgehoben. Die Teilhabe am göttlichen Leben geschieht nicht nach Maßgabe menschlichen Vermögens, als ob die „Starken“ dem Reiche Gottes näher wären als die „Schwachen“. Wie insbesondere die Seligpreisungen (Mt 5,3–10) deutlich machen, ist es eher umgekehrt das „arme“, bedürftige, in aller Fragmentarität aber auch eigentümlich starke Menschsein, dem das Reich Gottes zugesagt wird. In diesem Zusammenhang gewinnt die Rede von einem „behindert und göttlich zugleich“ ihren guten Sinn.

Aber heißt das auch, dass das Adjektiv „behindert“ zum Gottesprädikat wird? Gewiss: Das Sein des lebendigen Gottes ist nach dem biblischen Zeugnis nicht ohne seine Leiblichkeit zu denken. Und weiterhin: Leiblichkeit Gottes, so wie sie in der Inkarnation des Sohnes Gottes in Jesus Christus konkret wird, ist nicht zu denken ohne Züge der Verletzung und Behinderung. Gerade dort, wo der Sohn Gottes auf dem Weg zum Kreuz sich gefangen nehmen, binden und in diesem Sinn behindern lässt, betonen die Evangelien freilich auch, dass er seinen eigenen Weg, den Weg der Liebe Gottes in einer eigentümlichen Souveränität geht, dass es somit die Macht Gottes ist, die sich hier ungehindert durchsetzt. Und dort, wo der auferstandene, erhöhte Christus an den Wundmalen der Kreuzigung sich zu erkennen gibt, ist er zugleich derjenige, der durch verschlossene Türen zu gehen und den Menschen in ihrer Enge und Angst nahezukommen vermag.[7] Schließlich sollte in der Betrachtung der Wunden des Gekreuzigten nicht übersehen werden, dass es sich hier um Verletzungen handelt, die auf menschliche Gewalteinwirkung zurückgehen und als solche von Gott gerade nicht gewollt

4 A.a.O., 10.

5 Jürgen Moltmann, Diakonie im Horizont des Reiches Gottes, Neukirchen-Vluyn 1984, 65.

6 A.a.O., 66.

7 Darauf weist zu Recht hin Eurich, Gerechtigkeit (s. Anm. 2), 351.

sind. Hier geht es somit auch darum, den Menschen mit seiner Schuld zu konfrontieren und ihn zu einem achtsamen, ehrfürchtigen Umgang mit dem zerbrechlichen Leben zu bewegen. Der „verletzliche Gott“[8] tritt so für das fragile menschliche Leben ein, dass er zugleich der verletzenden Gewalt widerspricht. Indem er ohne jede Einschränkung das von mancherlei Brüchen, Einschränkungen, Verletzungen und Behinderungen gezeichnete Leben annimmt, werden doch die Behinderungen als solche keineswegs geheiligt oder gar vergöttlicht.[9]

Damit ist in einer ersten Annäherung das Recht, aber auch die Problematik der Rede vom „behinderten Gott“ angesprochen. Um den angedeuteten christologischen und theologischen Fragen weiter nachzudenken, nehme ich im Folgenden zunächst die kreuzestheologischen Überlegungen auf und frage nach der Erkenntnis Gottes angesichts des Gekreuzigten (2.). Sodann greife ich noch einmal zurück auf den biblischen Ausgangspunkt in der Unterscheidung zwischen den Götzen und dem lebendigen Gott und frage nach der Leiblichkeit bzw. Menschengestaltigkeit Gottes (3.). Schließlich münden diese Nachfragen ein in eine Besinnung auf den Allmachtsbegriff (4.).

2. Das Bild des Gekreuzigten: Gotteserkenntnis und Theologiekritik

Nichts anderes wolle er wissen als Jesus Christus und diesen als den Gekreuzigten. So schreibt Paulus an die Gemeinde in Korinth (1. Kor 2,2). Und im Brief an die Galater gibt er seiner Enttäuschung und seinem Ärger Ausdruck, dass diese sich haben verwirren lassen: „O ihr unverständigen Galater! Wer hat euch bezaubert, denen doch Jesus Christus vor die Augen gemalt war als der Gekreuzigte“ (Gal 3,1). Auf Jesus am Kreuz hinschauen und ihn beharrlich im Blick behalten, das entscheidet demnach über Weisheit oder Torheit. Hier wird die alles entscheidende Erkenntnis gewonnen oder eben auch verfehlt. Zugleich ist deutlich: Was es hier zu erkennen gilt, das fügt sich nicht den Maßstäben unserer Wissenschaft und Klugheit. Es ist kein Gegenstand, über den man ein für allemal Bescheid wissen könnte, um dann darüber verfügen zu können. Nichts anderes als Jesus Christus, den Gekreuzigten, wissen zu wollen, das heißt auch sich darauf einzustellen und sich darauf einzu-

8 Andrea Bieler, Verletzliche Körper. Theologische und systemische Überlegungen zum Kranksein, in: Ilse Falk u. a. (Hg.), So ist mein Leib (s. Anm. 2), 45–76, Zitat 57.

9 Vgl. zur Problematik der Gleichsetzung der Gottebenbildlichkeit des Menschen mit bestimmten Eigenschaften des Menschen, sei es seiner geistigen Vollkommenheit oder auch seiner körperlichen Fragilität, die grundsätzlichen Bemerkungen von Eurich, Gerechtigkeit (s. Anm. 2), 352 (im Anschluss an Härle).

lassen, dass dieser Jesus unsere geläufigen Vorstellungen und Bilder, die wir uns von ihm sowie von Gott und Mensch machen, in Frage stellt. Insofern geht es um das Bilderverbot des Dekalogs: „Du sollst dir kein Gottesbild machen noch irgendein Abbild von etwas, was oben im Himmel, was unten auf der Erde oder was im Wasser unter der Erde ist" (Ex 20,4; Dtn 5,8). Das Bild des Gekreuzigten ist die Kritik aller Gottesbilder. An ihm will erkannt werden, wer Gott in Wahrheit ist.

Es ist die Sprache des ersten Gebots, die Paulus im Blick auf den Gekreuzigten gebraucht: „Ich bin der Herr, dein Gott, du sollst keine anderen Götter haben neben mir." So wie der Gott Israels sich bekannt gemacht hat: „Ich, ich bin der Herr, und außer mir ist kein Retter" (Jes 43,11), so exklusiv stellt Paulus Jesus Christus „und diesen als den Gekreuzigten" den frühen Gemeinden vor Augen. Auf ihn allein sollen sie schauen. In ihm tritt der unsichtbare Gott für uns sichtbar vor Augen. Ist das wirklich so? Wer es behauptet – und die christliche Theologie hat es immer wieder behauptet! – setzt sich dem Widerspruch aus. „Gott am Kreuze", das erscheint vielen als eine geradezu gotteslästerliche, blasphemische Behauptung. Nietzsche hat eben darin „das größte Unglück der Menschheit" gesehen. „Gott am Kreuze – versteht man immer noch die furchtbare Hintergedanklichkeit dieses Symbols nicht? – Alles, was leidet, Alles, was am Kreuze hängt, ist göttlich … Wir Alle hängen am Kreuze, folglich sind wir göttlich … Wir allein sind göttlich … Das Christenthum war ein Sieg, eine vornehmere Gesinnung gieng an ihm zu Grunde […]."[10] Mit dieser Christentumskritik, die im Kern eine Absage an die Kreuzestheologie des Paulus ist, steht Nietzsche keineswegs allein. Ihm lassen sich viele Stimmen zugesellen, die nicht nur von außen, sondern auch innerhalb der Kirche die „furchtbare Hintergedanklichkeit" der Kreuzessymbolik problematisieren. Müsste man nicht, statt den Gottesgedanken mit dem Kreuzesgeschehen zusammenzuschauen und zusammenzudenken, vom Gottesgedanken her Einspruch erheben: Will Gott wirklich dieses Leiden, diesen Tod? Wenn Gott die Liebe ist, wie kann er dann geschehen lassen, ja vollziehen, was doch so offenkundig lieblos, sinnlos ist? Und was hilft es den Leidenden, wenn ihr Leiden vergöttlicht, aber nicht überwunden, wenn das Böse nicht zum Guten gewendet wird?

Nietzsche hat zu Recht die „Hintergedanklichkeit" des Kreuzessymbols hervorgehoben. Darin zeigt sich seine theologische Sensibilität und die Ernsthaftigkeit seiner Auseinandersetzung mit dem Gottesgedanken, die ihn in einer inneren Konsequenz zum Gegenentwurf einer Anthropologie des „göttlichen Menschen" geführt hat. Wenn somit das Prädikat des Göttlichen für den Menschen in Anspruch genommen und die ‚Widergöttlichkeit' eines „Gottes am Kreuz" behauptet wird, bleibt daher zu fragen, welches theo-

---

10 Friedrich Nietzsche, Kritische Studienausgabe in 15 Bdn., hg. von Giorgio Colli u. Mazzino Montinari, München/Berlin/New York 1980 (im Folgenden zitiert: KSA), Bd. 6, 232 (Der Antichrist, Nr. 51).

logische Konzept hier die Maßstäbe setzt. Nietzsches Kritik am Evangelium vom gekreuzigten Gott ebenso wie die im Gegenzug konzipierte „Sonne eines neuen Evangeliums“[11] setzen einen Gottesbegriff voraus, der wesentlich durch den „Willen zur Macht“ bestimmt ist. Auch hier hängen Gottesbegriff und Begriff des Lebens aufs Engste miteinander zusammen. „Leben selbst ist Wille zur Macht“[12], wie er sich vor allem auch als „Selbsterhaltungstrieb“[13], als Wille zur Selbststeigerung realisiert. Indem der Mensch diesen Willen in sich hervorbringt und ihm stattgibt, vermag er selbst als „göttlicher Mensch“ die Stelle Gottes einzunehmen. Für diesen Menschen ist der Gedanke eines Gottes, der sein Leben für andere hingibt und in letzter Konsequenz den Tod am Kreuz erleidet, unerträglich.[14]

Während bei Nietzsche und der ihm folgenden Kritik der Kreuzestheologie „der Gott am Kreuz“ als „ein Fluch auf Leben“[15], als Mitte und Ursprung einer lebensverneinenden, krankmachenden Religion aufgefasst wird, lässt sich umgekehrt die Botschaft des Kreuzes auch als Kritik des Gottesbegriffs verstehen, der Nietzsches Kritik und Gegenentwurf zugrunde liegt. In der theologischen Tradition, insbesondere in der reformatorischen Theologie ist immer wieder vom Kreuz her die Scheidelinie zwischen Gottesdienst und Götzendienst, zwischen dem einen wahren und lebendigen Gott und den falschen Gottheiten scharf gezogen worden. Als Beispiel zitiere ich das Votum von Adolf Schlatter aus einem Vortrag über „Das Kreuz Jesu – unsere Versöhnung mit Gott“:

„Wer von uns von den falschen Gottheiten frei werden will, der richte seinen Blick auf den Gekreuzigten. Durch Jesu Kreuz versinken die falschen Gottesbilder alle, alle kranken Religionen, die unser eigenes Erzeugnis sind. Dort wird der wahrhaftige Gott sichtbar. Es ist so, wie Jesus sagte, als er zum Kreuz ging. Damals sagte er: Nun ist Gott verklärt; jetzt ist seine Herrlichkeit sichtbar geworden [vgl. Joh 13,31 f.; 17,22–24]; jetzt sieht der Mensch den wahrhaftigen Gott. Deshalb, weil Gott am Kreuz Jesu seinen ganzen Willen zeigt, versöhnt er uns dort mit sich.“[16]

Diese Sicht steht in einem diametralen Gegensatz zu den Auffassungen, die gerade im Anblick des Gekreuzigten den Ursprung einer krankmachenden Religion sehen und die in der Wahrnehmung Gottes im Gekreuzigten einen Akt der Blasphemie, der Gotteslästerung erkennen. In diesem Streit um

---

11 KSA 2, 105 (Menschliches, Allzumenschliches I, Nr. 107).

12 KSA 5, 27 (Jenseits von Gut und Böse, Nr. 13).

13 Ebd.

14 Das ist freilich nur die eine Seite. Ebenso entschieden wie Nietzsche den Gedanken des gekreuzigten Gottes widerspricht, bleibt er ihm im dionysischen Gegenentwurf verhaftet; vgl. dazu Heinrich Detering, Der Antichrist und der Gekreuzigte. Friedrich Nietzsches letzte Texte, Göttingen 2010.

15 KSA 13, 267 (Nachgelassene Fragmente, Frühjahr 1888).

16 Adolf Schlatter, Glaube und Wirklichkeit. Beiträge zur Wahrnehmung Gottes, hg. v. Johannes von Lüpke, Stuttgart 2002, 129.

das Kreuz dürfte es hilfreich sein, die Ausführungen Schlatters, mit denen er seine zitierte These verständlich zu machen sucht, weiter zu verfolgen. Er orientiert sich an drei Begriffen, die in der Lehre von den Eigenschaften Gottes geläufig sind: Macht, Wissen und Gerechtigkeit. Aus allen drei Begriffen können Götzen werden. Und das geschieht überall dort, wo das dem Menschen Mögliche, also seine Macht, sein Wissen und seine Gerechtigkeit, zu einem „göttlichen" Maximum gesteigert, so entgrenzt gedacht wird, dass darüber Gottes Eingehen in die Sphäre der Menschlichkeit außer Acht gerät. Gegenüber solchen Idealisierungen erweist sich Gottes Macht, Weisheit und Gerechtigkeit, so wie sie im Gekreuzigten begegnet, als anders, ja als extrem entgegen gesetzt. Vom Gegenpol des Todes am Kreuz her ist neu zu erkennen und zu entfalten, was die genannten Eigenschaften in Wahrheit bedeuten. Worin sich Gottes Macht von menschlichen Allmachtsvorstellungen unterscheidet, wird noch zu bedenken sein (vgl. unten 4.). Zu den beiden anderen Begriffen sei hier nur so viel gesagt:

Gottes Weisheit ist anderer Art als eine Universalwissenschaft, die das Ganze zu begreifen und der Wirklichkeit von Welt und Mensch auf den Grund zu kommen sucht, aber die Wirklichkeit doch nur insoweit begreift, als sie sich einem allgemeinen Begriff unterordnen und einordnen lässt.[17] Mit dem schlechthin Besonderen, unverrechenbar Individuellen und immer wieder auch befremdlichen Anderen weiß diese Weltweisheit nichts anzufangen. Genau darauf jedoch lässt sich Gottes Weisheit, so wie sie im Zeichen des Kreuzes offenbar wird, ein. Sie nimmt wahr, was sich der generalisierenden Betrachtung verbirgt; sie hat einen Sinn für den Einzelnen, die Einzelne, das Einzelne, oder um es im Anschluss an in der Sprache der Evangelien zu sagen: Sinn für die menschliche Existenz in ihrer „Verlorenheit", in ihrer Zerbrechlichkeit und in ihrer Angewiesenheit auf Zuwendung.

So wie Jesus Christus als der Gekreuzigte für uns zur Weisheit Gottes geworden ist, so ist er in seiner Person auch die Gerechtigkeit Gottes (1. Kor 1,30). Am Kreuz erleidet er nicht nur das Todesurteil der menschlichen Gerichtsbarkeit; indem er dieses Urteil auf sich nimmt, vollzieht er vielmehr auch das Urteil Gottes über alle menschliche Ungerechtigkeit. Er setzt Gottes Gerechtigkeit durch. Das heißt zum einen: Das Urteil ist radikal; es hat nicht nur Taten, nicht nur das, was „vor Augen ist" (1. Sam 16,7), zum Gegenstand, es trifft vielmehr das, was Menschen im Innersten bewegt. Und wenn die Gerechtigkeit Gottes dort, also jenseits von Moral und menschlicher Rechtsordnung, jene tief sitzende und alles durchdringende Verfehlung, die in der Bibel Sünde genannt wird, verurteilt, so heißt das zum anderen auch,

---

17 Vgl. zu dieser Unterscheidung die eindringliche Besinnung von Jörg Baur, Weisheit und Kreuz, in: ders., Einsicht und Glaube. Aufsätze Bd. 2, Göttingen 1994, 99–110; ebd. 100 f.: „[…] um die Einheit des Ganzen zu bewahren, scheidet weisheitliches Denken die Kreuzesmomente der von uns erfahrenen Welt dadurch aus, daß es sie begreifend unterbringt."

dass sie dort Recht schafft. Das Kreuz ist der Ort, von dem her alles zurechtgebracht wird. Die Gerechtigkeit Gottes wird hier offenbar als eine schöpferische Gerechtigkeit, als eine Gerechtigkeit, die dem Menschen im Innersten und von daher ganz gerecht wird. Ohne menschliche Ungerechtigkeit zu verharmlosen oder scheinbar gnädig über sie hinwegzusehen, wendet sich Gott denen zu, „die hungert und dürstet nach Gerechtigkeit" (Mt 5,6). „Sättigen" kann diese Gerechtigkeit Gottes freilich nur, weil sie die Gerechtigkeit des Schöpfers ist, der seine Geschöpfe in ihrer Besonderheit und Bedürftigkeit kennt. Es entspricht diesem Verständnis der Gerechtigkeit Gottes, wenn Nancy L. Eiesland eine Praxis der Gerechtigkeit fordert, die sich in erster Linie als „gerechtes Hinhören" („just listening") vollzieht und so „Wechselseitigkeit und gegenseitige Achtung der Unterschiede" herbeiführt.[18]

Fassen wir zusammen: Im Angesicht des Gekreuzigten erkennen wir Gottes Sohn und mit ihm den wahren Gott, erkennen wir Gottes Macht und Weisheit, seine Gerechtigkeit im Widerspruch zu allen menschlichen, allzumenschlichen Vorstellungen vom Göttlichen, Vorstellungen, die sich als Vergötzungen menschlicher Macht und Vernunft erweisen und als solche dem wirklichen Menschen in seiner Endlichkeit gerade nicht gerecht werden. Und von daher gilt: Ohne ein Bedenken dessen, was das Wort vom Kreuz über Gott zu verstehen gibt, wird das Sein des lebendigen Gottes missverstanden. Erst am Kreuz wird offenbar, wer er in Wahrheit ist.

3. Gott in Menschengestalt und der menschliche Körper als Raum der Gotteserfahrung

Der in Jesus Christus Mensch gewordene Gott ist im Unterschied zum „Gott der reinen Vernunft" dadurch charakterisiert, dass er „das menschliche Leben nicht entleert und vernichtet, sondern schafft und füllt"[19]. Er macht sich das menschliche Leben auch in seiner Leiblichkeit zu eigen. Die Behauptung, wie sie sich z. B. bei Philo von Alexandrien findet, Gott sei „frei von den unvernünftigen Leidenschaften der Seele und den Teilen und Gliedma-

---

18 Eiesland, Dem behinderten Gott begegnen (s. Anm. 2), 12; vgl. ebd.: „Zu häufig haben auf Zeit ent-hinderte Menschen eifrig Strategien entworfen, um dem zu begegnen, was sie für ungesundes Leben Behinderter halten, ehe sie gerecht gehört haben. Sie haben versucht, für uns zu sprechen, indem sie entschieden haben, wie und wo wir am besten Gott dienen können, ehe sie gerecht gehört hatten. [...] Der Prüfungsprozess in Kirche und Gesellschaft muss anfangen mit gerechtem Hinhören, dem Hören auf Rufe nach Gerechtigkeit, wie sie Menschen mit Behinderungen aussprechen, die unter uns leben."

19 Adolf Schlatter, Das christliche Dogma, Stuttgart ^{4}1984, 286.

ßen des Körpers“[20], wird eine am biblischen Zeugnis orientierte Theologie so nicht nachsprechen können. Für sie ist die anthropomorphe Rede von Gott nicht nur unvermeidbar, sondern auch angemessen. Der Fehler der Götzendiener liegt nach dem Zeugnis der Bibel nicht darin, dass sie sich Gott anthropomorph vorstellen, vielmehr darin, dass für sie der körperlich vorgestellte Gott stumm bleibt. Zugespitzt gesagt: Gott wird in seiner Leiblichkeit unterschätzt. Der biblische Gott aber ist ein Gott mit Leib und Seele.[21]

Aufgenommen ist diese biblische Gottesrede, wenn Luther pointiert vom körperlichen Gott (deus corporeus)[22] redet und diesen dem rein geistig gedachten Gott der Philosophen entgegenstellt: „Die Welt will den Gott, der menschliche Natur an sich genommen hat, geboren ist, gepredigt, die Welt um die Sünde gestraft und des Vaters Willen ihr verkündigt hat, nicht haben, sehen noch hören, sondern verfolgt und lästert ihn und schlägt ihn endlich tot als einen Aufrührer, Gotteslästerer und Mörder. Dagegen sucht sie mit höchstem Fleiß, Unkosten, Mühe und Arbeit durch andere unzählige Wege den unsichtbaren, unbegreiflichen Gott in seiner Majestät.“[23] Gottes Majestät, abgehoben von seiner leiblichen Zuwendung zu denken, greift aber zu kurz, es verfehlt die wahre Gottheit. Luther gibt dazu an anderer Stelle „ein grob[es] Gleichnis“: Es ist so, als wollte ich einen „großen Landherrn“ rühmen, „von dem ich doch nichts wüsste noch sagen könnte, was oder wer er wäre, und noch daran zweifelte, ob er ein Mensch wäre, Leib und Seele hätte. Lieber, was würde das für ein Herr sein, von dem ich sagte, dass er in seinem Wesen und Natur keinen Arm noch Bein, Kopf oder Leib hätte? Als wenn ich vom Kurfürsten zu Sachsen oder von einem Grafen zu Mansfeld sagte: das ist ein Kurfürst oder ein Graf zu Mansfeld, und hat doch weder Leib, Kopf noch Strumpf, Hände oder Füße.“[24] Wer sich einen solchen Gott vorstellt, „der da in seinem göttlichen Wesen keinen Sohn habe“, nimmt ihm „damit Hände und Füße, das ist seine vollkommene Gottheit, wie er sich hat offenbart und will erkannt sein.“[25]

So wie es im Blick auf die Erkenntnis eines Menschen unzulänglich und trügerisch ist, lediglich seine Machtstellung zu kennen, nicht aber zu wissen, wie er seine Macht ausübt, wie er im Innersten gesonnen ist und wie er handelt, ebenso weiß man auch von Gott zu wenig, wenn man sich ihn lediglich als den höchsten Machthaber vorstellt, dabei aber von „Leib“ und „Seele“ absieht. In der Abstraktion von den leiblichen Lebensäußerungen und Hand-

---

20 Zitiert nach Andreas Wagner, Gottes Körper. Zur alttestamentlichen Vorstellung der Menschengestaltigkeit Gottes, Gütersloh 2010, 43.

21 Vgl. insbesondere zum alttestamentlichen Befund die aufschlussreiche Monographie von Wagner, Gottes Körper (s. Anm. 20).

22 WA.TR 1, 467,32 (Nr. 925).

23 WA.TR 1, 468,8–12 (Nr. 925), sprachlich leicht modernisiert.

24 WA 51, 152,4–12.

25 A.a.O., 152,13–16.

lungsweisen Gottes wird hier zugleich das Innerste seines Herzens verfehlt. Die Vollkommenheit Gottes ist nicht jenseits seiner Leiblichkeit zu finden, sondern nur in ihr. Wenn Luther hier so entschieden für die Leiblichkeit Gottes votiert, für einen Gott mit „Händen und Füßen“, so eben deswegen, weil sich in den Bewegungen nach außen zeigt, was Gott im Innersten bewegt. Gott offenbart sich mit Leib und Seele und will vom Menschen mit Leib und Seele erkannt werden.

Eben deswegen greift eine Erkenntnisbemühung fehl, die Gott als absolute Größe, „abgesondert von den Kreaturen“[26] als in sich abgeschlossene Vollkommenheit zu begreifen sucht. Gegen derartige Versuche einer „philosophischen oder metaphysischen“[27] Gotteslehre vertritt Luther den Grundsatz: „Gott ist nicht unter der Kategorie der Substanz, sondern unter der Kategorie der Relation zu suchen.“[28] Das Sein Gottes ist Sein in Beziehung.[29] Es will mithin nicht jenseits seiner Erscheinungsweisen gesucht werden; vielmehr geht es darum, in den Phänomenen das Für-uns-Sein Gottes wahrzunehmen und in seinen Äußerungen zugleich die Mitteilung dessen, was er wesentlich ist. „Christen halten sich an den sichtbaren Gott und an das sichtbare Regiment Gottes, das ist: an den Sohn Gottes, unseren Herrn Jesum Christum“[30]. In ihm, „welcher Mensch geworden ist, geboren zu Bethlehem, gelegen in der Krippen und in seiner Mutter Schoß, persönlich gepredigt, Zeichen und Wunder getan in Galiläa und im jüdischen Lande, am Kreuz gehangen, gestorben und vom Tode auferstanden, letztlich Apostel gesandt in alle Welt und in seinem Namen predigen lassen Buße und Vergebung der Sünde, hat Gott sich offenbart, was sein Wille sei gegen uns und wie er von uns will erkannt und geehret sein.“[31] Der menschgewordene Sohn Gottes verkündigt nicht nur den wahren Gott, er „ist“ vielmehr in seiner menschlichen Gestalt „der wahrhaftige Gott und das ewige Leben“[32].

---

26 WA 43, 240,23 f. (Genesisvorlesung, 1535–45; zu Gen 22,16).

27 A.a.O., 240,23.

28 „Deum quaerendum esse non in praedicamento substantiae, sed relationis.“ So die bei Johann Gerhard überlieferte Formulierung (Loci theologici, prooemium de natura theologiae, 28; in der Ausgabe von Ed. Preuss, Bd. 1, Berlin 1863, 8); vgl. a.a.O., 287 (loc. II, 94). Zu weiteren Belegen und Erläuterungen vgl. Johannes von Lüpke, Gott in seinem Wort wahrnehmen. Überlegungen zu einem nachmetaphysischen Gottesverständnis im Anschluss an Anselm von Canterbury und Martin Luther, in: Klaus Held und Thomas Söding (Hg.), Phänomenologie und Theologie (QD 227), Freiburg i. Br. u. a. 2009, 74–105, insbes. 89–95.

29 Zu den trinitätstheologischen Aspekten dieses Satzes vgl. die einschlägigen Studien von Christoph Schwöbel, Gott in Beziehung. Studien zur Dogmatik, Tübingen 2002; Gott im Gespräch. Theologische Studien zur Gegenwartsdeutung, Tübingen 2011.

30 WA 45, 281,15 f. (Predigt über Kol 1,9–20, 21.11.1537).

31 A.a.O., 280,27–34.

32 A.a.O., 281,27.

Wird Gott in Jesus Christus so körperlich wahrgenommen, so heißt das auch, dass der menschliche Körper in seiner Beschränktheit und Fragmentarität zum Ort der Gegenwart Gottes werden kann. „Gott ist im Fleische", dieses „Wunder" und „Geheimnis" der Weihnacht (EG 41,4; vgl. 1. Tim 3,16) ereignet sich primär in der einen und einzigartigen Person Jesu Christi, bezieht aber auch Menschen in ihrer je individuellen Leiblichkeit ein. Es will mit allen Sinnen wahrgenommen werden (1. Joh 1,1–3). Gott ist auch insofern *im* Fleisch, als er leiblich im Raum und im Horizont unseres Leibes begegnet. Der menschliche Leib in seinen vielfältigen individuellen Ausprägungen ist somit gewürdigt, zum „Tempel" des göttlichen Geistes zu werden (vgl. 1. Kor 3,16 f.; 6,19).[33] Entscheidend dabei ist, dass diese Tempelqualität nicht abhängig ist von Graden der Vollkommenheit, die sich auf der Skala geistiger oder körperlicher Fähigkeiten einzeichnen ließen. Die Einwohnung Gottes setzt weder Höchstformen in der Ausbildung des menschlichen Geistes noch Idealgestalten seiner Körperlichkeit voraus. Vielmehr erweist sich der Geist Gottes gerade darin als vollkommen, dass er sich in vollkommener Weise mitzuteilen vermag, in die vielfältig differenzierte leibliche Lebenswirklichkeit eingehend und so ihre Trennungen aufhebend.[34]

4. Allmacht und Ohnmacht des Wortes

Mit der Behauptung, Gott sei behindert, wird der Glaube an den allmächtigen Gott in Frage gestellt. Ob freilich damit der Gottesgedanke überhaupt bestritten wird, hängt davon ab, wie man den Begriff der Allmacht versteht. Zum einen ist unter diesem Begriff die Differenz zu bedenken: Im Gegenüber und im Gegensatz zu den in mehrfacher Hinsicht eingeschränkten, behinderten und sich gegenseitig beschränkenden und behindernden Geschöpfen, kommt Gott als der eine und einzige in Betracht, der uneingeschränkt wirkt und sich in seiner Macht auf alles zu beziehen vermag. Die Rede von einem behinderten Gott erscheint in dieser Hinsicht als absurd. Zum anderen ist unter dem Begriff der Allmacht aber auch Gottes kommunikative Verbundenheit mit seiner Schöpfung zu verstehen. Der Schöpfer steht seiner

---

[33] In dieser Hinsicht sind Erfahrungen und Einsichten mystischer Theologie aufzunehmen; vgl. dazu exemplarisch die Hinweise auf Gertrud von Helfta bei Benita Joswig, Transitwege jenseits von Krankheit und Gesundheit, in: Ilse Falk u. a. (Hg.), So ist mein Leib (s. Anm. 2), 143–156.

[34] Gott ist in der bedingungslosen und rückhaltlosen Mitteilung seiner Güte „vollkommen" (Mt 5,43–48). Darin dürfte der theologische Grund des Gedankens der Inklusion liegen. Dieser Vollkommenheit zu entsprechen, heißt dann, die Differenzen zwischen Menschen nicht als trennende Differenzen, sondern als Möglichkeiten wechselseitiger Bereicherung wahrzunehmen.

Schöpfung so wenig fremd gegenüber, dass er sich vielmehr auf alles Kreatürliche einzulassen vermag. Das wird konkret in der Menschwerdung Gottes in Jesus Christus, die „inklusiv“ alles Menschsein umfasst und nur insofern exklusiv ist, als sie die Sünde des Kommunikationsabbruchs negiert und überwindet.

Die beiden Aspekte, die im Begriff der Allmacht zusammenkommen, sind nun noch eingehender zu bedenken. Allmacht im erstgenannten Sinn ist eine Eigenschaft, die einzig und allein Gott zukommt. Sie bezeichnet „den kategorialen Unterschied“[35] zwischen Schöpfer und Geschöpf. Während die Geschöpfe in Abhängigkeit existieren, angewiesen auf Lebenskräfte, die sie nur empfangen können, über die sie also nicht aus sich heraus und für sich verfügen können, ist der Schöpfer so frei und zugleich so mächtig, dass er – um es noch einmal mit den Worten des 115. Psalms zu sagen – schaffen kann, was er will. Schlechthinnige Freiheit und Allmacht sind eins. Klassisch lässt sich dieser Zusammenhang bei Augustin studieren. Gott wird eben deswegen zu Recht der allmächtige genannt, „weil er vermag, was auch immer er will, und weil der Erfolg seines allmächtigen Willens nicht durch den Willen irgendeiner Kreatur gehindert wird.“[36] Als der Allmächtige vermag Gott seinen Willen ungehindert durchzusetzen. Gottes Wille ist dadurch gekennzeichnet, dass er „gewiss und unwandelbar und überaus wirksam“ („certa et immutabilis et efficacissima“)[37] ist. Was Gott will, tut er auch. Und was er tut, entspricht seinem Willen. Seine einzigartige Macht erweist sich darin, dass Wollen und Tun übereinstimmen. Sie ist darin allmächtig, dass sie sich gegen alle Widerstände durchzusetzen vermag. Sie ist in ihrer eigenen Effektivität nicht aufzuhalten.

Dieses Verständnis von Allmacht hat zweifellos seine Plausibilität, seine logische Evidenz, steht aber vielleicht gerade deswegen auch im Verdacht, ein logisches Konstrukt zu sein, das in Spannung steht zur Gotteserfahrung. Eben unter der Voraussetzung eines solchen Begriffs von Allmacht brechen die Fragen auf, die als Theodizeeproblematik erörtert werden und theoretisch wohl niemals befriedigend beantwortet werden können. Will Gott wirklich alles, was er schafft? Und wenn nicht alles, was geschieht, auf seinen Willen zurückgeführt werden kann, lässt sich dann überhaupt noch der Gedanke der Allmacht aufrecht erhalten? So viel ist deutlich: Der Gedanke, dass Gott in seinem Tun unumschränkt ist, hat eine dunkle Kehrseite. Die behauptete

---

[35] Wilfried Härle, Dogmatik, Berlin/New York ^{4}2007, 262–266.

[36] Augustin, Enchiridion 24,96: „neque enim ob aliud veraciter vocatur omnipotens, nisi quoniam quidquid vult potest, nec voluntate cuiuspiam creaturae voluntatis omnipotentis impeditur effectus.“ Zur Interpretation dieser Definition sowie zu Kontexten und Parallelstellen im Werk Augustins vgl. Jan Bauke-Ruegg, Die Allmacht Gottes. Systematisch-theologische Erwägungen zwischen Metaphysik, Postmoderne und Poesie (TBT 96), Berlin/New York 1998, 416–430.

[37] Augustin, Enchridion, 24,95.

Einheit von Willen und Tun Gottes ist in unserer Erfahrung keineswegs durchsichtig auf einen guten Willen. Wenn Luther in seiner Schrift gegen Erasmus (*De servo arbitrio*) den Gedanken der Allmacht Gottes in dem Sinne auslegt, dass Gott „Leben, Tod und alles in allem wirkt“[38], so betont er zugleich, dass Gott in dieser Allwirksamkeit der „verborgene Gott“ ist.

Dass Gott nach dem Zeugnis der Bibel ein Gott des Lebens ist, der das Leben seiner Geschöpfe, nicht aber den Tod will, ist damit nicht bestritten. Eher könnte man sagen, dass es Luther darum geht, den Glauben in der Situation des Widerspruchs zu behaften. Der Gedanke der Allmacht wird seinem Gebrauch im Sinne einer Allerklärung oder Totalrechtfertigung entzogen. Die Differenzen zwischen Gut und Böse, zwischen Leben und Tod, zwischen dem, was dem Leben dient, und dem, was tödlich ist, werden nicht aufgehoben. Und zur Wahrnehmung dieser Differenz gehört auch, dass sich jedes Menschenleben in der Spannung zwischen Last und Begabung bewegt und zum ‚Stoff‘ von Lob und Klage, Dank und Bitte werden kann. Alles ist von Gottes Wirken umfangen und durchdrungen; nichts fällt aus seiner Macht heraus. Und eben daraufhin, im Vertrauen darauf ist dann konkret in den Spannungen und Widersprüchen des Lebens nach der Erkenntnis und Durchsetzung dessen zu suchen, was das Leben gegen die Kräfte des Todes fördert.

Darauf zu vertrauen, dass Gottes Macht in allem wirksam ist, heißt somit gerade nicht, alles auf Gottes Willen zurückzuführen und als ‚gottgewollt‘ zu rechtfertigen. Die Behauptung, alles, was auch immer geschieht, könne und solle nicht anders sein, es sei vielmehr notwendig so und es sei gut so, wie es ist, setzt dort ein Gleichheitszeichen, wo der christliche Schöpfungs- und Vorsehungsglaube durchaus die Differenzen offenhält.[39] Wer Gott anruft und

---

38 Martin Luther, lateinisch-deutsche Studienausgabe, Bd. 1: Der Mensch vor Gott, hg. v. Wilfried Härle, Leipzig 2006, 404,33 f.: „Deus absconditus in maiestate, neque deplorat neque tollit mortem, sed operatur vitam, mortem, et omnia in omnibus.“

39 Zur Kritik an einer Vorsehungslehre, die im Rekurs auf Gottes Allmacht alles als „notwendig“ festschreibt und rechtfertigt, vgl. die klärenden und insbesondere auch für den Umgang mit Behinderung hilfreichen Ausführungen von Gunda Schneider-Flume, Überlegungen zu Vorsehung und Behinderung, in: dies., Glaube in einer säkularen Welt. Ausgewählte Aufsätze, Leipzig 2006, 274–282, insbes. 278: „[…] Versuche, die Theodizeefrage mittels der Providenzlehre zu lösen, stabilisieren Behinderung, Leiden und Leidenszustände, durch ein Theoriegebilde, das Wirklichkeit als Notwendigkeit festschreibt und dadurch den Blick über die Realität des Leidens hinaus verstellt. In der biblischen Tradition steht dagegen die Hoffnung auf den Realismus des Erbarmens, der zwar nichts erklärt, sich aber nicht mit der Feststellung des Gegebenen als notwendig begnügt. […] Das Vertrauen des christlichen Glaubens lässt sich in das Bekenntnis fassen: ‚[E]s gibt kein Außerhalb Gottes.‘ Aber in diesem Zusammenhang ist Gott nicht als der von ferne her planende Verursacher gedacht, sondern als der, der nahe ist.“ Dieses Nahesein Gottes ist als die Nähe seines Wortes (Dtn 30,14) auszulegen.

darum bittet, dass sein Wille geschehen möge, weiß auch darum, dass nicht alles, was in der Welt und im Leben eines Menschen geschieht, mit dem Willen Gottes übereinstimmt. Dass es Menschen am „täglichen Brot“ mangelt, dass sie aneinander schuldig werden und dass sie der Versuchung durch das Böse ausgesetzt sind, widerspricht dem Willen Gottes, bezeichnet aber auch die Wirklichkeit, in der und gegen die sich seine Herrschaft durchsetzen kann und soll. Auf Gottes Schöpfermacht zu vertrauen, heißt dann, mit den Worten Dietrich Bonhoeffers gesagt, zu glauben, „daß Gott aus allem, auch aus dem Bösesten, Gutes entstehen lassen kann und will“ und dafür Menschen „braucht [...], die sich alle Dinge zum Besten dienen lassen.“[40]

Was bedeutet diese grundsätzliche Unterscheidung für den Umgang mit Behinderung? Ist Behinderung Teil der guten Schöpfung Gottes? Was ist Gottes Wille in Bezug auf das Leben mit Behinderungen? Ulrich Bach hat diese Frage für sich so beantwortet: „Gott will, dass dieses Leben mein Leben ist.“[41] Die Pointe dieses Satzes wird deutlich, wenn man ihn auf Meinungen bezieht, denen zufolge behindertes Leben von Gott eigentlich nicht gewollt sein könne. Wer so denkt, macht nicht nur eine Aussage über den Menschen, vielmehr denkt er auch Gott nach Maßgabe dessen, was menschlich als normal und vollkommen gilt. Ulrich Bach erkennt darin ein Muster, das seinen klassischen Ausdruck in Goethes „Prometheus“ gefunden hat: „Hier sitze ich, forme Götter nach meinem Bilde“[42]. Gott wird als Gott der Starken konzipiert, als Inbegriff von Vollkommenheiten, an dem gemessen das Leben mit Behinderungen als Menschsein „zweiter Wahl“[43] erscheint.

Will Gott, dass „ich“ ein Leben mit Behinderungen als „mein Leben“ führe, so darf und soll ich in diesem Leben sein Wirken wahrnehmen. Hier hat der Glaube an Gottes Vorsehung sein Recht und hier gewinnt auch der Gedanke des ungehinderten, allmächtigen Wirkens Gottes noch einmal eine besondere Färbung. Mit Paul Gerhardt kann dann gesagt und gesungen werden: „Weg hast du allerwegen,/ an Mitteln fehlt dir’s nicht;/ dein Tun ist lauter Segen,/ dein Gang ist lauter Licht;/ dein Werk kann niemand hindern,/ dein Arbeit darf nicht ruhn,/ wenn du, was deinen Kindern/ ersprießlich ist, willst tun.“ Dass Gottes Werk alles zu durchdringen vermag und durch nichts zu hindern ist, meint nun, dass es sich auch gegen alle widrigen Umstände durchzusetzen vermag. Die so verstandene Macht ist kommunikative Macht. Sie liegt, wie insbesondere Luther immer wieder betont, in Gottes Wort begründet. Als Macht des Wortes ist Gottes Allmacht ebenso schwach wie

---

40 Dietrich Bonhoeffer, Widerstand und Ergebung. Briefe und Aufzeichnungen aus der Haft, hg. v. Christian Gremmels u. a. (Dietrich Bonhoeffer Werke, Bd. 8), Gütersloh 1998, 30 (Einige Glaubenssätze über das Walten Gottes in der Geschichte).

41 Ulrich Bach, Boden unter den Füßen hat keiner. Plädoyer für eine solidarische Diakonie, Göttingen 1980, 99.

42 Ebd.

43 A.a.O., 100.

stark. Sie lässt sich bewegen; sie setzt sich dem Widerspruch aus; sie wird verdrängt; Menschen können sich über sie hinwegsetzen. Das Wort Gottes ist „ohnmächtiger […] denn eine Fliege“[44]. Es ist nur ein Hauch, sterblich und hinfällig, und doch Träger des schöpferischen Wirkens Gottes. In all seiner Schwäche ist das Wort Gottes doch mächtiger als alle menschlicherseits ausgeübte Gewalt. Es wirkt in das Innerste eines Menschen. Es ist des Herzens mächtig. Es kann Freiheit schaffen und auf freie Menschen so einwirken, dass sie ihre eigene Antwort geben. Es ist jene Macht, die den Menschen zum Ebenbild Gottes werden lässt.

Die These, Gottes Allmacht liege in seinem Wort, mag als eine allzu steile theologische Behauptung erscheinen, die vielleicht auch Erinnerungen an eine als autoritär und doktrinär verstandene Theologie des Wortes Gottes weckt. Um solche Vorurteile und Missverständnisse auszuräumen, sei abschließend die These in zweifacher Hinsicht erläutert:

Zum einen: Wenn Gottes Macht in seinem Wort liegt, so ist das Wort in einer genau zu bestimmenden Funktion gemeint. Nicht das Wort der Aussage und Feststellung, nicht Sprache als Instrument der Weltbemächtigung. Primär geht es um die Zusage, also um Sprechakte, die Menschen ihren je individuellen Namen geben, Worte, die einen anderen Menschen ansprechen, so dass er oder sie als „Ich“ geachtet wird und daraufhin zum „Ich“ wird. Es ist diese Sprache, die einen Menschen zum Subjekt macht, die ihn als „Ich“ sein und werden lässt und insofern schöpferische Kraft hat. Kurz: Diese Sprache schafft Freiheit. Und sie wirkt so auf Menschen ein, dass sie ihre je eigene Antwort geben.

Zum anderen: Gottes Macht im Wort wahrzunehmen, heißt auch die Vielfalt der Sprachen wahrzunehmen. Wir gehen aus von verschiedenen Sprachen, die es ineinander zu übersetzen gilt. Keinesfalls geht es hier um eine Engführung auf dic lautgebundene Sprache. Der Leib als ganzer und in seiner je besonderen „Gebrochenheit“ ist Sprachorgan, Medium der Kommunikation. Und Gott ist als Schöpfer des Menschen in seiner Leiblichkeit und Sprachlichkeit auch Ursprung und Quelle der Sprachen. Denkt man an die Sprachen im Plural, so sind diese zweifellos auch gezeichnet von der Zersplitterung, wie sie die biblische Urgeschichte auf den Turmbau zu Babel zurückführt (Gen 11,1–9).[45] Indem wir verschiedene Sprachen sprechen und

---

[44] WA 48, 154 (Bibel- und Bucheinzeichnungen Nr. 200).

[45] Die Erzählung vom Turmbau zu Babel erklärt nicht nur, wie es zur Sprachenvielfalt und zu den Schwierigkeiten der Verständigung gekommen ist – nämlich dadurch, dass Menschen gerade nur noch die *eine* Sprache, die Sprache ihres Werkes, gebrauchen wollten; sie deutet in einer gesamtbiblischen Interpretation auch darauf hin, dass Gottes Wort gegenläufig zum Aufwärtsstreben des Menschen zur Erde herunter fährt, sich in die vielen Sprachen hineinbegibt und zwischen ihnen Verständigung schafft, ohne die Vielfalt in eine Einheitssprache hinein aufzuheben. In diesem Sinn formuliert Johann Georg Hamann, Londoner Schriften, hg. von Oswald Bayer und Bernd Weißenborn, München 1993, 282: „Die Verwirrung der Sprache ist eine Ge-

gebärden, erfahren wir uns nicht zuletzt auch als eingeschränkt und behindert. Zwischen den Sprachen liegen die Hindernisse. In der Sprache liegt aber zugleich auch die Macht, diese Hindernisse und Behinderungen zu überwinden. So menschlich lässt sich die göttliche Macht erfahren.[46] In dieser Menschlichkeit erweist sich Gott als lebendig.

---

schichte, ein Phaenomenon, ein fortdauerndes Wunder, und ein Gleichnis, wodurch Gott noch immer fortfährt mit uns zu reden."

46 Dass und in welchem Sinn „die dialogische Dimension des Menschseins" grundlegend für die Kultur des Zusammenlebens von Menschen mit ihren jeweiligen Behinderungen ist, zeigt Klaus von Lüpke, Von der Kultur des Zusammenlebens in Vielfalt. Entwicklungsperspektiven inklusiver Behindertenhilfe, Essen 2010, insbes. 61–82.

Inklusive Kirche – Kirche der Andersheiten?

Sabine Schäper

Wenn Inklusion nicht zum – letztlich folgenlosen – moralischen Appell an andere oder zur Selbstbestätigung verkommen soll, „dass wir als Kirche“ ja wohl die idealen „Inklusionsakteure“ wären, muss im Inklusionsdiskurs deutlicher von dessen Kehrseite die Rede sein. Mit Erving Goffman lässt sich eine Vorder- und einer Hinterbühne der Inklusionsdebatte ausmachen: Die Vorderbühne, auf der sich alle einig sind, dass von Inklusion letztlich alle profitieren, und die Hinterbühne mit all dem, was häufig ungesagt bleibt und außerhalb des „Spots“ der Hauptbühne: Dass es nämlich Inklusionsverlierer gibt und im Inklusionsdiskurs selbst wieder ausschließende Mechanismen, wenn etwa ein irgendwie gearteter „nicht inklusionsfähiger Rest“ konstruiert wird, der aber im offenen Diskurs unsichtbar bleibt.

Der Beitrag geht der Frage nach, welche Orientierungen für einen nicht-exkludierenden Umgang mit „Andersheiten“ – über die „Option für die Armen und die Anderen“ hinausgehend – die von der lateinamerikanischen Kirche formulierte „Option für die Exkludierten“ bietet und was es für die Kirche als Institution und für Christinnen und Christen bedeutet, sich eine solche Option zu eigen zu machen.

1. Inklusion: Die Vorder- und Hinterbühne einer populären Leitidee

Kaum eine Fachtagung kommt derzeit am Inklusionsbegriff vorbei. Selten werden jedoch die Ambivalenzen des Inklusionsdiskurses deutlich benannt, auch im Kontext der Kirche. Die Ambivalenz besteht darin, dass einer allgemeinen, vor allem politisch vorgetragenen Inklusionseuphorie einerseits tiefsitzende Ängste und Bedenken gegenüberstehen, andererseits die in diesen Bedenken möglicherweise berechtigt sich artikulierenden Schwierigkeiten in der konsequenten Umsetzung der Inklusionsidee im offenen Diskurs kaum benannt werden, geschweige denn einer differenzierten Analyse unterzogen werden. Zur Beschreibung dieser Ambivalenzen eignet sich das von Erving Goffman stammende Bild von der Vorder- und Hinterbühne.[1] Goff-

[1] Erving Goffman, Wir alle spielen Theater. Die Selbstdarstellung im Alltag, München ^{10}2003.

man beschreibt mit der Metapher des Theaters typische Interaktionsmuster, die das menschliche Zusammenleben prägen und derer wir uns bedienen, um uns als identische Subjekte verwirklichen zu können. Einige solche Interaktionsmuster begegnen auch im Inklusionsdiskurs:

- In sozialen Situationen entstehen Rollendifferenzierungen, die Handlungsorientierung und Sicherheit bieten. Eine häufige Differenzierung ist die zwischen einem Ensemble als „Gruppe von Individuen (…), die gemeinsam eine Rolle aufbauen"[2] und dem eher in der Zuschauerrolle befindlichen Publikum. Trotz dieser Rollendifferenzierung aber entwickelt sich ein stillschweigendes Einvernehmen zwischen Ensemble und Publikum über die gemeinsame Realität. Ähnliches geschieht auch im Inklusionsdiskurs: Vordergründig, auf der „Vorderbühne" also, ist – trotz unterschiedlicher Rollen in diesem Diskurs – schnell unstrittig, dass Inklusion als Leitidee politischen und pädagogischen Handelns sinnvoll ist und dass Menschen mit und ohne Behinderung gleichermaßen profitieren werden. Inklusion als Leitidee selbst infrage zu stellen, ist spätestens seit Inkrafttreten der UN-Konvention über die Rechte von Menschen mit Behinderungen kaum mehr denkbar. Und je länger das Spiel währt, umso deutlicher verfestigt sich die gemeinsame Situationsdefinition, auf deren Aufrechterhaltung das Ensemble in seinen Interaktionen ausgerichtet ist.
- Das Ensemble spielt auf der Vorderbühne die Rolle(n), die das Publikum sehen will: Das Ensemble der am Inklusionsdiskurs Teilnehmenden übernimmt die Rufe aus dem „Publikum" – konkret: einerseits der Selbsthilfebewegung der Menschen mit Behinderungen selbst und andererseits der Politik – und verstärkt sie mit Verweis auf den kaum bestreitbaren Begründungszusammenhang: den Bezug auf die Menschen*rechte* als Erfahrbarkeitsbedingungen der Menschen*würde.*[3]

Die UN-Konvention über die Rechte von Menschen mit Behinderungen stellt dabei Freiheitsrechte als Basis der Selbstbestimmung, Teilhaberechte als Grundlage für Durchsetzungsmöglichkeiten und die Gleichheitsrechte in den Mittelpunkt, die die entsprechenden Realisierungschancen bereitstellen. So heißt es in der Präambel der UN-Konvention, „… dass jeder Mensch ohne jeglichen Unterschied Anspruch auf alle darin [in der Allgemeinen Erklärung der Menschenrechte] aufgeführten Rechte und Freiheiten hat". Die Allgemeinen Grundsätze der Präambel betonen

---

2 Goffman, Theater, 75.

3 Vgl. Wolfgang Maaser, Lehrbuch Ethik. Grundlagen, Problemfelder und Perspektiven, Weinheim 2010, 35.

– die Achtung der dem Menschen innewohnenden Würde, seiner individuellen Autonomie, einschließlich der Freiheit, eigene Entscheidungen zu treffen, sowie seiner Selbstbestimmung[4],
– (...) die volle und wirksame Teilhabe an der Gesellschaft und Einbeziehung in die Gesellschaft, sowie
– die Achtung vor der Unterschiedlichkeit von Menschen mit Behinderungen und die Akzeptanz dieser Menschen als Teil der menschlichen Vielfalt und der Menschheit.

Die UN-Konvention stellt eine wichtige Errungenschaft im Sinne der Realisierung von Menschenwürde dar: Sie stärkt die Position von Menschen mit Behinderungen in der Zusicherung ihres Wunsch- und Wahlrechtes und stärkt ihren Rechtsstatus, indem sie Teilhaberechte einklagbar macht. Sie unterstreicht die Leitidee der Inklusion im Sinne einer Strategie des „Disability Mainstreaming“: Alle Lebensbereiche sind so zu gestalten, dass Menschen mit unterschiedlichsten Beeinträchtigungen von vornherein mitgedacht sind, statt sie erst nachträglich einzubeziehen.

Diese Postulate sind schnell zustimmungsfähig. Auf der Hinterbühne jedoch finden sich die Widersprüche und Ambivalenzen, das, was nicht sichtbar werden und auf der Vorderbühne nicht gesagt sein darf, auf der Hinterbühne aber dennoch „bewusst und selbstverständlich widerlegt wird.“[5]

– (Nur) auf der Hinterbühne ist in Goffmans Bild des Theaters die wahre Identität der Akteure sichtbar.
– Nur den Akteuren auf der Hinterbühne ist bewusst, dass das Ensemble auf der Vorderbühne, statt eine Aufgabe wirklich zu erfüllen, nur den Eindruck erweckt, diese Aufgabe zu erfüllen.

Die Hinterbühne des Inklusionsdiskurses lässt sich als politische, als fachliche und auch als kirchliche Hinterbühne konkretisieren: Auf der politischen Hinterbühne werden die politischen Dokumente geschrieben und euphorisch verabschiedet. Der erste Staatenbericht der Bundesregierung zur Umsetzung der UN-Konvention, der wie von der UN gefordert zwei Jahre nach Inkrafttreten erstellt wurde, liest sich fast durchgängig als Bestätigung dafür, dass Deutschland wesentliche Forderungen der UN-Konvention schon umgesetzt habe.[6] Zu Recht kritisieren die Fachverbände der Behindertenhilfe, dass die

---

4 Die Übersetzung mit dem Begriff „Selbstbestimmung“ folgt der vom Netzwerk Art. 3 herausgegebenen Schattenübersetzung. In der amtlichen deutschen Übersetzung steht hier der Begriff „Unabhängigkeit“ (Netzwerk Art. 3 – Verein für Menschenrechte und Gleichstellung Behinderter e.V., Korrigierte Fassung der zwischen Deutschland, Liechtenstein, Österreich und der Schweiz abgestimmten Übersetzung des Übereinkommens über die Rechte von Menschen mit Behinderungen, Berlin 2010).

5 Goffman, Theater, 104.

6 Bundesministerium für Arbeit und Soziales, Übereinkommen der Vereinten Nationen über Rechte von Menschen mit Behinderungen. Erster Staatenbericht der Bundesre-

zentralen „politischen und rechtlichen Herausforderungen der Behindertenrechtskonvention durch den Staatenbericht nicht eingeholt werden“, und dass er „völlig unzureichend auf die Situation von Menschen mit schwerer geistiger und mehrfacher Behinderung eingeht, die bei der Teilhabe am gesellschaftlichen Leben, der Teilhabe am Arbeitsleben und bei der gesundheitlichen Versorgung im hohen Maße benachteiligt sind.“[7] Deshalb arbeiten Selbsthilfe- und Wohlfahrtsverbände gemeinsam mit zivilgesellschaftlichen Organisationen an einer Parallelberichterstattung. In diesem Prozess kommt den Kirchen und ihren Wohlfahrtsverbände eine wichtige Rolle zu: die kritische Begleitung des Umsetzungsprozesses unter Nutzung der dafür vorgesehenen politischen Wege der Einflussnahme.

Auch der Nationale Aktionsplan (NAP), veröffentlicht am 15.06.2011, ist von der Selbstbestätigung der Politik geprägt, die Bundesregierung betreibe Inklusion in vielen Bereichen bereits mit hoher Selbstverständlichkeit.[8] Auch der Nationale Aktionsplan wird daher kritisch kommentiert, etwa vom Fachverband Caritas Behindertenhilfe und Psychiatrie e.V.: Der Nationale Aktionsplan „greift weitgehend Themen und Programme auf, die bereits behandelt oder auf den Weg gebracht sind.“[9] Die Erstellung von Aktionsplänen auf Landesebene stockt vielfach, bleibt in Absichtserklärungen stecken oder ist überhaupt noch nicht in Angriff genommen.

Es gibt daneben auch die fachliche Hinterbühne: Hier wird durch den Inklusionsdiskurs mit der Angst der Sondereinrichtungen für Menschen mit Behinderungen – angefangen von heilpädagogischen Kindertageseinrichtungen über Förderschulen bis hin zu Wohneinrichtungen und Werkstätten – gespielt, dass sie im Zuge der Umsetzung der UN-Konvention aufgelöst werden sollen – was diese aber nicht explizit fordert: Sie fordert das Recht

---

publik Deutschland. Vom Bundeskabinett beschlossen am 3. August 2011, Berlin 2011.

7 Die Fachverbände für Menschen mit Behinderung, Stellungnahme zum Entwurf des ersten Staatenberichts zur Umsetzung des Übereinkommens der Vereinten Nationen über die Rechte von Menschen mit Behinderung vom 05.07.2011, Freiburg i. Br. u. a. 2011, 1.

8 Unser Weg in eine inklusive Gesellschaft. Der Nationale Aktionsplan der Bundesregierung zur Umsetzung der UN-Behindertenrechtskonvention, verfügbar im Internet: www.bmas.de/SharedDocs/Downloads/DE/PDF-Publikationen/a740-nationaler-aktionsplan-barrierefrei.pdf?__blob=publicationFile.

9 Caritas Behindertenhilfe und Psychiatrie e.V./Deutscher Caritasverband, Stellungnahme zum Nationalen Aktionsplan der Bundesregierung zur Umsetzung des Übereinkommens der Vereinten Nationen über die Rechte von Menschen mit Behinderungen [Ausschuss-Drs. Nr. 17(11)553] und zum Ersten Staatenbericht der Bundesrepublik Deutschland zum Übereinkommen der Vereinten Nationen über die Rechte von Menschen mit Behinderung [Ausschuss-Drs. Nr. 17(11)602] vom 28.09.2011, Freiburg (online abrufbar: www.dicv-rottenburg-stuttgart.caritas.de/9267.asp?id=1370&page=1&area=efvkelg).

von Menschen mit Behinderungen, selbst zu entscheiden, welche Art von Hilfen sie nutzen möchten. Die Angst der Einrichtungen korrespondiert mit der Angst von WissenschaftlerInnen in den „Sonderdisziplinen“ vor dem Verlust von Lehrstühlen, vor der Infragestellung von ganzen Disziplinen und Hochschulstandorten.

Das deutsche Schulsystem entfaltet aktuell in Umsetzung der Inklusionsidee vielfältige Aktivitäten auf unterschiedlichen Ebenen. Eine weitreichende Restriktion stellen hier aber die KMK-Empfehlungen zur „Inklusiven (!) Bildung von Kindern und Jugendlichen mit Behinderungen in Schulen“ vom 17.06.2011 dar: Entgegen der Erwartung, die der Titel der Empfehlungen nahelegt, beinhalten die Empfehlungen keine grundlegende Neuorientierung an der Leitidee Inklusion und der Wahlfreiheit von Eltern für eine geeignete Schule für ihre behinderten Kinder. Insbesondere soll die Umsetzung inklusiver Bildung „unter Beachtung der jeweils gegebenen bzw. bereitstellbaren personellen, sächlichen und räumlichen Bedingungen“ (KMK 2011) erfolgen.[10] Mit diesem deutlichen Haushaltsvorbehalt werden die Möglichkeiten einer umfassenden Reform des deutschen Schulsystems deutlich eingeschränkt. So bleibt das deutsche Schulsystem durch frühe Selektion in unterschiedliche Schultypen gekennzeichnet, was bereits im Jahr 2006 der UN-Sonderberichterstatter für das Menschenrecht auf Bildung in seinem Bericht über das deutsche Schulsystem als grundlegende Chancenungleichheit im deutschen Schulsystem charakterisiert hat: Es ist „nicht auf Einbeziehung, sondern eher auf Trennung als Bildungsstrategie“ ausgerichtet.[11] Auch die kirchlich getragenen Schulen sind Teil dieses Bildungssystems, das auf Elitebildung und damit auf Leistungsorientierung ausgerichtet ist. Dem Anspruch einer primären Lernorientierung (Wie müssen Lernbedingungen gestaltet sein, damit möglichst viele Kinder mit unterschiedlichen Bedürfnissen gut lernen können?) wird das deutsche Schulsystem nicht gerecht. So kommt auch Frühauf in seiner Einschätzung zur Inklusionsdebatte im schulischen Bereich zu dem Schluss, dass die „vielen Tagungen und Meetings zum Thema Inklusion … nahezu spurlos an der Bildungspraxis unseres Landes vorbeigegangen“ sind.[12] Auch die Diskurse innerhalb der institutionalisierten Behindertenhilfe sind Teil der „Hinterbühne“. Komplexeinrichtungen der Behindertenhilfe als ehemals vollständige Parallelwelten im Sinne einer

---

10 Beschluss der Kultusministerkonferenz vom 20.10.2011, Inklusive Bildung von Kindern und Jugendlichen mit Behinderungen in Schulen, veröffentlicht im Internet: www.kmk.org/fileadmin/veroeffentlichungen_beschluesse/2011/2011_10_20-Inklusive-Bildung.pdf.

11 Vernor Muñoz, Report of the Special Rapporteur on the right to education: MISSION TO GERMANY (13–21 February 2006), verfügbar im Internet: www.netzwerk-bildungsfreiheit.de/pdf/Munoz_Mission_on_Germany.pdf, 56.

12 Theo Frühauf, Verteilung von Schülerinnen und Schülern im Förderschwerpunkt geistige Entwicklung in Förderschulen und in allgemeinen Schulen im Jahr 2008, in: Teilhabe 50. 2011, 29–35: 34.

Exklusionsverwaltung haben sich zwar in den letzten 20 bis 30 Jahren deutlich verändert und werden sich weiter deutlich verändern. Aber die Tendenz zur „institutionellen Beharrlichkeit“[13] bleibt. Damit ist nicht nur die Existenz von Groß- und Komplexeinrichtungen gemeint, sondern auch die in (auch kleineren) Institutionen bestehende Tendenz, die Spannung zwischen institutionellen Notwendigkeiten und individuellen Bedürfnissen der Betreuten zu einer Seite – der Institution hin – aufzulösen.

Ein zentraler Widerspruch besteht darin, dass Inklusionsbemühungen eingegrenzt werden auf Menschen, deren Inklusion relativ leicht zu realisieren ist. Durch die Politik der Ambulantisierung wird die Leitidee der Inklusion „halbiert“. In der Konsequenz entstehen in stationären Einrichtungen der Behindertenhilfe neue, noch „besonderere“ Sonderwelten für Menschen mit schwersten Beeinträchtigungen, Menschen mit herausforderndem Verhalten oder Menschen mit Behinderungen im Alter. Über diese neu entstehenden Realitäten wird auf der Vorderbühne nicht gesprochen. Das hat fatale Folgen: Die Frage, wie in Kontexten, in denen Menschen mit schweren Beeinträchtigungen im Bereich der Kommunikation derart konzentriert werden, Bezogenheit aufeinander und Teilhabe am Leben der Gemeinschaft ermöglicht werden kann, bleibt den Mitarbeitenden in diesen Wohngruppen überlassen – mit der Folge einer erhöhten Fluktuation von Mitarbeitenden, die wiederum der Notwendigkeit kontinuierlicher und verlässlicher Beziehungen entgegen steht. Ein in der Tat paradoxer Mechanismus besteht darin, den Inklusionsbegriff nun *gegen* die Einrichtungen zu wenden. Mitarbeitende aus Einrichtungen fühlen sich persönlich an den Pranger gestellt, Inklusionsverhinderer zu sein. Darin wiederholt sich im Grunde die Delegation gesellschaftlicher Verantwortung an die Einrichtungen: Die Einrichtungen können Inklusion nicht herstellen – die Gesellschaft als Ganze ist hier gefragt. Auf der Hinterbühne können Politik und Gesellschaft sich weiter heraushalten aus den schwierigen Fragen der Umsetzung des Anspruchs der Inklusion im Blick auf Menschen mit schweren Beeinträchtigungen oder gar die Inklusionsidee politisch instrumentalisieren zur Legitimierung von Einsparungen.

Und schließlich gibt es auch eine kirchliche „Hinterbühne“ der Inklusionsidee: Auch christliche Gemeinden erweisen sich in aller Regel nicht als Orte, an denen Menschen mit Behinderungen und ihre Familien im Zentrum der Aufmerksamkeit stehen. Vielfältige Beispiele guter inklusiver Praxis in Gemeinden oder in der Kooperation zwischen Einrichtungen der Behindertenhilfe und Gemeinden bleiben gesamtkirchlich Randphänomene. Umgekehrt werden diakonische Einrichtungen in aller Regel nicht als Orte wahrgenommen, an denen Gemeinde lebendig ist. Sie werden als Orte außerhalb von Kirche und Gemeinde wahrgenommen. Die Zweitrangigkeit der Diako-

---

[13] Johannes Schädler, Stagnation oder Entwicklung in der Behindertenhilfe? Chancen eines Paradigmenwechsels unter den Bedingungen institutioneller Beharrlichkeit, Hamburg 2003.

nie gegenüber der Pastoral ist innerkirchlich wie innertheologisch ungebrochen.

2. Vergewisserung: Die Option für die Anderen als Option für die Exkludierten

Damit komme ich zum zweiten Teil der Vergewisserung: Ist die Kirche, sind christliche Gemeinden Orte, an denen eine besondere Kompetenz und Erfahrung mit „Andersheit“ erlebt wird? Was meint eigentlich der Begriff „Andersheit“ oder „Andersheiten“, und wie ist er theologisch zu füllen? Anschluss findet man theologisch natürlich unmittelbar an die aus der lateinamerikanischen Theologie stammende Option für die Anderen, die zunächst als Modifikation der Option für die Armen eingeführt wurde, um unterschiedliche Formen der sozialen Benachteiligung und Ausschließung bewusst zu machen.[14] Die fünfte Lateinamerikanische Bischofskonferenz von Aparecida (2007) hat die „Option für die Exkludierten“ ergänzt und damit deutlich gemacht, dass die Option für die Anderen auch missverstanden werden kann: Die Gefahr der Rede von der „Option für die Anderen“ und der Rede von „Andersheiten“ (zumal im Plural) besteht nämlich darin, dass durch die Betonung von „Andersheit(en)“ die_Unterschiedlichkeit oder Besonderheit hervorgehoben wird, nicht die Gemeinsamkeit. Dieses Phänomen wurde im Kontext postkolonialer Theorien als „*othering*“[15] (dt.: jemanden zum/zur Anderen machen) oder „Veranderung“[16] bezeichnet. Ich mache jemanden zum „Anderen“, lege ihn damit auf die „Andersheit“ fest, statt sie als Verschiedenheit gleichwertig nebeneinander stehen zu lassen. Diese Gefahr ist besonders groß in Bezug auf Menschen mit Behinderungen, weil die Geschichte der Behindertenhilfe auch eine Geschichte der Konstruktion (verkörperter) „Andersheit“ von Menschen mit Behinderungen ist. Diese Konstruktion war Grundlage für medizinisch-psychiatrische und pädagogische Interventionen mit dem Ziel, die „Andersheit“ zu reduzieren oder zum Verschwinden zu bringen, zu „normalisieren“.[17] Solches „*othering*“ ist ein Vorgang der Distanzierung und Entwertung: Die Andersheit(en) eines/einer

---

14 Vgl. Paulo Suess, Christentum – auf dem Weg mit Jesus von Nazareth, in: Orientierung 58. 1994, 245–249.

15 Vgl. Edward Said, Kultur und Imperialismus. Einbildungskraft und Politik im Zeitalter der Macht, Frankfurt am Main 1994; Stuart Hall, Rassismus und kulturelle Identität, Hamburg 1994.

16 Julia Reuter, Ordnungen des Anderen. Zum Problem des Eigenen in der Soziologie des Fremden, Bielefeld 2002, 143.

17 Vgl. Elsbeth Bösl, Politiken der Normalisierung. Zur Geschichte der Behindertenpolitik in der Bundesrepublik Deutschland, Bielefeld 2009.

anderen zu betonen, dient der Betonung der eigenen „Normalität“ und konstituiert eine Hierarchie zwischen „dem Normalen“ und „dem Anderen“. Hintergrund dafür ist in der Regel die Angst um die eigene Identität, vor der Bemächtigung durch den/die Andere/n.

Der Begriff „Andersheit“ kann aber auch mit einer anderen Konnotation belegt sein: Im Unterschied zum „*othering*“ meint der Begriff Alterität (lat. alter = der eine, der andere von beiden), wie er in der jüdisch-christlichen Tradition, insbesondere der jüdischen dialogischen Philosophie, verstanden wird, immer einen Gegenbegriff zur Identität: Der/die Andere im Sinne von „alter“ ist eine von zwei einander zugeordneten Identitäten (im Unterschied zum Anderen als „alius“ oder gr. xenos = der Fremde). Mit dem Begriff der Alterität betont der jüdische Philosoph Emmanuel Lévinas, der in der Behindertenpädagogik und der Professionsethik mit seiner Theorie der Anerkennung seit Jahren rezipiert wird, die Differenz zwischen dem Ich und der/dem Anderen sei immer zugleich eine fundamentale Nicht-Indifferenz: „Zwischen mir und dem Anderen klafft eine Differenz, die keine Einheit der transzendentalen Apperzeption überbrücken kann. Meine Verantwortlichkeit für den Anderen ist gerade die Nicht-Indifferenz dieser Differenz: die Nähe des Nächsten.“[18] Nicht das Wahrnehmen der/des Anderen als vom Ich unterschieden konstituiert das Ich als Subjekt, sondern das Verantwortlichsein für ihn/sie. Das „Antlitz des Anderen“ ist – so Lévinas – der Ursprung meiner Verantwortlichkeit für ihn, die jenseits meiner Freiheit liegt. Die Gegenwart des Anderen ist eine Aufforderung zur Antwort. Ich-Sein bedeutet, „sich der Verantwortung nicht entziehen zu können.“[19] Lévinas sieht dabei die Existenz Gottes mit der Begegnung mit dem Antlitz des Anderen unmittelbar verbunden: Das Wort Gottes „ertönt“ im Angesicht des anderen, „im Andern gibt es Realpräsenz Gottes“,[20] und zwar so, dass „selbst ‚Gott fürchten‘ vor allem anderen bedeutet, Angst um den Andern haben.“[21] Eine so verstandene Anerkennung des/der Anderen in seinem/ihrem Anderssein bleibt mit dem/der Anderen auf Augenhöhe – und in Verbundenheit. Der Begriff der Verantwortung ist hier nicht paternalistisch gemeint, sondern als Aufforderung, mich der „Anrufung“ durch die/den Anderen zu stellen, der Begegnung nicht auszuweichen und die Verantwortung dafür zu übernehmen, dass der/die Andere die Chance erhält, sich in der Begegnung als Subjekt zu erleben, als Teilhabende/r und Beteiligte/r.

Die „Option für die Anderen“ ist in dieser Weise gemeint, nicht im Sinne eines distanzierenden „*othering*“. Sie wurde unter Bedingungen gesellschaftlicher und globaler Verhältnisse des 21. Jahrhunderts folgerichtig wei-

---

18 Emmanuel Lévinas, Die Spur des Anderen. Untersuchungen zur Phänomenologie und Sozialphilosophie, Freiburg/München 1983, 110.

19 A.a.O., 224.

20 A.a.O., 53.

21 A.a.O., 59.

tergedacht hin zu einer Option für die Exkludierten: „Dabei geht es nicht allein um Unterdrückung und Ausbeutung, sondern um etwas Neues, um den gesellschaftlichen Ausschluss. Durch ihn wird die Zugehörigkeit zur Gesellschaft, in der man lebt, untergraben, denn man lebt nicht nur unten, oder am Rande bzw. ohne Einfluss, sondern man steht draußen. Die Ausgeschlossenen sind nicht nur ‚Ausgebeutete', sondern ‚Überflüssige' und ‚menschlicher Abfall'."[22] Diese Analyse gilt nicht nur für lateinamerikanische Verhältnisse: Michael Winkler macht auch für die Realität der Bundesrepublik neue Formen und „Formationen der Ausgrenzung" aus: An die Stelle der aktiven Ausgrenzung tritt die Unsichtbarkeit der Ausgegrenzten. Ganze Bevölkerungsteile werden nicht mehr thematisiert. Und schließlich gerät sogar die Ausgrenzung selbst „aus dem Blickfeld, während sie beobachtet wird. Sie wird sichtbar als Elend, das zugleich doch übersehen wird."[23] So sind die Ausgegrenzten „mittendrin, aber noch weniger als sozial wertlos; sie sind buchstäblich Existenzen im Nichts."[24] Menschen mit Behinderungen gehören auch drei Jahre nach Inkrafttreten der UN-Konvention zu den Personen, die chronisch übersehen werden, deren Existenz vielfach für nichtig erklärt wird: Die Diskurse um die begrenzte Zulassung der Präimplantationsdiagnostik und der fast selbstverständlich gewordene Rückgriff auf auch invasive Methoden der Pränataldiagnostik sind auch Diskurse um den Versuch, Behinderung zum Verschwinden zu bringen, während auf der anderen Seite der medizinische Fortschritt Menschen schwerste Unfälle und gesundheitliche Krisen überleben lässt, sie aber dann in Pflegeheimen „verschwinden" lässt, wie bei Menschen im Apallischen Syndrom (Wachkoma). Ähnliches gilt für Menschen mit Behinderungen im Alter: In allen Debatten um den demografischen Wandel und die damit verbundenen Herausforderungen für die Gesellschaft wird diese beständig größer werdende Gruppe nicht mitbedacht.[25]

Welche Aufgabe ergibt sich daraus für die Kirche und für uns als Christinnen und Christen? Das Dokument von Aparecida formuliert die Aufgabe wie folgt: „Diese aus der Gesellschaft ausgeschlossenen Menschen sollte die Kirche in ihren jeweiligen Lebensbereichen durch die Sozialpastoral aufsu-

---

22 Consejo Episcopal Latinoamericana, Dokument der V. Generalversammlung des Lateinamerikanischen Episkopats in Aparecida (hg. v. Sekretariat der DBK), Bonn 2007, Nr. 65.

23 Michael Winkler, Formationen der Ausgrenzung – Skizzen für die Theorie einer diskursiven Ordnung, in: Roland Anhorn/Frank Bettinger (Hg.), Sozialer Ausschluss und Soziale Arbeit, Wiesbaden 2005, 107–127: 110.

24 A.a.O., 113.

25 Vgl. Sabine Schäper/Simone Schüller/Friedrich Dieckmann/Heinrich Greving, Anforderungen an die Lebensgestaltung älter werdender Menschen mit geistiger Behinderung in unterstützten Wohnformen – Ergebnisse einer Literaturanalyse und Expertenbefragung, Münster 2010, verfügbar unter: www.katho-nrw.de/lequi.

chen und begleiten."[26] Der in Costa Rica lebende chilenische Theologe Pablo Richard hat seine Option für die Exkludierten so formuliert: „Die Option für die Exkludierten realisiert sich auf der Straße" – nicht „in heiligen Hallen".[27] Er lebt und arbeitet in einem ökumenischen theologischen Forschungsinstitut, geht aber tatsächlich täglich auf die Straße, zu den Menschen, die auf der Straße leben und arbeiten, feiert mit ihnen Gottesdienst, liest mit ihnen gemeinsam die Bibel, und bezieht seine theologischen Erkenntnisse primär aus diesen Begegnungen – so hat er berichtet. Das bedeutet im Blick auf den Anspruch, inklusive Kirche sein zu wollen, dass die zentrale Bewegung nicht die „Öffnung", sondern das „Hinaustreten" ist: das Verlassen des geschützten eigenen Lebensraums, eine aufsuchende Sozialpastoral. Die Option für die Exkludierten realisiert sich, indem wir Menschen an ihrem Lebensort begleiten, auf der Straße, auf der Wachkomastation, in der Psychiatrie, im Gefängnis. Die Option für die Exkludierten bedeutet, sich aufzumachen, an ihren Lebensort zu gehen und dort zu bleiben, solange und sooft als nötig – und von ihnen gewünscht. So hat auch Jesus von Nazareth nicht sein eigenes Haus für die Armen und die Sünder geöffnet, er hat auch nicht im Tempel sitzend gewartet, dass sie zu ihm kommen. Er ist auf sie zugegangen, hat mit ihnen in deren Haus Mahl gehalten, machte so die Gegenwart Gottes für sie erfahrbar, sie aufsuchend. Und den Zöllner Zachäus hat er heruntergerufen vom Baum, auf dem er sich vor der Entwertung durch die anderen schützen wollte (vgl. Lk 19,1–10).

Was bedeutet unter dieser Perspektive die Anerkennung der Anderen, der Exkludierten? Es bedeutet, ihre Subjektivität zu wahren, Menschen zu befähigen, „Sorge um sich selbst haben zu können und zu dieser bemächtigt zu sein", es bedeutet, „für die Ausgegrenzten Räume zu schaffen, in welchen sie wenigstens für sich selbst sichtbar werden" und „den Subjekten durch die Bereitstellung von Orten Möglichkeiten des Lebens und Lernens, vor allem einer Bildung zur Subjektivität zu eröffnen und zu verschaffen."[28] Dies setzt voraus, die gewohnten eigenen Wege zu verlassen und andere Wege einzuschlagen, auf denen die, die mir fern sind, mir tatsächlich nahe kommen. Gustavo Gutierrez hat darauf hingewiesen, dass das Nächster-Sein keine Aussage über eine physische Nähe, sondern ein aktiver Akt ist: „das Ergebnis eines Handelns, einer An-Näherung."[29]

---

[26] Dokument von Aparecida, a.a.O., Nr. 402.

[27] Vgl. Pablo Richard, Fuerza ética y espiritual de la Teología de la liberación en el contexto actual de la globalización, San José 2004.

[28] Winkler, Formationen, 125.

[29] Vgl. Gustavo Gutierrez, Nachfolge Jesu und Option für die Armen. Beiträge zur Theologie der Befreiung im Zeitalter der Globalisierung, Stuttgart 2009, 30.

3. Inklusive Kirche? – Chancen und Grenzen in einer Institution im Umbruch

Als Institution insgesamt und als christliche Gemeinde vor Ort kämpft die Kirche derzeit mit erheblichen Legitimations- und Strukturproblemen. Fusionsprozesse rauben viel Energie. Die Suche nach umfassenden und zukunftsfähigen Pastoralkonzepten geht damit nicht immer einher. Die Reform wird vielerorts auf eine Strukturreform reduziert, es geht um Zahlen von Gläubigen statt um Konzepte, wie Gemeinde unter Bedingungen der Strukturveränderung lebendig sein und bleiben kann. Die Aufgabe der Gemeindewerdung unter neuen Bedingungen selbst (mit) in die Hand zu nehmen, gerät darüber vielfach aus dem Blick. Größer werdende „pastorale Räume“ erschweren den Versuch, das Prinzip der Sozialraumorientierung im Sinne einer Anpassung pastoraler Konzepte an konkrete Lebensbedingungen und Bedürfnisse der Menschen vor Ort zu realisieren. Das sind keine guten Zeiten für die Idee der Inklusion von Menschen mit Behinderungen. Möglicherweise beinhaltet aber andererseits gerade die Idee der Inklusion – wenn als umfassender Organisationsentwicklungsprozess und als primär interaktionaler Prozess verstanden – eine Chance für die Zukunftsfähigkeit von Kirche und Gemeinden. Diese Spur soll in einem letzten Kapitel verfolgt werden.

4. Konkretisierungen: Inklusion als interaktionaler Prozess

Ausgehend von den Vergewisserungen im zweiten Teil lässt sich Inklusion als ein prozesshaftes und interaktionales Geschehen verstehen. Ein solches Verständnis leugnet die Hinterbühne nicht, sondern bezieht die Ambivalenzen und Widersprüche in Reflexions- und Gestaltungsprozesse mit ein. Inklusion ist dann nicht primär etwas, das primär andere tun sollten. Inklusion ist etwas, das wir selbst im Verhältnis zu anderen tun. Der Fokus richtet sich dann nicht mehr auf die Ausgeschlossenen selbst und betont damit ihr Ausgeschlossensein oder ihre „Andersheit“. Der Fokus der Aufmerksamkeit richtet sich vielmehr auf die Interaktionsprozesse. Damit ist jede und jeder aufgefordert, selbstkritisch zu prüfen, welchen Beitrag er oder sie selbst zur „systematische[n] Beschränkung bzw. Vorenthaltung von Teilhabemöglichkeiten“ leistet.[30] Dann stellt sich in der konkreten Begegnung die Frage, wie

30 Roland Anhorn, Zur Einleitung: Warum sozialer Ausschluss für Theorie und Praxis Sozialer Arbeit zum Thema werden muss, in: ders./Frank Bettinger (Hg.), Sozialer Ausschluss und Soziale Arbeit, Wiesbaden 2005, 11–41: 32.

es mir gelingen kann, zu ermöglichen, dass der/die Andere am Leben teilhaben kann, vielleicht eine Frau, die im apallischen Syndrom lebt und kaum Anzeichen einer Reaktion auf meine Beziehungsangebote sichtbar machen kann, oder ein junger Mann, der mein Interaktionsangebot mit einem heftigen Wutausbruch zurückweist, der fachlich als „herausforderndes Verhalten" gelten würde, weil ich in einen Bereich eindringe, den er vor mir schützen möchte.

Neben diesen Aufgaben in der konkreten zwischenmenschlichen Begegnung geht es aber auch um Formen sozialen und sozialpolitischen Engagements für die Belange von Menschen mit Behinderungen, etwa die Entwicklung von Formen inklusiver Teilhabeplanung unter Beteiligung von Menschen mit Behinderungen – auch in kirchlichen Kontexten. Es gilt zu analysieren, unter welchen Bedingungen die „systematische(n) Einbeziehung der Erfahrungen, Situationsdefinitionen und Bewältigungsstrategien der Betroffenen"[31] gelingen kann und woran sie permanent scheitert. Dazu gehört auch eine gesteigerte Sensibilität für ausgeblendete Felder der Exklusion – z. B. die meines Erachtens noch völlig unterentwickelte interkulturelle Sensibilität für Menschen mit Behinderung und Migrationsgeschichte, oder für Menschen mit Behinderung im Alter mit ihren besonderen Bedürfnissen. Wie können etwa Hospizgruppen im Umfeld von Gemeinden Menschen mit Behinderungen in der palliativen und hospizlichen Versorgung berücksichtigen? Inklusion als einen solchen interaktionalen Prozess zu verstehen, bedeutet auch, die Hinterbühne der Debatte wahrzunehmen, ins Gespräch zu bringen, die Widersprüche zu benennen und in diesen Widersprüchen Handlungsoptionen zu entwickeln, die die Kehrseiten nicht ausblenden.

Ein interaktionales Verständnis von Inklusion verlangt nach Konzepten aufsuchender und begleitender Sozialpastoral, es erfordert, buchstäblich „auf die Straße zu gehen", sich als Kirche insgesamt und als Gemeinde konkret in Sozialräumen zu verorten – auch und gerade in den größer werdenden „pastoralen Räumen". Es gilt, die Lebensrealitäten der Menschen vor Ort wahrzunehmen, die Lebenssituation von Menschen mit Behinderungen und ihren Familien als Mitglieder der Gemeinde wahrzunehmen. Und es geht darum, Formen kooperativer Pastoral zu entwickeln, mehr noch: die jahrhundertelange Zweitrangigkeit der Diakonie gegenüber der Pastoral umzukehren zugunsten eines Primats einer gelebten Praxis als Kirche und Gemeinde, die niemanden ausschließt.[32] So können Gemeinden zu Orten werden, an denen Solidarität gelebt und erfahrbar wird. Damit wird deutlich: Inklusion ist ohne eine umfassende Veränderung der Organisation nicht zu haben. Inklusion ist mehr als Barrierefreiheit. Wenn der „überfällige Perspektivenwechsel" (Steinkamp) gelingt, kann Inklusion als Leitidee (nicht nur in Bezug auf

---

31 A.a.O., 33.

32 Vgl. zu dieser Umkehr der Perspektive: Hermann Steinkamp, Diakonie statt Pastoral. Ein überfälliger Perspektivenwechsel, Münster 2012.

Menschen mit Behinderungen) auch eine Antwort auf die Legitimations- und Strukturprobleme der Kirchen sein. Inklusion als interaktionaler Prozess realisiert sich nur in dem Wissen, dass Teilhabe und Inklusion etwas ist, von dem wir alle leben, worauf wir alle angewiesen sind und woran wir alle immer wieder scheitern werden.

Behinderung als Teil der guten Schöpfung Gottes? Fragen und Beobachtungen im Horizont der Inklusionsdebatte

Günter Thomas

1. Vorbemerkungen und Kontexte

„Behinderung als Teil der guten Schöpfung Gottes" – fehlt hier nicht ein Fragezeichen? So mögen manche denken, während andere es als Bestätigung empfinden, wenn gezielt kein Fragezeichen hinter dieser Aussage steht. Wie kann von der Güte Gottes im Kontext von Behinderung geredet werden? Was geschähe theologisch, wenn dies verweigert würde? Kaum jemand wird bestreiten, dass sich die Theologie im Feld der Behinderung auf einem schwierigen Terrain bewegt – ein Terrain allerdings, auf dem sich viele sogenannte behinderte Menschen und nicht behinderte Menschen als ihren Glauben verstehende Christinnen und Christen bewegen müssen.[1] Die folgenden Überlegungen möchten sich daher auf dieses mit vielen Fallstricken

---

[1] Die Schwierigkeiten einer gemeinschaftlichen theologischen Erkenntnissuche dokumentiert eindrücklich Ulrich Bach, Ohne die Schwächsten ist die Kirche nicht ganz. Bausteine einer Theologie nach Hadamar, Neukirchen-Vluyn 2006; und ders., „Heilende Gemeinde"? Versuch, einen Trend zu korrigieren, Neukirchen-Vluyn 1988; zur neueren Diskussion siehe exemplarisch Johannes Eurich/Andreas Lob-Hüdepohl (Hg.), Inklusive Kirche, Stuttgart 2011; Arnd May/Caspar Söling (Hg.), Gesundheit, Krankheit, Behinderung. Gottgewollt, naturgegeben, gesellschaftlich bedingt?, Theologie und Biologie im Dialog, Paderborn 2006; Brian Brock/John Swinton (Hg.), Disability in the Christian tradition. A reader, Grand Rapids, Mich. 2012. Die vielschichtige Beziehung zwischen Religion und Behinderung skizzieren knapp Bill Gaventa/Christopher Newell, Religion, in: Gary L. Albrecht (Hg.), Encyclopedia of disability, Thousand Oaks, Calif. 2006, 1374–1381. Einen instruktiven Forschungsüberblick über die englischsprachigen Ansätze einer Theologie der Behinderung bietet John Swinton, Who is the God we worship? Theologies of disability. Challenges and new possibilities, in: International Journal of Practical Theology 14. 2010, 273–307. Swinton sieht fünf Grundlinien in den neueren Theologien der Behinderung: „1. God as disabled; 2. God as accessible; 3. God as limited; 4. God as vulnerable; 5. God as giver and receiver" (281). Systematisch-theologisch grundlegend Deborah Beth Creamer, Disability and Christian theology. Embodied limits and constructive possibilities, Oxford/New York 2009.

versehene Gebiet wagen.[2] Was ich im Folgenden vorlegen möchte, ist allerdings nur *eine* Route, *ein* Weg, *ein* Orientierungsvorschlag für die Bewegung auf diesem Gelände.

Die folgenden Überlegungen sind mehreren Gesprächskontexten erwachsen. Sie gehen hervor aus dem Gespräch mit den biblischen Traditionen, d. h. dem vielstimmigen innerkanonischen Diskurs. Sie sind auch dem nicht immer direkt sichtbaren Gespräch mit der theologischen Tradition der Kirchengeschichte hervorgegangen, ihren Höhen und Tiefen. Ich möchte jedoch bewusst keine Fahrt mit dem akademischen Google-Streetcar durch die Häuserschluchten der Religions-, der Kirchen- oder der Theologiegeschichte anbieten. Mir geht es vielmehr um eine prägnante systematisch-theologische Positionierung, um einen Orientierungsvorschlag, ein theologisches Verstehen in der und für die *Gegenwart.*

Doch zunächst möchte ich einige wenige weitere Kontexte benennen, die es meines Erachtens bei der Behandlung des Themas zu berücksichtigen gilt und die speziell für mich selbst die Beantwortung der vielfältig mit präsenten Fragen doch auch prägen:

i) Mein ganz persönlicher Lebenskontext ist, dass ich als nicht behinderter Mensch inmitten einer Einrichtung für behinderte Menschen lebe, in Bielefeld-Bethel, direkt im Bethelweg. Die Präsenz von stark unterstützungsbedürftigen Menschen gehört an diesem Ort zu den Selbstverständlichkeiten des Alltags. Dabei ist es die Begegnung mit schwer mehrfachbehinderten Menschen, die in Bethel das alltägliche Miteinander prägt.

ii) Nicht unbedeutend ist der theologische Kontext. Die Frage nach dem theologischen Umgang mit Behinderung trifft meines Erachtens gegenwärtig auf eine sehr schwierige Spannungslage zwischen wuchtiger moralischer Kommunikation der Kirchen in den medialen und lebensweltlichen Öffentlichkeiten und einem weitgehenden theologischen und speziell systematisch-theologischen Beschweigen der Problematik der Behinderung außerhalb des engen Kreises der Diakoniespezialisten.[3] Ich selbst stieß in meiner Beschäftigung mit dem Themenkomplex „Neue Schöpfung" auf dieses Problemfeld.[4]

---

2 Grundlegende Arbeit zum Thema geschieht seit vielen Jahren am „Center for Spirituality, Health and Disability" der University of Aberdeen (GB). Siehe www.abdn.ac.uk/sdhp/centre-for-spirituality-health-and-disability-182.php (Zugriff am 20.05.2013). Für einen instruktiven theologischen Überblick aus der Feder von dessen langjährigem Direktor siehe John Swinton, Disability, Ableism, and Disablism, in: Bonnie J. Miller-McLemore (Hg.), The Wiley-Blackwell companion to practical theology, Malden, MA 2012, 443–451.

3 Die genannte Spannungslage prägt aber auch noch die EKD-Denkschrift zur Diakonie. Siehe Evangelische Kirche in Deutschland Kirchenamt, Herz und Mund und Tat und Leben. Grundlagen, Aufgaben und Zukunftsperspektiven der Diakonie; eine evangelische Denkschrift, Frankfurt a.M. 1998; die vollständige Abblendung systematisch-theologischer Fragen zu Krankheit und Behinderung ist auch noch in dem Klassiker Michael Schibilsky (Hg.), Kursbuch Diakonie, Neukirchen-Vluyn 1991,

iii) Aber auch ein gesellschaftspolitischer Kontext ist für mich prägend: Im historischen Vergleich, aber auch im gegenwärtigen internationalen Vergleich, gab es wohl kaum eine Gesellschaft, die mehr ökonomische und personelle Ressourcen für die Betreuung und Integration behinderter Menschen mobilisiert hat. Und doch öffnet sich zunehmend ein tiefer Graben zwischen den Forderungen der Interessenverbände von Menschen mit Behinderung und den Zweiflern mit Blick auf die zukünftigen Leistungen des Sozialstaates. Nur ein Träumer kann davon ausgehen, dass sich die gesellschaftlichen Verteilungskämpfe in den nächsten Jahrzehnten *nicht* verschärfen werden. Darüber hinaus ist zu erwarten, dass auch zunehmend Verteilungskämpfe unter den verschiedenen Gruppen der Empfänger sozialstaatlicher Leistungen aufbrechen werden. In diesen Konflikten findet sich auch die Kirche mit ihrer Stimme, finden sich auch Christinnen und Christen, die sich den Blick auf die gesellschaftliche Entwicklung nicht nehmen lassen.

iv) Die *theologische* Frage nach den *theologischen* Orten der Behinderung findet im Kontext einer *funktional ausdifferenzierten spätmodernen Gesellschaft* statt. Speziell in Deutschland geschieht die kirchliche Fürsorge für behinderte Menschen weitgehend professionalisiert, organisations- und nicht zuletzt unternehmensförmig. Daher fließt, was theologisch gedacht und praktiziert wird, zumindest langfristig in das Verhältnis zu Recht, zu Politik, zu den Medien und zu den Bildungseinrichtungen ein. Diese schwierige Verweisungsvielfalt konfrontiert das theologische Nachdenken mit ganz unterschiedlichen, vielfach in Spannungslagen sich befindlichen Erwartungen. Was theologisch attraktiv erscheint, kann sozialrechtlich schwierige Folgen zeitigen. Was rechtlich notwendig erscheint (wie zum Beispiel die Androhung gegenüber streikbereiten Mitarbeitern diakonischer Einrichtungen), kann eine ganz und gar schlechte Presse erzeugen. In dieser Verweisungsvielfalt bewegt sich diakonische Praxis *und* theologische Reflexion.[5]

---

greifbar und prägt auch noch die umfassende Sammlung Michael Schibilsky/ Renate Zitt (Hg.), Theologie und Diakonie (Veröffentlichungen der Wissenschaftlichen Gesellschaft für Theologie), Gütersloh 2004. Dass auch noch eine höchst aktuelle theologische Anthropologie das Themenfeld Krankheit und Behinderung systematisch nicht auswertet und produktiv wahrnimmt, zeigt Gerhard Sauter, Das verborgene Leben. Eine theologische Anthropologie, Gütersloh 2011. Ähnlich die monumentale neue Anthropologie David H. Kelsey, Eccentric existence. A theological anthropology, Louisville, Ky. 2009. Luzide, umsichtige und theologisch-kreative Beiträge finden sich in Ilse Falk/Kerstin Möller (Hg.), So ist mein Leib. Alter, Krankheit und Behinderung – Feministisch-theologische Anstösse, Gütersloh 2012.

4 Günter Thomas, Neue Schöpfung. Systematisch-theologische Untersuchungen zur Hoffnung auf das „Leben in der zukünftigen Welt“, Neukirchen-Vluyn 2009, 414–434.

5 Aufgrund dieser Multireferentialität erscheint es mir wichtig, dass die theologische Reflexion an dieser Stelle weder die moralische Direktheit der Frömmigkeit wieder-

Dies sind, nur exemplarisch angeführt, vier Beobachtungs- und Wahrnehmungskontexte, die mir selbst gegenwärtig sind – und es bleibt anderen überlassen, für mich nicht sichtbare Blindheiten aufzudecken.

Theologisch ist das Thema „Behinderung“ meines Erachtens zumindest auf vier Weisen gleichzeitig in den Blick zu nehmen. Die drei stärker theologischen und die vierte eher sozialtheoretische Hinsicht ergänzen sich und bilden gemeinsam ein Gewebe, eine Textur, in der keine der vier Sichtweisen isoliert oder auch herausgezogen werden kann.

In einem ersten Schritt möchte ich – wie es ja die Themenstellung annonciert – schöpfungstheologische Beobachtungen vorlegen, bevor ich dann stärker christologische Einsichten skizziere. Auf dieser Basis wende ich mich dann dem Feld heutigen Handelns der Kirche zu, wobei ich in einem eigenen und letzten Schritt die Herausforderungen und Probleme der Inklusion und Organisation aufgreifen möchte.

Meinen theologischen Ausführungen möchte ich hoffentlich nur auf den ersten Blick unpassende, aber doch grundlegende und eher sozialphilosophische Bemerkungen voranschicken.

2. Methodische Überlegung – „analoge“ Abstufungen und „digitale“ Unterscheidungen

Eine so alltägliche wie zugleich vielfach übersehene Differenzierung ist die zwischen „analogen“ Abstufungen und „digitalen“ Unterscheidungen.[6] Dieses Problem durchzieht meines Erachtens wie ein roter Faden die religiösen wie die sozialen, politischen und rechtlichen Diskurse um Behinderung. Worum geht es dabei?

In unserem biologischen, aber auch sozialen, kulturellen und religiösen Leben finden wir eine Fülle von kontinuierlichen, sogenannten analogen Prozessen. In ihnen gibt es ein Mehr oder Weniger. In ihnen gibt es minimale oder auch größere Unterschiede, die wohl bedeutsam sein können, aber keinen qualitativen Sprung ausmachen.

Je nach Perspektive und je nach der Vernetzung dieser Prozesse können und müssen in sie jedoch Schwellenwerte eingetragen werden – entweder finden sich in den Prozessen selbst die Schwellenwerte oder sie werden von außen „eingeschrieben“. Wird ein solcher Schwellenwert erreicht, dann kommt es zu einem qualitativen Umschlag, der selbst wieder in einem ande-

---

holt noch sich in eine nur beobachtende, aber nicht orientieren wollende Beobachtung zweiter Ordnung zurückzieht.

6 Grundlegend ist Anthony Wilden, System and structure. Essays in communication and exchange, London/New York 1980, speziell 155–201.

ren Referenzsystem, einer anderen „Karte" oder Beschreibung abgebildet werden und dort andere Prozesse „informieren" kann.[7] Was dann geschieht, „ist ein Unterschied, der wirklich einen Unterschied ausmacht".[8] Der Prozess selbst von innen heraus einen solchen Umschlagspunkt erreichen, einen sogenannten „tipping point".[9] Der qualitative Sprung kann aber, wie schon erwähnt, auch „von außen" zugeschrieben bzw. eingeschrieben werden.[10] Entscheidend ist in sogenannten analogen, d. h. graduell abgestuften Prozessen der digitale Umschlag von ja zu nein immer dann, wenn *Entscheidungen* getroffen werden müssen: Nach wie vielen Minuten kommt jemand wirklich zu spät? Ab welchem Grad der Verschuldung ist Griechenland pleite? Wann ist jemand krank? Wann rechtfertigt eine Erkältung, von der Arbeit fern zu bleiben? Wann bietet sich in einem Prozess der Annäherung und des Vertrauensgewinnes eine Heirat oder ein Partnerschaftsvertrag an? Wann sind welche Werte im Blutbild pathologisch? Wann sind Schuhe schmutzig? Wann ist man so müde, dass man ins Bett geht? In all diesen Fällen wird in einen ganz und gar graduellen Prozess eine Ja/Nein-Unterscheidung eingetragen. An dem Umschlagspunkt liegt dann etwas anderes vor, ist etwas Neues entstanden, ist – abhängig von der Ontologie der Beschreibung – etwas anderes „der Fall".[11] Der Schwellenwert unterscheidet dann beispielsweise auch das Normale und das Nicht-Normale, das Alltägliche und das Besondere.

Warum ist dies für das Thema Behinderung so wichtig? Da Organisationen letztlich aus Entscheidungen bestehen, erfordern Organisationen beim Umgang mit analogen Prozessen digitale Umschlagspunkte.[12] Ohne sie sind keine prozeduralen Entscheidungen zu fällen. Dies gilt für staatliche Organisationen wie auch für diakonische Einrichtungen. Speziell wenn es um

---

7 Zur wichtigen Unterscheidung von „Karte" und „Territorium" siehe Alfred Korzybski, Science and sanity. An introduction to non-Aristotelian systems and general semantics, Lancaster, Pa. and New York City 1933, 747–761.

8 Gregory Bateson, Ökologie des Geistes. Anthropologische, psychologische, biologische und epistemologische Perspektiven, Frankfurt a.M. 1981, 582.

9 Wissenschaftsjournalistisch ausgerichtet, aber mit einer Fülle an aktuellen Literaturhinweisen zu Schwellenwerten, Malcolm Gladwell, The tipping point. How little things can make a big difference, Boston/London 2000.

10 In sozialen Prozessen werden vielfach ursprünglich externe Schwellenwerte dann sukzessive intern zugeschrieben: Wer ein neues Abschlusszeugnis in den Händen hält, braucht einige Zeit, um dies zu „realisieren".

11 Wann erfordert ein in der Tat schleichender Verlust an Kompetenzen im Alter (analoger Prozess) die Einstufung in die Pflegestufe 1, 2 oder gar 3 (digitale Unterscheidungen)? Was für einen Angehörigen der zunehmend eingeschränkten Mutter ein kaum merklicher Verfall ist, ist für eine Pflegeeinrichtung als Organisation mit entscheidungsrelevanten Ja/Nein-Unterscheidungen zu belegen.

12 Niklas Luhmann, Organisation und Entscheidung, Wiesbaden 2000, im weiteren Umfeld der Organisationstheorie verortend. Siehe auch Dirk Baecker, Organisation als System, Aufsätze, Frankfurt a.M. 2000, 136–146, speziell 138.

Schwellenwerte geht, jenseits derer nicht allgemeine Rechte, sondern spezielle Rechte wie spezifische Entlastungen oder Förderungen greifen, sind diese Konstruktionen digitaler Umschlagspunkte entscheidend.

Aber selbst im Alltag gibt es – ob berechtigt oder unberechtigt, sei an dieser Stelle dahingestellt – eine Fülle von Schwellenwerten, mit denen Individuen, Gruppen und Organisationen zwischen einem Korridor der Normalität und einem „Jenseits eines Schwellenwertes" unterscheiden.[13]

Dennoch können und müssen vielfach in einer anderen, alternativen Betrachtungsweise *der gleichen Prozesse* diese Umschlagspunkte wieder *aufgelöst* werden und dann nur analoge und graduelle Unterschiede in den Prozessen betrachtet werden. Daher ist sehr oft zu fragen: Wann macht also ein Unterschied einen wirklichen Unterschied von Gewicht aus? Aber auch: Wann kann, ja muss ein solcher Ja/Nein-Unterschied wieder aufgelöst werden in *nur* graduelle Unterschiede, in nur fließende Übergänge, in ein nur relatives Mehr oder Weniger? Dies erfordert aber, in einer mehrperspektivischen Betrachtungsweise von relativen Ontologien, von einer Mehrzahl von mehr oder weniger aufeinander abgestimmten operativ wirksamen Annahmen von „Wirklichkeit" auszugehen. Dies sind Probleme und Fragen, die das gesamte theologische Themenfeld der Behinderung – aber nicht nur das *theologische* Feld und auch nicht nur *dieses* Themenfeld – durchziehen. Ich hoffe, es wird schnell deutlich, warum diese Unterscheidung auch *theologisch* bedeutsam ist.

---

13 Von Foucault beeinflusst und mit einem stark ideologiekritischen Impuls versehen, hat Jürgen Link diese Konstruktionen der Normalität subtil analysiert und kritisiert. Siehe Jürgen Link, Versuch über den Normalismus wie Normalität produziert wird, Opladen 1998. Der wichtige Aspekt, den Link konsequent ausblendet ist – systemtheoretisch betrachtet – die notwendige Reduktion von Komplexität durch Rituale, Routinen, Gewohnheiten, Kategorisierungen und andere Konstruktionen der Erwartungssicherheit. So plastisch, umbaufähig und umbaubedürftig Normalität ist, so unumgänglich und unvermeidbar dürften Konstruktionen der Normalität für die Kognition von Organisationen und Individuen sein. Nicht zuletzt eröffnen Korridore der Normalität auch Freiheitsräume. Daher greifen moralische oder sogenannte herrschaftskritische Kritiken der Normalität theoretisch zu kurz und übersehen, dass die Kritik von Normalitäten nicht zu deren Auflösung, sondern nur zu deren Umbau und Verschiebung führt – ohne dass der dunkle Schatten des Nicht-Normalen zum Verschwinden gebracht werden könnte.

3. Behinderung in einer vierfachen theologischen Perspektivierung

3.1. Die gute Schöpfung – offen prozesshaft, riskant, zerbrechlich, verbesserungsbedürftig und überbietbar

Die Titelformulierung „Behinderung als Teil der guten Schöpfung" verweist auf die beiden Schöpfungserzählungen am Anfang der hebräischen Bibel. Sie alle kennen Luthers Formulierung „und Gott sah, dass es gut war". Diese göttliche Bewertung der eigenen Schöpfung steigert sich noch am Ende des sechsten Tages, wenn es heißt: „Und Gott sah an alles, was er gemacht hatte, und siehe, es war sehr gut" (Gen 1,31). Die Güte der Schöpfung und damit auch die Würde leiblich geschöpflichen Lebens gehört zu den Kernaussagen christlicher Theologie. Jeder sonnige Frühlingstag vermag ein Gefühl dieser Güte zu vermitteln. Die menschliche Freude, in der sich diese Güte spiegelt, findet in manchem Lied der christlichen Kirchen einen lebhaften Ausdruck. Paul Gerhards Lied „Geh aus mein Herz" (EG 503) gibt diesem existentiell tiefen Eindruck eine die Jahrhunderte übergreifende Sprache. Jedes Erntedankfest feiert diese Güte und an jedem Weihnachtsfest erinnert das Kind an die göttliche Würdigung leiblich geschöpflichen Lebens.

Diese grundlegende Einsicht in die Güte der Schöpfung hat die christliche Kirche auch in Zeiten durchgehalten und bewahrt, in der viele führende Köpfe der Kultur der Auffassung waren, dass zum Beispiel der stoffliche Körper doch wohl eher ein Gefängnis für den menschlichen Geist sei.[14] Und doch bricht immer wieder die Frage auf, wohin denn nun manifest negative Ereignisse und Erfahrungen des geschöpflichen Lebens gehören. Spiegelt jedes einzelne Ereignis dieser Welt in gleicher Weise die Güte Gottes? Manifestiert sich in jedem naturalen, kulturellen oder sozialen Zustand das gleiche Gut-Sein der Schöpfung? Entspricht jede Form der Behinderung der unüberbietbaren Güte dieser Schöpfung?[15]

---

14 Zur Auffassung des Körpers als Gefängnis oder Grab der Seele siehe Platon, Gorgias 493a; Kratylos 400 b–c; Phaidon 62b und 82e. Zur Rezeption und Verarbeitung dieses Motivs siehe Ulrich Duchrow, Christenheit und Weltverantwortung, Stuttgart 1970, 61 ff. und Theo K. Heckel, Der Innere Mensch. Die paulinische Verarbeitung eines platonischen Motivs, Tübingen 1993, 113 ff. Für einen Überblick siehe Pierre Courcelle, Gefängnis (der Seele), in: Theodor Klauser/Franz Joseph Dölger (Hg.), Reallexikon für Antike und Christentum, Bd. 9, Stuttgart 1976, 294–318

15 Dies ist an dieser Stelle letztlich der Duktus der Argumentation des selbst behinderten Theologen Ulrich Bach, insofern die Unterscheidungen von krank/gesund, behindert/nicht-behindert etc. indifferent und nichtssagend sind mit Blick auf Gottes Handeln. Siehe die Ausführungen in Ulrich Bach, Ohne die Schwächsten, 306 ff. zu „Gottes Allkausalität".

Hier eröffnet sich für viele Christen der Vergangenheit, aber auch der Gegenwart, folgende Alternative: Entweder gehört die Behinderung nicht zu Gottes guter Schöpfung und damit eben in einen Bereich des Bösen, der Dämonen oder wie wir heute sagen würden, des absolut Gottwidrigen. Oder aber die Behinderung gehört zu Gottes guter Schöpfung, in der alles, so wie es gekommen ist, ganz den Absichten Gottes entspricht und damit ohne Klage dankbar aus Gottes Hand zu nehmen ist – auch wenn diese Art der Gott zugeschriebenen Allmacht letztlich das Gottesbild verdunkelt. Ist jede Form der Behinderung, jede Gestalt der Einschränkung menschlichen Lebens, jede Limitation, die sich aus einer weitgehenden Veränderung der biologischen Konstitution eines Menschen ergibt, einfach und schlicht gute Schöpfung? Kann man theologisch mit gutem Recht in jedem Fall einer Behinderung von einer unüberbietbaren Realisierung des guten Willens Gottes sprechen? Die Tradition, wie sie sich beispielsweise im Heidelberger Katechismus findet, hat an dieser Stelle mit einem uneingeschränkten Ja geantwortet.[16]

Diese Alternative halte ich nach beiden Seiten hin für gefährlich, ja für falsch, weil sie theologisch unbegründet ist. Sie entspricht weder der Erfahrung vieler Christinnen und Christen – seien sie behindert oder nicht behindert – und sie entspricht auch nicht dem innerkanonischen Gespräch. Und nicht zuletzt vermag sie auch nicht aufzunehmen, was der Theologie im Gespräch mit den Naturwissenschaften zu lernen aufgegeben wird.[17] Der Glaube der Christinnen und Christen muss sich hier und heute weder auf die eine, noch auf die andere Seite dieser Alternative schlagen – auch wenn die Themenformulierung dieser Überlegungen (ohne oder mit Fragezeichen) dazu verführt, auf eine Seite dieser Alternative zu zusteuern.

Wir finden hier eine verhängnisvolle Vermischung eines Glaubens an eine Schicksalsmacht und dem christlichen Bekenntnis zu Gott den Schöpfer, Versöhner und Erlöser. Um es pointiert zu sagen: Es ist nicht alles nur dank-

---

16 Einschlägig und sprechend in diesem Zusammenhang die 27. Frage des Heidelberger Katechismus: „Was verstehst du unter der Vorsehung Gottes? Die allmächtige und gegenwärtige Kraft Gottes, durch die er Himmel und Erde mit allen Geschöpfen wie durch seine Hand noch erhält und so regiert, dass Laub und Gras, Regen und Dürre, fruchtbare und unfruchtbare Jahre, Essen und Trinken, Gesundheit und Krankheit, Reichtum und Armut und alles andere uns nicht durch Zufall, sondern aus seiner väterlichen Hand zukommt." (Evangelisch-Reformierte Kirche (Synode Evangelisch-Reformierter Kirchen in Bayern und Nordwestdeutschland)/Lippische Landeskirche/ Reformierter Bund (Hg.), Heidelberger Katechismus, Neukirchen-Vluyn 1997, 22.

17 Für ein Plädoyer zugunsten einer dynamischen und nicht nur ursprungsorientierten Schöpfungstheologie siehe exemplarisch die Beiträge in Willem B. Drees (Hg.), Is nature ever evil? Religion, science, and value, London/New York 2003; Ted Peters/ Martin Hewlett, Evolution from creation to new creation. Conflict, conversation, and convergence, Nashville, TN 2003; Gaymon Bennett/Martinez J. Hewlett (Hg.), The evolution of evil, Göttingen 2008.

bar aus Gottes Hand zu nehmen, und dies gilt es auch zu betonen, wenn 2013 das 450-jährige Jubiläum des Heidelberger Katechismus stattfindet.

Beide Seiten der Alternative verwechseln auf ihre Weise „gut“ und „perfekt“. Sie unterbieten hiermit auf ganz und gar problematische Weise die Komplexität und die Subtilität der biblischen Traditionen. Ganz ohne Zweifel ist die Zuschreibung „und siehe, es war sehr gut“ Gottes ganz eigene Bewertung. Aber „gut“ meint nicht ohne Risiko, ohne die Notwendigkeit der Verbesserung, meint nicht ohne die Notwendigkeit der Intervention und Korrektur, meint nicht ohne eine weitere Gefährdung durch das Chaos.[18]

Die verschiedenen Texte der ersten elf Kapitel der hebräischen Bibel bieten einen spannenden Diskurs darüber, wie wenig perfekt die gute Schöpfung tatsächlich ist. So ist es nicht gut, dass der Mensch allein sei. Gott nimmt wahr, Gott bewertet und Gott widerspricht seiner eigenen Schöpfung.[19] Gott erfährt seine Schöpfung, bedenkt sie, bewertet sie und korrigiert sie – lange noch bevor das Problem menschlicher Schuld und Sünde am Horizont auftaucht. Gott interveniert optimierend in seine eigene Schöpfung, selbstkritisch und experimentell. Die Gemeinschaft von Adam und Eva entspringt einem mehrstufigen, optimierenden biotechnischen Experimentieren Gottes.

Das lebensfeindliche Chaos, das in der Gestalt der Finsternis der Schöpfung vorausgeht, wird in der Erscheinung der Nacht in die Schöpfung eingeschlossen – und eben von Gott nicht für gut befunden. Wie ein roter Faden durchzieht die Symbolik der Nacht die biblischen Traditionen als Ort und Zeit des Lebensfeindlichen, sodass die Überwindung der Nacht ein Element der Hoffnung wurde.[20]

Entgegen aller naiv moralisierenden Rede von Sünde steht am Anfang der sogenannten Flutgeschichte der Problembefund, dass es Gewalt zwischen allem Fleisch, das heißt zwischen allem Leben gibt. Der dynamische Prozess der Schöpfung läuft in eine Richtung, die ein intervenierendes Nachsteuern erfordert. Am Ende ist es Gott selbst, der sich an die Bedingungen der riskanten Schöpfung mit seiner Treue anpasst, der weiß, dass er sich selbst zügeln muss. Nicht Vernichtung, sondern Fürsorge und Begleitung folgen nun aus seiner Analyse und Bewertung. Und nebenbei bemerkt: Der Held der Flutgeschichte scheitert letztlich aufgrund von Drogenproblemen (Gen

---

18 Die dynamische Prozessualität der Urgeschichte betont z. B. Andreas Schüle, Der Prolog der hebräischen Bibel. Der literar- und theologiegeschichtliche Diskurs der Urgeschichte (Gen 1–11), Zürich 2006.

19 Das Moment der Bewertung, Reaktion und Interaktion betont Terence E. Fretheim, God and world in the Old Testament. A relational theology of creation, Nashville 2005.

20 Für eine luzide Skizze zur „Nacht in der Heiligen Schrift“ siehe Walter Seitter, Geschichte der Nacht, Berlin 1999, 27–40. Siehe auch Günter Thomas, Hoffen auf einen „Neuen Himmel“. Erwägungen zu einer Welt ohne die Macht der Nacht, in: Evangelische Theologie 65. 2005, 382–397.

6,20 ff.). Und doch ist es ganz offensichtlich, dass die gute Schöpfung von einer riskanten Zerbrechlichkeit, einer riskanten Offenheit, d. h. von einer tiefen Ambivalenz schöpferischer Prozesse geprägt bleibt. Wie die Schöpfungstraditionen einiger Psalmen deutlich machen, bleibt die Chaosüberwindung eine der göttlichen Aufgaben und eine menschliche Herausforderung. Das menschliche Leben in dieser Schöpfung bleibt riskant, gefährdet und bedroht – durch vielfältige kulturelle und soziale Prozesse, aber eben auch durch naturale Prozesse und Ereignisse.

Das abgründige Risiko zeigt sich in bewundernswerten, machtvollen, aber nicht immer nur gütigen Schöpfungsprozessen. Zumeist, aber nicht immer, sind diese Prozesse aufeinander abgestimmt wie der Klang eines Symphonieorchesters. Zumeist, aber eben nicht immer. Im großen, vielstimmigen theologischen Gespräch des biblischen Kanons finden sich darum auch Stimmen, für die die Schöpfung eine andauernde Überwindung von Chaos erfordert.[21]

Gott „macht" nicht nur einfach „alles" und Gott ist auch nicht einfach eine letzte alles bestimmende Wirklichkeit. Die Pointe der christlichen Schöpfungslehre wird auch verfehlt, wenn nur an einem ursprünglichen Schaffen aus dem Nichts, das die ursprüngliche Freiheit Gottes hervorhebt, festgehalten wird. Gott schafft vielmehr gemeinschaftlich, nimmt wahr und erfährt, bewertet, interveniert und experimentiert und bezieht in all diese Prozesse den Menschen mit ein – und dies in einem Prozess einer offenen Schöpfung.

Nun wäre es aber sachlich unangemessen, in den offenen geschöpflichen Prozessen nur die Risiken und die zweckmäßige Güte hervorzuheben. Beide klassischen Schöpfungsnarrative in Gen 1 und 2 deuten an, wie die Risiken der Schöpfung minimiert werden können.

Im sogenannten ersten Schöpfungsbericht ist es der Hinweis auf die von jedem „königlichen Menschen" zu vollziehende fürsorgliche Herrschaft.[22] Obwohl das Problem der Sünde noch nicht am Horizont auftaucht und obwohl die Schöpfung als „sehr gut" bezeichnet wird, taucht das Problem einer notwendigen Herrschaftsausübung auf. Der Exeget Terence Fretheim hat

---

21 Auf Seiten der jüdischen Theologie wird dies prägnant vertreten von Jon D. Levenson, Creation and the persistence of evil. The Jewish drama of divine omnipotence, Princeton, N.J. 1994; und Kevin Madigan/Jon Douglas Levenson, Resurrection. The power of God for Christians and Jews, New Haven 2008.

22 Grundlegend mit einer Einführung in die Diskussionslage Bernd Janowski, Herrschaft über die Tiere. Gen 1,26–28 und die Semantik von RDH, in: Bernd Janowski (Hg.), Die rettende Gerechtigkeit. Beiträge zur Theologie des Alten Testaments 2, Neukirchen-Vluyn 1999, 33–48. Andreas Schüle sieht den Herrschaftsauftrag im Vorgriff auf die in Gen 6–9–12 thematisierte Problematik der Gewalt zwischen „allem Fleisch". Die Herrschaft dient der „Eindämmung destruktiver Kräfte und de[m] Schutz des von Gott geschaffenen Lebens" (Andreas Schüle, Die Urgeschichte (Gen 1–11), Zürich 2009, 46).

vorgeschlagen, dass der Mensch hier aufgefordert wurde, Ordnung aus einer kontinuierlich gegenwärtigen Unordnung zu schaffen, „to bring order out of continuing disorder“.[23]

Die Aufforderung, sich die Erde Untertan zu machen, unterstellt, dass die Welt noch nicht vollständig entwickelt ist, sondern Gottes Schöpfung eine dynamische, evolvierende Realität ist, in die das weitere Werden eingebaut ist – und in der diese Herrschaft die Risiken der Schöpfung adressiert. Die Schöpfung bedarf der Arbeit, der Entwicklung und des Wandels. Schon von Anbeginn an schafft Gott gemeinschaftlich mit der Erde, mit der Sprache und Imaginationskraft des mit dem Geist Gottes ausgestatteten Menschen. Sie bleibt fortgesetzt Ort der göttlichen Kreativität. Sie ist aber auch von Anbeginn an auf eine riskante und gefährdende Weise offen. Sie ist nicht ein Ort vollendeter Integrität.

Die sogenannte zweite Schöpfungsgeschichte fasst ein anderes riskantes Defizit der Schöpfung ins Auge und offeriert einen eigenen Vorschlag der Risikoadressierung. Dabei kritisiert sie implizit den „königlichen Menschen“ der ersten Erzählung. Dieser Mensch ist nicht nur „Staub, der atmet“, sondern durch seine Einsamkeit selbst gefährdet – eben ein gemeinschaftsbedürftiges Mängelwesen. Die wechselseitige Abhängigkeit des einen Menschen vom andern, die wechselseitige Verletzlichkeit und Bedürftigkeit macht das Leben der „von der Erde“ genommenen Menschen aus. Der autonome Einzelne stellt nicht das Modell der guten Schöpfung dar. Doch selbst diese Abhängigkeit und diese Bedürftigkeit werden nicht romantisch idealisiert. Die Risikoadressierung ist selbst riskant: Es ist diese soziale Verfassung des Menschen, die sehr schnell zur Grundlage der wechselseitigen Verführung wird. Kurz: Wir sind einerseits „königliche Menschen“ die nicht anders können, als intervenierend fürsorglich zu herrschen – und doch zugleich auch nur „Staub, der atmet“ und dringend auf die soziale Gemeinschaft und Fürsorge angewiesen.[24] Wollte man eine räumliche Metaphorik bemühen, so müsste man von einer Schaffung von fürsorglichen Umgebungen für riskantes Leben sprechen.[25]

---

23 Terence E. Fretheim, God and world in the Old Testament. A relational theology of creation, 43 ff., hier: 52.

24 Im Anschluss an die Diskussion um den Zusammenhang zwischen Risiko, Vulnerabilität und Ressourcen lässt sich formulieren: Die in den Schöpfungsnarrativen ins Auge gefassten Formen der Fürsorge modulieren angesichts der unausweichlichen Risiken die faktische Vulnerabilität.

25 Der Begriff Fürsorge bedarf der Abgrenzung von problematischen Vorstellungen eines Paternalismus. Fürsorge enthält in der hier vorgeschlagenen Verwendung sieben Aspekte:

1. Fürsorge kennzeichnet eine elementare soziale Beziehung, die die eigene Selbstsorge überschreitet. 2. Fürsorge enthält das Element der Anerkennung des anderen Menschen, insofern sie die Selbstsorge des anderen nicht beschädigt. 3. Aus der Anerkennung der grundlegenden riskanten Vulnerabilität und Begrenztheit jedes Men-

Dabei gilt es festzuhalten: Die im evolutionären Prozess aufscheinenden Varianten des biologischen und kulturellen Lebens und speziell die Varianten der Vernetzung biologischen und kulturellen Lebens realisieren nicht alle in gleichem Maße die Intentionen Gottes. Gott leidet selbst an den Verwerfungen und Brüchen dieser Welt. Wäre Gott – wie in manchen theistischen Gotteskonzeptionen angenommen – die „alles bestimmende Wirklichkeit" und müsste ihm letztlich eine Allwirksamkeit zugeschrieben werden, so wäre er ein Dämon und ganz sicher nicht der Gott, der sein Wesen in Jesus Christus definitiv offenbart.[26]

Wie und wo kommt nun Behinderung in dieses Bild? Zunächst ist festzuhalten, dass es hinsichtlich der Notwendigkeit der ordnenden Fürsorge und der fürsorglichen Gemeinschaft für jeden Menschen ein weites, sozusagen „analoges" Spektrum gibt, innerhalb dessen es selbst in einem „normalen" Lebenslauf eine große Varianz gibt.[27] Eine solche Varianz tritt auch unter den verschiedenen Menschen auf, wobei die Fürsorgebedürftigkeit in zeitlicher Hinsicht mehr oder weniger vorübergehend sein kann. Innerhalb dieser

---

schen ist Fürsorge grundsätzlich offen für wechselseitige Fürsorgeverhältnisse. 4. Anders als Vertragsverhältnisse sind Fürsorgeverhältnisse zugleich offen für eine verlustbereite Einseitigkeit und asymmetrische Verantwortungsübernahme. 5. Fürsorge hat, in den Grenzen des Möglichen, den Charakter der Ermöglichung und Befähigung, da sie auf die Bewahrung und die Entfaltung des anderen Lebens zielt, also schützende wie förderliche Umgebungen schafft. 6. Die Intensität, die Verlustbereitschaft und die Bereitschaft zu Verantwortung machen die Fürsorge endlicher Menschen immer zu einer notwendig selektiven, Konzentration und Beschränkung erfordernden Angelegenheit. 7. Die Notlagen, die ein Fürsorgehandeln angemessen erscheinen lassen, sind faktisch historisch variabel und stets offen für Verhandlungen. Sie spiegeln unterschiedliche moralische Sensibilitäten und Menschen- bzw. Gesellschaftsbilder.

[26] Zu den verschiedenen Interpretationen der Allmacht Gottes vergl. die klassische Studie Jan Bauke-Ruegg, Die Allmacht Gottes. Systematisch-theologische Erwägungen zwischen Metaphysik, Postmoderne und Poesie, Berlin 1998. Wie weitgehend die altkirchliche Theologie griechische Elemente der Vorsehung – und damit letztlich mehr oder weniger fatalistische Momente – rezipiert hat, zeigt deutlich Silke-Petra Bergjan, Der fürsorgende Gott. Der Begriff der PRONOIA Gottes in der apologetischen Literatur der Alten Kirche, Berlin/New York 2002. Ohne Zweifel werfen auch manche kanonischen Texte die Frage nach dunklen Seiten Gottes auf. Siehe speziell Walter Dietrich/Christian Link, Die dunklen Seiten Gottes. Bd. 2: Allmacht und Ohnmacht, Neukirchen-Vluyn 2000.

[27] Dies ist eine tragende Ausgangsbeobachtung in Alasdair C. MacIntyre, Dependent rational animals. Why human beings need the virtues, Chicago, Ill. 1999. „So we are invited, when we do think of disability, to think of ‚the disabled' as ‚them', as other than ‚us' as a separate class, not as ourselves as we have been, sometimes are now and may well be in the future" (2). Deborah Beth Creamer, Disability and Christian theology. Embodied limits and constructive possibilities, argumentiert auf der gleichen Linie mit einer starken Positionierung gegen ein medizinisches, eben mit digitalen Schwellenwerten operierendes Modell der Behinderung.

systematisierenden Beobachtungen an den Schöpfungserzählungen sind Vulnerabilität und Abhängigkeit nicht etwas, wovon sich der „autonome Mensch“ emanzipieren kann, sondern anthropologische „Existentialien“, die nur faktisch in unterschiedlicher Intensität auftreten.[28] Betrachtet man die jeden Menschen zu unterschiedlicher Zeit, in unterschiedlicher Intensität und in unterschiedlicher Dauer betreffende Vulnerabilität und Unterstützungsbedürftigkeit, so liegt im Fall von einer Behinderung eine relativ intensive und weitgehend dauerhafte Unterstützungsbedürftigkeit vor, die nicht auf einer Reziprozität aufbaut und diese auch nicht erreicht.[29]

An die eingangs gemachten Bemerkungen zu kontinuierlichen, also analogen Prozessen und digitalen Schwellenwerten erinnernd, möchte ich aber zugleich fragen: Wo beginnt im ganz kontinuierlichen (analogen) Spektrum der Erfahrung lebenseinschränkender Endlichkeit dies, was nach Gottes Willen nicht sein soll und eine ganz besonders intensive Zuwendung erfordert? Nimmt man die positiven Bilder der Hoffnung des Glaubens auf der einen Seite und die negativen Beschreibungen der Klagepsalmen als Orientierung, so ist es unstrittig, dass es Erfahrungen der biologischen, sozialen und kulturellen Lebenseinschränkung gab und gibt, deren Überwindung eingeklagt und zugleich erhofft wird. Behinderung kommt dann als ein Teil einer riskant offenen Schöpfung in den Blick, die einerseits auf einem fließenden *analogen* Spektrum der Abhängigkeit und Vulnerabilität angesiedelt ist, die aber *zugleich* einen (*digitalen*) Schwellenwert einer intensivierten Zuwendung anzeigt.

Ich komme nun zu meiner zweiten Sicht auf menschliche Behinderung und Krankheit – wohl wissend, dass diese Unterscheidung von Behinderung und Krankheit eher neueren Datums und selbst sehr gebrechlich ist. Aber es

---

[28] Besonders pointiert wird dies von der Philosophin Eva F. Kittay vertreten. Siehe Eva Feder Kittay, Love's labor. Essays on women, equality, and dependency, New York 1999, speziell 23–83 und gegen fehlgeleitete Verbindungen von Autonomie und Personsein argumentierend Eva Feder Kittay/Licia Carlson (Hg.), Cognitive disability and its challenge to moral philosophy, Metaphilosophy series in philosophy, Chichester, West Sussex/Malden, MA 2010. Auf Seiten jüdischer Theologie perspektivenreich und luzide Jonathan Wyn Schofer, Confronting vulnerability. The body and the divine in rabbinic ethics, Chicago/London 2010; stärker allgemein anthropologisch argumentierend Kristine A. Culp, Vulnerability and glory. A theological account, Louisville, Ky. 2010. Siehe auch Alasdair C. MacIntyre, Dependent rational animals. Why human beings need the virtues, speziell Kap. 1 und 7. Die konsequente Annahme der Vulnerabilität prägt neuere Theologien der Behinderung, mit Blick auf die Christologie und Gotteslehre: Nancy L. Eiesland, The disabled God. Toward a liberatory theology of disability, Nashville 1994, speziell mit Blick auf die Anthropologie T. E. Reynolds, Vulnerable communion. A theology of disability and hospitality 2008.

[29] Diese Unterscheidung wird von Eva F. Kittay mit Macht und guten Argumenten vertreten. Siehe Eva Feder Kittay, Love's labor, 49–73.

ist nun die Frage: Welche Perspektiven eröffnen sich durch die Wahrnehmung der jesuanischen Heilungserzählungen? Auch hier lässt sich nun wieder eine Alternative beobachten, für deren Überwindung ich plädieren möchte.

3.2. Jesu Verkündigung des Reiches Gottes, sein Adressieren der Risiken der Schöpfung und der Horizont der Hoffnung[30]

Ohne Zweifel besteht ein enger Konnex zwischen der Sendung Jesu Christi, der Verkündigung und dem Kommen des Gottesreiches und den in den Evangelien erzählten Heilungshandlungen Jesu und Zuwendungen zu behinderten Menschen.[31] Wie diese Verbindung zu fassen ist, ist in der gegenwärtigen Frömmigkeit und in der gegenwärtigen theologischen Diskussion allerdings hoch umstritten.[32] Blickt man auf die gegenwartsorientierende Rezep-

---

30 Methodisch-hermeneutisch sind die folgenden Überlegungen Resultat dessen, was ich den Eintritt in das kanonische Gespräch nennen möchte. Die Wahrnehmung des vielstimmigen innerkanonischen Gesprächs provoziert und nötigt zum eigenen, gegenwartsbezogenen Urteil. Gleichwohl ist dieses Urteil über die möglichen Optionen von den biblischen Texten selbst informiert.

31 Siehe Gerd Theissen/Annette Merz, Der historische Jesus. Ein Lehrbuch, Göttingen 1996, 256–284; die aktuelle Diskussion spiegelt Ruben Zimmermann, Kompendium der frühchristlichen Wundererzählungen, Bd. 1: Die Wunder Jesu, Gütersloh 2013; aus der Fülle der Literatur exemplarisch Annette Weissenrieder, Images of illness in the Gospel of Luke. Insights of ancient medical texts, Tübingen 2003; Annette Weissenrieder, Kranksein und Gesundheit. Neutestamentliche und antik-medizinische Einsichten, in: Günter Thomas/Isolde Karle (Hg.), Krankheitsdeutung in der postsäkularen Gesellschaft. Theologische Ansätze im interdisziplinären Gespräch, Stuttgart 2009, 139–162; Reinhard von Bendemann, Krankheit und Gesundheit/Lebenserwartung, in: Klaus Scherberich (Hg.), Neues Testament und antike Kultur, Bd. 2: Familie – Gesellschaft – Wirtschaft, Neukirchen-Vluyn 2005, 64–68; Bernd Kollmann, Neutestamentliche Wundergeschichten biblisch-theologische Zugänge und Impulse für die Praxis, Stuttgart 2007.

32 Eine besondere Schwierigkeit der gegenwärtigen Deutung in unserem Themenfeld ist allerdings, dass die neutestamentlichen Texte nicht zwischen Krankheit und Behinderung unterscheiden. Innerhalb des Diskurses um Behinderung unterscheidet auch Klaus Kliesch, Blinde sehen, Lahme gehen. Der heilende Jesus und seine Wirkungsgeschichte, in: Johannes Eurich/Andreas Lob-Hüdepohl (Hg.), Inklusive Kirche, Stuttgart 2011, 101–112, nicht zwischen Krankheit und Behinderung. Wichtig ist die Erinnerung von Gerd Theissen, scharf zwischen Heilungen und Dämonenaustreibungen zu unterscheiden. Siehe Gerd Theissen, Urchristliche Wundergeschichten. Ein Beitrag zur formgeschichtlichen Erforschung der synoptischen Evangelien, Gütersloh 1974, 94 f.: „Dämonologische Aitiologien sind von exorzistischer Besessenheit klar

tion der jesuanischen Heilungshandlungen, so stehen sich, wie schon im Feld der Schöpfungstheologie, wiederum zwei distinkte Interpretationen gegenüber, die, so wird sich zeigen, gleichfalls eine falsche Alternative aufbauen.

Entsprechend der ersten Auffassung ist die in allen Evangelien bezeugte Praxis der Krankenheilung ein essenzieller Teil der Sendung des Gottessohnes in diese Welt. Kranke zu heilen, ist in einer Linie zu sehen damit, dass er die Werke des Teufels zerstört, besessene Menschen von Dämonen befreit, böse Geister austreibt. In all dem wird das Reich Gottes nahe gebracht und vollzieht sich der Kampf gegen den Unglauben und für den Glauben. Die Heilungen Jesu sind ein elementarer Bestandteil der Sündenvergebung und der Verkündigung des Reiches Gottes. In diesen Handlungen wendet sich Jesus den Menschen zu und hilft ihnen aus ihrer konkreten Not. Heilung, Gesundheit, Wohlergehen, all dies sind Dinge, die mit dem kommenden Reich einhergehen. Heilung ist mehr oder weniger direkt mit Heil und Herrschaft Gottes verbunden. So diese verbreitete Position.

Wer meint, diese erste Option sei doch wohl in der Moderne überwunden, sollte sich in Bahnhofsbuchhandlungen in der Sektion Spiritualität umschauen oder christliche Gesundheitskongresse besuchen – dort ist diese Auffassung in modernisierter Form und in nicht nur homöopathischer Dosierung zu finden: Die richtige Spiritualität, die richtige Gottesbeziehung, die richtige Frömmigkeit ist gesundheitsförderlich.

Die dagegen positionierte Alternative – in der deutschsprachigen Literatur mit aller Macht von dem Theologen Ulrich Bach vertreten – macht zu Recht geltend, dass diese Theologie behinderte und kranke Menschen „draußen vor der Tür" positioniert, eine Treppe aufbaut, die jeden behinderten oder kranken Menschen zum Scheitern verurteilt.[33] Darum plädiert der Rollstuhlfahrer Bach für eine „ebenerdige" Theologie und d. h. für eine *radikale Trennung* von Heil und Heilung. Gesundheit oder Krankheit, Behinderung oder Nichtbehinderung, Sonne oder Regen, eine weiße Haut oder eine schwarze Haut, all dies sind Lebensbedingungen, hinter denen in gleichem Maße der Wille Gottes zu stehen kommt. Die darin greifbaren Unterschiede haben in gleichem Maße mit Gott etwas zu tun und nichts mit Gott zu tun. Gegen jede sogenannte Herrlichkeitstheologie führt Bach eine umfassende Kreuzestheologie, in der eben die nicht Geheilten und die nicht Gesunden, in der die Behinderten und die Schwachen *nicht* einer alten Welt oder einer Verlorenheit zugerechnet werden. Zugespitzt formuliert: „Jesus heilt, weil er *helfen will*; Jesus predigt und treibt böse Geister aus, weil er *kämpfen muss*. Im Predigen und Geisteraustreiben geht es um unser Heil, nicht aber beim

zu unterscheiden: hier bewohnt der Dämon den Kranken, dort verursacht er die Krankheit".

33 Viele frühere Publikationen bündelnd und zuspitzend, Ulrich Bach, Ohne die Schwächsten, Kap. 18, 420–449.

Heilen".[34] Jesus ist nicht für Heilungen gekommen und hat keinen Heilungsauftrag. Und letztlich steht hinter jedem Schicksal ein allmächtiger und alles wirkender Gott, der eben im Zweifelsfall nicht verstehbar ist. Der Alternativposition wirft Bach letztlich vor, durch die Kopplung von Heil und Heilung bleibe der kranke Mensch Teil der „alten Welt", bleibe Manifestation der „gefallenen Schöpfung" und sei letztlich ein Dokument der „Ferne Gottes" in der Gewalt „gegengöttlicher" Mächte.

Soweit die systematischen Alternativen: eine strikte *Kopplung* oder eine ebenso strikte *Entkopplung* von *Heil* und *körperlichem Wohlergehen bzw. körperlicher Unversehrtheit*. So wichtig und plausibel allerdings die Infragestellung der ersten Position durch Ulrich Bach ist, so irreführend ist die von ihm selbst aufgespannte Alternative. Die jesuanische Zuwendung zu behinderten, kranken, ausgegrenzten und marginalisierten Menschen ist *zu tief* in die Evangelien eingeschrieben, als dass sie mittels der Kombination einer Kreuzestheologie mit einer strikt vergleichgültigenden Allwirksamkeit Gottes an den Rand gedrängt werden könnten. Doch worin besteht diese dritte Position, die die falsche Alternative zu überwinden hilft?

Meine These ist: In den jesuanischen Heilungserzählungen wird ein Motiv sichtbar, das sich schon in den Hoffnungs- aber auch in den Verzweiflungstexten der hebräischen Bibel klar herauskristallisiert. In den Heilungen wendet sich Jesus zeichenhaft und doch real den schwer tragbaren Risiken geschöpflichen Lebens zu. Das Thema der Zuwendung zu behinderten und kranken Menschen ist nicht „sündige Gottesferne", sondern „Risiko der Schöpfung". In den Heilungen adressiert Jesus das schwer entwirrbare Knäuel aus belastenden *naturalen* Bedingungen, diskriminierenden *kulturellen* und religiösen Mustern und nicht zuletzt *sozialer* Ausgrenzung. Damit begegnet er auch einem manifesten Scheitern der oben erwähnten *geschöpflichen* Risikominimierung durch *Fürsorge und Gemeinschaft*. Denn in Jesus Christus steigert sich Gottes Wahrnehmung, lässt sich Gott berühren, lässt sich anrühren durch kulturell und sozial, aber eben auch durch natural bedingtes Leiden.[35]

---

34 A.a.O., 433.

35 Zu einer Interpretation der Inkarnation als Steigerung der Wahrnehmung Gottes siehe Günter Thomas, Das Kreuz Jesu Christi als Risiko der Inkarnation, in: Günter Thomas/Andreas Schuele (Hg.), Gegenwart des lebendigen Christus, Leipzig 2007, 151–179; für Überlegungen zur Verbindung der Gegenwart des Geistes und einer Veränderung der Wahrnehmung siehe Günter Thomas, Der Geist Gottes als Macht der Aufmerksamkeit, in: Gregor Etzelmüller/Heike Springhart (Hg.), Gottes Geist und menschlicher Geist, Leipzig 2013, 117–130. In der deutschsprachigen Theologie ist es insbesondere Jürgen Moltmann, der diese naturale Seite des Kreuzesgeschehens und der Auferweckung Jesu Christi zunehmend zur Sprache gebracht hat. Im Unterschied zu der frühen Kreuzestheologie in *Der gekreuzigte Gott* enthält die spätere Christologie Überlegungen dazu, dass Jesus auch den Tod alles Lebendigen stirbt. Siehe Jürgen Moltmann, Der Weg Jesu Christi. Christologie in messianischen

In vielen Texten des biblischen Kanons, d. h. Texten, die von den Klagepsalmen über den eschatologischen Tierfrieden Jesajas (Jes 11) bis hin zu den paulinischen Andeutungen zu einem Seufzen der Schöpfung (Röm 8) und den Visionen einer neuen, vom Himmel kommenden Stadt reichen (Apk 21 u. 22), kündigt sich im kanonischen Gespräch zunehmend eine *Sensibilität für die naturalen Risiken* geschöpflichen Lebens an.[36] Der weite Hoffnungshorizont des Reiches Gottes schließt deshalb auch die Transformation der natürlichen Lebensbedingungen ein. Paradigmatisch steht dafür die Einsicht, dass sich das Leben der Neuen Schöpfung nicht mehr auf Kosten anderen Lebens fortsetzen wird. In den Bildern der Hoffnungsimaginationen Jesajas formuliert: Selbst das königliche Tier, der Löwe, setzt sein Leben nicht mehr auf Kosten anderen Lebens fort. Das neue Leben ist nicht mehr die „Einheit aus Leben und Tod zugunsten des Lebens". „Life is robbery", Leben ist Räuberei, dieses Diktum des Philosophen Alfred North Whitehead wird dann überholt sein.[37]

Innerhalb dieses Hoffnungshorizontes des Reiches Gottes wendet sich Jesus heilend kranken, behinderten und ausgegrenzten Menschen zu. Hierin *trennt und verbindet* Jesus auf eine sehr spezifische Weise Heil und Heilung. Hier begegnen wir in der Tat dem Widerwillen Jesu – der sich jedoch nicht gegen die Menschen wendet, sondern gegen dasjenige in ihrer naturalen wie soziokulturellen Situation, was sie leiden lässt und in ihrem Risiko ihre Verletzlichkeit steigert. In Jesu Zuwendung zum schwachen, angeschlagenen, überaus bedürftigen und fragilen Leben, in den Heilungen und den Zuwendungen zu behinderten Menschen artikuliert sich daher eine Hoffnung. Allerdings ist es nicht nur wesentlich, dass sich Jesus den Kranken zuwendet, sondern auch *wie* er sich diesen zuwendet. Dieses Wie ist ganz entscheidend für ein Verstehen der Zuwendung Gottes in Jesus Christus und für die Zuwendungspraxis der Menschen, die in ihm ein Vorbild erkennen.

Dimensionen, München 1989, 190 ff. Entsprechend Jürgen Moltmann, Auferstehung der Natur. Ein Kapitel der kosmischen Eschatologie, in: Günter Thomas/Andreas Schuele (Hg.), Gegenwart des lebendigen Christus, Leipzig 2007, 141–149. Die Frage, ob die eschatologische Hoffnung der Christen auch die Tiefen der natürlichen Existenz erfasst, dürfte eine der Wasserscheiden der evangelischen Theologie sein. Vonseiten eines theologischen Naturalismus wie auch vonseiten der sogenannten hermeneutischen Theologie wird dies schlichtweg bestritten. Siehe Günter Thomas, Emergenz oder Intervention? Konstellationen der schöpferischen Treue Gottes in Auseinandersetzung mit einem theologischen Naturalismus, in: Hartmut von Sass (Hg.), Wahrhaft Neues. Zu einer Grundfigur christlichen Glaubens, Leipzig 2013, 151–190.

36 Für detailliertere Ausführungen zu den genannten „Entdeckungskontexten" siehe Günter Thomas, Neue Schöpfung. Systematisch-theologische Untersuchungen zur Hoffnung auf das „Leben in der zukünftigen Welt", Kap. III und X.

37 Alfred North Whitehead, Prozeß und Realität. Entwurf einer Kosmologie, Frankfurt a.M. 1984, 204.

Anders als die oben skizzierte erste Position bestreitet Jesus die alte und hartnäckige Verbindung von Krankheit und individueller Verfehlung (Johannes [Joh 9,3] und Lukas [Lk 13,4 f.]). Weder Krankheit noch Behinderung ist Folge der Sünde oder eine Strafe.[38] Und doch erreicht die Lebensbeeinträchtigung eine *Schwelle*, die zu einer ganz *speziellen* Zuwendung Jesu, ja zu einer fürsorglichen *Intervention* führt. Man mag es manchmal beklagen, manchmal begrüßen, aber das Ergehen der Menschen entspricht oft nicht ihrem Tun.

Jesus hat in seiner Wirksamkeit Behinderungen und Krankheiten niemals beschönigt oder gar verherrlicht. Sie sind, was sie sind, sie sind nicht die wahre Form der Gesundheit. Einschränkungen sind kein Weg der Veredelung oder Reifung des Menschen oder seiner Seele. Innerhalb der grundlegenden Abhängigkeit, Verletzlichkeit und Bedürftigkeit jeglichen menschlichen Lebens werden sie zum Ort der besonderen Zuwendung. „Alle Menschen bleiben das Kind einer Mutter" – dies ist die prägnante Formel, auf die die feministische Philosophien Eva Kittay die konstitutive Abhängigkeit und Verletzlichkeit des Menschseins gebracht hat.[39] Sind Menschen behindert, so werden sie zu einem Zeichen der Erinnerung an dieses grundlegende Faktum.

Und doch sind lebenszerstörende Krankheiten und massiv einschränkende Behinderungen nicht zu tolerierende Risiken der Schöpfung. Diesen Risiken tritt Jesus entgegen. Doch die Intoleranz ist nicht die Intoleranz der Ausgrenzung oder gar der Vernichtung, sondern der Mobilisierung der besonderen Zuwendung, der Fürsorge und der Unterstützung. Nicht das Mirakulöse der Heilungsgeschichten ist ihre Pointe, sondern die Intervention, das Adressieren der riskanten Zerbrechlichkeit geschöpflichen Lebens, die besondere Aufmerksamkeit für die kulturell, sozial, religiös, aber eben auch natural besonders Gefährdeten. In diesem unterstützenden Widerstand gegen

38 Exemplarisch für eine starke Engführung und pointiert positiv, Gerhard Jacobi, Krankheit und Sünde. Theologisches Referat, in: Arzt und Seelsorger, 1928, 36–52: „Sünde ist Sonderung von Gott. Jede Sonderung von Gott ist Sünde. ... Auch die Krankheit ist Sonderung von Gott, ist Zerstörung der natürlichen Schöpfungsordnung .... Die Sünde ist ein Wille, der sich gegen Gottes Schöpfungswillen empört und diesen zerstört, und genau so ist es die Krankheit. Krankheit und Sünde sind Feinde Gottes, sind Feinde des Lebens. ... Krankheit, Sünde, Tod sind Folgen der Sonderung ..." (46 f.). Zu Ansätzen einer differenzierten Relationierung von Krankheit und Sünde, vgl. Ruben Zimmermann, Krankheit und Sünde im Neuen Testament am Beispiel von Mk 2,1–12, in: Günter Thomas/Isolde Karle (Hg.), Krankheitsdeutung in der postsäkularen Gesellschaft. Theologische Ansätze im interdisziplinären Gespräch, Stuttgart 2009, 227–246.

39 Eva Feder Kittay, Love's labor, 68–72.

untragbare Risiken der Schöpfung wird die elementare Leiblichkeit des Menschen ernst genommen und in den Vordergrund gerückt.[40]

In diesen Konfrontationen offenbart Jesus Gottes Absichten für das geschöpfliche Leben – und seinen *Widerwillen*. In dieser Liebe lebt Jesus die Nähe zum gebrochenen, gedemütigten und verletzten Leben und tritt doch zugleich in eine spezifische, rettende Auseinandersetzung mit den Risiken der Schöpfung ein.

Die jesuanische Zuwendung markiert darum dieses zerbrechliche und beschädigte Leben als Ort einer ganz bestimmten Gegenwart Gottes. Es ist der Ort des begleitenden, rettend-solidarischen, und hierin tröstenden „Widerwillens" Gottes – eben eines Gottes, der bis zuletzt auf der Seite des Lebens steht. Nicht umsonst hat in der jüdischen Tradition an diesem Ort auch die Sprachform des Protestes, d. h. der Klage ihren Platz.[41] Darum kann auch mit Fäusten gebetet werden. Die Klage ist wie die Hoffnung eine Gestalt der Teilhabe an Gottes Widerwillen.

Der Widerstand gegen die als zu groß empfundenen Risiken des geschöpflich-naturalen Lebens bleibt immer Fragment. Und doch lässt sich hier in den biblischen Texten eine eigentümliche Dynamik beobachten: Gerade in ihrem fragmentarischen und vorläufigen Charakter können die *sorgenden Zuwendungen* in den Heilungen zu Zeichen einer gar nicht fragmentarischen und nicht mehr vorläufigen Verwandlung dieser Schöpfung werden – eben zu Zeichen einer ausgreifenden Hoffnung auf eine alles überbietende Fürsorge Gottes – die aber eben allen gilt. Der *Konnex* der Fürsorge kann zum Zeichen des Reiches Gottes werden – einer Zuwendung Gottes, die auch die leibliche Existenzform des Menschen würdigt und – dies ist die Hoffnung aller Christen – letztlich verändert.

Ich komme zu einem letzten Aspekt und auch heiklen Punkt der jesuanischen Praxis – dem Horizont der Hoffnung. Worauf hoffen wir, wenn die Schöpfung nach der Auferstehung Jesu Christi eine *creatio viatorum* ist? Behinderte wie nichtbehinderte Menschen finden sich ja in einer *Gemein-*

---

40 Nancy L. Eiesland, The disabled God. Toward a liberatory theology of disability, macht die Behinderung Gottes sehr stark an den Wunden des auferweckten gekreuzigten fest (Lk 24, 36–39). Doch in diesem Fall handelt es sich um die Verwundung aus sozialen und kulturellen Prozessen. Dagegen möchte ich die naturale Dimension nicht aufgeben – wenngleich sie nicht isoliert werden kann und darf. Die Rede von der Behinderung Gottes müsste sich ohne Zweifel stärker den Anfragen Ludwig Feuerbachs stellen.

41 Wie die Sprachform der Klage in der Theologie der frühen Kirchenväter vollständig in den Hintergrund gedrängt wurde, zeigt anhand der vielfältigen Hiob-Interpretationen Ernst Dassmann, Die verstummte Klage bei den Kirchenvätern, in: Martin Ebner/Paul D. Hanson (Hg.), Klage. Jahrbuch für biblische Theologie 16, Neukirchen-Vluyn 2001, 135–151. Speziell im Horizont der Diakonie siehe Fritz Lienhard/Adrian Bölle, Zur Sprache befreit – Diakonische Christologie. Theologischer Umgang mit dem Leiden, Neukirchen-Vluyn 2013, Kap. III, 54–75.

schaft der Ungeduld. Doch was gibt es zu hoffen? Hoffen wir, dass jeder Blinde sehen kann, jeder Gelähmte ein Läufer wird und jeder Mensch mit Down Syndrom sich in Bildungsabenteuer stürzen möchte? Hoffen wir also auf eine Überwindung der Defizite? An diesem Punkt muten die biblischen Texte eine eigentümliche Verweigerung zu. Die Verwandlung in der himmlischen Stadt wird nicht als körperliche und geistige Fitness imaginiert, sondern als Trost: „Und Gott wird abwischen alle Tränen von ihren Augen, und der Tod wird nicht mehr sein, noch Leid noch Geschrei noch Schmerz wird mehr sein; denn das Erste ist vergangen" (Off 21,4). Dies reicht – denn alles Weitere wird der neuschöpferischen Kreativität Gottes überlassen. Die empfundene Not ist die *Frage*, nicht ein körperliches Ideal.[42]

3.3. Die Berufung der Christen: Teilhabe am fürsorglichen Wider/willen Gottes und die Schaffung von Zeichen der Neuschöpfung in der Macht des Geistes

Wozu sind Christen berufen, die ihre religiöse Orientierung an Jesus Christus gewinnen wollen? Was ist vor diesem Hintergrund der Auftrag der Kirche? In Erniedrigung und Achtungsentzug, in Ausgrenzung und verweigerter Fürsorge erkennen Christinnen und Christen nicht einen Willen Gottes, sondern werden Teil des in Jesus deutlich gewordenen Widerwillen Gottes. Das von Christinnen und Christen wahrgenommene und widerständig begleitete Leiden wird damit indirekt zum „Sensorium Gottes". Hier zeigt sich, woran auch Gott leidet und was in Gottes Augen – und d. h. in unserem Hoffen – letztlich verwandelt zu werden verdient. Darum gehören Krankenhäuser und diakonische Einrichtungen zum Kennzeichen der Kirche in der Antike.[43] Sie sind Einrichtungen des praktischen Protestes, nicht nur der Christen, sondern Gottes selbst.

Der Apostel Paulus beschreibt im Römerbrief eine überraschende Verbindung zwischen dem Wirken des Geistes Gottes in den Menschen einerseits und den Nöten dieser Welt andererseits: Der Geist Gottes macht Christinnen und Christen zu Hoffenden und dies ist das Eigentümliche – zugleich

---

42 David H. Kelsey, Eccentric existence. A theological anthropology, 1019, hält dagegen vor dem Hintergrund einer strikten Zurückweisung eines Ideals der körperlichen Perfektion daran fest, dass auch für den eschatologischen Körper als Gegenstand der christlichen Hoffnung weiter geprägt sein wird von „im-perfections and disabilities that were properties constitutive of their concrete particularities before death".

43 Instruktiv Otto Hiltbrunner, Krankenhaus, in: Theodor Klauser/Franz Joseph Dölger (Hg.), Reallexikon für Antike und Christentum, Bd. 21, Stuttgart 2006, Sp. 882–914; und Manfred Wacht, Krankenfürsorge, in: ibid., Sp. 826–882; Gary B. Ferngren, Krankheit, in: ibid., Sp. 966–1006; Hector Avalos, Health care and the rise of Christianity, Peabody, Mass. 1999, Kap. 2.

nehmen sie in gesteigertem Maße die leidvolle Zerbrechlichkeit dieser Schöpfung wahr – wie Paulus formuliert: das Seufzen der Schöpfung. Was heißt dies? Nun, der Geist Gottes immunisiert nicht gegenüber manifester Not durch den Aufbau „enthusiastisch" ausgestalteter Gegenwelten für beglückte und beseelte Menschen. Nein, der Geist Gottes lässt nicht weniger, sondern mehr an Not und Leiden in dieser guten und schönen und doch auch so bitter riskanten Schöpfung wahrnehmen. Er lässt Menschen in der Annahme geschöpflicher Endlichkeit auch deren bitteren Geschmack in der unauflöslichen Spannung aus widerständiger Klage und solidarischem Handeln verarbeiten.[44]

Christen sind dazu berufen, an der barmherzigen Fürsorge Gottes teilzunehmen. Hierzu gehört auch die fürsorgliche Beherrschung dieser riskanten Schöpfung. Christinnen und Christen fragen in der Konfrontation mit naturalen, kulturellen und sozialen Prozessen nicht nur nach dem Willen Gottes, sondern auch nach dem Widerwillen Gottes. Darum intervenieren sie in kulturelle und soziale, aber eben auch in naturale Prozesse. Eine Integrität der Schöpfung ohne soziale, kulturelle und technische Intervention ist ein Phantom oder eine romantische Illusion. Jede Insulinspritze, jede Brille und jedes Antibiotikum macht dies offensichtlich.[45]

Wann immer in den biblischen Traditionen Menschen zum Medium der positiven Zuwendung Gottes werden, dann sprechen die Texte vom Geist Gottes. Es sind die ganz profanen, ganz und gar technischen wie auch die menschlich empathischen Zuwendungen durch Ärztinnen und Ärzte, durch Pflegende, durch Christen, Muslime und religionslose Menschen, durch nähere und fernere Menschen, die Medien der begleitenden und tröstenden Gegenwart Gottes sind. Dies ereignet sich auch, wann immer behinderte Menschen in Prozesse der Stützung, Fürsorge und Begleitung, der Befähigung und Würdigung einbezogen werden.

Wenn Christen vom Geist Gottes als dem Geist des Lebens und dem Geist des Trostes sprechen, dann hat das nichts Geheimnisvolles oder gar intellektuell Unverständliches. Nein, es hat damit etwas zu tun, dass Menschen sich bewegen lassen, für das Leben zu kämpfen, in anderen Menschen

---

44 Zu dieser Spannung vgl. Günter Thomas, Krankheit als Manifestation menschlicher Endlichkeit. Theologische Optionen zwischen Widerstand und Ergebung, in: Markus Höfner/Stephan Schäde (Hg.), Endliches Leben. Interdisziplinäre Zugänge zum Phänomen der Krankheit, Tübingen 2010, 161–193, 178 ff.

45 Selbstverständlich bricht an dieser Stelle die schwierige Frage auf, wie weit Menschen in die naturalen Prozesse intervenieren sollen und können. Speziell im Feld der Behinderung hat der Versuch, über Eugenik grundlegend und korrigierend zu intervenieren, zu mörderischen Folgen geführt. Einen Einblick in die aktuelle Diskussion bietet John Swinton/Brian Brock, Theology, disability and the new genetics. Why science needs the church, London 2007. Für eine differenziert positive christliche Option zugunsten der Gentechnik siehe exemplarisch Ted Peters, Playing God? Genetic determinism and human freedom, New York 1997.

Vertrauen zu fördern, Nähe zu spenden, Zuwendung zu geben und Hoffnung zu zeigen. Und dies geschieht zum Teil durch „Profis“ in den entsprechenden Berufen wie in speziellen Einrichtungen der Behindertenhilfe oder in einem Krankenhaus, dies geschieht auch durch stärker bürgerschaftlich und nachbarschaftlich organisierte Initiativen, vielfach in familiären Zusammenhängen und auch in persönlichen Begegnungen. Und diese Begleitung durch den Geist des Lebens und des Trostes vollzieht sich manchmal eher praktisch, technisch und menschlich-profan und manchmal eher spirituell und religiös.

In ihrer je eigenen Zeit und Kultur, in ihrer spezifischen Gegenwart und im Rahmen einer gegebenen Haushaltslage loten die Christen die Möglichkeitsspielräume für die Barmherzigkeit Gottes aus – und suchen nach Schwellenwerten der Intervention, arbeiten an einer Präzisierung moralischer und sozialrechtlicher Sensibilitäten. In einer nicht einfach sündigen, sondern mit Gott schon versöhnten, aber auch eben noch nicht erlösten Welt erinnern Christen auch bei knappen Kassen an das Reich Gottes (Barmen V). Die von dieser Erinnerung ausgehende dauernde und fortlaufende Transformation des Rechts ist ein Impuls, der tief in die reformiert-theologische Tradition eingeschrieben ist.

Die im Geist Gottes gelebte christliche Hoffnung auf eine Neuschöpfung von Himmel und Erde schafft etwas, das man eine Veränderungssensibilität nennen könnte. Es ist eine Unruhe, in der eine Geduld und Ungeduld der Hoffnung Zeichen des Neuen schafft und so Möglichkeiten der Veränderung auslotet. Hierin lebt eine Kirche und leben Christinnen und Christen in ihren je eigenen Zeiten und Umwelten die Einheit aus Glaube, Liebe und Hoffnung. Hierbei darf die Spannung zwischen Liebe und Hoffnung nicht aufgelöst werden. Ohne die Liebe als Macht der Wahrnehmung der Not realer Menschen, der geduldigen realistischen Wahrnehmung komplexer Gegenwarten und nicht zuletzt der Treue zu dieser Erde in ihrer naturalen, sozialen und kulturellen Verfasstheit, kann die Hoffnung ideologisch, illusionär und zynisch werden.

4. Die Aufhebung notwendiger Unterscheidungen

Die bisher vorgestellten Überlegungen stehen an wichtigen Punkten quer zu einem aktuellen Trend in der Diskussion um Behinderung, in dem ganz die soziale Konstruktion der Kategorie und Zuschreibung von Behinderung herausgestrichen und jegliche Differenzmarkierung zurückgewiesen wird.[46] Mit

---

[46] Siehe exemplarisch die Darstellung der Diskussion in Johannes Eurich, Gerechtigkeit für Menschen mit Behinderung. Ethische Reflexionen und sozialpolitische Perspektiven, Frankfurt u. a. 2008, 200–208 und Deborah Beth Creamer, Disability and Christian theology. Embodied limits and constructive possibilities, 22 ff.

der zentralen Stellung des Gedankens des natürlichen Risikos der Schöpfung – das natürlich stets durch soziale und kulturelle Prozesse überlagert und vertieft wird – möchte ich das Moment der nicht selbst verantworteten, dauerhaften naturalen Einschränkung („impairment“) bewusst nicht ganz in den Hintergrund rücken, sondern offen anerkennen. Es ist eben diese nicht selbst verantwortete und dauerhafte Einschränkung, an der sich der Unterstützungsbedarf u. a. zu Recht festmacht. Darum hat – in Grenzen – auch ein medizinisches Verständnis der Behinderung sein bleibendes Recht.[47]

Wenn die christliche Diakonie 1. auf eine theologische Begründung nicht verzichten möchte, 2. sich spezifischen Menschen und Menschengruppen intensiv zuwenden möchte und 3. diese Zuwendung in ihrer Selektivität und Fokussierung nicht nur praktizieren, sondern auch begründen möchte, so kommt sie um die Unterscheidung von Menschen nicht umhin.[48] Nicht einfach alle Menschen können und sollen die gleiche diakonische und sozialstaatliche Zuwendung erhalten. Ohne einen absoluten Maßstab zu haben, unterscheidet die Kirche in ihrem diakonischen Handeln und wendet sich intensiver den Menschen zu, die von den sich wechselseitig verstärkenden Risiken naturaler, kultureller und sozialer Prozesse unverhältnismäßig betroffen sind – weil eben bezogen auf *diese* Prozesse *nicht* alle Menschen gleich sind. Gerade dann, wenn die Diakonie dies nicht den wechselnden Konjunkturen auf Märkten moralischer Aufmerksamkeit, nicht faktischen Budgetsituationen und auch nicht scheinbaren Selbstverständlichkeiten eines Common Sense überlassen möchte, muss sie begründet unterscheiden, und das heißt im präzisen Sinne des Wortes „diskriminieren“.

Die im Geist Gottes und in der Hoffnung auf eine Neuschöpfung gegründete Veränderungssensibilität kann sich niemals einfach auf alles richten, sondern in der Geduld der Hoffnung immer nur auf Spezifisches. In diesem Sinne muss die Diakonie die besondere jesuanische Zuwendung zu kranken und behinderten Menschen in der Gegenwart ausmünzen – wie strittig und variabel der Schwellenwert für diese Zuwendung auch sein mag. Dieses auch theologisch begründete Unterscheiden ist notwendig – auch dann, wenn alle Menschen vor Gott die gleiche Würde haben, alle Geschöpfe dieses Schöpfers sind und in gleicher Weise an Gottes Verheißungen partizipieren. Es ist notwendig, auch dann, wenn alle Menschen vulnerabel und letzten Endes, so die Formulierung von Eva Kittay, „Kinder einer Mutter“ sind.

---

47 Es ist mit guten Gründen zu befürchten, dass eine weitestgehende Abblendung der Dimension der natural bedingten dauerhaften Einschränkung die moralischen Ressourcen untergräbt, die den im historischen und internationalen Vergleich einzigartigen Finanzaufwand der nordeuropäischen Sozialsysteme politisch tragen.

48 Die solidarische Verantwortungsübernahme kann daher auch niemals Weltverantwortung im prägnanten Sinne des Wortes sein, sondern immer nur selektiv Verantwortung für jemanden.

Die Unterscheidung „triggert“ die intensive Zuwendung, wobei die Pointe der Zuwendung darin besteht, der Unterscheidung entgegen zu arbeiten. Die Markierung kranker und behinderter Menschen als krank oder behindert zielt auf die gegenläufige Bewegung, diese Menschen im sozialen Leben so wenig wie möglich auszugrenzen und den sie treffenden Risiken entgegenzuwirken. Wird die Zuwendung nicht über Barmherzigkeit gesteuert, sondern als gesichertes Recht eingefordert und praktiziert, so wird die Frage nach Grenzmarkierungen, die die Vergabe von gesellschaftlichen Ressourcen regulieren, umso dringlicher.

5. Fünf Herausforderungen im Horizont der Inklusionsprogrammatik

Seit die Vereinten Nationen am 13. Dezember 2006 die Behindertenrechtskonvention verabschiedeten, ist mit dem Leitgedanken einer „full and effective participation and inclusion in society“ der Begriff der Inklusion zur Programmformel geworden – eine Formel, die unter den UN-Mitgliedsstaaten auf extrem unterschiedliche Sozialsysteme stößt.[49] Am 26. März 2009 ist diese Konvention, die starke Parallelitäten mit der Menschenrechtskonvention aufweist, deutsches Recht geworden.[50] Ohne Zweifel sensibilisiert die über eine Integration hinausgehende Idee der Inklusion für fragwürdige Distanznahmen und Abgrenzungsstrategien gegenüber behinderten Menschen und spannt auf provozierende Weise neue moralische Horizonte auf. Die Übernahme der UN-Konvention in deutsches Recht markiert einen wichtigen weiteren Schritt der Transformation eines Barmherzigkeitsethos in Recht.[51]

---

49 www.un.org/disabilities/convention/conventionfull.shtml (Zugriff am 30.05.2013), Article 3c. Zur Interpretation der Konvention siehe die Sondernummer der Zeitschrift für Inklusion Nr. 2 (2009) (www.inklusion-online.net/index.php/inklusion/issue/view/8). Für den Versuch einer historischen Skizze unter dem Gesichtspunkt der Inklusion (allerdings mit dem Nationalsozialismus abbrechend), siehe Günther Wienberg, Von der sozialen Exklusion zur Inklusion von Menschen mit Behinderung – Eine sozialhistorische Skizze, in: Zeitschrift für evangelische Ethik 57. 2013, 182–179; zu den diversen Umsetzungsstrategien der UN-Konvention siehe Eilionâoir Flynn, From rhetoric to action. Implementing the UN Convention on the Rights of Persons with Disabilities, Cambridge/New York 2011.

50 Siehe Heiner Bielefeldt, Inklusion als Menschenrechtsprinzip. Perspektiven der UN-Behindertenkonvention, in: Johannes Eurich/Andreas Lob-Hüdepohl (Hg.), Inklusive Kirche, Stuttgart 2011, 64–79.

51 Zur Transformation von Barmherzigkeit in Recht als Verfahren der permanenten Sensibilisierung des Rechts siehe Michael Welker, Recht in den biblischen Überlieferungen in systematisch-theologischer Sicht, in: Gerhard Rau/Hans-Richard

Die Programmformel Inklusion hat sicherlich den Vorzug, auf einem politischen Markt moralischer Aufmerksamkeit mit großer Wucht kommuniziert werden zu können. Sie profitiert davon, ein hohes Maß an Zumutung mit einer Evidenz des Selbstverständlichen kombinieren zu können.

Diese großen Stärken der Programmatik dürfen aber nicht die Schattenseiten übersehen lassen. Wirft man einen Blick auf die von der Konvention entfachten Diskussionen, so ist das offensichtliche Problem der Programmformel, dass sie geeignet ist, die unvermeidlichen Paradoxien der Inklusion zu verleugnen und zu verschleiern.[52] Damit droht sie illusionäre Erwartungen zu befördern, die an den Paradoxien zerbrechen werden.

Phänomenologisch betrachtet ist Inklusion eine eingespielte Selbstverständlichkeit bzw. ein unsichtbarer und zugleich dynamischer Zustand, der schwerlich durch sozialtechnokratische Planungen und Maßnahmenbündel einer moralischen Planwirtschaft „gemacht" werden kann. *Sozialpolitisch* erfordert gerade die Inklusion von Menschen mit Behinderung für die besonderen Rücksichtsnahmen und zusätzlichen Ressourcen immer noch deren „Diskriminierung" als kategoriale Unterscheidung im strikten Sinne des Wortes. *Identitätspolitisch* soll durch Integration das Selbstbewusstsein behinderter Menschen gestärkt werden, während doch alles Identitätsmanagement über Selbstausgrenzung und Abgrenzung läuft. In *finanzpolitischer* Hinsicht dürften sich die Erwartungen an eine Steigerung des Ressourceneinsatzes für behinderte Menschen und die auf Seiten der Politik gepflegten Hoffnungen auf Einsparungen hart im Raume stoßen. *Soziologisch* gesehen produziert eine organisierte und damit organisationsgestützte Inklusion immer und notwendig zugleich Exklusion. Kurz: Die Debatte über Inklusion ist ethisch überaus „vermintes" Terrain, voller Idealisierungen, offensichtlicher Widersprüche, fragwürdiger Alternativen, schlichter Vereinfachungen und weithin schwacher theoretischer Fundierung.[53] Viele Indizien sprechen da-

---

Reuter (Hg.), Das Recht der Kirche, Bd. 1: Zur Theorie des Kirchenrechts, Gütersloh 1994, 390–414, 406 ff.

52 Hellsichtig Brahm Norwich, Dilemmas of difference, inclusion and disability. International perspectives and future directions, London u. a. 2008, Kap. 5 zum „Identification Dilemma".

53 Die überaus folgenreichen begrifflichen Unklarheiten beginnen bei der Frage, ob eine Inklusion in die Gesellschaft oder in die Funktionssysteme der Gesellschaft (d. h. Organisationen, die immer auch exkludieren) angestrebt wird. Oder: Geht es um einen Einschluss in spezifische Interaktionen im Alltag oder um einen anerkennenden Einschluss in den fluiden Common Sense? Ist Integration eine moralische Vision, eine politische Leitvorstellung oder ein Zustand, der durch sozialplanerische Schritte erreicht werden kann? Von welchen karikierten Kontrastbegriffen lebt „Inklusion"? Verbreitet sind affektiv besetzte Gegenüberstellungen, denen schwerlich der Charakter von Propagandaformeln abzusprechen ist: „Von der ‚Asylierung' zur ‚Inklusion'". Nicht weniger verbreitet ist die Weigerung, den Umgang mit Behinderten in der Vergangenheit nicht einfach an eigenen gegenwärtigen moralischen

für, dass Inklusion zum moralischen Kampfbegriff wurde, der jeden mit Achtungsentzug straft, der Rückfragen formuliert.[54]

Wird Inklusion nicht idealisiert, sondern präzise gefasst, so wird schnell erkennbar, dass Inklusion stets und unausweichlich den Schatten der Exklusion mit sich führt – und die vollständige Inklusion ganzer Menschen doch auch eine eher beängstigende Vision darstellt.[55]

Wie kann sich die Theologie auf diesem schwierigen Gelände bewegen? Welche Herausforderungen stellen sich vor dem Hintergrund der obigen Ausführungen für christliche Diakonie in der Gegenwart und im Umfeld der Inklusionsdebatten? In all diesen Herausforderungen geht es im Wesentlichen darum, im Problemfeld der Behinderung auf komplexe Weise stets a) mehrere Sichtweisen zu vergegenwärtigen und dabei b) analoge Spektren und digitale Schwellenwerte zugleich fest zu halten.

Standards zu messen, sondern sensibel nach den Möglichkeiten der vergangenen Gegenwarten, nach den „damaligen Alternativen" zu fragen. Wenn im Gestus moralischer Empörung „die Gesellschaft" dieser und jener verwerflichen Handlung bezichtigt wird, ersetzt dies präzise Analyse durch Politik. Für diesbezüglich instruktive Beispiele vgl. exemplarisch Georg Theunissen, Von der „Asylierung" zur „Inklusion" – zeitgenössische Paradigmen der Behindertenhilfe, in: Johannes Eurich/Andreas Lob-Hüdepohl (Hg.), Inklusive Kirche, Stuttgart 2011, 50–63. Nicht selten drängt sich der Verdacht auf, dass behinderte Menschen in ihren Bedürfnissen für eine moralisches Erziehungsprogramm instrumentalisiert werden.

54 Vgl. exemplarisch die überaus heftige Debatte zwischen Anhängern des Integrations- und des Inklusionsprogramms. Jürgen Homann/Lars Bruhn, Ein Dutzend Gründe, warum die Integrationspädagogik gescheitert ist. Eine Streitschrift, in: Das Zeichen 82. 2009, 250–261, dagegen Hans Wocken, Disability Studies contra Integration, in: Zeitschrift für Inklusion. 2009, (www.inklusion-online.net/index.php /inklusion/article/view/34/41).

55 Konzeptionell grundlegend Rudolf Stichweh, Inklusion und Exklusion. Studien zur Gesellschaftstheorie, Bielefeld 2005; summarisch ders., Inklusion und Exklusion in der Weltgesellschaft – am Beispiel der Schule und des Erziehungssystems, in: Zeitschrift für Inklusion. 2013, (www.inklusion-online.net/ index.php/inklusion/article/view/206/187); mit Blick auf die Inklusionsfähigkeit des Religionssystems Maren Lehmann, Inklusion. Beobachtungen einer sozialen Form am Beispiel von Religion und Kirche, Frankfurt a.M. 2002; Armin Nassehi, Inklusion, Exklusion, Ungleichheit. Eine kleine theoretische Skizze, in: Thomas Schwinn (Hg.), Differenzierung und soziale Ungleichheit. Die zwei Soziologien und ihre Verknüpfung, Frankfurt 2004, 323–352. Pointiert für eine Umstellung der Exklusionsreferenz von Gesellschaft auf Organisation plädierend Armin Nassehi, Die paradoxe Einheit von Inklusion und Exklusion. Ein systemtheoretischer Blick auf die „Phänomene" in: Heinz Bude/Andreas Willisch (Hg.), Das Problem der Exklusion. Ausgegrenzte, Entbehrliche, Überflüssige, Hamburg 2006, 46–69.

5.1. Moralischer Realismus in überhitzten moralischen Märkten

Theologie, Kirche und Diakonie gewinnen keine Glaubwürdigkeit, wenn sie sozialmoralische Trends nur verstärken und aktuelle moralische Programmbegriffe religiös garnieren. Zu oft hat ein Aktualitätsbedürfnis dazu geführt, dass die ideologiekritische Kraft des christlichen Glaubens unzureichend deutlich wurde. Auch im Fall der Programmformel der Inklusion ist kritisch zu prüfen, in welchen Kontexten und für welche Menschen sich Inklusion als Hereinnahme in allgemeine Wohn- und Arbeitskontexte als Möglichkeit anbietet. Gegen einen moralischen Enthusiasmus ist realistisch mit Zumutungsschwellen zu rechnen. Und: Mit einem moralischen Realismus wird die Diakonie sich gegen Tendenzen wehren, in denen behinderte Menschen Mittel ethischer Bildungs- und moralischer Verbesserungsprogramme werden („die Gesellschaft muss lernen, dass....“). Sie weiß um die Gefahr, dass dann, wenn den Ideen und Idealen die Menschen „geopfert“ werden, Ideologien herrschen. Die umsichtige Suche nach einer angemessenen Teilhabe behinderter Menschen an den verschiedenen sozialen Systemen mag den Leitgedanken der Inklusion hoch halten – aber letztlich die Bedürfnisse der behinderten Menschen in den Vordergrund stellen. Ein solches Plädoyer für einen moralischen Realismus sollte nicht mit einer Verteidigung des Status Quo verwechselt werden. Theologisch-ethisch geht es um ein angemesseneres Verhältnis zwischen einer Geduld und einer Ungeduld der Hoffnung, das durch die Liebe austariert wird.

5.2. Mut zu Schwellenwerten– um ein hohes Ethos zu pflegen

Die Diakonie ist dazu herausgefordert öffentlich klar zu stellen, dass es behinderte Menschen gibt, die in den allgemein üblichen Bedingungen nicht angemessen „mitkommen“, die einen besonderen Schutz benötigen und für die auch vergleichsweise hohe finanzielle Zuwendungen notwendig sein. Die im Rahmen der Inklusionsprogrammatik anzutreffenden Formeln „Normal ist, verschieden zu sein“ oder „Alle verschieden – alle gleich!“ entbehren nicht einer gewissen Common-sense Plausibilität, öffnen einen sympathischen Blick auf die Vielfalt individueller Vorlieben und irritieren naive Unterstellungen von Normalität. Doch die in der Inklusionsdiskussion weithin geforderte Umstellung von einer Orientierung an Abweichung (deviance) und Mangel (deficiency) hin zu einer Orientierung an Andersheit (difference) ist sozialpsychologisch und mit Blick auf die Plastizität eines Ethos selbst naiv, kurzsichtig und in hohem Maße riskant. Ohne ein mit Schwellenwerten arbeitendes defizitorientiertes Barmherzigkeitsethos (das zugleich Anrechte formuliert) dürften die moralischen Grundlagen der Inklusionsrechte bei äußerst angespannten Kassenlagen mittelfristig ausgehöhlt werden.

Die Betonung einer Anerkennung von Andersheit kann auch eine Gleichgültigkeit verbreitende Toleranz ohne Fürsorge befördern, die eher einem marktliberalen Geist als dem jesuanischen Ethos entspricht: „Normal ist, verschieden zu sein – und darum sorgt jeder für sich selbst und ich für mich!“ „Weil alle verschieden sind, soll doch jeder für sich selbst aufkommen“. Warum sollte der Mensch, der einfach nur anders ist, eine besondere Assistenz erfahren?[56] Dies bedeutet nicht, dass in der öffentlichen Wahrnehmung behinderter Menschen dieses Defizitmodell das bestimmende oder gar das einzige sein soll. Und doch: Die Diakonie der Kirchen sollte an dieser Stelle keinen falschen „Empowerment“-Vorstellungen folgen und nicht vorschnell die Vorstellungen von schlichter Andersheit befördern. Denn sie weiß, wie fragil ein öffentliches Ethos in Krisenzeiten sein kann.[57] Das Feiern von Gleichheit in beliebiger Differenz kann sich über Nacht als Pyrrhussieg herausstellen – wenn nicht entsprechende Fürsorge greift. Wie gesagt: Meine Perspektive ist geprägt durch die Begegnung mit schwer mehrfachbehinderten Menschen. Eine kulturelle Umstellung auf „Andersheit“, die ein Ethos der einseitigen Verantwortungsübernahme untergräbt, wäre hier fatal.

---

56 Aus diesem Grunde wurde vonseiten der diakonischen Theologie das liberale Modell der Verteilungsgerechtigkeit unter autonomen Individuen und ein Kontraktmodell einer die Grenzen aufzeigenden luziden Kritik unterzogen. Siehe Johannes Eurich, Gerechtigkeit für Menschen mit Behinderung. Ethische Reflexionen und sozialpolitische Perspektiven, 173 ff.; Eva Feder Kittay, Love's labor, 75–113; eine breite Diskussion bieten die Beiträge in Eva Feder Kittay/Licia Carlson (Hg.), Cognitive disability and its challenge to moral philosophy, speziell die Beiträge im Abschnitt 2 zu „Justice“, 75–146.

57 Das Verhältnis von Barmherzigkeitsethos und Recht ist zweifellos ein zweiseitiges und wechselseitiges. Moralische Sensibilisierungen können ein Ethos weiterentwickeln, das dann selbst das Recht prägt. Allerdings können ohne eine ausreichende Stützung im Ethos auch rechtliche Regelungen sehr schnell erodieren. Daher müssen neben den rechtlichen Regelungen auch die im weitesten Sinne kulturellen Grundlagen entwickelt und gepflegt werden. Dies sieht deutlich Eilionâoir Flynn, From rhetoric to action. Implementing the UN Convention on the Rights of Persons with Disabilities, 412 ff., dort zu „The Limitations of Law in Achieving Disability Equality“. Die Bemessung und Zuteilung von bedarfsorientierten Gütern bedarf eingespielter Erwartungen auf verschiedenen Seiten und: Schwellenwerte, die durch Menschenbilder wesentlich geprägt sind. Auf was hat ein behinderter Mensch zu Recht Anspruch? Ab wann ist die faktische Verweigerung der Ansprüche eine Verletzung der Menschenrechte?

5.3. *Den Blick für die von der Inklusion Exkludierten schärfen*

Ein durch das jesuanische Ethos der Zuwendung geprägter Blick auf die Inklusionsdiskurse und Inklusionsplanungen sollte die Fragen erlauben: Wer sind die Verlierer der Inklusionsbemühungen? Wer steht im Schatten der neuen Entwicklungen von Integration zu Inklusion? Wer wird wohl zurückgelassen? Kurz: Wer wird durch Inklusion exkludiert?

Natürlich ist es noch zu früh, hier wirklich empirisch begründete Einschätzungen vorzunehmen. Aber die Fragen müssen inmitten der Inklusionsbegeisterung immer wieder gestellt werden. Ein Trend beginnt sich meines Erachtens abzuzeichnen: Die von der Inklusion Exkludierten sind die schwer mehrfach behinderten Menschen. Ein umsichtiger und konsequenter Barrierenabbau kann viele körperlich behinderte Menschen in den ersten Arbeitsmarkt und die normalen Bildungseinrichtungen inkludieren. Doch die Inklusionsbemühungen werden auch deutlich machen, dass es Menschen gibt, die den besonderen Schutzraum besonderer Einrichtungen und eine so intensive Zuwendung von ausgebildeten Fachleuten benötigen, dass sie sozusagen zurückbleiben werden. Für den nicht behinderten Beobachter drängt sich auch der Eindruck auf, dass in der Auseinandersetzung um die verschiedenen Konzepte der Behindertenhilfe und im Kampf um Integration unterschwellig eine Auseinandersetzung zwischen primär körperlich behinderten und primär geistig behinderten Menschen stattfindet. In diesem Differenzierungsprozess wird die Diakonie nicht aus einem institutionellen Selbsterhaltungsreflex, sondern aus einem jesuanischen Fürsorgeethos heraus auf die Schatten der Inklusion aufmerksam machen und den Inklusionsverlierern nicht ihre Solidarität aufkündigen. Der Blick auf die neue Exklusion als Rückseite der Inklusion ist Teil des moralischen Realismus und des entideologisierenden Impulses – man könnte auch sagen, der Geduld der Hoffnung.

5.4. *Ehrlich die Paradoxien organisationsförmiger Integration und Inklusion anerkennen*

Ein wesentlicher Impuls der Inklusionsprogrammatik ist die Überwindung der mit speziellen Behinderteneinrichtungen einhergehenden Exklusion: Behinderte Menschen werden wohl fürsorglich aus dem Alltag ausgegliedert, aber damit eben doch auch unsichtbar gemacht. Dagegen steuerten schon seit vielen Jahren (vor der „Inklusion“) z. B. Initiativen wohnortnaher Versorgung. Gegen illusionäre und irreführende Vorstellungen der Integration gilt es ehrlich anzuerkennen, dass eine Inklusion, die organisationsförmig unterstützt wird, immer ein Fragment bleiben wird. Sie wird sich nie vollständig in die Selbstverständlichkeiten des Alltags einfügen, sondern auch ausschließen, Sonderaktion bleiben und alle Spannungslagen zwischen professioneller Hilfe und persönlicher Vertrauensbeziehung mit sich führen.[58] Aufgabe der Kirchen und der Diakonie ist es, diese Paradoxie nicht aufzulösen oder gar moralisch zu verschleiern, sondern durch eine variable Handhabung der Schwellen direkt und produktiv zu verarbeiten.

Für die Kirche und die organisierte Diakonie besteht meines Erachtens die Herausforderung darin, angesichts der unvermeidlichen Paradoxien organisationsförmiger Inklusion Modelle zu organisieren (!), die Organisation und lebensweltliche Interaktion miteinander verbinden. Natürlich bleibt auch diese Verbindung nicht ohne Schatten – aber sie wird selbst Zeichen einer Inklusion, die mehr ist als Organisation. Ein Ort solcher Zeichen sind und sollten noch viel mehr sein: die Kirchen und speziell die Gemeinden.

5.5. Religion als Inklusionssystem und Kirche als zeichenhaftes Zeugnis einer alle Differenzen überschreitenden Inklusion

Auch im Feld der Inklusion von behinderten Menschen dürfte die Kirche stärker ausstrahlen durch das, was sie ist, als durch das, was sie öffentlich und lautstark vertritt. Die größte und wichtigste Herausforderung für Theologie, Kirche und christliche Diakonie liegt, bildlich gesprochen, im eigenen Feld.[59] Die Unterscheidung behinderter und kranker Menschen in der jesuanischen Zuwendung ist offen hin auf die Inklusion in die Gemeinschaft des Reiches Gottes. „Vor Gott", in der gottesdienstlichen Gemeinschaft werden die Schwellenmarkierungen, auf die z. B. die Organisationen der Bildung und der Arbeit angewiesen sind, „vergleichgültigend" zurückgenommen. Dies ist der Ort, an dem alle Menschen in der Tat gleich vulnerabel sind. Hier sind alle Menschen gleich vernünftig und unvernünftig, gleich bedürftig und – dies ist die Pointe – auch gleich Gebende. Die Begabung mit dem Geist Gottes ist gegenüber den Schwellenwerten und Unterscheidungen im Leben wirklich „rücksichtslos". Wird die noch allzu häufig anzutreffende

---

58 Besonders deutlich wird dies bei der Integration Behinderter in das Schulsystem: Warum bekommt ein behindertes Kind eine andere Förderung als ein nur lernschwaches Kind? Auch ein an Bedürfnislagen orientiertes Gerechtigkeitsverständnis kommt hier um exkludierende Unterscheidungen nicht umhin. Unter realen Bedingungen muss eine Ausrichtung an Bedürfnissen sehr schnell Mechanismen der Begrenzung einer Anspruchsinflation etablieren.

59 Diesbezüglich exemplarisch, aber überaus prägnant Thomas E. Reynolds, Love without boundaries. Theological reflections on parenting a child with disabilities, in: Theology Today 62. 2005, 193–209; Thomas E. Reynolds, Theology and Disability: Changing the Conversation, in: Journal of Religion, Disability & Health 16. 2012, 33–48.

Segregation im Inklusionssystem Religion überwunden, so werden behinderte Menschen hier in exemplarischer Weise Empfangende und Gebende, Zeugen einer Freude im Glauben und an dem Leben. Auch die die behinderten Menschen entschlossen einschließende religiöse Kommunikationsgemeinschaft wird nicht ohne organisierte Assistenz auskommen. Und doch: Der Raum der Gemeinde und speziell der gottesdienstlichen (medial mehrdimensionalen) Kommunikation ist der Ort, an dem behinderte Menschen selbst in einer sehr prägnanten Weise für andere Medium der Zuwendung Gottes werden, als geistbegabte Menschen Gabe Gottes an andere Menschen sind und dies auch selbst erfahren. Leben die Gemeinden dies exemplarisch, so leisten sie einen eigenen wichtigen Beitrag zur Weiterentwicklung eines öffentlichen Ethos, das die Inklusionsbemühungen in anderen sozialen Feldern befördert und trägt.

Behinderung als Strafe? Zum biblisch fundierten seelsorglichen Umgang mit dem Tun-Ergehen-Zusammenhang

Manfred Oeming

1. Der Gedanke von „Behinderung als Strafe" in der neueren Seelsorge

Es ist ein großer Fortschritt in der neueren Seelsorgetheorie gewesen, die in der Tradition der Kirche geradezu reflexartige Erklärung, dass Behinderung eine direkte Folge von Sünde, also eine Art von Strafe, sei, aufzubrechen. Gegen die auch in der theologischen Tradition tief verwurzelte Anschauung, die bleibende Einschränkung sei eine Art Vergeltung, die Gott über einen Menschen wegen dessen persönlicher Sünde verhängt hat, wurde theologisch angegangen und sie wurde letztlich abgewiesen. Viele demütigende Schuldzuweisung, Abwertungen, ja geradezu Stigmatisierungen wurden und werden auf diese Weise von der Theologie verschuldet. Schon an der Sprache kann man aber den Wandel ablesen: Niemand spricht mehr von „lebensuntüchtigen Invaliden", „Krüppeln" oder „Idioten", sondern von „geistig oder körperlich behinderten Menschen".[1] Weil anderes Sprechen Ausdruck von Wertschätzung ist, wird auch der Begriff „Behinderter" vermieden und möglichst sensibel durch andere Formulierungen ersetzt, z. B. „Menschen mit Lernschwierigkeiten" oder „Menschen mit Bewegungsproblemen". Bei Eintrittstafeln kann man jetzt mancherorts die Kategorie: „Bevorzugte" lesen.[2] Jeder Mensch mit dauerhaft eingeschränkten Funktionen hat Anrecht auf Schutz seiner Würde![3]

Der Gedanke, in diesem Kontext von „Strafe" zu sprechen, scheint erledigt, wären da nicht zwei bedeutende Probleme: erstens die unbezweifelbare

---

1 Vgl. den Beitrag von Andreas Lob-Hüdepohl, Behinderung und Beratung. Soziokulturelle Deutungsmuster als „*Kopf*-Barrieren" für gelingende Inklusion, in diesem Band.

2 Auch in der Alltagssprache werden nicht-diskriminierende Ausdrücke gesucht: z. B. barrierefrei statt behindertengerecht, pflegebedürftige Person statt Pflegefall, den Rollstuhl benutzen statt an den Rollstuhl gefesselt zu sein.

3 Vgl. grundlegend Johannes Eurich, Gerechtigkeit für Menschen mit Behinderung. Ethische Reflexionen und sozialpolitische Perspektiven (Campus Forschung 940), Frankfurt a.M./New York 2008.

Häufigkeit und Hartnäckigkeit, mit der dieser Gedanke von den Betroffenen selbst vorgetragen wird. Zweitens: Die unbestreitbare Präsenz dieses Gedankens in der Bibel Alten *und* Neuen Testaments. Der seelsorgliche Umgang mit dieser manchmal in die Verzweiflung führenden Frage muss daher gründlich abgewogen sein. Soll man also die Frage nach einer individuellen Schuldzuweisung ganz aus der Theologie verbannen? Oder aber – und das ist die These, die hinter diesem Beitrag steckt – gibt es neue exegetische Einsichten, die für die Seelsorge fruchtbar sein könnten und die aus dem Bereich der alttestamentlichen Wissenschaft in die praktische Theologie hinüberstrahlen sollten?

2. Die Omnipräsenz der Frage: „Warum ich?"

Auf der Grundlage von sechseinhalb Jahren als Pfarrer und Krankenhausseelsorger kann ich sagen, dass es eine empirische Tatsache ist, dass die Frage „Womit habe ich das nur verdient?" von den Betroffenen selbst sehr häufig vorgetragen wird: Menschen, die ein schweres Schicksal erleiden müssen, fragen tatsächlich so oder ähnlich nach einer Ursache für ihr Leid, gerade auch Menschen mit dauerhafter Einschränkung. Die Frage „Warum *ich*?" begegnet nicht nur als erste, noch unbedachte Reaktion auf Unglücksfälle, sondern auch im langfristigen Verlauf der geistigen und geistlichen Auseinandersetzung mit bleibenden Beeinträchtigungen. Immer neu taucht die Frage bohrend und quälend auf.[4] Der Hinweis, dass es sich bei dem Unglück um einen bloßen Zufall, um völlig kontingentes „Pech" handelt, erreicht die Köpfe und Herzen nicht. Ein Verbot der Frage ist schlicht unrealistisch. Im Weltbild des modernden Menschen gibt es einen tiefen Zusammenhang von Tun und Ergehen; ja, es ist geradezu ein Kennzeichen aufgeklärten naturwissenschaftlichen Denkens, dass man diesen Kausalnexus von Verhalten und Gesundheitszustand durchschaut. Das gilt positiv: Wer sich maßvoll und mit Verstand ernährt, wer sich ausreichend bewegt und die Lebensfreude nicht vergisst, der wird lange gesund und stark bleiben. Das gilt aber auch negativ: Durch Rauchen und Saufen, durch Bewegungsarmut und eindeutig ernährungsbedingte Fettleibigkeit und dazu auch noch lustvolle Missmutigkeit entstehen üble Krankheiten – bei einem selbst oder bei seinen Kindern. Diesen negativen Ursache-Wirkung-Zusammenhang nennen wir auch in unserer säkularen Alltagssprache „Sünde". Wenn einer – außerhalb der Kirchenmauern – sagt, er habe „gesündigt", dann meint er, dass er gegen die vernünftigen (Essens-)Regeln verstoßen hat und z. B. ein großes

---

[4] Vgl. Wolfgang Reuter, Heilsame Seelsorge, Münster 2004 (= Diss. Bonn 2000), 113–116.

Eis mit Sahne oder ein sehr kalorienreiches Essen, zu viel Alkohol oder Nikotin zu sich genommen hat. Die Frage nach dem Zusammenhang von chronischer Erkrankung, körperlichen sowie seelischen Beeinträchtigungen einerseits und „Sünde“ andererseits liegt also auch für den diesseitsorientierten Menschen nicht fern, sondern ist ein normatives soziokulturelles Deutungsmuster. Krankheit ist Strafe für Unvernunft. „Womit habe ich das verdient“ wird so zur kritischen Reflexion der Lebenspraxis, Krankheit wird zur Chance, den Lebensstil zu verbessern.

Die Frage nach dem Zusammenhang von Tun und Ergehen gewinnt erst recht bei religiösen Menschen an Bedeutung: Wenn man glaubt, dass ein persönlicher Gott das Leben sieht und entsprechend auf das reagiert, was man tut oder nicht tut,[5] dann wird der Gesundheitszustand zum Pegelanzeiger für das Verhältnis zur Transzendenz. In Österreich und Bayern pflegt man sich mit dem Satz zu bedanken: „Vergelt‘s Gott!“ In diesem unscheinbaren Satz verbirgt sich eine tiefe Theologie: Gott sieht, was ein Mensch tut, und er reagiert darauf. Gute Taten bleiben nicht ohne göttlichen *Lohn*. Allerdings gilt die Vergeltung auch umgekehrt. So schwingt in dem Satz „Vergelt‘s Gott!“ auch eine Drohung: Geiz und Missgunst bleiben nicht ohne *Strafe*. Eine chronische Erkrankung, eine körperliche oder seelische Beeinträchtigung wird zur Chance, das Verhältnis zu Gott neu zu gestalten.

Abb. 1: Der einfache Tun-Ergehen-Zusammenhang (TEZ): Nur mein Tun bewirkt mein Schicksal

Auch wenn man diese Art zu denken immer wieder empirisch-analytisch feststellen kann, und auch wenn es in frommen Kreisen sehr stark verbreitet ist, in der modernen Seelsorge ist der Umgang damit sehr umstritten. Während in evangelikalen Kreisen dieser Frage viel Aufmerksamkeit gewidmet wird, ist es doch üblich geworden, diese Frage scharf abzuweisen. „So dür-

[5] Vgl. paradigmatisch Dietrich Bonhoeffers Glaubensbekenntnis: „Ich glaube, daß Gott kein zeitloses Schicksal ist, sondern daß er auf aufrichtige Gebete und verantwortliche Taten wartet und antwortet.“ In: Eberhard Bethge (Hg.), Dietrich Bonhoeffer, Widerstand und Ergebung. Briefe und Aufzeichnungen aus der Haft, Neuausgabe, München [3]1985, 21.

fen sie nicht fragen!" Der Gedanke an Lohn und Strafe durch Gott sei geradezu auszuschließen und damit ein für alle Mal erledigt.[6]

3. Der Zusammenhang von Tun-und Ergehen in der Bibel[7]

In der Seelsorgeliteratur wird der Ursprung des Tun-Ergehen-Zusammenhangs dem Alten Testament auf die Rechnung gesetzt.[8] Wolfgang Reuter z. B. kann formulieren: Die „Sichtweise vom Leiden als Folge eigener Schuld geht zurück auf den im Alten Testament beschriebenen ‚Tun-Ergehen-Zusammenhang'".[9]

Der berühmte katholische Alttestamentler Erich Zenger beschreibt das Denken folgendermaßen:

> „Es kommt insbesondere in der deuteronomistischen Geschichtstheologie, die ‚den Bundesbruch Israels konsequent mit der beim Bundesbruch angedrohten Fluchstrafe verbindet', zum Ausdruck, wie auch in gewissen Formen prophetischer Kritik, ‚die Jahwes Gericht als Folge jahwe-widrigen Verhaltens androht'. Nach diesem biblischen Verständnis wird Gott wohl als Verursacher des Leidens angesehen, verliert hierdurch jedoch nicht seine sittliche Vollkommenheit, weil er nicht die Verantwortung dafür zu tragen hat. Diese kommt dem Menschen selbst zu, der durch sein sündiges Verhalten Schuld auf sich lädt, die wiederum durch eine als Leid erfahrenen Strafe gesühnt werden muss."[10]

Der Seelsorgelehrer kritisiert: Wo solches Denken – zumal eklektisch – übernommen wird,

> „führt dieses häufig zu verzerrten Gottes- und Selbstbildern der Betroffenen. Sie sind beherrscht vom Bild eines zornigen und strafenden Buchhaltergottes, dessen Wachsamkeit und Aufmerksamkeit nichts entgeht. Er scheint allwissend und

---

6 Karl Frielingsdorf, Dämonische Gottesbilder. Ihre Entstehung, Entlarvung und Überwindung, Mainz ³1997, 112–124; ders., Der wahre Gott ist anders. Von krankmachenden zu heilenden Gottesbildern, Mainz 1997, 66–74; Armin Kreiner, Gott im Lied, Bamberg ⁵2005, 142–161.

7 Vgl. Friedrich Mohr, Das Prinzip der Korrespondenz von Tun und Ergehen als Versuch der Lebensdeutung im Alten Testament (ungedruckte Dissertation Innsbruck 1976); Alexandra Grund, Art. Tun-Ergehen-Zusammenhang, in: RGG⁴ VIII, Tübingen 2005, 654–656; Georg Freuling, Art. Tun–Ergehen–Zusammenhang, in: WiBiLex (2008).

8 Vgl. Johannes Eurich, Biblische Impulse zu Behinderung und Krankheit, in: Eurich, Gerechtigkeit, 310–320.

9 Reuter, Heilsame Seelsorge, 114.

10 Erich Zenger, Leiden IV. Biblische Perspektiven, in: Christlicher Glaube in moderner Gesellschaft, Band 10, Freiburg 1980, 27–36: 32.

in seine Wahrnehmung fast zwanghaft auf das sündhafte Leben und die Schuld des Menschen festgelegt zu sein. Erbarmung und Verzeihung kennt er nicht. Dies macht ihn so bedrohlich und beängstigend. (...) Diesem Gottesbild einer nahezu schon sadistisch zu nennenden Vergeltungstheologie entspricht das Bild des sündigen Menschen, der den Ansprüchen und Erwartungen seines Gottes nicht genügt und damit sein Leiden selbst verschuldet hat. Wenn sich nicht Fehler und Vergehen in seiner bewussten Erinnerung finden, so werden solche mit Gewissheit in seiner ihm unbewussten Vergangenheit aufzuspüren sein. Er ist immer ein Schuldiger und unterliegt in seinem Leiden der angemessenen Vergeltung. Er hat sein Glück selbst verspielt und die Verantwortung (...) zu tragen. (...) Zu kritisieren ist jedoch der Versuch, die Verantwortlichkeit für das Leiden allein dem betroffenen Menschen zuzuschreiben, es mit dessen Sündhaftigkeit zu erklären und als seinen Verursacher einen strafenden Gott zu verkünden."[11]

Das Problem ist aber: Diese Vorstellung von Lohn und Strafe, sei sie immanent oder transzendent, hat in der biblischen Theologie ein sehr breites Fundament, vor allem im Neuen Testament. Dieser Umstand sollte einen davor warnen, den Tun-Ergehen-Zusammenhang leichthin aus der Seelsorge zu verbannen. Statt herber Kritik und theologischer Tabuisierung sollte man nochmals genau hinschauen, was dieses Lehrstück genau sagen will. In diesem Leben und erst recht im kommenden Leben werden Menschen für das, was sie tun oder nicht tun (Mt 25), von Gott „ihren Lohn" empfangen. Nach der johanneischen Soteriologie wie auch nach Paulus entscheidet sich das Schicksal jedes Menschen *schon jetzt* in der Begegnung mit Christus:

„Wahrlich, wahrlich, ich sage euch: Wer mein Wort hört und glaubt dem, der mich gesandt hat, der hat das ewige Leben und kommt nicht in das Gericht, sondern er ist vom Tode zum Leben hindurchgedrungen." (Joh 5,24)

„26 Darum hat sie Gott dahingegeben in schändliche Leidenschaften; denn ihre Frauen haben den natürlichen Verkehr vertauscht mit dem widernatürlichen; 27 desgleichen haben auch die Männer den natürlichen Verkehr mit der Frau verlassen und sind in Begierde zueinander entbrannt und haben Mann mit Mann Schande getrieben und den Lohn ihrer Verirrung, wie es ja sein mußte, an sich selbst empfangen. 28 Und wie sie es für nichts geachtet haben, Gott zu erkennen, hat sie Gott dahingegeben in verkehrten Sinn, so daß sie tun, was nicht recht ist, 29 voll von aller Ungerechtigkeit, Schlechtigkeit, Habgier, Bosheit, voll Neid, Mord, Hader, List, Niedertracht; Zuträger, 30 Verleumder, Gottesverächter, Frevler, hochmütig, prahlerisch, erfinderisch im Bösen, den Eltern ungehorsam, 31 unvernünftig, treulos, lieblos, unbarmherzig. 32 Sie wissen, daß, die solches tun, nach Gottes Recht den Tod verdienen; aber sie tun es nicht allein, sondern haben auch Gefallen an denen, die es tun." (Röm 1,26–32)

„Und Jesus sprach: Zum Gericht bin ich in diese Welt gekommen, damit die Nichtsehenden sehen und die Sehenden blind werden." (Joh 9,39)

---

11 Reuter, Heilsame Seelsorge, 114.

In den synoptischen Evangelien ist, wie teilweise auch bei Paulus, die Vergeltung Gottes stärker futurisch akzentuiert. Der Lohn ist *noch nicht* ausgezahlt. Aber die Vergeltung wird sicher kommen:

> „Jeder aber wird seinen eigenen Lohn empfangen nach seiner eigenen Arbeit." (1. Kor 3,8)

> „Denn wir müssen alle offenbar werden vor dem Richterstuhl Christi, damit jeder seinen Lohn empfange für das, was er getan hat bei Lebzeiten, es sei gut oder böse." (2. Kor 5,1)

> „Siehe, ich komme bald und mein Lohn mit mir, um einem jeden zu vergelten, wie sein Werk ist." (Apk 22,12)

Kann man den Tun-Ergehen-Zusammenhang also einfach aus der Seelsorge abzuschaffen? Das Denken im Rahmen des TEZ kann Angst machen, gewiss. Derartige Vorstellungen begegnen in der Erfahrung der Seelsorge an kranken und behinderten Menschen häufig: „Was habe ich getan, Herr Pfarrer, womit ich das verdient hätte?"

Wenn ich für meine Gesundheit verantwortlich bin, kann man dann an meiner Krankheit meine Sünde ablesen? Wie problematisch die Umkehrung des Tun-Ergehen-Zusammenhangs in Richtung der Schuldgefühle generierenden Ergehen-Vergehen-Schlussfolgerung ist, hat Axel Graupner anhand der Argumentation der Freunde Hiobs aufgezeigt.[12]

Als Jesu Jünger auf einen Menschen treffen, der blind geboren wurde, löst das bei ihnen die Frage aus:

> „Rabbi, wer hat gesündigt? Er selbst? Oder haben seine Eltern gesündigt, so dass er blind geboren wurde?" (Joh 9,2)

Der Hintergrund dieser Frage ist einerseits ganz deutlich: Behinderung wird im Rahmen der alttestamentlich-jüdischen Tradition[13] als Folge von Sünde gedeutet.

Andererseits ist die Frage schwer verständlich: Wie soll einer gesündigt haben, bevor er geboren wurde? Steht dahinter die Vorstellung der Metempsychose, der Wiedergeburt eines Menschen, der die Schuld aus seinem vorherigen Leben im nächsten Leben abbüßen muss? Unmöglich ist das nicht, wie Hi 33,29 zumindest in der Auslegung jüdischer Rabbiner zeigt:

---

12 Unveröffentlichter Vortrag am 31.10.1997 auf dem Studientag des Seminars für evangelische Theologie in Köln unter dem Titel „Handelt Gott gerecht? Theodizee und christlicher Glaube" und im Rahmen der Seminar- und Gesprächsreihe „Streiten mit Gott" am 08.11.2005 im Evangelischen Gemeindeseminar Wuppertal-Ronsdorf.

13 Zum alttestamentlichen Verständnis von Krankheit und Behinderung und zu Ansätzen eines integrativen Umgangs mit Menschen mit Einschränkungen vgl. Manfred Oeming, „Auge wurde ich dem Blinden, und Fuß dem Lahmen war ich!" (Hi 29,15). Zum theologischen Umgang mit Behinderung im Alten Testament, in: Johannes Eurich/Andreas Lob-Hüdepohl (Hg.), Inklusive Kirche, Stuttgart 2011, 81–100.

> „Siehe, das alles tut Gott zweimal, dreimal mit dem Menschen."

Jesu Antwort wird zumeist als Aufhebung des Tun-Ergehen-Denkens gedeutet:

> „Weder er noch seine Eltern haben gesündigt, sondern das Wirken Gottes soll an ihm offenbar werden." (Joh 9,3)

Diese Interpretation ist aber fragwürdig. Hier geht es um einen bestimmten Menschen, an welchem ein Heilungswunder vollzogen werden wird. An diesem Einen geschieht Exzeptionelles. Dennoch wird der Vers zumeist ganz grundsätzlich ausgelegt. Unter Berufung auf diese Stelle wird der Zusammenhang von Tun und Ergehen intensiv bestritten und im Neuen Testament als prinzipiell überwunden erklärt. Zumindest wird bestritten, dass ein/der TEZ die Situation eines (behinderten) Menschen leichtfertig als (gerechte) Strafe Gottes gedeutet wird, die auch die soziale, zwischenmenschliche Ächtung legitimiert, ja sogar fordert.

4. Die Geschichte der Erforschung des Tun-Ergehen-Zusammenhangs

Die These, die ich im Folgenden begründen will, lautet: Es gibt wohl ein allgemeines Gesetz von göttlicher Kausalität und Korrelation im Alten (und Neuen!) Testament, aber *seine Struktur ist deutlich komplexer*, als das in der bisherigen Forschung gesehen bzw. gewürdigt wurde. Das wird auch eine *neue Terminologie* notwendig machen.

Alle Taten der Menschen wirken jederzeit aufeinander ein und *jede* Tat hat Auswirkungen auf das gesellschaftliche Gesamtergehen. Gute Taten bewirken auf lange Sicht Gutes, schlechte Taten auf lange Sicht Schlechtes. Das kann man in der Regel empirisch beobachten, es wird sogar in der hebräischen Sprache angezeigt, weil hier die Worte für Guttat/Gutwort und Wohlergehen (*b^e^rachah* „Segen") bzw. für schlechte Tat/Böswort und Unglück (*k^e^llalah* „Fluch") identisch sind. Der Literaturbereich, in dem dies besonders intensiv bedacht wird, sind die Weisheitstexte der Hebräischen Bibel, die zu einem großen Teil auf Salomo als die Gallionsfigur der Weisheit zurückgeführt werden. In Analogie zur Physik könnte man vom „Salomonischen Gravitationsgesetz" sprechen. Es gibt einen von Gott eingesetzten, klar geordneten Zusammenhang von dem, was einer tut, und dem, was einer empfängt. „Von der Frucht seines Mundes kann man sich satt essen an Gutem, und *das Tun der Hände eines Menschen kehrt zu ihm zurück*." (Spr

12,14),[14] diese Vorstellung wird vielfach modularisiert in der Weisheitsliteratur eingeschärft. So formuliert etwa der idealisierte Salomo:

> „Wer Unrecht sät, wird Unheil ernten." (Prov 22,8)

> „Einer gräbt eine Grube – hinein fällt er;
> einer wälzt einen Stein – auf ihn rollt er zurück." (Spr 26,27)[15]

Und der Weisheitslehrer fragt seine Schüler:

> „ER aber (= Gott) weiß es und beobachtet deine Seele. Wird er nicht jedermann gemäß seinem Tun vergelten?" (Prov 24,12)

Der weise Elifas bestätigt wesentlich später diese Einsicht:

> „Wohl aber habe ich gesehen: Die da Frevel pflügten und Unheil säten, ernteten es auch." (Hi 4,8)

Und Elihu[16] bringt es ausführlich zur Darstellung:

> „Denn seine Augen *wachen* über den Wegen des Menschen, und all seine Schritte sieht er. Da ist keine Dunkelheit und keine Finsternis, worin sich die Übeltäter verbergen könnten. Denn er setzt dem Menschen keine Frist fest, zu Gott vor Gericht zu kommen. Er zerschmettert Gewaltige ohne Untersuchung und setzt andere an ihre Stelle. Daher achtet er auf ihre Taten und stürzt sie um über Nacht, dass sie zermalmt daliegen. Wie Gottlose schlägt er sie da, wo alle es sehen." (Hi 34,21–26)

Der kluge Fromme weiß das ganz genau und verhält sich diesem Gesetz entsprechend.

Allerdings ist die genauere Struktur dieses Gesetzes in der Forschung umstritten. Das wird schon aus der Tatsache deutlich, dass man unterschiedliche Begriffe dafür verwendet. Der heute gängige Ausdruck, um diesen Vorstellungskomplex zu beschreiben, lautet: „Tun-Ergehen-Zusammenhang".[17] In der älteren Forschung sprach man von „Vergeltung" oder aber vom „Vergeltungsglauben" oder vom „Vergeltungsdogma" des Alten Testaments. Handeln und Geschick eines Menschen wären danach fest miteinander verbunden; daher hat man diese Anschauung auch eine „syntheti-

---

[14] Bernd Janowski, Die Tat kehrt zum Täter zurück. Offene Fragen im Umkreis des „Tun-Ergehen-Zusammenhangs", in: Zeitschrift für Theologie und Kirche 91. 1994, 247–271 (= Ders., Die rettende Gerechtigkeit. Beiträge zur Theologie des Alten Testaments 2, Neukirchen-Vluyn 1999, 167–191).

[15] Übersetzung nach Arndt Meinhold, Die Sprüche (ZBK.AT 16.2), Zürich 1991, 446. Der Spruch formuliert „nach dem Tun-Ergehen-Zusammenhang eine Gesetzmäßigkeit, daß ihn [den Täter] das für andere bereitete Unheil selbst trifft" (448).

[16] Harald-Martin Wahl, Ein Beitrag zum alttestamentlichen Vergeltungsglauben am Beispiel von Hiob 32–37, in: Biblische Zeitschrift 36. 1992, 250–255.

[17] Der Terminus ist wohl von Klaus Koch eingeführt worden, um auszudrücken, dass es in diesem Leben – prämortal – einen Konnex von Tun und Ergehen gibt.

sche Lebensauffassung" genannt[18] oder vom „Vergehen-Ergehen-Zusammenhang"[19] oder vom „Haltung-Ergehen-Zusammenhang"[20] gesprochen. Diese unterschiedlichen Bezeichnungen markieren durchaus auch inhaltlich Unterschiede beim genaueren Verständnis der „Salomonischen Tatmechanik"; es geht um drei Streitpunkte: zum einen um die Frage, ob die Tatfolge *immanent* ganz genau so wie ein *Natur*gesetz eintritt, oder ob der *personal gedachte Gott* je und je *von außen* aktiv eingreift, wenn er es in seiner *Freiheit* will (oder manchmal nicht oder spät will). Zum anderen ist fraglich, was als „Tat" gilt. Nur meine eigene Tat (so besonders nachdrücklich Ezechiel 18), oder auch die Taten meiner Familie, meiner Volksgenossen, meiner Regierung? Oder ist auch die innere Gesinnung, die Haltung, eine tatähnliche Größe? Zum dritten muss das Problem beantwortet werden, wie sich die Einsicht, dass Handeln und Geschick *in der Regel* fest miteinander verbunden sind,[21] zu den offensichtlichen Ausnahmen in beiden Richtungen – dem glücklichen Sünder und dem leidenden Gerechten – verhalten. Wie Hiob im Streit mit seinen Freunden immer ausführlicher darlegt, kommt es öfters vor, dass der Frevler und Übeltäter ganz und gar nicht mit Unglück bestraft wird, sondern in Saus und Braus sehr gut lebt, während der Gerechte leiden muss. Ähnliche Erfahrungen besingen Weisheitspsalmen wie Ps 37; 49 und 73:

> Ich aber – fast wären meine Füße ausgeglitten, beinahe hätten gewankt meine Schritte. Denn ich beneidete die Übermütigen, als ich das Wohlergehen der Gottlosen sah. Denn keine Qualen *haben sie bei* ihrem Tod, und wohlgenährt ist ihr Leib. In der Mühsal der Menschheit sind sie nicht, und sie werden nicht wie die *anderen* Menschen geplagt. Deshalb umgibt sie Hochmut wie ein Halsgeschmeide, Gewalttat umhüllt sie wie ein Gewand. Es tritt aus dem Fett heraus ihr Auge; sie fahren daher in den Einbildungen des Herzens. Sie höhnen und reden in Bosheit Bedrückendes, von oben herab reden sie. Sie setzen in den Himmel ihren Mund, und ihre Zunge ergeht sich auf der Erde. Deshalb wendet sich hierher sein Volk, denn Wasser in Fülle wird bei ihnen geschlürft. Ja, sie sprechen: Wie sollte Gott es wissen? Gibt es ein Wissen beim Höchsten? Siehe, dies sind Gottlose, und immer sorglos, erwerben sie sich Vermögen. Fürwahr, umsonst habe ich mein Herz rein gehalten und in Unschuld gewaschen meine Hände. (Ps 73,2–13)

Dass der Frevler eben nicht zu Fall kommt, sondern der Unschuldige leiden muss, und dass der Gute nicht belohnt wird, sondern der Schurke, wie soll man dieses Phänomen verstehen? Ist das ein Skandal? Oder ist das die Liebe

---

18 Vgl. Kark Hjalmar Fahlgren, Die Gegensätze von *ṣədakā* im Alten Testament, in: Klaus Koch (Hg.), Um das Prinzip der Vergeltung in Religion und Recht des Alten Testaments (WdF CXXV), Darmstadt 1972, 87–129.

19 Odil Hannes Steck, Gottesknecht und Zion (FAT 4), Tübingen 1992, 42 f.

20 Zum Begriff Holger Delkurt, Ethische Einsichten in der alttestamentlichen Spruchweisheit (BThSt 21), Neukirchen-Vluyn 1993, 48 mit Anm. 83.

21 Felix Gradl, Ijob (NSK.AT 12), Stuttgart 2001, Exkurs Der Tun-Ergehen-Zusammenhang oder Jeder ist seines Glückes Schmied, 89 f.

Gottes, die das zu Erwartende aufhebt? Nicht jeder Sünder stürzt mit Notwendigkeit und konstantem Tempo in den Untergang. Er kann aufgefangen und getragen werden.[22] Die Spannung zwischen Gesetz und Realität hat dazu geführt, dass viele Forscher glauben, der Tun-Ergehen-Zusammenhang sei mit fortschreitender Glaubensgeschichte in die Krise geraten und schließlich aufgehoben worden. Aber gehen wir chronologisch vor:

4.1. Die klassische Sicht: Vergeltung als Grundgesetz Gottes

Bis in die Mitte des 20. Jahrhunderts war es für alle Darstellungen der alttestamentlichen Theologie klar, dass die Vorstellung von der gerechten Vergeltung im Zentrum des alttestamentlichen Glaubens stehe. Im Blick auf seine Verbreitung in der Schrift fasst Ernst Würthwein trocken zusammen: „Da sich der Vergeltungsglaube überall im AT beobachten lässt, erübrigt sich ein Nachweis in extenso."[23] Im Blick auf die zeitliche Ansetzung urteilt Hermann Gunkel: „Die israelitische Religion hat den V.[ergeltungs]glauben von Anfang an besessen."[24] Als zwei repräsentative Stimmen für diese fundamentale Bedeutung des Gesetzes vom Zusammenhang von Tun und Ergehen wähle ich erstens den viktorianischen Gelehrten Thomas Kelly Cheyne (1841–1915) aus, weil er exemplarisch den ethischen Aspekt der Sache herausstellt, zweitens aufgrund seiner sehr umfassenden Entfaltung der fundamentaltheologischen Relevanz des Vergeltungsglaubens den bedeutenden deutschen Alttestamentler Walther Eichrodt (1890–1978):

> „Es war *ein fundamentaler Grundsatz der altisraelitischen Religion*, dass alles Leiden durch bewusste oder auch unbewusste Verstöße gegen Gottes Ordnung bedingt ist. Und das Äußerste, was die klassischen vorexilischen Propheten tun konnten, bestand darin, die Gewissen der Menschen zu schärfen, um jede Schuld aufzuspüren, welche das große Unglück über das Volk Israel gebracht hatte. Zugleich lehrten sie auch die Umkehrung dieses Gesetzes: dass nämlich der Gehorsam gegen Jahwes Gebot die Wohlfahrt und den Schutz der Gemeinschaft mehrt. Moralisch war diese Predigt von hohem Wert, auch wenn sie auf die große Mehrheit der Gesellschaft keine Wirkung hatte. Die bedeutendste Leistung war die Schaffung des Buches Deuteronomium, das die oft wiederholte

---

[22] Der Prophet Jona ist im ärgerlichen Wissen darum, dass Gott selbst dem Erzfeind Ninive vergeben könnte, vor seinem Verkündigungsauftrag weggelaufen. Man könnte, um in der Analogie zum freien Fall zu bleiben, von Gottes Gnade als starkem „Luftwiderstand" sprechen, bei seinem Gericht von einer gefährlichen „Windhose."

[23] Ernst Würthwein, Art. Der Vergeltungsglaube im AT, in: ThWNT IV, Stuttgart 1942, 710–718: 710.

[24] Hermann Gunkel, Art. Vergeltung im Alten Testament, in: RGG V, Tübingen ^{2}1931, 1529–1533, wieder abgedruckt in: Klaus Koch (Hg.), Um das Prinzip der Vergeltung in Religion und Recht des Alten Testaments (WdF 125), Darmstadt 1972, 1–7: 1.

> Verheißung, Gehorsam gegen Jahwes Gebot werde belohnt, mit der Drohung kombinierte, dass Gebotsbrüche hart bestraft werden.“[25]

Für Cheyne liegt die Gerechtigkeit – die jedem das ihm Zustehende auch zukommen lässt – im Zentrum alttestamentlicher Weltsicht und vor allem *Moral*. Dabei ragt die Botschaft der Propheten ebenso heraus wie diejenige des Deuteronomiums mit der expliziten *unmittelbaren Korrespondenz* von menschlicher Gesetzesbeachtung und göttlichem Segen, ebenso wie von menschlichem Ungehorsam und göttlichem Fluch (Dtn 27 f.). Diese vergeltende Gerechtigkeit ist in die leicht zu merkende lapidare Formel des *ius talionis* hinein verdichtet worden: „Leben für Leben, Auge um Auge, Zahn um Zahn“ (Ex 21,23–25; Lev 24,17–21; Dtn 19,21; Mt 5,38).

Als zweiten Kronzeugen im 20. Jahrhundert sei Walther Eichrodt zitiert.[26] In seiner zweibändigen „Theologie des Alten Testaments“ (1933–39) begegnet er als einer der eindrücklichsten Verfechter der klassischen „Vergeltungslehre“, die er ins Zentrum seiner Rekonstruktion des Bundesglaubens im Alten Testament stellt. Nach Eichrodt denkt das Alte Testament Gott immanent, d. h. der Bundesgott bringt sich selbst „ins Spiel der Geschichte“ Israels ein. Israel deutete die Strafe als jeweils ganz persönliche Tat Gottes, der mit zornigem Eifer interveniert, wenn er etwas als falsch oder unbefriedigend erlebt. Israel hat die göttliche Vergeltung niemals als willkürlich oder rachsüchtig erlebt, denn von der ältesten Geschichte an war diese Vergeltung förmlich und explizit in Gedanken eines Bundes Israels mit Gott eingebettet. Innerhalb der Grenzen dieses Bundesrechts waren – so Eichrodt – Willen und Gerechtigkeit Gottes unanfechtbar. Vielmehr suchte Israel in seinem positiven Recht die natürliche, göttliche Gerechtigkeit zu *imitieren*, indem es die Natur der Strafe mit der Natur der Rechtsverletzung streng korrelierte („ein Auge für ein Auge“). Es war auch nach Eichrodt die Leistung vor allem der Prophetie, den tieferen Zusammenhang von Strafe und Sünde zu verstehen. Manche „Umkehrpredigten“ machen einen eher unpersönlichen Eindruck, wonach sich die Sünde selbst bestraft: „Und das Land wurde unrein gemacht … und das Land spie seine Bewohner aus.“ (Lev 18,25) Aufs Ganze gesehen haben weder das Gesetz noch die Propheten die Wirklichkeit des lebendigen Gottes durch ein System oder eine Idee ersetzt. Die alttestamentlichen Erzählungen beschreiben einen Gott, der voller Geduld die Strafe aufschieben kann (Num 16,25 ff.; Ex 32,34) und seine vergebende Gnade walten lässt (Gen 18,22 ff.; 20,6; Num 14,18–20; 2. Sam 7,14; vgl. Ps 89,31 ff.). Dabei betont Eichrodt, dass im Alten Testament der Gedanke der Freiheit Gottes dominant ist: So sehr Gott selbst im Rahmen der Vergeltungslehre steht, er kann sich auch überraschend anders verhalten, ohne da-

---

25 Thomas Kelly Cheyne, Jewish Religious Life After the Exile, New York/London 1915, 163 f. (Übersetzung und Hervorhebung M.O.).

26 Vgl. bes. Walther Eichrodt, Theologie des Alten Testaments, Teil 2/3, Stuttgart/Göttingen [5]1961, 295–308.

mit die grundsätzliche Geltung der Vergeltung anzutasten. Die ‚lebendige Reaktion der göttlichen Persönlichkeit' ist nicht festgelegt.

> „Ihre souveräne Freiheit behauptet sich auch im strafenden Einschreiten gegen menschlichen Ungehorsam und kennt ebensowohl schnelle Vernichtung wie lange zuwartendes Aufsparen der Strafe, harte Strenge wie zur Verzeihung geneigte Milde. Und bei dem stets lebendigen Gefühl für das numinose Schrecknis, das die göttliche Heiligkeit umgibt, besteht eine starke innere Bereitschaft, auch die härteste Strafe nicht sinnlos oder grausam, sondern der furchtbaren göttlichen Majestät entsprechend zu finden."[27]

Die alttestamentliche Darstellung der Vergeltung ist gerade nicht die einer absichtslosen zürnenden Natur, sondern beruht gerade auf einem planvollen und höchst intentionalen Eingreifen Gottes, sogar dann noch, wenn die Vergeltung zur Vernichtung Israels führt. Allerdings führte die Erfahrung, dass der Tun-Ergehen-Zusammenhang temporär oder sogar prinzipiell nicht erkennbar ist, nach Eichrodt zunehmend zu dessen Infragestellung (z. B. in Hiob, Ps 73, Kohelet) und schließlich zu seiner Überwindung. In Eichrodts Darstellung ist es – genau wie Schleiermacher es ausgedrückt hatte[28] – das wesentliche Element des Evangeliums, die alttestamentliche Vergeltungsvorstellung zu überwinden. Echter Gottesglaube nimmt diese bloßen Krücken der Theodizee weg.

> „Erst in der neutestamentlichen Gemeinde ist die Gewissheit des kommenden Gottesreiches auf Grund des Sieges Jesu Christi und die Geborgenheit in der Gemeinschaft mit dem erhöhten Herrn, in dem der ganze Weltbestand seinen Ursprung und seine Sinnmitte hat, so stark und alles umfassend, daß die Frage nach dem Übel in der Welt ihre Bedeutung einbüßt und der freudigen Getrostheit Platz macht, die die Leiden dieser Zeit nicht wert achtet der Herrlichkeit, die an uns soll offenbart werden' (Röm 8,18)."[29]

Mit dem Hinweis auf das Neue Testament greift Eichrodt klassisch ein Problem auf: Weist nicht das Neue Testament genau diese Form der Welterklärung scharf zurück? Fällt der neutestamentliche Regen nicht in gleicher Weise auf Gerechte und Sünder (Mt 5,43–48)? Besteht die entscheidende

---

27 Eichrodt, Theologie, 336.

28 In seinen „Reden über die Religion an die Gebildeten unter ihren Verächtern" (1799) hat zum Beispiel Friedrich Schleiermacher die Vergeltungslehre als die wichtigste Lehre des Alten Testaments identifiziert, welche aber durch Jesus von Nazareth andauernd und nachhaltig bestritten worden sei. Schleiermacher glaubte, dass der Vergeltungsglaube nur im Judentum überlebt habe und allein hier in legitimer Weise gelehrt werde. Das Neue Testament aber habe mit seiner Versöhnungslehre das alttestamentliche Portrait eines zornigen Gottes überwunden und durch das Bild des Gottes der Liebe ersetzt. Diese Sichtweise Schleiermachers wird gegenwärtig in vielen christlichen Kirchen und Gemeinden für richtig gehalten und wird in manchen dogmatischen Entwürfen der Gegenwart aufgegriffen.

29 Eichrodt, Theologie, 345.

Botschaft des Neuen Testaments nicht gerade in der guten Nachricht von der „Nicht-Vergeltung“ der Sünden weder durch Menschen (Röm 12,14–21) noch durch Gott (z. B. Mt 20,1–16; Lk 15,11–32)? Kann man das Alte Testament als christliche Heilige Schrift beibehalten, wenn es eine Welterklärung vertritt, die mit dem Herzen des Evangeliums unvereinbar ist?

4.2. Problematisierungen

Das „klassische“ exegetische Verständnis des Tun-Ergehen-Zusammenhangs als Vergeltung wurde und wird seit ca. 60 Jahren auch von alttestamentlichen Exegeten problematisiert. Es war v. a. der Alttestamentler und Ägyptologe Klaus Koch, der 1955 die Frage neu aufwarf: „Gibt es ein Vergeltungsdogma im Alten Testament?“[30] Überraschenderweise beantwortete er sie negativ. Er argumentierte dabei auf zwei Ebenen, sprachlich und schöpfungstheologisch: Innerhalb der alttestamentlichen Theologie werden üblicherweise Begriffe wie „Vergeltung“ oder „Belohnung/Bestrafung“ verwendet, um die Beziehung zwischen menschlichem Handeln und göttlicher Reaktion darauf zu beschreiben. Obwohl das Alte Testament sowohl von göttlichem Lohn als auch von Strafe spricht, da der Ausdruck „Vergeltung“ also ein breiteres Bedeutungsspektrum abdecke, habe der Terminus „Vergeltung“ im Allgemeinen negative Färbung. Man kann kaum bestreiten – so Koch –, dass Vergeltung im Kontext Biblischer Theologie zumeist im Blick auf die göttliche *Bestrafung* verwendet werde und fast zum Synonym für „Rache“ werde. Was er dagegen herausarbeiten will, ist die Tatsache, dass Schöpfungstheologie im Denken des Alten Testaments eine wesentlich wichtigere Rolle spielt, als Cheyne, Eichrodt und viele andere es (an)erkannten. Zum richtigen Verhältnis von Tun und Ergehen müsse die *naturimmanente* Kausalität als Basisvorstellung und Erwartungshorizont auch für das Leben vor Gott ernst genommen werden. Die Tat ist „ein machthaltiges Ding“[31] umgibt den Täter mit einer „schicksalswirkenden Tatsphäre“, im Sinne „dinglicher Stofflichkeit“[32]. Der Ausdruck „Tat-Ergehen-Zusammenhang“, der den Täter ebenso bewusst auszuklammern versucht wie den, der persönlich auf die Tat reagie-

30 Klaus Koch, Gibt es ein Vergeltungsdogma im Alten Testament?, in: Zeitschrift für Theologie und Kirche 52. 1955, 1–42 = in: ders. (Hg.), Um das Prinzip der Vergeltung in Religion und Recht des Alten Testaments (WdF 125), Darmstadt 1972, 130–180 = „Is There a Doctrine of Retribution in the Old Testament?“ in: James L. Crenshaw (Hg.), Theodicy in the Old Testament (IRT 4), Philadelphia/London 1983, 57–87.

31 Koch, Vergeltungsdogma, 18.

32 Ebd.

ren müsste, bringt diese Vorstellung noch klarer zum Ausdruck.[33] Koch betont zu Recht, dass der Zusammenhang zwischen der Tat und ihrer Folge nicht durch einen besonderen forensischen Akt nach einer Norm hergestellt wird, sondern meist als unmittelbare, innere Verflechtung vorgestellt wird (Prov 22,8; 26,27 u.ö.); er hat der Wissenschaft hier einen wichtigen Dienst erweisen, indem er Aspekte aufgedeckt hat, die bis dahin ignoriert oder unangemessen unterbewertet waren. Das „intrinsische“ Modell des Zusammenhangs von Tun und Ergehen ist ein wichtiger Bestandteil des alttestamentlichen Weltbildes, besonders im Blick auf die der Schöpfung inhärenten Ordnungen – allerdings nur *ein* Element! Jedoch ist das Konzept einer *ausschließlich* natürlichen, unpersönlichen, „automatischen“ Verknüpfung zwischen Verhalten und Ergehen für mich mindestens ebenso problematisch wie die Vorstellung der unmittelbaren, ausschließlich individuellen Vergeltung durch Gott persönlich.[34] Ist „Strafe“ alttestamentlich wirklich nur der Ziegelstein, den man sich selbst auf den Kopf wirft? Auch wenn der theologische Rettungsversuch ehrenwert war, Jahwes Tun wird nicht nur beschrieben als „Hebammendienst“[35] für das, was ohnehin aus einem inneren Zusammenhang der Dinge heraus funktioniert. Hans Heinrich Schmid hat mit ganz anderen Argumenten gewichtige Beiträge geleistet, um die Weisheit theologisch zu rehabilitieren.[36] Ihm zufolge bezeugen die biblischen Texte durchgängig ein beständiges Ringen um die Frage nach der gerechten Weltord-

---

33 Klaus Koch/Jürgen Roloff, Tat-Ergehen-Zusammenhang, in: Klaus Koch/Eckart Otto/Jürgen Roloff/Hans Schmoldt (Hg.), Reclams Bibellexikon, Hamburg [4]1987, 493–495.

34 Zur Debatte um Kochs Hypothesen vgl. Hartmut Gese, Lehre und Wirklichkeit in der alten Weisheit. Studien zu den Sprüchen Salomos und zu dem Buche Hiob, Tübingen 1958; Henning Graf Reventlow, „Sein Blut komme über sein Haupt“, in: Vestus Testamentum 10. 1960, 311–327; Hans Heinrich Schmid, Gerechtigkeit als Weltordnung. Hintergrund und Geschichte des alttestamentlichen Gerechtigkeitsbegriffs (Beiträge zur Historischen Theologie 40), Tübingen 1968, 175–179; Henning Graf Reventlow, Rechtfertigung im Horizont des Alten Testaments (Beiträge zur evangelischen Theologie 58), München 1971, 33–36; Patrick D. Miller, Sin and Judgment in the Prophets. A Stylistic and Theological Analysis, Chico CA 1982, 86–90; Horst D. Preuß, Theologie des Alten Testaments I, Stuttgart 1993, 217–222.; Jutta Hausmann, Studien zum Menschenbild der älteren Weisheit (FAT 7), Tübingen 1994, 231 f.; Holger Delkurt, Ethische Einsichten in der alttestamentlichen Spruchweisheit (BThSt 21), Neukirchen-Vluyn 1993, 148–161.

35 Koch, Vergeltungsdogma, 4.

36 Vgl. bes. Schmid, Gerechtigkeit; ders., Schöpfung, Gerechtigkeit und Heil. „Schöpfungstheologie“ als Gesamthorizont biblischer Theologie, in: Zeitschrift für Theologie und Kirche 70. 1973, 1–19; ders., Gerechtigkeit und Glaube. Genesis 15,1–6 und sein biblisch-theologischer Kontext, in: Evangelische Theologie 40. 1980, 396–420; ders., „Was heißt ‚Biblische Theologie‘?“, in: Hans Friedrich Geisser/Walter Mostert (Hg.), Wirkungen hermeneutischer Theologie. Eine Zürcher Festgabe zum 70. Geburtstag Gerhard Ebelings, Zürich 1983, 35–50.

nung. Das Grundproblem ist dabei die Spannung von Glaube und Erfahrung; es wird auf verschiedenen, geschichtlich sich wandelnden Wegen gelöst, etwa auf dem Wege der Institutionalisierung und Personalisierung in Gestalt des nationalen Königs oder auf intellektuellem Wege der weisheitlichen Reflexion oder geschichtstheologisch im Aufweis der inneren Konsequenz der Geschichte Gottes mit seinem Volk. „Es kann gar nicht anders sein, als daß die Vergehen des Volkes gesühnt werden müssen. Das Gericht muss kommen – und als rechtmäßig akzeptiert werden. Geschichtliche Phänomene und Erwartungen werden damit konsequent vom weisheitlichen Tun-Ergehen-Zusammenhang her zusammengeordnet und verstanden.“[37] Die Frage nach der gerechten Weltordnung ist das innerste Bindeglied aller biblischen Theologie. Die Gerechtigkeit Gottes (δικαιοσύνη του θεοῦ), nach der die Apokalyptik spätalttestamentlich noch resignierend fragte, wird schließlich im Evangelium vom Christusgeschehen her endgültig offenbar.[38]

Dagegen hat Horst Dietrich Preuß den „TEZ“ theologisch heftig angefochten; er hält ihn für starr und gedanklich unbeweglich, für ein weisheitliches Dogma, das Jahwe nur als Garanten des Automatismus von Tun und Ergehen benötige und für die eigenen Zwecke und Erwartungen verrechnen wolle. Diese scharfe theologische Sachkritik entnimmt Preuß den Spätwerken der Weisheit, Hiob oder Kohelet selbst, die den Zusammenhang von Tun und Ergehen von innen her auflösen. Die Erfahrung widerlege das Dogma zunehmend. Damit würden die Grundvoraussetzungen der Weisheit Schritt um Schritt erschüttert, woraus sich das endliche Scheitern des TEZ zwangsläufig ergebe und damit das Scheitern des weisheitlichen Denkens überhaupt. Härter kann ein Urteil, das die Weisheit abwerten und innerhalb des alttestamentlichen Kanons isolieren will, wohl nicht ausfallen. Ähnlich kritisch urteilt auch Antonius H. J. Gunneweg, der sowohl Kohelet als auch Hiob als Erweis des Scheiterns der Weisheit deutet:

> „Die Weisheit als solche – nicht nur das Vergeltungsdogma – zerbricht, sie ist der Wirklichkeit nicht gewachsen, sie bietet keine Möglichkeit, die Wirklichkeit zu bewältigen. Aus der Erkenntnis der Unzulänglichkeit des weisheitlichen Systems schließt das Buch auf die Nichtigkeit, die Eitelkeit des ganzen Lebens: ‚Es ist alles eitel. Es ist alles ganz eitel und Haschen nach Wind‘ (Koh 1,14). Auf Grund ihrer eigenen inneren Logik löst sich die Weisheit auf und verwandelt sich in Skeptizismus, der fast an die Grenze des Nihilismus gelangt“.[39]

---

[37] Hans Heinrich Schmid, Altorientalisch-alttestamentliche Weisheit und ihr Verhältnis zur Geschichte, in: Ders., Altorientalische Welt in der alttestamentlichen Theologie, Zürich 1974, 64–90: 84 f.

[38] Vgl. Ulrich Luck, Welterfahrung und Glaube als Grundproblem biblischer Theologie (TEH 191), München 1976; ders., Inwiefern ist die Botschaft von Jesus Christus „Evangelium“?, in: Zeitschrift für Theologie und Kirche 77. 1980, 24–41.

[39] Antonius H.J. Gunneweg, Biblische Theologie des Alten Testaments. Eine Religionsgeschichte Israels in biblisch-theologischer Sicht, Stuttgart u. a. 1993, 239 f.

Diese Sichtweisen sind theologisch wohl verständlich, da beide Autoren im Gefolge der dialektischen Theologie und von daher der Welt-Weisheit kritisch gegenüber stehen, sie sind aber historisch wohl kaum zutreffend. Wie Werner H. Schmidt nachzuweisen suchte,[40] war sich erstens schon die ältere Weisheit ihrer eigenen Grenzen klar bewusst (vgl. Spr 10,11; 14,12; 16,1.2.9; 21,2 u. a.). Immer ist es Jahwe selbst, der den Zusammenhang zwischen Tun und Ergehen letztlich herstellt oder aber zwischen beides tritt. Zweitens muss man festhalten, dass der Tun-Ergehen-Zusammenhang nirgendwo in der Bibel wirklich aufgelöst wird, weder in Kohelet noch in Hiob, weder im Alten noch im Neuen Testament. Auch die sogenannten Skeptiker und Nihilisten sind davon überzeugt, dass das System des Tun-Ergehen-Zusammenhangs gegeben ist, sie realisieren aber, dass es dem Menschen nicht möglich ist, es immer zu durchschauen.

In die heftige theologische Diskussion dieser Fragen hat der Ägyptologe Jan Assmann auf der Basis einer Analyse der theologischen Vorstellungen, die sich um die Göttin Maʿat ranken, das Prinzip der sogenannten „konnektiven Gerechtigkeit" als neue Kategorie eingeführt.[41] Hierbei bekommen die Faktoren von *Gegenseitigkeit* und *Solidarität* eine zentrale Rolle. Wer handelt, kann darauf vertrauen, dass andere mit ihm genau so verfahren, wie er mit ihnen. Der Alttestamentler Bernd Janowski hat diese Vorstellungen für die Exegese der biblischen Texte fruchtbar gemacht.[42] Nach seiner Vorstellung ist der enge *soziale* Zusammenhang innerhalb einer klar strukturierten Gemeinschaft der entscheidende Faktor; das lokale System der gegenseitigen Überwachung eines Dorfes oder kleineren Städtchens, das (patriarchale) Sanktionswesen sowie das kollektive Gedächtnis sorgen dafür, dass in überschaubaren Sozialsystemen das individuelle Verhalten unmittelbar geahndet wird.[43] „Die Tat kehrt als entsprechendes Ergehen zum Täter zurück und bestimmt dessen Gemeinschaftsfähig- oder -unfähigkeit. Ein solches Verstehensmodell gibt es in zahlreichen Psalmen, in denen das Leiden des Beters in den Augen seiner Mitmenschen als Folge der eigenen Schuld

---

40 Werner H. Schmidt, „Wie kann der Mensch seinen Weg verstehen?" Weisheitliche Lebenserfahrung – ein Gespräch mit H. D. Preuss, in: Jutta Hausmann/Hans-Jürgen Zobel (Hg.), Alttestamentlicher Glaube und biblische Theologie. Festschrift für Horst Dietrich Preuss, Stuttgart 1992, 287–297 = Werner H. Schmidt, Vielfalt und Einheit alttestamentlichen Glaubens, Band 2: Psalmen und Weisheit. Theologische Anthropologie und Jeremia. Theologie des Alten Testaments (hg. v. Axel Graupner/Holger Delkurt/Alexander B. Ernst), Neukirchen-Vluyn 1995, 63–73.

41 Jan Assmann, Maʿat. Gerechtigkeit und Unsterblichkeit im Alten Ägypten, München 1990, bes. 58–91.

42 Bernd Janowski, Konfliktgespräche mit Gott. Eine Anthropologie der Psalmen, Neukirchen-Vluyn 2003, 138.

43 Die Sprüche selbst können davor warnen, den Zusammenhang selbst herstellen zu wollen: „Sage nicht: Ich will Böses vergelten! Harre auf den HERRN, so wird er dich retten!" (20,22; 24,29).

erscheint."[44] Ziel dieser Leitidee eines Tun-Ergehen-Zusammenhangs ist die Herstellung und vor allem Bewahrung einer gerechten (das heißt stabilen) Sozialordnung; das göttliche Urteil dient dazu, ein gemeinschaftsdienliches Verhalten einzuüben. Allerdings hat Janowski einen klaren Blick dafür, dass nach alttestamentlichem Zeugnis die Freiheit Gottes in diesem sozialen Gefüge nicht verloren geht. Gott kann jederzeit das Gesetz durchbrechen.

Holger Delkurt hat den Tun-Ergehen-Zusammenhang in den ethischen Anweisungen der Proverbien präzise analysiert und kommt zu dem Schluss:

> „Die Spruchweisheit selbst rät von einem zu starren Verstehen des Tun-Ergehen-Zusammenhangs ab (...) Mehrere Sentenzen sprechen explizit davon, daß böse Taten und ihre Folgen aufgehoben werden können. (...) Es besteht eine Spannung zwischen dem Ausdenken durch den Menschen und dem Handeln Gottes, so daß man sich des Ausgangs seines Handelns nie sicher sein kann. (...) Demnach ist sich die Spruchweisheit der Grenzen des Menschen bewußt. Sie gelten als durch Gott gesetzt. Er kann zwischen Wollen und Ergebnis dieses Wollens treten, es in seinem Sinne ausgehen lassen (...) Die Spruchweisheit räumt dem Handeln Jahwes breiten Raum ein. Er besitzt die Möglichkeit, den Tun-Ergehen-Zusammenhang in seinem Sinne zu beeinflussen."[45]

Die bislang gründlichste deutschsprachige Untersuchung stammt von Georg Freuling.[46] Eine differenzierte Analyse der Sprüche Salomos, weisheitlicher Psalmen, Hiobs und Kohelets führt ihn zu folgenden Resultaten: 1. Der Tun-Ergehen-Zusammenhang ist ursprünglich *pädagogisch* gemeint; er stärkt die Motivation der heranwachsenden Jugend, sich an die Regeln der Gemeinschaft zu halten. Diese „optimistische" Weisheit ist keineswegs eine naive Vorstufe, die mit der Krise der Weisheit untergegangen wäre, sondern eine Krise der Weisheit als eine historische Phase hat es nie gegeben.[47] Die sogenannte „Krise" rückt in Wahrheit die Grenzerfahrungen weisheitlicher Lebenssicht ins Zentrum, die bislang zwar immer schon bekannt waren, aber mehr im Hintergrund standen. Hauptgrund für die Problematisierung des Tun-Ergehen-Zusammenhangs ist der aufkommende Individualismus, wodurch die Sicherheit der sozialen Einbindung verloren ging und den Erfahrungen, die einer genauen Entsprechung von Tun und Ergehen entgegenstehen, Raum gegeben wurde. Den Gerechten geht es manchmal schlecht (Hiob) und den Frevlern geht es manchmal sehr gut (Ps 37; 49; 73), der Zusammenhang wird dadurch völlig undurchschaubar (Kohelet). In diesem

---

44 Bernd Janowski, Er trug unsere Sünden. Jesaja 53 und die Dramatik der Stellvertretung, in: Zeitschrift für Theologie und Kirche 90. 1993, 1–24: 14.

45 Delkurt, Ethische Einsichten, 153 f.

46 Vgl. Georg Freuling, „Wer eine Grube gräbt...". Der Tun-Ergehen-Zusammenhang und sein Wandel in der alttestamentlichen Weisheitsliteratur (WMANT 102), Neukirchen-Vluyn 2004; vgl. auch ders., Art. Tun-Ergehen-Zusammenhang, in: WiBiLex (2008), abrufbar unter www.bibelwissenschaft.de/stichwort/36298/.

47 Vgl. Freuling, Tun-Ergehen-Zusammenhang, 270.

Sinne ist die Krise ursprüngliches Strukturelement der weisheitlichen Wirklichkeitswahrnehmung. Israels Weisheitsschulen haben in der kritischen Reflexion dieser empirischen Tatsachen flexibel reagiert; das Spektrum ihrer Antworten reicht vom Gedanken einer Prüfung, über die Vorstellung einer göttlichen Erziehung bis hin zur Annahme einer rätselhaften Feindschaft Gottes. Selbst der größte Skeptiker rechnet aber nicht damit, dass der Zusammenhang ausbleiben muss.

Im englischsprachigen Raum sind zwei moderne Forscher zu nennen: Leo Perdue[48] und Samuel L. Adams[49]. Perdue bietet in mehreren eigenen Werken sowie in einem von ihm herausgegebenen Sammelband eine Geschichte der Weisheitsliteratur, die sich an der jeweils herrschenden Leitkultur orientiert. Der diachrone Durchgang durch die Weisheitsliteratur wird ergänzt durch die soziale und geistesgeschichtliche Einordnung der Lehrer. Wie kaum jemals zuvor wird dadurch deutlich, dass sich die Weisheitsliteratur in permanenter Auseinandersetzung mit den geschichtlichen Rahmenbedingungen kontinuierlich weiterentwickelt, dass sie aber trotz aller stark veränderten weltanschaulichen und epistemologischen Rahmenbedingungen ein konstantes theologisches Interesse an der Schöpfung als Ort der (indirekten) Offenbarung Gottes wachhält.

Adams arbeitet unter Einbeziehung von zum Teil neuen Texten die schon ältere These wieder auf, dass die Theorie des Tun-Ergehen-Zusammenhangs in der Spätzeit des Alten Testaments durch *Eschatologisierung einen völligen Perspektivenwechsel* durchlaufen hat. Sie wurde von einer innerweltlichen Vergeltung, wie sie Proverbien und einige altägyptische Lebenslehren lehren, in einen im Himmel erwarteten Prozess, d. h. in eine eschatologische Hoffnung, verwandelt. Die Geschichte der Weisheit Israels wird in ihrem geistes- und sozialgeschichtlichen Hintergrund im Kontext der ägyptischen, altorientalischen und griechisch-hellenistischen Ausprägungen verortet. Als Repräsentant der Eschatologisierung der Weisheit wird recht umfangreich der ins späte 2. Jahrhundert v. Chr. datierte Weisheitstext aus Qumran, 4QInstruction, behandelt, von wo die Linien in das Erste Henochbuch und die Sapientia Salomonis durchgezogen werden.[50]

---

48 Leo G. Perdue, Wisdom Literature: A Theological History, Westminster 2007; ders. (Hg.), Scribes, Sages and Seers: The Sage in the Mediterranean World (FRLANT 219), Göttingen 2008; ders., The Sword and the Stylus: An Introduction to Wisdom in the Age of Empires, Grand Rapids/Cambridge 2008.

49 Samuel L. Adams, Wisdom in Transition. Act and Consequence in Second Temple Instructions (JSJ.SS 125), Leiden 2008.

50 Vgl. dazu auch Matthew Goff, Recent Trends in the Study of Early Jewish Wisdom Literature: The Contribution of 4QInstruction and Other Qumran Texts, in: Currents in Biblical Research 7. 2009, 376–416.

4.3. Fazit

Wenn man die andauernde Debatte überschaut (wobei die idealtypischen Positionen alle noch gegenwärtige Vertreter finden), so kann man festhalten, dass der Gedanke des Tun-Ergehen-Zusammenhangs unter systematischen Theologen seit Schleiermacher und seinen zahlreichen aktuellen Nachfolgern nicht akzeptiert wird. Angeblich werde Gott in diesem Konzept seiner Freiheit zur Gnade beraubt, werde zum vorberechenbaren Buchhalter, der dem Menschen die Last seiner Vergangenheit auch noch für die Ewigkeit aufbürdet. Gott werde geradezu monströs und sadistisch. Christlich sei nur akzeptabel, dass Gott diesen ganzen Zusammenhang überholt und *jeden* belohnt, ohne Ansehen der Person. (Macht aber der Gedanke der Allversöhnung nicht genauso mechanistisch Gott zum vorberechenbaren Buchhalter, für den allerdings das gelebte Leben eines Menschen zum Nullsummenspiel wird? Solch eine Sicht ist kaum schriftgemäß, wie eine Meditation allein schon von Mt 25 zeigen sollte.) Gegen diese weit verbreitete theologisch motivierte Ablehnung der Tun-Ergehen-Korrelation haben unterschiedliche Autoren Ansätze einer Höherwertung entwickelt: Gott ist nicht im Tun-Ergehen-Zusammenhang gefangen, sondern bleibt darin frei (W.H. Schmidt, Delkurt, Graupner). Einige rezente Untersuchungen haben aufgezeigt, dass Schöpfungstheologie mit zahlreichen Vorstellungen im alttestamentlichen und neutestamentlichen Kanon vernetzt ist, ja sogar einen Cantus firmus der biblischen Literatur bildet (besonders Hans Heinrich Schmid). Eine der hilfreichsten Einsichten besteht meines Erachtens aber darin, dass der Schöpfergott in all seinem Tun doch der geheimnisvolle bleibt; sein Handeln bleibt letztlich ein Mysterium, das in der Realität der Welt enthalten ist. Es handelt sich um eine komplexe Struktur von Freiheit und Grenzen, von Regeln und Ausnahmen. Der Tun-Ergehen-Zusammenhang ist eher eine „Faustregel“, die sehr häufig zutrifft, die aber immer auch Ausnahmen zulässt.

Es lässt sich eine gewisse *Geschichte* des Tun-Ergehen-Zusammenhangs erkennen: Ältere Vorstellungen lassen einen engen Zusammenhang von Tat und Folge erkennen. Gottes Handeln tritt nicht *direkt* hinzu. Zunehmend wird Gottes Aktivität betont. Gott beobachtet das Handeln und die innere Haltung des Menschen; er belohnt und er straft. Dieser Gedanke wird insbesondere in der Geschichtskonstruktion der Deuteronomisten und Chronisten sowie der Prophetie greifbar. In der Spätzeit verstärkt sich die Einsicht, dass der Zusammenhang von Tun und Ergehen vielfach nicht erkennbar ist. Diese Nicht-Kongruenz von Lehre und Realität führt zur Eschatologisierung: Was in diesem Leben nicht übereinstimmt, wird in jenem Leben ausgeglichen werden. Mit dem Gedanken der postmortalen Vergeltung scheint eine wirkliche Zäsur in der Geschichte der Vorstellung gegeben zu sein. Was prämortal als Ausnahme und skandalöses Nichtfunktionieren anzusehen ist, wird postmortal wieder in Ordnung gebracht.

5. Der Tun-Ergehen-Großzusammenhang. Ein neuer Blick auf die alten Texte und ein neuer terminologischer Vorschlag

Der geschilderte bislang erreichte Stand der Forschung soll im Folgenden ein Stück weiter vorangetrieben werden, und zwar durch eine Analyse der inneren Struktur dieser „Ausnahmen“ im „System“ des Tun-Ergehen-Zusammenhangs. Dazu wende ich mich exemplarisch zwei Textkomplexen zu: zum einen dem Schluss der Josefserzählung in Gen 50 und zum anderen dem chronistischen Geschichtswerk.

5.1. Der Schluss der Josefsgeschichte

Die Brüder Josefs hatten den ungeliebten, vom Vater skandalös bevorzugten Bruder aus dem Weg schaffen wollen. Ihr Tun ist durch Neid und Aggression motiviert; sie haben ihre Untat am Bruder noch heuchlerisch als Unglück getarnt. Nach dem Tod ihres Vaters rechnen sie mit der verdienten Strafe. Jedoch wird in der kunstvollen Erzählung des Elohisten eine überraschende Ausnahme von der Regel entfaltet:

> „Und als Josefs Brüder sahen, dass ihr Vater gestorben war, sagten sie: Wenn nun Josef uns anfeindet und uns gar all das Böse vergilt, das wir ihm angetan haben! (…) Josef aber sagte zu ihnen: Fürchtet euch nicht! Bin ich etwa an Gottes Stelle? Ihr zwar, ihr hattet Böses gegen mich beabsichtigt; Gott *aber* hatte beabsichtigt, es zum Guten *zu wenden*, damit er tue, wie es an diesem Tag ist, ein großes Volk am Leben zu erhalten. Und nun, fürchtet euch nicht! *Ich* werde euch und eure Kinder versorgen. So tröstete er sie und redete zu ihrem Herzen.“ (Gen 50,15.20 f.)

Hier tritt das Wissen, das von Rad und Delkurt schon an den Jahwesprüchen der älteren Proverbien herausgearbeitet hatten, deutlich hervor:

> „Unser Befund, besonders die Erörterung der Jahwesprüche, legte doch eher die Annahme nahe, daß von einer zwischen Gott und den Menschen wirklich existierenden Weltordnung nicht gesprochen werden kann. Feststellbar war vielmehr dies, daß sich die Aussagen der Lehrer in einer im Grunde nicht auflösbaren Dialektik bewegen, einem Reden von gültigen Regeln und in einem Reden von göttlichem ad hoc Handeln.“[51]

Axel Graupner kann auf der Basis einer feinsinnigen Analyse des Textes das Geschichtsverständnis dieses Werkes aus dem Nordreich des 8. Jahrhunderts nachweisen:

---

[51] Gerhard von Rad, Weisheit in Israel, Neukirchen-Vluyn 1970, 143 f.

> „Gott greift nicht unmittelbar in die Geschichte ein, um ihren Verlauf zu bestimmen. Seine Geschichtslenkung ist vielmehr in den Entscheidungen und Taten der Menschen verborgen wirksam. Dabei kann sich Gott sogar menschliche Bosheit zu Nutze machen, um sein Ziel zu erreichen. So dienen die Brüder mit ihrem Versuch, den Bruder gewaltsam zu beseitigen (37,22), unwissentlich Gottes Heilsplan (V 28ab.36) und führen gerade so herbei, was sie zu verhindern suchen“[52]. Beim Elohisten „trägt die Geschichte ein Doppelgesicht. Einerseits erscheint sie als Zusammenhang von Ursache und Wirkung menschlichen Handelns. Andererseits ist sie einschließlich ihrer Verwicklungen und Umbrüche von Gott gefügt. Beide Aspekte liegen untrennbar in eins.“[53] Allerdings geht der Elohist mit der Einsicht, dass Gott menschliche Bosheit für seine Absichten nutzen und durch seine geschichtliche Führung vergeben kann, einen erheblichen Schritt über weisheitliches Denken hinaus. „Daß den Brüdern ihre bösen Absichten zum Heil ausschlagen, sprengt den Tun-Ergehen- oder (umfassender:) Haltungs-Geschick-Zusammenhang und läßt sich im Rahmen weisheitlichen Denkens nicht mehr erfassen.“[54]

Die Weisheit erfährt in der Verbindung mit der heilsgeschichtlichen Überlieferung eine Aufweitung, die jedoch insofern nicht ohne Konvergenz zur Weisheit steht, als sie selbst mit der Reflexion auf die Grenzen menschlicher Erkenntnis und durch Sentenzen wie Spr 16,6; 17,9 („Wer ein Vergehen zudeckt, trachtet nach Liebe“); 28,13 (Wer seine Vergehen „bekennt und unterläßt, erfährt Erbarmen“) den Haltung-Geschick-Zusammenhang *nicht unerheblich relativiert.*

5.2. Die Chronik

Noch komplexer werden die Gedanken in einem umfänglichen Geschichtswerk, das seine hohe Wertschätzung der Idee des Tun-Ergehen-Zusammenhangs leicht zu erkennen gibt, wenn man es synoptisch mit einem parallel verlaufenden Geschichtswerk vergleicht und die charakteristischen Veränderungen in seinem Sondergut bedenkt. Die zentrale Kategorie der Geschichtsbetrachtung des Chronisten ist die Vergeltung.[55] Unter der Überschrift „Reworking the Historical Narrative According to the Principles of Retribu-

---

52 Axel Graupner, Der Elohist. Gegenwart und Wirksamkeit des transzendenten Gottes in der Geschichte (WMANT 97), Neukirchen-Vluyn 2002, 370.

53 Ebd.

54 A.a.O., 371.

55 Raymond B. Dillard, Reward and Punishment in Chronicles: The Theology of Immediate Retribution, in: Westminster Theological Journal 46. 1984, 164–172; Brian E. Kelly, Retribution and Eschatology in Chronicles (JSOT.SS 211). Sheffield 1996; Hans-Peter Mathys, Die Ethik der Chronikbücher. Ein Entwurf, in: Ders., Vom Anfang und vom Ende. Fünf alttestamentliche Studien (BEATAJ 47), Frankfurt a.M. 2000, 156–255.

tion"[56] hat vor allem Sara Japhet wesentliche Aspekte herausgearbeitet: In seiner Geschichtsbetrachtung ist dem Chronisten zwar das Material vorgegeben, aber er baut es so um, dass es das Grundgesetz der göttlichen Gerechtigkeit belegt. Sara Japhet hat das an zahlreichen Texten aufgezeigt, im Guten zur Zeit Davids und Salomos, im Bösen ab dem geteilten Königtum unter Rehobeam. Besonders intensiv diskutiert ist Manasses Buße:[57] Geschichte wird insgesamt zur Theodizee.[58] Mit dieser Art, Geschichte „am Reissbrett zu konstruieren", leitet die Theologie des Chronisten die Spätzeit des Alten Testaments ein. In der alten, klassischen Weisheit war Geschichte kein Thema. Aber gerade in Entwicklungen ab der späten Perserzeit kommt es zu einer Synthese von Historiographie und Weisheit. Geschichte wird jetzt primär als *magistra*, als Lehrmeisterin verstanden. Die „naiven" Erzählungen werden zu idealisierenden Konstruktionen. Die Vergangenheit belegt und illustriert ewige Prinzipien. Die besten Beispiele dafür sind das Buch Tobit,[59] Jesus Sirachs Lob der Väter sowie die Weisheit Salomos.

Die erkennbaren soziologischen Hintergründe, die literaturgeschichtlichen Rahmenbedingungen und vor allem die alle Texte durchziehende, engste Verbindung von Geschichtsdarstellung nach dem Prinzip des Tun-Ergehen-Zusammenhangs[60] legen es nahe, die Frage nach dem Zusammenhang von Chronik und Weisheit intensiv zu bedenken.[61] Es ist bibelkundliches Gemeingut, dass die Darstellung der Chronikbücher im Vergleich durch das Konzept der Vergeltung, sogar vom Konzept der „Kurzzeitvergeltung"[62] dominiert ist. Der Chronist unterwirft sich geradezu der Notwendigkeit, Geschichte so zu rekonstruieren, dass auf Vergehen unmittelbar eine Bestrafung folgen muss. Während das DtrG eher mit langfristigen Konsequenzen rechnet, die durch das prophetische Wort hervorgerufen werden (vgl. z. B.

---

56 Sara Japhet, The Ideology of the Book of Chronicles and Its Place in Biblical Thought (BEATAJ 9), Frankfurt a.M. u. a 1989, ^{2}1997, 165–176.

57 Vgl. die Auslegung von 2. Chr 33, in der deutschen Übersetzung, Sara Japhet, 2 Chronik (Herders Theologischer Kommentar zum Alten Testament 2), Freiburg 2003, 440–455.

58 Japhet, Ideology, 175.

59 Vgl. Manfred Oeming, Ethik in der Spätzeit des Alten Testaments am Beispiel von Hiob 31 und Tobit 4, in: Peter Mommer/Winfried Thiel (Hg.), Altes Testament. Forschung und Wirkung (Festschrift für Henning Graf Reventlow), Frankfurt a.M. 1994, 159–173.

60 Vgl. B. Janowski, Die Tat kehrt zum Täter zurück. Offene Fragen im Umkreis des „Tun-Ergehen-Zusammenhangs", in: Ders., Die rettende Gerechtigkeit. Beiträge zur Theologie des Alten Testaments II, Neukirchen-Vluyn 1999, 167–191.

61 Vgl. Manfred Oeming, Wisdom as a Central Category in the Book of the Chronicler: The Significance of the Talio Principle in a Sapiential Construction of History, in: Moshe Bar-Asher/Dalit Rom-Shiloni/Emanuel Tov/Nili Wazana (Hg.), Shai le-Sara Japhet: Studies in the Bible, Its Exegesis and Its Language, Jerusalem 2007, 125–142.

62 Japhet, Ideology, 168.

1. Kön 13,1 f. mit 2. Kön 23,17), wird in der Chronik – entsprechend Ez 18 – die Rechnung vom Täter sofort selbst bezahlt. Die Chronikbücher zeigen einen Gott, der *unmittelbar* auf das Handeln des Menschen reagiert. Es gibt zahlreiche Fälle, in denen der Chronist den Gedanken in den Geschichtsverlauf „einpflanzt", dass Geschichte nach diesem Prinzip verläuft. Der wohl bekannteste Fall ist seine Darstellung Manasses; nach dem DtrG ist Manasse ein übler König, der von Jahwe abgefallen ist und andere Götter verehrt hat (2. Kön 21,1–18). Wie aber kann ausgerechnet dieser Häretiker die längste Regierungszeit von allen Königen Israels haben? Der Chronist erfindet in 2. Chr 33 eine Erzählung von einer Buße Manasses, auf die hin er dann mit einer so gnadenhaft lange währenden Herrschaft belohnt werden muss:

> Aber Manasse verführte Juda und die Bewohner von Jerusalem, mehr Böses zu tun als die Nationen, die der HERR vor den Söhnen Israel ausgetilgt hatte. Und der HERR redete zu Manasse und zu seinem Volk; aber sie achteten nicht darauf. Da ließ der HERR die Heerobersten des Königs von Assur über sie kommen. Und sie nahmen Manasse gefangen und banden ihn mit ehernen Fesseln und führten ihn nach Babel. Und als er *so* bedrängt war, flehte er den HERRN, seinen Gott, an und demütigte sich sehr vor dem Gott seiner Väter und betete zu ihm. Und er ließ sich von ihm erbitten und erhörte sein Flehen und brachte ihn nach Jerusalem in seine Königsherrschaft zurück. Da erkannte Manasse, dass der HERR (der *wahre)* Gott ist. (2. Chr 33,9–13)

Solches „chronistische Sondergut" erweckt den Eindruck, als würde der Chronist Schach spielen, wenn er die Geschichte Israels konstruiert. Neueste Untersuchungen seines Geschichtsbildes durch Ehud Ben Zvi[63] haben aber gezeigt, dass es beim Chronisten auch Fälle gibt, wo er gegenüber dem DtrG die logische Kohärenz des Geschichtsverlaufs bewusst durchbricht.

Ja mehr noch, Ben Zvi betont, dass diese besonderen Fälle eines Fehlens von Kohärenz an entscheidend wichtigen Ereignissen oder sozialen Rollen in seiner Konstruktion von Israels Geschichte(n) angebracht werden. Es ist leicht zu erkennen, dass auch beim Chronisten nicht alle frommen Individuen die göttlichen Segensgaben (langes Leben, Kinderreichtum, Wohlstand und ähnliches mehr) genießen dürfen. Der Prophet Sacharja, der Sohn von Jehojada, wurde vielmehr ermordet (2. Chr 24,20 ff.), und Hannani, der Seher, wurde schmachvoll ins Gefängnis geworfen (2. Chr 16,7 ff.); beide genau wegen ihrer frommen Handlungen. Ferner hebt Ben Zvi hervor, dass auch gute Könige unter der Invasion durch fremde Mächte leiden müssen – genauso wie die Übeltäter (2. Chr 14,8–14; 16,1–7; 20,1–30; 32,1–21). Ganz im Gegenteil zur Dogmatik verstärkt der Chronist die Anschauung, dass auch unwürdige Individuen unvergleichlichen Segen empfangen können, ohne dass sie eine Leistung vollbracht hätten, die sie dessen würdig gemacht hätten.

---

[63] Ehud Ben Zvi, History, Literature and Theology in the Book of Chronicles, London 2006.

> Siehe, ein Sohn wird dir geboren werden, der wird ein Mann der Ruhe sein, denn ich werde ihm Ruhe schaffen vor allen seinen Feinden ringsum. Denn Salomo wird sein Name sein, und Frieden und Ruhe werde ich Israel geben in seinen Tagen. Der soll meinem Namen ein Haus bauen; und er soll mir Sohn und ich will ihm Vater sein; und ich werde den Thron seiner Königsherrschaft über Israel festigen für ewig. (1. Chr 22,9 f.)

Der Segen, der auf Salomo ruht, ist der umfassendste Segen, den man sich vorstellen kann. Er hat ihn aber empfangen, *bevor* er irgendetwas geleistet hatte. Das gleiche kann über die Vater-Sohn-Beziehung gesagt werden, die zwischen Jahwe und Salomo bestand. Welche Tat sollte Salomo pränatal vollbracht haben, um solch einer „Belohnung" würdig zu sein? Das führt zur Frage nach dem Verdienst der Vorväter bzw. nach dem Fluch, den die Vorfahren bewirkt haben. Die Erwartung solcher Faktoren und Konstellationen widerspricht dem Konzept einer göttlichen Vergeltung der individuellen Lebensführung.

> Aber der HERR wollte das Haus Davids nicht zugrunderichten, um des Bundes willen, den er mit David geschlossen hatte, und weil er gesagt hatte, dass er ihm und seinen Söhnen eine Leuchte geben wolle alle Tage. (2. Chr 21,7)

Viele weitere Erzählungen belegen, dass in der chronistischen Theologenschule die Vorstellung eines „Erbes" stark betont wurde. Dies gilt auch für die allgemeine Weltsicht, die das Buch beherrscht. Es war ein Segen, als König über Jahwes Königtum zu regieren, oder als Priester am einzig legitimen Kultort des einzig wahren Gottes zu amtieren. Ja, schon die bloße Tatsache, zu Israel als dem Volk Gottes zu gehören, ist ein unverdienter Segen. Diese Segensgeschenke waren für niemanden sonst zugänglich. Sie waren ausschließlich ererbt. Das Umgekehrte ist aber auch der Fall, dass nämlich Kinder die Strafen, die auf ihren Vätern lasteten, mit erben.

> Denn unsere Väter haben treulos gehandelt und getan, was böse ist in den Augen des HERRN, unseres Gottes, und haben ihn verlassen. Und sie haben ihr Gesicht von der Wohnung des HERRN abgewandt und ihr den Rücken zugekehrt. Auch haben sie die Türen der Vorhalle verschlossen und die Lampen ausgelöscht und dem Gott Israels kein Räucherwerk dargebracht und kein Brandopfer im Heiligtum geopfert. So ist der Zorn des HERRN über Juda und Jerusalem gekommen, und er hat sie zum Schrecken, Entsetzen und Zischen gemacht, wie ihr mit euren Augen seht. Und siehe, deswegen sind unsere Väter durch das Schwert gefallen, und unsere Söhne und unsere Töchter und unsere Frauen sind in Gefangenschaft. (2. Chr 26,6–9)

Es gibt zahlreiche Beispiele dafür, dass die Kohärenz von individuellem Tun und persönlichem Geschick durchbrochen ist. Dafür sind unterschiedliche Mächte verantwortlich. So erzählt der Chronist, dass 70.000 Männer sterben mussten, weil David eine Volkszählung durchführen ließ (1. Chr 21,1 ff.).

Unsere knappe Übersicht über die chronistische Konzeption von Geschichte(n) verweist auf ein diffizil und intensiv verwobenes Netz von unterschiedlichen Faktoren. Die in der Forschung übliche Reduktion auf individuelle „Kurzzeitvergeltung“ wird dem exegetischen Befund nicht gerecht. Die Chronik zeigt in Wahrheit einen sehr viel differenzierteren Diskurs über den Tun-Ergehen-Zusammenhang als alle anderen Erzählungen im Alten Testament und wird damit für die angemessene Beschreibung des Phänomens maßgebend.

5.3. Die Theorie vom „Tun-Ergehen-Großzusammenhang“ (TEGZ)

Wenn man von diesen beiden Einzelbeispielen zum Diskurs über die Struktur des Tun-Ergehen-Zusammenhanges im Allgemeinen zurückkehrt, dann sollte deutlich werden, wie komplex die innere Struktur der Herrschaft Gottes über diese Welt ist. Ich möchte diese komplexe Sicht auch sprachlich von der bisherigen Terminologie abheben und schlage daher vor, nicht vom Tun-Ergehen-Zusammenhang zu sprechen, sondern vom „Tun-Ergehen-Großzusammenhang“. Die Einfügung des Begriffes „Groß“ hilft zu realisieren, dass viele Faktoren in einen individuellen Lebensweg involviert sind und dass diese Wirkkräfte zeitlich und räumlich umgreifend aufeinander einwirken. Vergangenes und weit Entferntes, Diesseitiges und Jenseitiges, Persönliches und Überpersönliches, Nationalgesellschaftliches und Internationales spielen komplex und voller dialektischer Spannungen und Wechselbeziehungen bei der Konstituierung eines Lebensweges zusammen. „Wie soll der Mensch seinen Weg verstehen?“ (Spr 20,24) – jedenfalls nicht ohne innere Orientierung am Gesetz, aber auch nicht ohne das Wissen um die Komplexität der Faktoren. Das Verhältnis von individueller Vergeltung für die Taten des Einzelnen und den übergeordneten Faktoren, die sich teilweise der Erkennbarkeit entziehen, muss stets bedacht werden. Die Gemeinschaft, in welche der Einzelne eingebettet ist, die Erbmasse der guten und schlechten Taten seiner Vorfahren, wie auch die Wirkungen der guten oder bösen Mächte, die ihn umgeben, und vor allem der freie Wille Gottes können seinen Lebensweg in überaschender Weise bestimmen. Nur so gewinnt die Forschung (und die Frömmigkeit) eine hinreichend realistische Sicht auf die Welt. Eine Graphik kann die multifaktorielle Situation verdeutlichen:

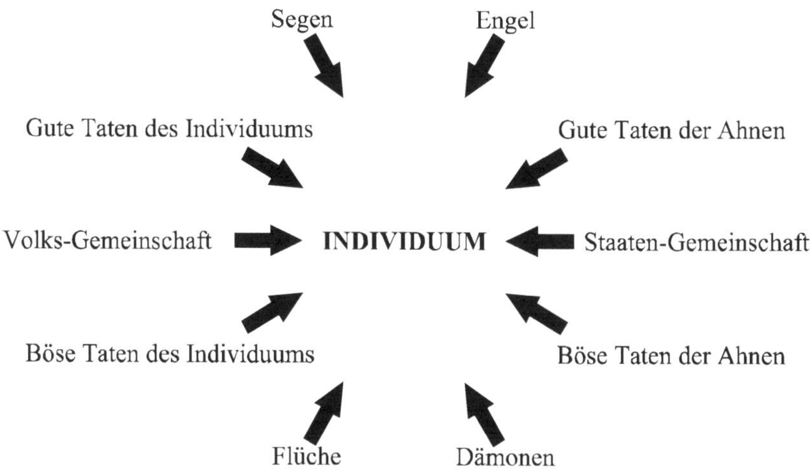

Abb. 2: Der Tun-Ergehen-Großzusammenhang

6. Vom Schaden und vom Nutzen des Tun-Ergehen-Großzusammenhangs in der Seelsorge an behinderten Menschen

Aus dieser Sicht des Tun-Ergehen-Großzusammenhangs ergeben sich zahlreiche Konsequenzen für die Seelsorge:

a) Der Zusammenhang von Tun und Ergehen *darf nicht individualistisch eng geführt werden.* In den Teppich einer individuellen Biografie sind viele Fäden eingewoben. Ein naives oder arrogantes Vorrechnen, wie sich aus den persönlichen Entscheidungen des Einzelnen sein Schicksal kausal ableitet, verbietet sich damit. Bei solch einer unangemessenen Simplifikation kann man sich allzu leicht verrechnen. Dies ist auch für die Seelsorge an kranken und bleibend eingeschränkten Menschen eine wesentliche Einsicht. „Du darfst dir nicht direkt und unmittelbar dein Schicksal aus deinem Handeln ableiten! Damit verfehlst du die Sicht der Bibel, die aus einer solch eindimensionalen Betrachtung herausführt. Begreife Dich im großen Zusammenhang der Unheils- und Heilsgeschichte!“

b) Dennoch bleibt das Wissen um die Bedeutung des eigenen Handelns, d. h. die *Verantwortung des Einzelnen* für sein Tun, in vollem Umfang gegeben. Jeder trägt durch sein Tun wesentliche Energien und Kräfte zum Gesamtgefüge der Tatenwelt bei. Das ist eine für die biblische Pädagogik grundlegende Einsicht. Auch ein Mensch mit massiven Einschränkungen „leistet" vieles für den Großzusammenhang.

c) Der Tun-Ergehen-Großzusammenhang hat eine *sehr positive Kraft*. Üblicherweise ist das Verhältnis zwischen den negative Folgen der Vergeltung und ihren positiven Aspekten wenig ausbalanciert. Theologen, besonders Protestanten, neigen dazu, die Kraft der Sünde zu betonen („Vergehen-Ergehen-Zusammenhang") und die ermutigenden Elemente unterzubewerten. „Tun-Ergehen-Zusammenhang" meint ja auch: „Wenn du gute Taten tust, wirst du gute Früchte ernten. Wenn du gute Ahnen hast (und selbst zum guten Ahnen wirst), stehst du in einem Strom von Segen und Vergebung. Wenn sich gute Mächte um dich sorgen, dann bist du von Schutzkräften umgeben" (Ps 91). Die Erfahrung lehrt, dass in aller Regel Liebe Liebe hervorbringt! Liebe ist die Quelle des Lebens, für eine sinnvolle Existenz.

> „Besser ein Gericht Gemüse, und Liebe ist da, als ein gemästeter Ochse und Hass dabei." (Prov 15,17)

> „Hass erregt Zänkereien, aber Liebe deckt alle Vergehen zu." (Prov 10,12)

> „Er hat uns nicht getan nach unseren Vergehen, nach unseren Sünden uns nicht vergolten. Denn so hoch die Himmel über der Erde sind, so übermächtig ist seine Gnade über denen, die ihn fürchten. So fern der Osten ist vom Westen, hat er von uns entfernt unsere Vergehen. Wie sich ein Vater über Kinder erbarmt, so erbarmt sich der HERR über die, die ihn fürchten." (Ps 103,10–13)

Die Weisheit lehrt, die Macht der Liebe zu erkennen. Mag hier ein utilitaristisches Element mitschwingen – gewiss –, aber es gibt auch eine starke ethische Motivation und eschatologische Hoffnung.

> „Nichts nützen gottlose Schätze, aber Gerechtigkeit rettet vom Tod." (Prov 10,2)

d) Wir sind in unsere Überlegungen mit der Beobachtung eingestiegen, dass aufgeklärte Konzepte von Kausalitäten und „Gesetz" im Bereich der „Alltagsphilosophie und -theologie" einerseits und im Kontext der biblischen Theologie andererseits stark präsent sind. Wir haben gesehen, wie heftig im Bereich der Seelsorge gegen diese Theorie und ihre z.T. wirklich üblen Folgen angegangen wurde: Durch allzu starke Betonung des individuellen Tun-Ergehen-Zusammenhangs entsteht die Gefahr eines mechanistischen Gottesbildes und einer deprimierenden Schuldzuweisung an Menschen mit Behinderung.

Im Rahmen des Tun-Ergehen-Großzusammenhangs aber *bleibt Gott frei*. Der Gott, der die Weltordnung schuf und schafft, kann die Ordnung der Welt auch durchbrechen und umstürzen. Das Magnifikat (Lk 1,47–55) ist gar nicht weit weg vom Tun-Ergehen-Großzusammenhang. Gott kann sogar einen neuen Himmel und eine neue Erde entstehen lassen. *Auch der Mensch mit Einschränkungen wird befreit*, weil er nicht mehr fragen muss ‚Was habe *ich* getan?', sondern er steht in der Gemeinschaft aller Sünder, die ihm gegenüber solidarisch sein müssen. Er steht in der Wirksphäre der Geschichte, der Mächte und Gewalten, die über ihn Einfluss haben, für die er nichts kann! Die Wirklichkeit ist komplex, und wer die Wirklichkeit, so wie die Bibel sie schildert, verstehen will, muss sie erst recht komplex strukturiert denken. Das biblische Weltbild ist nämlich, wie sich auch in unserem Zusammenhang des Tun-Ergehen-Großzusammenhangs erneut gezeigt hat, multidimensional und widersetzt sich systematisierenden Vereinfachungen.[64] Nach gesamtbiblischem Zeugnis sind immer mehrere Aspekte in der Wirklichkeit zu beachten, auch und gerade weil die Bibel mit einem stetigen aber auch völlig überraschenden *Handeln Gottes* rechnet. Theologie, und erst recht Biblische Theologie, muss daher dafür sorgen, dass die Wirklichkeit (Gottes) nicht unterkomplex dargestellt wird.

e) Im Kontext des Tun-Ergehen-Großzusammenhangs kann man weiterhin biblisch von „Strafe" sprechen, aber zum einen nicht *ad personam*, sondern stets *ad mundum*. Zum anderen muss dabei immer deutlich werden, dass Gott selbst ein *ganz neues Koordinatensystem der Vergebung und Erlösung* aufgerichtet hat. Nicht der Einzelne ist allein Sünder, sondern die Welt ist sündig. Gott aber hat die Welt so sehr geliebt, dass er sich in Christus für die Sünde der Welt dahingegeben hat. Der Tun-Ergehen-Großzusammenhang zeigt somit auch, warum das Kreuz Christi unvermeidlich war. Die Schuld und ihre negativen Konsequenzen bilden den Rahmen, innerhalb dessen das Evangelium, die frohe Botschaft der Befreiung von der Last der Sünde und damit vom Tod, allein sinnvoll ist. Gott hat sich in Liebe an ein Gesetz gebunden (Weltordnung) und auch die Menschen unter den Geltungsbereich dieses Gesetzes beschlossen (Ethik).

Statt den Tun-Ergehen-Zusammenhang zu verbieten und seine Realität im Denken und Fühlen moderner Menschen und seine Präsenz im biblischen Denken zu verdrängen, sollte man sich durch genaue exegetische Analyse *von innen her befreien*. Man muss verstehen und umsetzen, dass wir nicht allein und individuell in einem Kausalzusammenhang stehen, sondern dass unser Schicksal von vielen Faktoren abhängt und auf verschiedene Konsequenzen hin offen ist. In allem Nachdenken über den Tun-Ergehen-Großzusammenhang hat die jüdische wie die christliche (und auch die islamische) Theologie einen besonderen Aspekt immer neu hochzuhalten, der als die

---

64 Vgl. Manfred Oeming, Art. Weltbild IV/2. Altes Testament, in: TRE 35, Berlin/New York 2003, 569–581; Bernd Janowski/Beate Ego (Hg.), Das biblische Weltbild und seine altorientalischen Kontexte (FAT 32), Tübingen 2004.

eigentliche „Perle“ der Theologie ausmacht, nämlich das Wissen um die Macht der Liebe. „Gott ist die Liebe“ (1. Joh 4,16).[65]

[65] In besonders eindrucksvoller Weise wird dieser Umgang mit Behinderung von Nick Vujicic gegenwärtig vermittelt. Der ohne Arme und ohne Beine geborene Mann zeigt in seinen Büchern („Leben ohne Limits. Wenn kein Wunder passiert, sei selbst eins!“ Gießen ^{9}2013, sowie „Freihändig: Warum mich und dich so schnell nichts aufhält“, Gießen 2013) sowie in seinen Vorträgen und Predigten auf, wie er aus der Depression des Behindertseins zur Freude am Dasein vorgestoßen ist. Er spricht von vier Schritten: Annahme seiner Selbst (Selbstliebe); Dankbarkeit für alles, was man empfangen hat; eine positive Sichtweise der Einschränkung (statt Selbstmitleid Perspektiven für ein annehmbares Leben entdecken); Teilen des Guten und des Schlechten mit vertrauenswürdigen Menschen. In seinem „Personal Trainer für ein unverschämt gutes Leben“ (Gießen ^{2}2013) zeigt er vom christlichen Glauben her Wege auf, Hoffnung zu finden und eine feste Überzeugung, dass das Leben einen Sinn hat, der unüberwindbar ist; Vertrauen in Gott und seine unendlichen Möglichkeiten zu entdecken; Liebe und Selbstannahme zu lernen; ein mutiges Wesen, ein vertrauensvolles Herz, eine positive Grundeinstellung zu entwickeln; bereit zu werden für Veränderung, Chancen zu nutzen; Risiken einzuschätzen lernen und über das Leben zu lachen.

Der gebrochene Leib. Behinderung und Abendmahl aus bibeltheologischer Sicht

Markus Schiefer Ferrari

1. Problemstellung

Um Einschränkungen und Behinderungen des Menschen mit seiner Gottebenbildlichkeit und den damit meist verbundenen Vollkommenheitsvorstellungen vereinbaren und zur Sprache bringen zu können, setzen theologische Anthropologien und Nachbardisziplinen zum Teil bei der Fragmentarität menschlichen Lebens,[1] bei der Rede vom „Disabled God",[2] bei der „Wertschätzung des Imperfekten"[3] sowie bei einer „Theologie der Narben",[4] der Verletzbarkeit[5] oder der Grenzen[6] an. Als Vordenker der „Aussagen des

---

1 Henning Luther, Leben als Fragment. Der Mythos von der Ganzheit, in: Wege zum Menschen 43. 1991, 262–273.

2 Nancy L. Eiesland, The Disabled God. Toward a Liberatory Theology of Disability, Nashville 1994.

3 Andreas Lob-Hüdepohl, Die Wertschätzung des Imperfekten. Einwendungen zu Gewissheitsannahmen der Biopolitik im Umgang mit Behinderung, in: Internationale katholische Zeitschrift Communio 31. 2002, 513–524.

4 Stefanie Schäfer-Bossert, Vom Leben gezeichnet – zum Leben befreit. Skizzen einer Theologie der Narben, in: Carmen Rivuzumwami/Stefanie Schäfer-Bossert (Hg.), Aufbruch ins Alter. Ein Lese-, Denk- und Praxisbuch, Stuttgart 2008, 100–116.

5 Bert Roebben, Religion und Verletzbarkeit. Standort und Herausforderung einer integrativen Religionspädagogik, in: Agnes Wuckelt/Annebelle Pithan/Christoph Beuers (Hg.), „Was mein Sehnen sucht …". Spiritualität und Alltag (Forum für Heil- und Religionspädagogik 5), Münster 2009, 37–56; vgl. auch Markus Dederich, Körper, Kultur und Behinderung. Eine Einführung in die Disability Studies (Disability Studies, Körper-Macht-Differenz 2), Bielefeld 2007, 188, der als einer der Hauptvertreter der Disability Studies das „anthropologische Merkmal" in der Verletzbarkeit des Menschen sieht und für ein Menschenbild plädiert, „bei dem nicht mehr in der Tradition der europäischen Aufklärung einseitig Autonomie und Selbstbestimmung im Vordergrund stehen, sondern Aspekte wie Abhängigkeit und Angewiesenheit, Fragilität und Zerbrechlichkeit verstärkt hervortreten".

6 Deborah B. Creamer, Disability and Christian Theology. Embodied Limits and Constructive Possibilities, Oxford 2009, bes. 31–33, 93–120, vgl. v. a. das von ihr neben den beiden klassischen Konzepten von Behinderung, dem *medical model* und dem *minority model*, eingeführte *limits model*.

Bruches"[7] wird immer wieder der britische Bibelwissenschaftler und Religionspädagoge John Hull mit seinem Aufsatz „Der gebrochene Körper in einer zerbrochenen Welt"[8] zitiert, in dem er versucht, eine „Theologie der Behinderung" zu entwerfen, die das Gebrochen-Sein des Menschen und den vernarbten und verwundeten Leib Christi aufeinander zu beziehen vermag. Biblische Basismotive sind zum einen der am Kreuz gebrochene Leib Christi, zum anderen das Brotbrechen und damit das Gebrochen-Sein des Leibes beim letzten Mahl.[9]

Im Folgenden soll zunächst der Ansatz von John Hull und seine Rede vom gebrochenen Leib genauer erörtert und darauf befragt werden, inwieweit das Wortspiel mit der doppelten Bedeutung von Brechen, im Sinne von Teilen und zugleich von Zerbrechen/Vernichten, nur im Deutschen und Englischen möglich erscheint oder auch den Aussagen des griechischen Textes des Neuen Testaments entspricht. Über den bloßen Wortbestand hinaus sollen aber auch mögliche Bezüge zwischen Behinderung und Abendmahl im Neuen Testament betrachtet werden, und zwar zum einen im Kontext der gemeinschaftsstiftenden Mahlpraxis des lukanischen Jesus, insbesondere in Lk 14, zum anderen im Zusammenhang der paulinischen Argumentation angesichts ab- und ausgrenzender Mahlfeiern in der korinthischen Gemeinde in 1. Kor 11. Abschließend ist nochmals kritisch zu fragen, ob die Rede vom gebrochenen Leib einem gegenwärtigen Verständnis von dis/ability entsprechen kann.[10]

2. Gebrochener Leib – Theologie der Behinderung

John Hull, selbst seit seinem dreizehnten Lebensjahr mit Augenproblemen konfrontiert und zu Beginn der achtziger Jahre, also etwa mit Mitte Vierzig,

---

7 Vgl. Anne Krauß, Barrierefreie Theologie. Herausforderungen durch Ulrich Bach 2011 [ebook] (Universität Erlangen-Nürnberg, Dissertation 2010), 415.

8 Vgl. „the implications of the fraction" bei John M. Hull, The Broken Body in a Broken World. A Contribution to a Christian Doctrine of the Person from a Disabled Point of View, in: Journal of Religion, Disability and Health 7. 2003, 5–23: 23; in deutscher Übersetzung: Der gebrochene Körper in einer zerbrochenen Welt. Ein Beitrag zu einer christlichen Lehre der Person aus der Sicht eines Menschen mit Behinderung, in: Gottfried Lutz/Veronika Zippert (Hg.), Grenzen in einem weiten Raum. Theologie und Behinderung. Eine Publikation des „Konvents von behinderten SeelsorgerInnen und BehindertenseelsorgerInnen e.V." (kbS), Leipzig 2007, 53–73: 72.

9 Vgl. Hull, Der gebrochene Körper, bes. 63–66.

10 Für viele wichtige Hinweise bin ich Herrn Dr. Wolfgang Grünstäudl zu Dank verpflichtet.

vollständig erblindet,[11] macht in dem genannten Aufsatz deutlich, dass christlicher Glaube häufig eher dazu beigetragen habe, Verknüpfungen zwischen Behinderung und Sünde herzustellen oder zumindest Behinderung als Verweis auf die Unvollkommenheit des Menschen zu betrachten. Viele Menschen mit Behinderung hielten daher den christlichen Glauben „keineswegs für eine Kraftquelle ihrer Befreiung, sondern vielmehr für den Wurzelboden der gesellschaftlichen und wirtschaftlichen Nachteile, die sie erleiden".[12] Auch wenn „die Symbolik des Sündenfalls, der Heilungswunder und der Endzeit"[13] wenig hilfreich seien, heiße das aber nicht, dass es nicht andere biblische Quellen für eine „Theologie der Behinderung" gebe, die auch die Körpererfahrungen von Menschen mit Behinderung ernstnehmen. So habe Paulus über ein „extremes Körperbewusstsein"[14] verfügt, weil er möglicherweise selbst behindert gewesen sei oder einen schmerzhaften Verlust, eventuell des Sehvermögens, habe erleiden müssen, und habe daher regelrecht eine Körpertheologie entwickelt, indem er seine Körpererfahrungen immer wieder in Bezug setze zum Todesleiden Jesu (vgl. Gal 6,17; 2. Kor 4,10):[15]

> „Das Hauptmerkmal der Körper-Erfahrung des Paulus mit Jesus war, dass dessen Leib gebrochen war. ‚Als er das Dankgebet sprach, brach er es (das Brot) und sprach: Das ist mein Leib für euch. Tut das zur Erinnerung an mich.' (1 Kor 11,24) Dies ist die früheste Überlieferung vom letzten Mahl, und Gebrochen-Sein steht dort an zentraler Stelle. Aufgrund seines Gebrochen-Seins verkündigen sie, die vom Brot nehmen, den Tod Jesu (1 Kor 11,26), denn dessen Tod stellt ein Zerbrechen seines Körpers dar. Das Gebrochen-Sein nicht zu erkennen bedeutet so, den Leib Christi nicht zu erkennen (1 Kor 11,29). Weil die ursprüngliche Einheit in eine Vielheit zerbrochen ist, werden die Vielen zu einer Einheit. ‚Weil da ein Brot ist, sind wir, die wir viele sind, doch ein Leib, weil wir alle an dem einen Brot teilhaben.'"[16]

Diese Bedeutung des Gebrochen-Seins findet Hull aber nicht nur bei Paulus, sondern ebenso bei den Synoptikern, wenn die Rede ist vom Brotbrechen beim letzten Mahl (Mt 26,26; Mk 14,22; Lk 22,19), bei der Speisung der Menge (Mt 14,19; 15,36; Mk 6,41; 8,6; Lk 9,16[17]) oder in Gegenwart des

---

[11] Vgl. Manfred L. Pirner, John M. Hull – Pionier einer Religionspädagogik im Pluralismus, in: Horst F. Rupp/Reinhard Wunderlich/ders. (Hg.), Denk-Würdige Stationen der Religionspädagogik (FS Rainer Lachmann), Jena 2005, 443–461: 445; John Hull, Im Dunkeln sehen. Erfahrungen eines Blinden, München 1992; ders., In the Beginning There was Darkness. A Blind Person's Conversations With the Bible, London 2001.

[12] Hull, Der gebrochene Körper, 61.

[13] A.a.O., 62.

[14] Ebd.

[15] Vgl. a.a.O., 63.

[16] A.a.O., 64.

[17] Ebd. wird versehentlich Lk 9,13 angegeben.

gekreuzigten und auferstandenen Jesus (Lk 24,30 f.) sowie in den Berichten über die Anfänge der Kirche (Apg 2,46; 20,7; 27,35).[18] Auch das Zerbrechen eines Alabastergefäßes mit kostbarem Salböl (Mk 14,3) verweise im Markusevangelium auf Tod und Bestattung Jesu (Mk 14,8). Ebenso wie es notwendig gewesen sei, „das Gefäß zu zerbrechen, um den Duft des Salböls frei zu setzen",[19] sei es notwendig gewesen, „den Körper zu zerbrechen, um das Leben für die Welt freizugeben".[20] Bei den beiden Seitenreferenten (Mt 26,7; Lk 7,38) fehle hingegen dieser Hinweis auf das Zerbrechen des Alabastergefäßes.

Auch wenn Johannes weder vom Brotbrechen (vgl. Joh 6,11.48–51) noch vom Zerbrechen eines Gefäßes (vgl. Joh 12,2–8) spreche, sondern im Gegenteil betone, die Beine Jesu seien *nicht* gebrochen worden (Joh 19,31 f.36), und sich damit nicht die Bedeutung des gebrochenen Leibes wie bei Paulus und den Synoptikern finde, sei im Johannesevangelium in besonderer Weise die Verwundung Jesu betont (Joh 19,34 f.) und dadurch eine vergleichbare Vorstellung angesprochen.[21]

Selbst am auferstandenen Leib Christi seien noch die Narben oder Wunden sichtbar gewesen (Lk 24,39 f.; Joh 20,25.27) und „die Identität des wiederkommenden Christus werde durch eben diese Narben nachprüfbar sein"[22] (Apg 1,3.11). Bringt man diese Erzählungen von Lukas und Johannes in Verbindung mit den paulinischen Hoffnungsbildern vom vergänglichen, in Schwachheit gesäten Leib, der aber unvergänglich und in Kraft auferweckt wird (1. Kor 15,42–44), wird nach John Hull deutlich, „dass der Leib Christi mit unvergänglichen Narben, herrlichen Wunden und in einem Zustand verwundeter Macht aufersteht"[23] und „diese biblische Aussage über die Vollkommenheit von einer verletzten Vollkommenheit redet, von einer vernarbten und unvollkommenen Vollkommenheit"[24]:

> „Der Mensch, der zur Rechten Gottes steht, ist unvollkommen. Der gebrochene Körper auf Erden gleicht dem gebrochenen Leib im Himmel. Außerdem findet sich der gebrochene Leib auf Erden nicht nur in der Eucharistiefeier oder im Abendmahl, sondern auch in der Kirche, die den gebrochenen Leib Christi darstellt, und ebenso im gebrochenen Leib der leidenden Menschheit."[25]

---

[18] Vgl. a.a.O., 64 f.

[19] A.a.O., 65.

[20] Ebd.

[21] A.a.O., 65 f.

[22] A.a.O., 68.

[23] A.a.O., 69.

[24] Ebd.

[25] A.a.O., 72.

Insgesamt stelle eine Theologie des Gebrochen-Seins eine grundsätzliche Alternative zu einer „Theologie von Stärke, Überlegenheit, Einzigartigkeit und Wohlstand“[26] dar:

> „Die Theologie des Gebrochen-Seins bietet der Kirche einen Weg, den erdrückenden Felsklotz einer scheinbar eindeutigen Vollkommenheit durch die Mehrdeutigkeit einer Vielfalt zahlreicher Formen menschlichen Gebrochen-Seins zu ersetzen. ... Die Vollkommenheit Gottes ist eine Vollkommenheit der Verwundbarkeit und der Offenheit für Schmerz. Es gehört zum Auftrag der Kirche, den Gott des Lebens zu bezeugen, indem sie viele Ausprägungen menschlichen Lebens akzeptiert und an menschlicher Verletzlichkeit und Leiden teilhat. Zum Auftrag von Menschen mit Behinderung gehört dabei, Apostel der Integration und damit Zeugen der Verwundbarkeit und Partner in Sachen Schmerz zu werden.“[27]

So ansprechend die Rede vom Gebrochen-Sein des Menschen als Ausgangspunkt einer Theologie der Behinderung ist, da sie erlaubt, sich gerade aufgrund eigener Brüche und Narben mit dem im Abendmahl und am Kreuz gebrochenen Leib Jesu Christi verbunden wissen zu dürfen, sie zugleich aber auch auf die Formenvielfalt von Einschränkungen und Begrenzungen zu verweisen vermag, ist dennoch zu fragen, inwieweit diese Deutungen den ursprünglichen Aussageintentionen der neutestamentlichen Bezugstexte entsprechen.

3. (Brot)Brechen – Bedeutungen im Neuen Testament

Untersucht man im Anschluss an die Überlegungen von John Hull das Vorkommen und die Bedeutung des Begriffs Brechen im Neuen Testament genauer, wird bereits bei einem ersten Überblick deutlich: (1) Für die verschiedenen Handlungsvollzüge, die Hull im Englischen mit dem Verb *to break* – bzw. die deutsche Übersetzung mit *brechen* – wiedergibt, werden im griechischen Text des Neuen Testaments je nach Bezugsobjekt unterschiedliche Begriffe verwendet:

- συντρίβω τὴν ἀλάβαστρον [die Alabasterflasche *zerbrechen*] (Mk 14,3),
- συντρίβω τὸ ὀστοῦν [das Gebein *zerbrechen*] (Joh 19,36),
- κατάγνυμι τὰ σκέλη [die Beinknochen/Schenkel *zerbrechen/zerschlagen*] (drei Mal in Joh 19,31–33) und
- κλάω ἄρτον [Brot *brechen*] (Mt 26,26; Mk 14,22; Lk 22,19; Lk 24,30 [τὸν ἄρτον]; Apg 2,46; 20,7; 27,35; 1. Kor 11,23b–24a) sowie

---

[26] Ebd.

[27] Ebd.

- κλάω τοὺς ἄρτους [die Brote *brechen*] (Mt 14,19; 15,36; Mk 8,6) und
- κατακλάω τοὺς ἄρτους [die Brote in Stücke *brechen*] (Mk 6,41; Lk 9,16).

(2) Die für die Argumentation Hulls zentrale Rede vom gebrochenen Leib Christi ist im Neuen Testament – zumindest bei den wichtigen Textzeugen, wie noch auszuführen sein wird – nicht belegt.

Im Einzelnen lassen sich folgende Bedeutungsnuancen für die verschiedenen Begriffe, die im Neuen Testament für Brechen verwendet werden, feststellen: Die Bedeutungsbreite von συντρίβω reicht im Neuen Testament (sieben Vorkommen) ähnlich wie in der Profangräzität von *aneinander reiben* bzw. *durchreiben* (der Fußfesseln) in Mk 5,4 über *zerstören/zerbrechen* in den beiden genannten Stellen (Mk 14,3; Joh 19,36) sowie in Offb 2,27 (in Bezug auf irdene Gefäße) oder Röm 16,20, wenn Paulus im Briefschluss davon spricht, Gott werde den Satan *zertreten*, bis hin zu *misshandeln/schinden* in Bezug auf die Auswirkungen eines Dämons in einem Besessenen (Lk 9,39).[28] Bezüglich des Verheißungsbildes in Mt 12,20 vom *zerknickten* Schilfrohr (κάλαμον συντετριμμένον), das der erwählte Knecht nicht *zerbrechen* (οὐ κατεάξει) wird (vgl. Jes 42,3 LXX: κάλαμον τεθλασμένον), wäre genauer zu untersuchen, ob es sich im übertragenen Sinn „allg. auf die Frommen, die als Gebrochene oder Zerbrochene (vgl. Ps 50,19 LXX; 146,3 LXX; Jes 57,15; 61,1) bzw. Niedergedrückte (vgl. Jes 66,2 Th.) Trost und Heilung erfahren“,[29] und ihr gebrochenes Herz bezieht, also ausschließlich ein innerliches Zerbrochensein gemeint ist – vgl. dazu auch Lk 4,18 v. l. –, oder ob damit nicht auch ein körperliches Gebrochensein angesprochen sein könnte. Unabhängig aber von der Beantwortung dieser Frage liegt der Bedeutungsakzent von συντρίβω ohne Zweifel auf der Schädigung bzw. Zerstörung und Vernichtung des jeweiligen Bezugsobjektes, ebenso wie bei κατάγνυμι (vier Vorkommen im Neuen Testament), das sowohl in Joh 19,31–33 als auch in Mt 12,20, wie eben zu sehen war, ein *Zerbrechen* (der Beinknochen/Schenkel bzw. eines Rohres) bezeichnet.[30]

Das Verb κλάω findet sich im Neuen Testament (vierzehn Vorkommen[31]) ebenso wie das Substantiv κλάσις (Lk 24,35; Apg 2,42) „nur in Verbindung mit dem Mahlritus des Brotbrechens“,[32] der sich aus einem jüdischen Brauch ableiten lässt, wonach der Hausvater zur Mahleröffnung für jeden Teilnehmer ein Stückchen von einem Brotfladen abreißt.[33] Als

---

[28] Vgl. Horst Balz/Gerhard Schneider (Hg.), Exegetisches Wörterbuch zum Neuen Testament. Bd. 3, Stuttgart u. a. [3]2011, Sp. 743 f., s. v. συντρίβω.

[29] Ebd., Sp. 744.

[30] Vgl. EWNT [3]II (2011), Sp. 634, s. v. κατάγνυμι.

[31] Zu den von Hull genannten elf Bibelstellen ist noch zu ergänzen: κλάω τὸν ἄρτον (Apg 20,11); κλάω τοὺς ἄρτους (Mk 8,19); τὸν ἄρτον ὃν κλῶμεν (1. Kor 10,16).

[32] Joachim Wanke, Art. κλάω, κλάσις, in: EWNT [3]II (2011), Sp. 729–732: 729 f.

[33] Ebd., Sp. 730.

κλάσματα werden in den Speisungswundern (Mk 6,43 parr.; 8,8 par.; 8,19 f.; Joh 6,12 f.) die übriggebliebenen Brotstücke bezeichnet. κατακλάω hat dieselbe Bedeutung wie κλάω (Mk 6,41; Lk 9,16). In der gesamten Profangräzität sowie bei Philo und Flavius Josephus fehlt hingegen die Wendung κλάω τὸν ἄρτον bzw. κλάσις τοῦ ἄρτου und begegnet auch in der LXX nur in Jer 16,7 (κλάω) und Klgl 4,4 (διακλάω), und zwar als Übersetzung für פָּרַס [לֶחֶם].[34]

In der Regel bedeutet κλάω im Griechischen *abbrechen/ zerbrechen/ schwächen* bzw. κλάσις *Bruch/Zerbrechen/Zerstörung.*[35] Dagegen kommt das Wort κλάσις in der LXX gar nicht vor und auch für κλάω im Sinne von zerbrechen lassen sich in der LXX nur wenige Belege angeben (Jer 27,23 B; Ri 9,53 B; 4. Makk 9,14; Ps 146,3 Symmachos [in übertragener Bedeutung][36]; κατακλάω in Ez 19,12[37]). Im Neuen Testament bezeichnet lediglich ἐκκλάω in Röm 11,17.19 f. das Herausbrechen (von Zweigen).[38]

Festzuhalten bleibt, dass κλάω/κατακλάω ([τὸν] ἄρτον) und κλάσις (τοῦ ἄρτου) im Neuen Testament ausschließlich in der Wendung (Brot) *brechen* vorkommen und damit zunächst nur im Sinne von *teilen* verwendet werden. Ob dabei auch die Konnotation *zerbrechen/zerstören* mitschwingen kann, lässt sich kaum entscheiden. Während in der Profangräzität diese Bedeutung zu überwiegen scheint, ist sie für das Neue Testament nicht zu belegen. Lediglich in der LXX finden sich beide Bedeutungsaspekte, nicht aber an ein und derselben Textstelle, sodass ein bewusstes Wortspiel zu erkennen wäre. Zudem wird κλάω in der LXX nur sehr selten gebraucht. Die für die Rede vom gebrochenen Leib vorausgesetzte Doppelbedeutung von Brechen legt sich daher in den behandelten Texten des Neuen Testaments, wenn über-

---

34 Ebd., Sp. 730 f.; Johannes Behm, Art. κλάω, in: ThWNT III (1938), 726–743: 727; zum fehlenden Objekt (Brot) im hebräischen Text von Jer 16,7 vgl. Georg Fischer, Jeremia 1–25 (HThKAT), Freiburg u. a. 2005, 525.

35 Vgl. Behm, κλάω, 727; Henry George Liddell/Robert Scott, A Greek-English Lexicon. Revised and Augmented throughout by Sir Henry Stuart Jones with the assistance of Roderick McKenzie, Oxford [9]1996, 956. Nach Franz Passow, Handwörterbuch der griechischen Sprache. Neu bearbeitet und zeitgemäß umgestaltet von Valentin Christian Friedrich Rost, Friedrich Palm und Otto Kreussler. Bd. 1: Epsilon – Kappa, unveränderter reprografischer Nachdruck der 5. Auflage, Leipzig 1847, Sonderausgabe, Darmstadt 2008, 1743, s. v. κλάω, kann κλάω auch im medizinischen Bereich beim „gewaltsamen Beugen, Drehen u. Verrenken der Glieder" gebraucht werden.

36 Vgl. Behm, κλάω, 727.

37 Vgl. Johan Lust/Erik Eynikel/Katrin Hauspie, Greek-English Lexicon of the Septuagint. Revised Edition, Stuttgart 2003, 314. Takamitsu Muraoka, A Greek-English Lexicon of the Septuagint, chiefly of the Pentateuch and the Twelve Prophets, New Edition, substantially expanded Version, Louvain u. a. 2002, 526 f., s. v. συγκλάω, verweist auf den parallelen Gebrauch von συγκλάω und συντρίβω in Ps 45,10; Ps 106,16 und Jes 27,23.

38 Vgl. Wanke, κλάω, Sp. 730 f.

haupt, zumindest nicht mit der gleichen Selbstverständlichkeit nahe wie im Englischen und Deutschen.

Trotz der Verwendung unterschiedlicher Begriffe im Neuen Testament in Abhängigkeit vom Bezugsobjekt sowie von der Art und der Intention des Brechens[39] und trotz des Fehlens eines vergleichbaren Wortspiels im Griechischen kann dennoch gefragt werden, ob sich nicht doch in den von Hull genannten neutestamentlichen Texten, etwa auf Grund ihres Kontextes, für die dort verwendeten Ausdrücke ein übertragener Sinn feststellen lässt, der bereits vorverweist auf den Kreuzestod Jesu.

Auf ein mögliches symbolisches Verständnis von συντρίβω τὴν ἀλάβαστρον in Mk 14,3 findet sich in der einschlägigen exegetischen Literatur kein Hinweis. Eine übertragene Bedeutung scheint auch tatsächlich unwahrscheinlich, da συντρίβω in der Szene, in der eine Frau in das Haus Simons des Aussätzigen kommt, um den Kopf Jesu zu salben, keineswegs die Zerstörung des ganzen Gefäßes bezeichnen muss, sondern darauf hinweisen kann, dass nur der lange, schmale Hals eines kleinen Glasgefäßes abgebrochen wird.[40] Hätte der Verfasser des Markusevangeliums mit dem Zerbrechen des Alabasterfläschchens einen metaphorischen Bezug zum gewaltsamen Tod Jesu herstellen wollen, bleibt zudem unklar, warum er dies nicht ebenso transparent gemacht hätte wie die übertragene Bedeutung der Salbung als vorweggenommene Salbung des Leibes Jesu zum Begräbnis in Mk 14,8.

Die Frage nach einem möglichen symbolischen Sinn von κλάω ἄρτον im Kontext der sogenannten Einsetzungsberichte (Mt 26,26–29; Mk 14,22–25; Lk 22,15–20; 1. Kor 11,23–26) wird in der Exegese hingegen kontrovers diskutiert, und zwar je nachdem, wie eng der Bezug zum nachfolgenden Deutewort Jesu „Dies ist mein Leib“ gesehen wird. Zum einen wird das Brotbrechen unabhängig vom Deutewort und damit ausschließlich in der Bedeutung von Teilen betrachtet, zum anderen dagegen in Abhängigkeit von den Worten Jesu und somit als Verweis auf seinen Tod am Kreuz. Joachim Jeremias etwa stellt in seiner 1935 erstmals erschienen Untersuchung zu den Abendmahlsworten Jesu dezidiert fest:

---

[39] Vgl. Johannes P. Louw/Eugene A. Nida, Greek-English Lexicon of the New Testament Based on Semantic Domains. Bd. 1: Introduction & Domains, New York 1989, 226, s. v. κλάω, κλάσις (domain 19.34): „In some languages important distinctions are made for terms meaning ‚to break‘ depending on the substance involved. For example, the breaking of a stick or a bone would require quite a different term from that used in speaking of breaking bread. Furthermore, the action of breaking bread would probably imply breaking into several pieces rather than a single break. Such a distinction may likewise require a special term.“

[40] Vgl. Ernst Haenchen, Der Weg Jesu. Eine Erklärung des Markus-Evangeliums und der kanonischen Parallelen, Berlin ^{2}1968, 463 Anm. 6.

> „Das tertium comparationis ist beim Brot die Tatsache, daß es zerbrochen ist. … Jesus macht den zerrissenen Brotfladen zum Gleichnis für das Schicksal seines Leibes, das Traubenblut zum Gleichnis für sein vergossenes Blut.“[41]

Dagegen weist beispielsweise Ulrich Luz in seinem Matthäus-Kommentar zu Beginn des 21. Jahrhunderts eine solche übertragene Bedeutung des Brotbrechens klar zurück:

> „Jesus bricht das Brot und gibt die Brotstücke den Jüngern. Die Leser/innen erinnern sich wohl zunächst an die beiden Speisungen in Galiläa, bei denen Jesus dies bereits einmal getan hatte (14,19; 15,36). … Sie werden sich auch an das erinnern, was der jüdische Hausvater oder Gastgeber zu Beginn einer Mahlzeit tut: Er bricht das Fladenbrot, reicht die Stücke den Gästen und stiftet so Tischgemeinschaft. Negativ kann man sagen: Als eine Metapher für Jesu gewaltsamen Tod haben sie das ‚Zerbrechen‘ des Brotes kaum verstanden: Ein Bezug auf den Tod Jesu entsteht erst durch das Deutewort, das Jesus nachher spricht, relativ undeutlich beim Brotwort, eindeutig dann beim Becherwort.“[42]

---

41 Joachim Jeremias, Die Abendmahlsworte Jesu, Göttingen [3]1960, 215. Vgl. auch Martin Ebner, Das Markusevangelium, neu übersetzt und kommentiert, Stuttgart 2008, 147 f.: „Die Deuteworte beziehen sich auf die jeweils vorausgehende Handlung: Wie Brot so wird Jesu Leib gebrochen.“ Stefan Alkier, Die Realität der Auferweckung in, nach und mit den Schriften des Neuen Testaments (Neutestamentliche Entwürfe zur Theologie 12), Tübingen/Basel 2009, 31: „Mit dem Feiern des Herrenmahls wird die Erinnerung an den Kreuzestod bewahrt. Das Blut Christi und sein gebrochener Leib sind Metonymien des am Kreuz getöteten Körpers. … Die Darstellung des Blutes durch den Wein und des Leibes durch das gebrochene Brot ermöglicht die zeichenhafte identifikatorische Einverleibung des Blutes und Leibes Christi und damit die somatische und pneumatische Gemeinschaft mit ihm.“ Dieter Zeller, Der erste Brief an die Korinther (KEK 5), Göttingen 2010, 370 zu 1. Kor 11,23 f.: „Mit einem Identifikationssatz bezeichnet der Herr Jesus nun das ausgeteilte Brot als seinen Leib. Beim historischen Jesus ist das wohl als prophetische Zeichenhandlung zu verstehen, bei der das Zerreißen des Brotfladens auf den bevorstehenden Tod vorausverweist (vgl. eine ähnliche Deuteformel bei Ez 5,5; zur Symbolik des Brechens vgl. Jer 19,10 f.).“ Zeller geht bei seiner Deutung nicht darauf ein, dass die LXX in der bekannten Erzählung, in der Jeremia von Gott aufgefordert wird, als Zeichenhandlung einen Tonkrug zu zerbrechen, für Brechen ausschließlich συντρίβω und nicht κλάω verwendet.

42 Ulrich Luz, Das Evangelium nach Matthäus. Mt 26–28 (EKK 1/4), Zürich u. a. 2002, 106. Vgl. auch Behm, κλάω, 735 Anm. 62 (Hervorhebungen im Original): „Die übliche Deutung des g e b r o c h e n e n Brotes auf den gewaltsamen Tod Jesu entspricht nicht der Situation. Denn das Wort ist nicht zu dem Akt des Brotbrechens, sondern zur Darreichung des Brotes zum Essen gesprochen, der Zustand des Gebrochenseins ist nichts d i e s e m Brot Eigentümliches, und als Ergebnis der untergeordneten alltäglichen Handlung des Brotbrechens … eignet er sich denkbar schlecht zur Verdeutlichung eines wichtigen neuen Gedankens.“ Ebenso Joachim Gnilka, Das Evangelium nach Markus. Mk 8,27–16,20 (EKK 2/2), Neukirchen u. a. 1979, 244: „Symbolischer Sinn, der im Brechen oder im Gebrochenen eine Anspielung auf den ge-

Die Kontroverse bei der Beantwortung der Frage nach einer symbolischen Deutung des Brotbrechens als Verweis auf das Leiden Christi lässt sich bis zum beginnenden Mittelalter zurückverfolgen.[43] Auch unabhängig von jeweiligen Konfessionszugehörigkeiten findet sich

> „[e]ine reiche Skala aller möglichen Farbenschattierungen (...) von der symbolischen Auffassung des Brotbrechens und dessen Beziehung auf den Kreuzestod Christi, wie er im Meßopfer wiederholt wird, bis zur einfachsten realen Erklärung, d. h. der praktischen Anwendung zum Genuss des Brotes."[44]

Ebenso wie in exegetischen Untersuchungen werden auch in religionsgeschichtlichen und liturgiewissenschaftlichen Studien unterschiedliche Einschätzungen des Zusammenhangs zwischen Brechung und Verteilung des Brotes sowie nachfolgender Deutung vertreten. So wird einerseits zum Beispiel die 1933 von Rudolf Otto dargelegte Position[45] bis in die 90er Jahre des letzten Jahrhunderts aufgegriffen:[46]

> „Jesus bricht das Brot und giebt (sic!) es zum Essen. Er spricht, indem er beides tut, dazu das Wort: dies ist mein Leib (...). Er vergleicht sich nicht allgemein mit Brot, etwa in dem Sinne: wie das Brot Speise ist für den Leib, so bin ich Speise für die Seele, sondern er vergleicht sich dem gebrochenen Brote. Als der im Tode gebrochen wird, gleicht er diesem gebrochenen Brote, und an seinem Gebrochen-werden, an seiner ‚Lebens-hingabe für die vielen', sollen die Jünger durch den Symbol-akt des Essens Anteil gewinnen."[47]

Andererseits kommt dagegen Barry M. Craig in seiner 2011 veröffentlichten, eingehenden liturgiegeschichtlichen Untersuchung zur Brotbrechung[48] für die Zeit des ersten und beginnenden zweiten Jahrhunderts zu dem Ergebnis:

---

waltsamen Tod sieht, liegt nicht vor." François Bovon, Das Evangelium nach Lukas. Lk 19,28–24,53 (EKK 3/4), Zürich u. a. 2009, 246: „Der Evangelist, der sich auf den Ritus seiner Kirche stützt, ist der Meinung, im Abendmahl erinnere das Brot an Jesu Handlung und vertrete die Präsenz Christi. Diesen Leib Christi, den sich Lukas auferstanden vorstellt, versteht er auch als gekreuzigten. Auch wenn das Brot, sogar gebrochen, kaum an einen gewaltsamen Tod denken lässt, wird es den teilnehmenden Personen als Jesu Leib ausgeteilt, ‚der für euch gegeben wird'."

43 Vgl. Theodor Schermann, Das „Brotbrechen" im Urchristentum, in: BZ 8. 1910, 33–52, 162–183: 33; vgl. auch Luz, Evangelium nach Matthäus, 106 Anm. 35: Erst „die kirchlichen Ausleger sahen oft im Brechen eine symbolische Darstellung der Tötung".

44 Schermann, „Brotbrechen" im Urchristentum, 33.

45 Rudolf Otto, Reich Gottes und Menschensohn. Ein religionsgeschichtlicher Versuch, München ^{2}1940, bes. 237 ff.

46 Vgl. August Jilek, Das Brotbrechen. Eine Einführung in die Eucharistiefeier (Kleine liturgische Bibliothek 2), Regensburg 1994, 76–90, bes.: 83 f.

47 Otto, Reich Gottes, 237 (Hervorhebungen im Original).

48 Barry M. Craig, Fractio panis. A History of the Breaking of Bread in the Roman Rite (Studia Anselmiana 151; Analecta Liturgica 29), Rom 2011.

„As a result, we can set aside any notion that the breaking of the loaf signifies the crucifixion or passion of Christ, or we would have to conclude that all such rituals do so. So also we must admit that Jesus neither invented the action nor reinterpreted the existing one in the order to prophesy or ritualize his approaching death. The importance and effects of his passion are expressed in other ways throughout the liturgy. ... The loaf-rite functions properly as a symbol, establishing/demonstrating companionship.“[49]

Ohne hier im Einzelnen die in dieser Diskussion vorgetragenen Argumente gegeneinander abwägen zu können, scheint mir für eine mögliche Entscheidung ein Detail wichtig, das in der Regel nur am Rande Beachtung findet: Um die von Paulus in 1. Kor 11,24 zitierten Worte Jesu τοῦτό μού ἐστιν τὸ σῶμα τὸ ὑπὲρ ὑμῶν (wörtlich: „Dies ist mein Leib, der für euch.“[50]) zu deuten, fügen spätere Handschriften κλώμενον („der gebrochen wird“; in א^{c} und vielen anderen) bzw. θρυπτόμενον („der aufgerieben wird“; in D^{gr*}) hinzu. Koptische und lateinische Übertragungen setzen zum Teil διδόμενον („der gegeben wird“) voraus.[51] Zum einen wird der paulinische Text damit parallel zur lukanischen Überlieferung (Lk 22,19: τοῦτό ἐστιν τὸ σῶμά μου τὸ ὑπὲρ ὑμῶν διδόμενον) erweitert, zum anderen aber mit κλώμενον (Partizip Präsens Passiv) das vorausgehende ἔκλασεν (1. Kor 11,23b–24a: ἔλαβεν ἄρτον καὶ εὐχαριστήσας ἔκλασεν καὶ εἶπεν) aufgegriffen. Damit wird eine sich gegenseitig bedingende Interpretation des Brotbrechens und des Deutewortes, also eine auf den Kreuzestod Jesu verweisende Deutung des Brotbrechens nahegelegt und die Rede vom gebrochenen Leib erstmals greifbar. Wenn die Handschriften diese Ergänzung für notwendig halten, zeigt sich darin nicht nur, dass ihnen der Satz aufgrund seiner elliptischen Form nicht (mehr) hinreichend verständlich erschienen sein dürfte, sondern auch, dass sich ein solches symbolisches Verständnis für die HörerInnen ansonsten nicht ohne weiteres erschlossen haben dürfte.

Wird κλάω im Neuen Testament noch ausschließlich im Zusammenhang mit Brotbrechen verwendet, könnten neben der genannten Lesart von 1. Kor 11,24 auch die in späteren Handschriften (48.$_{42.}$ und 203.$_{390.}$) ergänzten subscriptiones (Briefunterschriften) zum Philemonbrief, die zu wissen glauben, Onesimos habe als Martyrium das Zerschlagen der Beine (ἡ τῶν σκελῶν κλάσις) erlitten,[52] einen Hinweis darauf geben, dass κλάω bei der

49 A.a.O., 101.

50 Übersetzung von Dieter Zeller, Der erste Brief an die Korinther (KEK 5), Göttingen 2010, 364.

51 Bruce M. Metzger, A Textual Commentary on the Greek New Testament. A Companion Volume to the United Bible Societies' Greek New Testament (third edition) on behalf of and in cooperation with Editorial Committee of the United Bible Societies' Greek New Testament Kurt Aland a. o., London 1971, 562; Zeller, Der erste Brief an die Korinther, 364 Anm. 99.

52 Vgl. Walter Bauer, Griechisch-deutsches Wörterbuch zu den Schriften des Neuen Testaments und der frühchristlichen Literatur. Im Institut für neutestamentliche Text-

Rezeption neutestamentlicher Texte in den ersten Jahrhunderten zunehmend in der doppelten Bedeutung von *brechen/teilen* und *zerbrechen/zerstören* verstanden werden konnte. Wann, wo und wie breit sich ein solches Verständnis entwickeln konnte, lässt sich allerdings schwer sagen. Feststellen lässt sich lediglich, dass die orientalischen Liturgien im Gegensatz zur römischen Liturgie der erweiterten Lesart zu 1. Kor 11,24 folgen und zu σῶμα immer κλώμενον hinzufügen,[53] eine Aussage, die sich – ohne hier eine genauere Datierung einzelner Texte leisten zu können – etwa auf die Zeit ab dem 4. Jahrhundert beziehen lässt.[54] Ging es in den verschiedenen Liturgien zunächst um eine Nachahmung der Mahlhandlungen Jesu, wird später mit einem eigenen, immer filigraner ausgestalteten Akt des Brotbrechens eine weitreichende Symbolik der Passion Christi verbunden.[55]

Aus dieser etwa ab dem 4. Jahrhundert feststellbaren Entwicklung auf ein auch in den vorausgehenden Jahrhunderten vergleichbares symbolisches Verständnis des Brotbrechens zu schließen, ist jedoch nicht möglich, wie sich am Beispiel des Philippusevangeliums, das je nach Datierungsvorschlag frühestens Ende des zweiten und spätestens Ende des vierten Jahrhunderts entstanden sein dürfte,[56] zeigen lässt. Das gebrochene Brot wird auch in

---

forschung/Münster unter besonderer Mitwirkung von Viktor Reichmann, hg. von Kurt Aland/Barbara Aland, Berlin u. a. [6]1988, Sp. 881, s. v. κλάσις; Metzger, Textual Commentary, 658 f.; Peter Müller, Der Brief an Philemon (KEK 9,3), Göttingen 2012, 155; Joachim Gnilka, Der Philemonbrief (HThKNT 10,4), Freiburg u. a. 1982, 94.

53 Emmanuel von Severus, Art. Brotbrechen, in: RAC II (1954), Sp. 620–626: 624: „Die zweite Erwähnung folgt dem 1 Cor. 11,25 (sic!) zu σῶμα beigefügten κλώμενον, das in keiner der orientalischen Liturgien fehlt, der römischen jedoch fremd geblieben ist" mit Bezug auf Fernand Cabrol, Art. Fractio panis, in: DACL V/2 (1923), Sp. 2103–2116, 2105 f.

54 Vgl. Hans-Jürgen Feulner, Art. Liturgie, in: Siegmar Döpp/Wilhelm Geerlings (Hg.), Lexikon der antiken christlichen Literatur, hg. unter Mitarbeit von Peter Bruns/Georg Röwekamp/Matthias Skeb/Bettina Windau, Freiburg u. a. [3]2002, 458–462: 458; ders., Art. Liturgien. III. Orientalische Liturgien, in: LThK [3]VI (1997), Sp. 974–980: Sp. 974; Adolf Adam/Winfried Haunerland, Grundriss Liturgie, Freiburg u. a. [9]2012, 38–51: bes. 43–48.

55 Vgl. Severus, Brotbrechen, Sp. 625; Achim Budde, Die ägyptische Basilios-Anaphora. Text – Kommentar – Geschichte (Jerusalemer theologisches Forum 7), Münster 2004, 344 f. Zum Bezug zwischen dem Brechen des Abendmahlbrotes und dem am Kreuz gebrochenen Leib Christi findet sich bei Budde, Basilios-Anaphora, 349 Anm. 159, der interessante Hinweis: „Der bohairische Text unterstreicht diese Doppeldeutigkeit durch ein Wortspiel: Das Verb ⲡⲱϣ (brechen) bedeutet in der Konstruktion mit ⲉϫⲉⲛ (für, auf) nicht nur ‚zerbrechen', sondern auch ‚verteilen auf' und ‚vererben an'."

56 Herbert Schmid, Evangelium nach Philippus (www.bibelwissenschaft.de/wibilex/das-bibellexikon/ [11.09.2012]). Text: Hans-Martin Schenke, Das Evangelium nach

EvPhil 53 auf die Kreuzigung Jesu hin gedeutet, und zwar ebenfalls mittels eines Wortspiels, allerdings im Syrischen – und damit nun umgekehrt im Deutschen schwer nachvollziehbar – und mit einem völlig anderen, überraschenden Deutungsakzent:

> „Die Eucharistie ist Jesus. Denn <sie> heißt auf Syrisch ‚Pharisatha‘, was ‚das Ausgebreitete‘ bedeutet. Denn Jesus wurde zu einem, der gekreuzigt ist – der Welt.“

Der Verfasser kann offenbar aufgrund derselben Wurzel für Brechen/Austeilen und Ausbreiten im Syrischen die Eucharistie, in der das Brot gebrochen und verteilt wird, mit Jesus, der am Kreuz seine Arme ausbreitet, identifizieren.[57]

> „Dadurch wird das Brotbrechen und -verteilen symbolisch auf das Kreuzigungsgeschehen bezogen: Die Ausbreitung der Arme wird als symbolische Geste der Öffnung dieses Geschehens für andere – eben als seine ‚Ausbreitung‘ – gedeutet und dadurch der Verteilung des Brotes vergleichbar.“[58]

Zusammenfassend ergibt sich für die Fragestellung dieses Kapitels, inwieweit sich der von John Hull vorgetragene Ansatz einer Theologie des Gebrochen-Seins auf die von ihm genannten neutestamentlichen Bezugstexte stützen kann, Folgendes:

- Da im Neuen Testament für Brechen je nach Bezugsobjekt unterschiedliche Begriffe verwendet werden, sind Zusammenhänge, die sich im Deutschen und Englischen nahelegen, etwa zwischen dem gebrochenen Brot und dem gebrochenen Leib Christi, nicht ohne weiteres möglich.
- Die Rede vom gebrochenen Leib findet sich erst in späteren Handschriften, lässt sich also für die wichtigen Textzeugen des Neuen Testaments nicht erheben.
- Ob bei der Rede vom Brotbrechen im Neuen Testament – bezogen auf den Vorgang des Brechens/Teilens – bereits ein symbolisches Verständnis vorausgesetzt werden darf, ist kaum zu entscheiden. Eine solche Deutung lässt sich erst später im Laufe der liturgischen Vollzüge nachweisen.
- Diese späteren symbolischen Deutungen des gebrochenen Brotes auf den Leib Christi hin werden in der Regel über den Aspekt des Zerstörtwerdens hergestellt, können aber auch, wie das Beispiel des Philipperevangeliums zeigt, als gemeinsamen Bezugspunkt das Austeilen/Ausbreiten betonen.

Philippus (NHC II,3), in: ders./Hans-Gebhard Bethge/Ursula Ulrike Kaiser (Hg.), Nag Hammadi Deutsch. Studienausgabe, Berlin/New York ²2010, 140–163.

57 Vgl. Jens Schröter, Das Abendmahl. Frühchristliche Deutungen und Impulse für die Gegenwart (SBS 210), Stuttgart 2006, 100.

58 Ebd.

- Auch wenn im Neuen Testament nicht ein über die Doppeldeutigkeit von Brechen geführter Argumentationszusammenhang zu erheben ist, heißt das keineswegs, dass sich nicht etwa aufgrund der Körpererfahrungen des Paulus und seiner theologischen und christologischen Deutungen sowie der weiteren Theologie- und Liturgiegeschichte eine Theologie des Gebrochen-Seins im Sinne Hulls entwickeln ließe.[59]
- Will man im Kontext einer Theologie der Behinderung dennoch bei der neutestamentlichen Abendmahlsüberlieferung ansetzen, erscheint mir aufgrund der vorangegangenen Überlegungen dagegen eine Einordnung in die gemeinschaftsstiftende Mahltradition Jesu und eine Diskussion des damit verbundenen Anliegens, Formen der Ab- und Ausgrenzung in Frage zu stellen und zu überwinden, naheliegender.

4. „Reich-Gottes-Happening“ – Lk 14

Auch wenn die sogenannten Einsetzungsworte (Mt 26,26–29; Mk 14,22–25; Lk 22,15–20; 1. Kor 11,23–26) vermutlich nicht von Jesus selbst gesprochen wurden, liegen den Darstellungen der Synoptiker und des Paulus „historische Erinnerungen an die Mahlgemeinschaften Jesu und sein letztes Mahl in Jerusalem zugrunde“[60]. Nach der synoptischen Überlieferung verwirklicht sich gerade in den Mahlgemeinschaften Jesu zeichenhaft die anbrechende Gottesherrschaft.[61] Joachim Kügler spricht daher pointiert von „Reich-Gottes-Hap-

---

59 Vgl. z. B. Andrea Bieler, Real Bodies at the Meal, in: Jürgen Ebach/Hans-Martin Gutmann/Magdalene L. Frettlöh/Michael Weinrich, „Dies ist mein Leib“. Leibliches, Leibeigenes und Leibhaftiges bei Gott und den Menschen (Jabboq 6), 2006, 81–90; dies./Luise Schottroff, Das Abendmahl. Essen, um zu leben, Gütersloh 2007, bes. 179–199. Bieler konfrontiert dezidiert aktuelle Körpererfahrungen und „Körperrealitäten“ der MahlteilnehmerInnen mit dem paulinischen Abendmahlsverständnis: „Wir kommen zum Tisch des Messias als alternde und behinderte Körper, deren innere Befindlichkeit und äußere Erscheinung sich ständig verändert. Wir kommen als sterbende, als schwangere Körper, als Körper, die von Krebszellen attackiert werden, als Körper, die HIV-infiziert sind.“ (Bieler/Schottroff, Abendmahl, 187) „Wenn die Deuteworte Jesu wiederholt werden, dann geschieht durch die Verwandlung der Mahlgemeinschaft das große Wunder. Jesu Leib ist gegenwärtig, der gefolterte und der auferstandene. Die Mahlgemeinschaft ist Jesu Leib. … Jesus wurde Opfer der Gewalt unter Menschen. Die Mahlgemeinschaft steht nicht in sicherer Entfernung von dieser Gewalt. Sie ist bedroht, wie Jesus es war. Aber diese Gewalt verliert ihre Legitimation. Die Glaubenden sind ihr nicht mehr hörig. Die Gewalt wird bekämpfbar.“ (Bieler/Schottroff, Abendmahl, 199).

60 Schröter, Abendmahl, 159.

61 Vgl. ebd.

penings“,[62] Festen der Liebe, die Trennung und Grenzen aufzuheben vermögen.[63]

Besonders häufig werden im Lukasevangelium Mahlszenen aufgegriffen, die vom Levimahl in Lk 5,27–32 bis zum Zachäusmahl in Lk 19,1–10 reichen.[64] So findet sich in Lk auch der berühmt-berüchtigte Vorwurf, Jesus sei ein „Fresser und Säufer“ und „Freund der Zöllner und Sünder“ (7,34).[65] Ähnlich wie in den Mahlszenen im Haus des Simon (7,36–50), eines nicht näher bezeichneten Pharisäers (11,37–52) und eines führenden Pharisäers (14,1–24) hält auch Jesus im Anschluss an das letzte Mahl (22,14–20) eine Rede (22,21–38).[66] In Lk 22,21–38 kündigt er seine Auslieferung an (22,21–23), gibt Belehrungen über Größe und Dienen (22,24–27) und verheißt die Teilhabe am künftigen Reich (22,28–30); schließlich beauftragt er Petrus und weist auf dessen Verleugnungen (22,31–34) und die nötige Ausrüstung mit Geld und Schwertern (22,35–38) hin.[67] Ebenso wie in Lk 22,21–38 gibt Jesus auch in den symposialen Gesprächen in Lk 14,1–24, dem formal ähnlichsten Mahltext bei Lk,[68] vier Belehrungen, und zwar (1) zum „richtigen Umgang mit dem Sabbat“ im Kontext der Heilung eines Wassersüchtigen (V. 1–6), (2) zur rechten Haltung der Eingeladenen (V. 7–11), (3) zur Auswahl der Gäste (V. 12–14) und schließlich (4) zur „letzte[n] Einladung Gottes zum großen Festmahl im Gottesreich“.[69] Wenn das letzte Abendmahl im Kontext der vorausgehenden Mahlgemeinschaften Jesu, insbesondere im Kontext von Lk 14,1–24, zu lesen ist, erscheint auch die vom lukanischen Jesus in Lk 14,12–14 vorgeschlagene Gästewahl für die Themenstellung „Behinderung und Abendmahl“ von besonderer Relevanz:

---

62 Joachim Kügler, Hungrig bleiben!? Warum das Mahlsakrament trennt und wie man die Trennung überwinden könnte, 2010 Würzburg, 18–23: bes. 20: „Man kann sehr gut einen Begriff aus dem Bereich der modernen Kunst verwenden: Die prophetischen Zeichen Jesu, also Exorzismen, Krankenheilungen und Mahlfeiern, sind Happenings, und zwar in einem ganz direkten Sinn. In dem, was Jesus tut, *geschieht* (engl. happens) Königsherrschaft Gottes.“

63 Vgl. a.a.O., 78.

64 Vgl. Reinhard Göllner/Norbert Brieden/Christina Kalloch, Emmaus. Auferstehung heute eröffnen. Elementarisierung – Kompetenzorientierung – Kindertheologie (Bibel – Schule – Leben 8), Berlin/Münster 2010, 82–103.

65 Vgl. Kügler, Hungrig, 14–16.

66 Vgl. Michael Wolter, Das Lukasevangelium (HNT 5), Tübingen 2008, 499–514: 697 f.

67 Vgl. Judith Hartenstein, Abendmahl und Pessach. Frühjüdische Pessach-Traditionen und die erzählerische Einbettung der Einsetzungsworte im Lukasevangelium, in: dies./Silke Petersen/Angela Standhartinger (Hg.), Eine gewöhnliche und harmlose Speise. Von den Entwicklungen frühchristlicher Abendmahlstraditionen, Gütersloh 2008, 180–199: 181.

68 Vgl. Wolter, Lukasevangelium, 698.

69 Vgl. François Bovon, Das Evangelium nach Lukas. Lk 9,51 – 14,35 (EKK 3/2), Zürich u. a. 1996, 463–523: 464.

„(12) Dann sagte er zu dem Gastgeber: Wenn du mittags oder abends ein Essen gibst, so lade nicht deine Freunde oder deine Brüder, deine Verwandten oder reiche Nachbarn ein; sonst laden auch sie dich ein, und damit ist dir wieder alles vergolten. (13) Nein, wenn du ein Essen gibst, dann lade Arme, Krüppel, Lahme und Blinde [πτωχούς, ἀναπείρους, χωλούς, τυφλούς] ein. (14) Du wirst selig sein, denn sie können es dir nicht vergelten; es wird dir vergolten werden bei der Auferstehung der Gerechten." (Lk 14,12–14)

Mag dieser Text auf den ersten Blick den Eindruck einer inklusiven Offenheit erwecken, so wird er gerade von Menschen mit Behinderung oft als einer der behindertenfeindlichsten Texte der Bibel betrachtet.[70] Die feministische Theologin Dorothee Wilhelm, selbst Rollstuhlfahrerin, stellt dazu beispielsweise fest: „Auf Kosten meiner und meinesgleichen sollen die Gastgeber spirituelles Kapital ansammeln; es geht um unsere spirituelle Ausbeutung. Wenn so die ‚Auferstehung der Gerechten' aussieht, dann handelt es sich dabei um eine Veranstaltung, bei der ich nicht dabei sein möchte. Die Vision vom Reich Gottes ist exklusiv."[71]

Tatsächlich sind klassische Interpretationen dieser Perikope häufig mit Differenzvorstellungen verknüpft, die, wenn auch ungewollt, zu diskriminierenden Aussagen führen, etwa durch Funktionalisierungen, Metaphorisierungen, Stigmatisierungen, Kontrastierungen und Infantilisierungen von Menschen mit Behinderungen.[72] Umgekehrt wird im Neuen Testament allein in Lk 14,12–14 „der Umgang mit beeinträchtigten und geschädigten Menschen mit einer sozialethischen Zielsetzung thematisiert"[73].

---

70 Vgl. zum Folgenden Markus Schiefer Ferrari, (Un)gestörte Lektüre von Lk 14,12–14. Deutung, Differenz und Disability, in: Wolfgang Grünstäudl/ders. (Hg.), Gestörte Lektüre. Disability als Leitkategorie biblischer Exegese (Behinderung – Theologie – Kirche 4), Stuttgart 2012, 13–47; vgl. v. a. James Metzger, Disability and the Marginalisation of God in the Parable of the Snubbed Host (Luke 14.15–24), in: The Bible and Critical Theory 6. 2010, 1–15.

71 Dorothee Wilhelm, Wer heilt hier wen? Und vor allem: wovon? Über biblische Heilungsgeschichten und andere Ärgernisse, in: Schlangenbrut 62. 1998, 10–12: 11.

72 Vgl. Schiefer Ferrari, (Un)gestörte Lektüre, 17–36. Hier nicht eingehender zu diskutieren ist die Frage, ob der heute verwendete Behinderungsbegriff überhaupt auf Texte aus dem 1. Jahrhundert übertragbar ist. Als Vertreterin der sogenannten dis/ability history geht Elsbeth Bösl, Dis/ability History. Grundlagen und Forschungsstand, in: H-Soz-u-Kult 07.07.2009, 1–37: 17 (hsozkult.geschichte.hu-berlin.de/forum/2009-07-001.pdf [11.09.2012]) davon aus, „dass die Kategorie Behinderung ein Produkt der bürgerlichen Gesellschaften in Europa seit der Aufklärung ist. Für frühere Zeitschichten lässt sich auch keine noch so heterogene soziale Gruppe von ‚Behinderten' feststellen. Vielmehr gab es zunächst einmal nur vielfältige Formen von verkörperter Andersheit mit jeweils sehr unterschiedlichen Konsequenzen und Nichtkonsequenzen für das Leben von Individuen und Kollektiven."

73 Vgl. Hans R. Herbst, Behinderte Menschen in Kirche und Gesellschaft, Stuttgart/Berlin/Köln 1999, 206.

Festzuhalten bleibt, dass das letzte Abendmahl im Kontext der gemeinschaftsstiftenden Mahlgemeinschaften Jesu zu lesen ist und sich daran jede Mahlpraxis in der Nachfolge Jesu orientieren muss. Die Überwindung von Trennung und Grenzen darf dabei aber nicht, wie tendenziell bei Lukas selbst,[74] zum „Testlauf" für die Reichen und Gesunden werden, um Zutritt zum großen Festmahl im Gottesreich zu gewinnen, sondern ist als Bedingung der Möglichkeit für ein „Reich-Gottes-Happening" vorausgesetzt.

5. Unterscheidung des Leibes – 1. Kor 11,29

Wie sehr ein solcher Anspruch von Anfang an auch in frühchristlichen Gemeinden durch die tatsächliche Mahlpraxis in Frage gestellt wurde, zeigt das Beispiel des 1. Korintherbriefes. Das Leitthema des 1. Korintherbriefes ist die Ermahnung zur Einheit der Gemeinde, die aufgrund verschiedener Konflikte auseinanderzubrechen droht.[75] Eine Ursache sind Spaltungen und Parteiungen beim Herrenmahl (11,17–34), die „das gemeinschaftliche Element" gefährden.[76] Man trifft sich offenbar zu einem gemeinsamen Essen in einem Raum, jede(r) bringt seine eigenen Speisen mit, teilt diese aber nicht mit denen, die weniger oder gar nichts haben. Die einen bleiben hungrig, während die anderen betrunken sind (V. 21). Die Reichen beschämen die Armen und heben durch „Individualmähler"[77] die eigentlich intendierte Gemeinschaft des Herrenmahls auf. Nachdem Paulus in V. 17–22 das Ausgangsproblem rekonstruiert hat, begründet er seine Position in V. 23–32 theologisch und empfiehlt in V. 33 f. der korinthischen Gemeinde als Lösung, die mitgebrachten Speisen zu teilen und sich gegenseitig zu bewirten.[78] Die Begründung in V. 23–32 setzt sich aus den Einsetzungsworten (V. 23–25), dem Hinweis, dass das Mahl immer auch die Verkündigung des Todes Jesu beinhaltet (V. 26), und der Aufforderung zur „Unterscheidung des Leibes" (V. 27–32) zusammen:

---

[74] Vgl. Hermann-Josef Venetz, „Und du wirst selig sein …". Kritische Beobachtungen zu Lk 14,14, in: Dieter Böhler/Innocent Himbaza/Philippe Hugo (Hg.), L'Ecrit et l'Esprit. Etudes d'histoire du texte et de théologie biblique. FS Adrian Schenker (OBO 214), Fribourg 2005, 394–409.

[75] Vgl. Oda Wischmeyer, 1. Korintherbrief, in: dies. (Hg.), Paulus. Leben – Umwelt – Werk – Briefe (UTB 2767), Tübingen 2006, 139–163: 139, 151.

[76] Vgl. Thomas Schmeller, Der erste Korintherbrief, in: Martin Ebner/Stefan Schreiber (Hg.), Einleitung in das Neue Testament (Kohlhammer Studienbücher 6), Stuttgart 2008, 303–325: 319.

[77] Schröter, Abendmahl, 34.

[78] Vgl. Matthias Klinghardt, Gemeindeleib und Mahlritual. Sōma in den paulinischen Mahltexten, in: ZNT 27. 2011, 51–56: 52.

„(27) Folglich: Wer auf unwürdige Weise das Brot isst oder den Becher des Herrn trinkt, ist schuldig am Leib und am Blut des Herrn. (28) Es prüfe aber jedermann sich selbst und so esse er von dem Brot und trinke aus dem Becher; (29) denn wer isst und trinkt, isst und trinkt sich das Gericht, wenn er den Leib nicht unterscheidet. (30) Deshalb (gibt es) unter euch viele Schwache und Kranke, und etliche sind entschlafen. (31) Wenn wir aber uns beurteilten, würden wir nicht gerichtet; (32) wenn wir freilich gerichtet werden, werden wir vom Herrn gezüchtigt, damit wir nicht mit der Welt verurteilt werden.“[79]

Was die für die Themenstellung „Behinderung und Abendmahl“ wichtige „Unterscheidung des Leibes“ meint, erschließt sich insbesondere von 1. Kor 10,16 f. her, aber auch von 1. Kor 12,12 ff.

In Kapitel 10 argumentiert Paulus gegen die Teilnahme von Christen an paganen Kultmählern (V. 14), weil diese letztlich die Einheit ihres eigenen Mahles zerstören würde, und begründet dies mit der rhetorischen Frage, ob der Segensbecher nicht Teilhabe am Blut Christi bzw. Gemeinschaft aufgrund des Blutes Christi sei (οὐχὶ κοινωνία ἐστὶν τοῦ αἵματος τοῦ Χριστοῦ) und das Brot, das wir brechen, nicht Teilhabe am Leib Christi bzw. Gemeinschaft aufgrund des Leibes Christi (τὸν ἄρτον ὃν κλῶμεν, οὐχὶ κοινωνία τοῦ σώματος τοῦ Χριστοῦ ἐστιν) (V. 16). Weiter betont Paulus in V. 17: „Weil (es) *ein* Brot (ist), sind wir vielen *ein* Leib, denn alle haben wir an diesem einen Brot teil.“[80] Das heißt, Paulus versteht den Leib (σῶμα) christologisch und ekklesiologisch.

Auch in Kapitel 12 argumentiert er mit der bekannten Leib-Glieder-Metaphorik wiederum ekklesiologisch. Wenn die Gemeinde Leib Christi ist, gilt auch: „Wenn darum ein Glied leidet, leiden alle Glieder mit.“ (V. 26a) Die „Unterscheidung des Leibes“ in 1. Kor 11,29 ist damit nicht nur „auf den Respekt vor der sakramentalen Qualität der Mahlelemente als ‚Leib Christi‘“[81] zu beziehen, sondern vor allem auf die Gemeinschaft der Esser als „ein Leib“ und ihre korporative Einheit, die es zu wahren gilt.[82] Krankheiten und Todesfälle[83] verweisen nach Paulus (1. Kor 11,30) – für

79 Übersetzung von Zeller, Der erste Brief an die Korinther, 364.

80 Übersetzung ebd., 336.

81 Klinghardt, Gemeindeleib und Mahlritual, 52.

82 Mit Wolfgang Schrage, Der erste Brief an die Korinther. Teilbd. 3. 1 Kor 11,17–14,40 (EKK 7/3), Zürich u. a. 1999, 51. Nach Klinghardt, Gemeindeleib, 52 f., ist die „Unterscheidung des Leibes“ auf die Gemeinde zu beziehen, dagegen nach Schröter, Abendmahl, 37, auf den Leib des Herrn. Nach Gregor Etzelmüller/Annette Weissenrieder, Der achtsame Umgang mit dem Leib. Abendmahl mit Menschen mit Behinderung, in: Evangelische Landeskirche in Württemberg u. a. (Hg.), Christliche Spiritualität gemeinsam leben und feiern. Praxisbuch zur inklusiven Arbeit in Diakonie und Gemeinde, Stuttgart 2007, 244–249: 246, geht es hingegen um die Achtsamkeit gegenüber dem eigenen Leib, dem Leib der Gemeinde und dem Leib Christi.

83 In der Regel wird 1. Kor 11,30 (διὰ τοῦτο ἐν ὑμῖν πολλοὶ ἀσθενεῖς καὶ ἄρρωστοι καὶ κοιμῶνται ἱκανοί) in der Exegese wörtlich, im physischen Sinne verstanden (vgl.

unser Verständnis nicht ganz unproblematisch – auf die Missachtung dieser Einheit. Die kurzschlüssige Umkehrung dieser Aussage des Textes, wonach die Kranken und Toten diejenigen sind, die das Mahl unwürdig gefeiert haben, gilt hingegen nicht.[84] In der Wirkungsgeschichte des Textes hat eine solche Verdrehung der paulinischen Argumentation im Gottesdienst und in der Eucharistie- bzw. Abendmahlfeier allerdings zum Ausschluss von Menschen mit Behinderung geführt, die „sodann im Licht von Vers 29 wiederum als Sünder gekennzeichnet"[85] wurden. Für die Einheit der Gemeinschaft sind nach Paulus dagegen gerade „die Glieder des Leibes, die als die schwächeren gelten, notwendig"[86] (1. Kor 12,22) und jeder und jede kann seine spezifischen Gaben einbringen (vgl. 1. Kor 14,26).[87]

Zusammenfassend heißt das: Nach Paulus wird „im Herrenmahl ... eine Art Gegengesellschaft praktiziert"[88] und eine solche Tischgemeinschaft verdient nicht den Namen „Herrenmahl", „wenn gesellschaftlich etablierte Verhaltensmuster bei Zusammenkünften der Christen einfach redupliziert werden".[89] Insbesondere die „Unterscheidung des Leibes" bei Abendmahlsfeiern (1. Kor 11,29) fordert – ganz im Sinne der von John Hull skizzierten Theologie der Behinderung – ChristInnen dazu auf, in ihrer Vielheit und Unterschiedenheit eine Einheit, ein Leib zu sein und niemanden ab- oder auszugrenzen.

---

z. B. Schrage, Der erste Brief an die Korinther, 52 Anm. 599). Dagegen geht Ilaria Ramelli, Spiritual weakness, Illness, and Death in 1 Corinthians 11:30, in: JBL 130. 2011, 145–163: 146, davon aus, „that this disease and death can be understood in a spiritual sense, that they were understood in this sense by most ancient exegetes, and that such a reading fits naturally into a common Hellenistic trope and into Paul's linguistic use. " Nach Annette Weissenrieder, „Darum sind viele körperlich und seelisch Kranke unter euch" (1 Kor 11,29 ff.). Die korinthischen Überlegungen zum Abendmahl im Spiegel antiker Diäthetik und der Patristik, in: Judith Hartenstein/Silke Petersen/Angela Standhartinger (Hg.), Eine gewöhnliche und harmlose Speise. Von den Entwicklungen frühchristlicher Abendmahlstraditionen, Gütersloh 2008, 239–268: bes. 260–264, sind ἀσθενεῖς καὶ ἄρρωστοι nicht synonym zu verstehen, sondern bezeichnen körperliche und seelische Krankheiten, die aufgrund übertriebener Ess- und Trinkgewohnheiten entstehen, also nicht Krankheiten und Behinderungen allgemein. Vgl. auch Etzelmüller/Weissenrieder, Der achtsame Umgang, 245.

84 Vgl. Schröter, Abendmahl, 37; Schrage, Brief, 54.

85 Etzelmüller/Weissenrieder, Der achtsame Umgang, 245.

86 Übersetzung von Zeller, Der erste Brief an die Korinther, 394.

87 Vgl. a.a.O., 246 f.

88 Martin Ebner, Identitätsstiftende Kraft und gesellschaftlicher Anspruch des Herrenmahls. Thesen aus exegetischer Sicht, in: ders. (Hg), Herrenmahl und Gruppenidentität (QD 221), Freiburg im Breisgau 2007, 284–291: 285.

89 Ebd.

6. Un/gebrochen-Sein

Unabhängig von der Frage, ob die Rede vom gebrochenen Leib im Neuen Testament verortet werden kann, läuft der von John Hull vorgeschlagene Ansatz einer Theologie des Gebrochen-Seins Gefahr, ungewollt nur die Einschränkung und Abweichung in den Blick zu nehmen und damit indirekt Normalisierungsvorstellungen aufzugreifen, anstatt unhinterfragte Differenzkategorien der Mehrheitsgesellschaft aufzubrechen.

Analog zur Schreibweise dis/ability mit Schrägstrich, die sich in neueren Veröffentlichungen zur sogenannten Dis/ability History findet, um mit dieser optischen Trennung von „dis" und „ability" „die Verschränkungen und Verknüpfungen, das Wechselspiel von ‚normal' und ‚behindert'",[90] deutlich zu machen, wäre auch die Rede vom Un/gebrochen-Sein denkbar. Zum einen könnten damit verschiedenste Körper- und Lebenserfahrungen angesprochen werden, wie etwa der Titel des 2012 erschienen Buches der Journalistin Zuhal Soyhan „Un-Gebrochen. Mein abenteuerliches Leben mit der Glasknochenkrankheit"[91] zeigt. Zum anderen könnte die Bezeichnung „Theologie des Un/gebrochen-Seins" die von Paulus betonte Einheit der Vielen und die Hoffnung auf eine ebenso im Lukasevangelium eingeforderte Praxis der gesellschaftlichen Grenzüberschreitungen eher verdeutlichen.

Auf dem Kirchentag 2011 wurden von der Aktion Mensch im Zentrum „Kirchentag barrierefrei" fünf überdimensionale Fototafeln aufgestellt,[92] auf denen die 1998 entstandene Fotoinszenierung „Das Abendmahl" des russischen Künstlers Rauf Mamedov zu sehen war, eine klassische Darstellung des Motivs, allerdings mit Menschen mit Down-Syndrom.[93] Auch wenn der Künstler die Wahl seiner DarstellerInnen zu Recht mit ihrer besonderen Glaubwürdigkeit begründet[94] und es ihm ohne Zweifel damit gelingt, unhinterfragte Sehgewohnheiten und Differenzvorstellungen aufzubrechen, bleibt zu fragen, ob nicht jede Form der Ausschließlichkeit zum Ausschluss führt. Ziel wäre es dagegen, im Sinne der von Paulus und Lukas formulierten An-

---

90 Anne Waldschmidt, Warum und wozu brauchen Disability Studies die Disability History? Programmatische Überlegungen, in: Elsbeth Bösl/Anne Klein/dies. (Hg.), Disability History (Disability Studies 6), Bielefeld 2010, 13–27: 20.

91 Zuhal Soyhan, Un-Gebrochen. Mein abenteuerliches Leben mit der Glasknochenkrankheit, Freiburg 2012.

92 Vgl. /bonner-presseblog.de/2011/06/03/besucher-beim-kirchentag-barrierefrei/ (Zugriff: 11.09.2012).

93 Vgl. Christian Mürner, Kulturhistorische Aspekte zum Down-Syndrom, in: Wissen ist Gewinn. Schwerpunktthemen der Initiative „Down Syndrom – Wir gehören dazu" 2010, 30 f.: 31; Nissan N. Perez, Corpus Christi. Christus-Darstellungen in der Fotografie, Veröffentlichung anlässlich der gleichnamigen Ausstellung, Deichtorhallen Hamburg 19.12.2003 bis 12.04.2004, Heidelberg 2003, 64 f.

94 Vgl. Mürner, Kulturhistorische Aspekte zum Down-Syndrom, 31.

sprüche an Mahlgemeinschaften in der Nachfolge Jesu „Reich-Gottes-Happenings“ zu „inszenieren“, die nicht mehr nach dem Gebrochen- oder Ungebrochen-Sein der einzelnen Beteiligten fragen und differenzieren (müssen), sondern Un/gebrochen-Sein als selbstverständlichen Ausdruck des Menschseins begreifen und einbeziehen können.

„Wisst Ihr nicht, dass euer Leib ein Tempel des Heiligen Geistes ist“: Körper – Körperlichkeit – Körpersprache

Esther Bollag

Wie es zu der Fragestellung kam – biografische Notizen

Ich kam mit einem Dissertationsprojekt nach Hamburg. Der Arbeitstitel lautete: „Emanzipatorische Behindertenarbeit in kirchlicher Trägerschaft“. Es war eine Untersuchung für den Ökumenischen Rat der Kirchen. In Hamburg gab es interessante Felder von „Behindertenarbeit“. Nach zwei Jahren Feldarbeit (teilnehmende Beobachtung, Interviews) musste ich Kriterien entwickeln, um die Arbeitsfelder und Methoden der Schlüsselpersonen zu beurteilen. Auf Anraten von Professor Peter Cornehl bediente ich mich dazu der Befreiungspädagogik von Paulo Freire[1]. Ich fragte nach den Schlüsselthemen für von Behinderung betroffene Menschen. Eine Schlüsselfrage war:

„Verhilft die Arbeit der Schlüsselpersonen von Behinderung Betroffenen zur Entwicklung einer positiven Identität?“. Als Unterthema ergab sich dann folgerichtig die Frage: Wie entwickelt sich Identität? Dazu kam die Unterfrage: „Wie entwickelt sich Körperidentität?“

Durch meine eigene Biografie als von Geburt an körperbehindert war mir bewusst, dass in der Identitätsfrage kein Weg am *konkreten* Körper vorbeiführt. Die Beschäftigung mit dieser Thematik führte schließlich zu einer ganz anders gearteten Dissertation als ursprünglich vorgesehen. Die Felduntersuchung wurde vom Dissertationsprojekt abgekoppelt und unter dem Titel „Strategies of de-handicapping the church“ dem Ökumenischen Rat der Kirchen 1997 unterbreitet. Die Doktorarbeit trug schließlich den Titel: „Mit Spürbewusstsein Theologie betreiben – zur Relevanz körperzentrierter Methoden für Exegese und diakonische Theologie“. Diese habe ich 1998 an der evangelisch-theologischen Fakultät der Universität Bern eingereicht und 1999 im Juni dafür den Doktortitel in praktischer Theologie erhalten.

[1] Vgl. Paulo Freire, Pädagogik der Unterdrückten. Bildung als Praxis der Freiheit, Reinbek b. Hamburg 1981.

Die Dissertation – ein Projekt konkreter Befreiungstheologie

In der Überzeugung, dass „Körperidentität“ ein Schlüsselthema für die Befreiungstheologie von Menschen, die von einer Körperbehinderung betroffen sind, darstellt, machte ich mich auf einen langen Weg. Er führte mich über die Anwendung körperzentrierter Methoden: Tai Chi, Bioenergetik, Tanztherapie und Feldenkrais-Pädagogik. Das Ganze war ein intensiver Selbstversuch unter der Fragestellung: Wie entwickelt sich Körperidentität? Denn mir war bewusst geworden: Meine Körperidentität ist miserabel. Alle Minderwertigkeitskomplexe, die ich habe, habe ich über den Körper erfahren, also müssen sie auch über ihn bearbeitet werden! Durch Learning by Doing entwickelte ich ein positives Körperbewusstsein. Ich befreundete mich mit meinem Körper, lernte meinen Körper mit seinen wunderbaren Zusammenhängen zu lieben. Kurz: ich entdeckte die Vielfalt des Spürbewusstseins.

Komponenten des Spürbewusstseins

Wer die oben genannten Methoden praktiziert, wird mehr und mehr mit „eingeschaltetem“ Körperbewusstsein durch die Welt gehen. Er/sie entdeckt sein/ihr

1. Knochen-Bewusstsein: Ihr Umriss und ihre Lage
2. Muskel-Bewusstsein: Ihre Spannung oder Entspannung
3. Haut-Bewusstsein: Ist sie spröde/trocken/feucht/nass; wie ist die Qualität einer Berührung?
4. Energie-Bewusstsein: Mit wie viel Kraft führe ich eine Bewegung aus? Wir wissen um die kinetische und potenzielle Energie. Hindenken an die betreffenden Körperstellen weckt die potenzielle Energie, aus der die kinetische kommt.
5. Bewegungsbewusstsein: Wie mache ich eine Bewegung, langsam/schnell, eckig/rund, groß/klein, geführt/ungeführt? Die geführte Bewegung lässt sich jederzeit anhalten, z. B. beim Arme schwingen oder den Arm halten und bewegen. Bei der ungeführten Bewegung wirkt die Schwerkraft. Sie muss erst gehemmt werden, wenn wieder eine geführte Bewegung entstehen soll.
6. Temperatur-Bewusstsein: in Wechselwirkung mit dem Raum. Alles dies macht das Leben unerhört interessant.

Konsequenzen für die Bibellektüre und Praktische Theologie

Jahrelange Praxis in körperzentrierten Methoden (speziell intensiv die Feldenkrais'schen) schulten meinen Blick für körpersprachliche Angaben in der Bibel. Sollte es möglich sein, das körperliche Erkenntnispotential dieser Methoden für die Bibelauslegung zu nutzen? Das würde bedeuten, die körpersprachlichen Hinweise der Bibel in Körpersprache hier und jetzt umzusetzen. Ein ungewöhnliches Unterfangen, da normalerweise vom „garstigen Graben" zwischen den Bibeltexten und unserer Zeit ausgegangen wird.

Es gibt aber allgemeine menschliche Konstanten, gerade was naturwissenschaftlich beobachtbare Wirkungen auf menschliche Körper betrifft. Diese erlauben den körperzentrierten Zugang zu den Texten. Wir haben heute sowieso einen Methoden-Pluralismus in der Exegese – keine Methode ist allein befriedigend.

Naturwissenschaftliche Fakten – Voraussetzung zur Begründung der „körperzentrierten Exegese"

Die Begründungen, die mir den Ausbau der Methode erlaubten, fand ich in den folgenden Überlegungen von Moshe-Feldenkrais.[2] Es sind dies:

1. Wirkung der Schwerkraft

„Die Erde übt ohne Unterlass eine Anziehungskraft aus, die nicht ausgeschaltet werden kann und die praktisch überall gleich ist. ... schließlich ist uns kein lebender Organismus bekannt, der außerhalb eines Schwerefeldes lebt."[3] Die Schwerkraft wirkte zu biblischen Zeiten genauso wie heute, sie beeinflusste also auch grundlegend das die Bewegungsempfindung betreffende (kinästhetische) Bewusstsein der damals lebenden Menschen. Diese Grunderfahrung haben wir gemeinsam.

Begegnen uns also in biblischen Texten körperbezogene Angaben, so sind sie uns, trotz großem, historischem Abstand nicht fremd. Dies ist eine grundlegende Erfahrung, die uns vom Mutterleib an eigen ist. „Die Mutter

---

2 Vgl. Moshe Feldenkrais, Die Entdeckung des Selbstverständlichen, Frankfurt a.M. 1987.

3 A.a.O., 47. Ausnahmen kamen erst mit dem Aufkommen der Raumfahrt für die Menschheit in Frage.

und alles in ihr … war dem Zug der Schwerkraft unterworfen, und auch der Fötus hat ihn erfahren, geschützt durch die Flüssigkeit, in die er getaucht war.“[4]

2. *Anatomie und Physiologie einst und jetzt*

Überdies hat sich an der grundlegenden Anatomie und Physiologie[5] des Menschen in den Jahrtausenden, seit biblischer Tradition nicht so viel geändert, dass von einer anderen menschlichen Spezies gesprochen werden müsste.

3. *Bedingungen der Schwangerschaft*

Nach wie vor dauert eine normal verlaufende Schwangerschaft neun Monate. Die Umstände von Zeugung und Geburt sind zwar in. unserer Zeit mit den modernen Fortpflanzungstechnologien veränderbar geworden. Aber auch in vitro gezeugte Babies werden noch von menschlichen Müttern ausgetragen.

Die Physiologie und mit ihr zusammenhängende Fragen sind interessant beim Ausloten einer möglichen körperzentrierten Exegese. Wer also Bibelverse mit körpersprachlichem Inhalt zwecks Auslegung wiederum in Körpersprache umsetzt, wie ich dies tue, versucht damit, diese subjektive Wirklichkeit einzusetzen, ein Unterfangen, das physiologisch durchaus Sinn macht. Es ist buchstäblich Fleisch gewordene Auslegung, basierend auf anthropologischen Fakten, wie den obengenannten. Es ist das gezielte Arbeiten mit dem kinästhischen Bewusstsein, über dessen Funktion wir uns normalerweise keine Rechenschaft ablegen.

Der Mensch ist immer ein ganzheitliches Wesen: „Bewegung, Sinnesempfindung, Gefühl und Denken: diese alle zusammen machen mich und das, womit ich mich beschäftige, so konkret und so wirklich, als ich es überhaupt erfahren kann.“[6] Es ist deshalb nicht einzusehen, weshalb Bewegungen und die Emotionen, die sie hervorrufen, nur im Kindergartenalter für spirituelle Bildungsarbeit genutzt werden sollten.

---

4 A.a.O., 121: Zitat durch Satzumstellungen geändert.

5 Anatomie ist die Lehre von Form und Körperbau der Lebewesen. Physiologie ist die Lehre von den Lebensvorgängen, der Regulation der Körperfunktionen, und des Informationstransportes innerhalb des Körpers sowie zwischen ihm und der Umwelt.

6 A.a.O., 120.

Die Bibel verstehen – mit Spürbewusstsein

Welche Chancen sich mit körperzentrierter Auslegung ergeben, soll jetzt an einigen Beispielen gezeigt werden.

Psalm 36,8: „Gott, wie köstlich ist deine Huld! Die Menschen bergen sich im Schatten deiner Flügel, …“

Keiner kann wissen, was köstlich ist, wenn er oder sie nie etwas Gutes gekostet hat. Über dies ergibt der Vers streng genommen nur Sinn, wenn wir wissen, was Schatten bedeutet. Das erfahren wir über unsere Augen, aber nicht zuletzt über unseren Temperatursinn. Zu viel und zu intensives Sonnenlicht ist lebensgefährlich.

2. Sam 22,30: „Mit dir erstürme ich Wälle, mit meinem Gott überspringe ich Mauern.“

Warum heißt es in Davids Dankgebet: „Ich springe über Mauern“? Warum nicht „klettern“? Was ist der Unterschied zwischen „springen“ und „klettern“? Es lohnt sich, sich die Bewegung konkret vorzustellen. Wer klettert, kann zurück, der Springende nicht. Wer sich einmal abgestoßen hat, muss sich vorwärts bewegen, ohne sicher zu wissen, wo und wie die Landung sein wird.

Es gibt unzählige Bibelstellen, in denen von der „Hand Gottes“ die Rede ist. Einmal haben eine Freundin und ich bei der Predigtvorbereitung erst brav alle exegetischen Bücher gewälzt. Darin stand natürlich geschrieben, „Hand Gottes“ sei Metapher für Gottes Macht. Das mag sein. Aber wir wollten ja die körperzentrierte Auslegung testen. Wir kamen zu dem Schluss: wir hätten auch bei unseren Händen anfangen zu können, zu denken. Nur schon die Idee, wir hätten unsere Hände nicht zur Verfügung, machte uns bewusst, dass Hände Werkzeuge der Macht sind, mit denen buchstäblich Macht erfahren wird. Also hätten wir die Bedeutung der Metapher auch direkt ergründen können.

Mein Doktorvater prägte in seinem Gutachten zur Dissertation den schönen Satz: Es geht Frau Bollag nicht nur um „Nachdenken“, sondern um „Nahdenken“. Das Beispiel mit der Hand zeigt, was gemeint ist.

Es lohnt sich auch, über die Bewegung beim „Säen“ und „Ernten“ nachzudenken, bzw. der Bewegung nachzuspüren, ja sie sogar probeweise auszuführen. Wer sät, gibt etwas aus der Hand, aus seiner Kontrolle, macht die Bewegung von sich weg.

Beim Ernten geschieht das Gegenteil. Die Bewegungsmeditation ergibt unter Umständen schon eine halbe Predigt! So konkret anzusetzen, hat über dies den Vorteil, dass Menschen, die von einer geistigen Behinderung betroffen sind, angesprochen werden können.

Am Schluss des Workshops wurde gewünscht, eine praktische Übung zu erleben. Sie ist unten angeführt. Wer will, kann sie ausprobieren.

Hände wecken

a) Falten Sie einmal die Hände! Wie haben Sie es gemacht? Liegt der rechte Daumen näher beim Körper oder der linke?
Falten Sie die Hände andersherum, so dass der andere Daumen näher zum Körper liegt! Wie fühlt sich das an? Total ungewohnt, nicht wahr? Durch kleine Veränderungen unserer Haltung, können wir lernen, unseren Körper ganz neu zu spüren.

b) Ziehen Sie mit der rechten Hand sachte am linken Daumen! Dann am Zeigefinger, am Mittelfinger, am Ringfinger und am kleinen Finger! Bis wohin spüren Sie den Zug? Bis zum Unterarm? Zum Ellenbogen? Zum Oberarm? Oder bis zur Schulter? Merken Sie einen Richtungsunterschied des Zuges, je nachdem an welchem Finger Sie gerade ziehen? Jetzt ist die andere Hand am Zug!

c) Falten Sie noch einmal die Hände! Was hat sich verändert gegenüber dem ersten Mal?

d) Ballen Sie eine Hand zur Faust! Und jetzt öffnen Sie die Hand ganz, ganz langsam, im Zeitlupentempo Bis wohin spüren Sie die Entspannung? Achten einmal auf die andere Seite! Was passiert mit ihr?

Behinderung und Sexualität[1]

Andreas Lob-Hüdepohl

1. Die soziale Verursachung der Behinderung versehrter Menschen

Diskriminierungen aufgrund von körperlichen oder geistig-seelischen Beeinträchtigungen (‚*impairments*') und daraus resultierenden Einschränkungen (‚*disabilities*') führen nicht selten zu sehr subtilen, gleichwohl tiefgreifenden Behinderungen (‚*handicaps*') der betroffenen Menschen. So ist die Eheschließung von Menschen mit geistiger oder selbst körperlicher Beeinträchtigung nach wie vor erheblich erschwert – und das nicht nur zivilrechtlich, sondern sogar kirchlich. Dies ist sehr bedauerlich: Denn gerade der unbedingte Bund fürs Leben zwischen zwei sich liebenden Menschen, von denen mindestens einer der beiden körperlich und/oder geistig versehrt ist, könnte gerade zum eindrucksvollen ‚Zeichen und Werkzeug' für die unbedingte Solidarität Gottes mit kranken und behinderten Menschen werden – einer Solidarität, die sich über die vielen Gebärden und Gesten der Sympathie und Zärtlichkeit auch leiblich, also im Medium menschlicher Sexualität vermitteln kann – eine Sexualität, die auch dann eine existentiell bedeutsame Sprache menschlicher Leiblichkeit ist und bleibt, wenn sie sich nicht durch genital manifestierten erfolgten Beischlaf körperlich vollzieht.

Solche und ähnliche Diskriminierungen von somatisch und/oder geistig versehrten Menschen beruhen auf einem Verständnis der Behinderung eines Menschen (und damit auch seiner Sexualität), das auf Grund seiner Defizitorientierung (Behinderung als *Minusvariante* wahrhaft vollgültigen menschlichen Lebens) und seiner ausgrenzenden sowie menschenrechtswidrigen Folgen für die Betroffenen eigentlich überholt sind. Die 2006 von der Vollversammlung der Vereinten Nationen beschlossene *Konvention für die Rechte von Menschen mit Behinderung* (*BRK*) geht – in Übereinstimmung mit dem fachwissenschaftlichen wie behindertenpolitischen Diskurs – davon aus, „dass Behinderung aus der Wechselwirkung zwischen Menschen mit Beeinträchtigungen und einstellungs- und umweltbedingten Barrieren *entsteht,* die sie an der vollen, wirksamen und gleichberechtigten Teilhabe an der Gesell-

---

[1] Überarbeitete Fassung meines Beitrages „Sexualität und Behinderung" in: Konrad Hilpert (Hg.), Zukunftshorizonte katholischer Sexualethik (QD 241), Freiburg i. Br. 2011, 330–344.

schaft hindern“[2]. Insofern Menschen mit Behinderungen absolut dieselbe „innenwohnende Würde“ (Art. 1) wie jedem anderen Menschen zukommt, geht es um die „volle und wirksame Teilhabe (‚participation‘) an der Gesellschaft und Einbeziehung (‚inclusion‘) in die Gesellschaft“ sowie um „die Achtung vor der Unterschiedlichkeit von Menschen mit Behinderungen und die Akzeptanz dieser Menschen als Teil der menschlichen Vielfalt (‚diversity‘) und der Menschheit“ (Art. 3). Dieser *Inklusionsansatz* der Behindertenrechtskonvention konzipiert die individuumsbezogene Assistenz wie die politischen Gestaltungsaufgaben zwecks Unterstützung von Menschen mit Beeinträchtigungen konsequent unter der Perspektive der unveräußerlichen Bürger- und Menschenrechte jedes einzelnen Menschen.[3] Er umfasst prinzipiell alle Lebensbereiche, die für ein Leben in Würde konstitutiv sind, und damit auch den Bereich menschlicher Sexualität. In diesem Sinne fordert die Behindertenrechtskonvention:

> „Die Vertragsstaaten treffen wirksame und geeignete Maßnahmen zur Beseitigung der Diskriminierung von Menschen mit Behinderungen auf der Grundlage der Gleichberechtigung mit anderen in allen Fragen, die Ehe, Familie, Elternschaft und Partnerschaften betreffen, um zu gewährleisten, dass
> a) das Recht aller Menschen mit Behinderungen im heiratsfähigen Alter, auf der Grundlage des freien und vollen Einverständnisses der künftigen Ehegatten eine Ehe zu schließen und eine Familie zu gründen, anerkannt wird;
> b) das Recht von Menschen auf freie und verantwortungsbewusste Entscheidung über die Anzahl ihrer Kinder und die Geburtenabstände sowie auf Zugang zu altersgemäßer Information sowie Aufklärung über Fortpflanzung und Familienplanung anerkannt wird und ihnen die notwendigen Mittel zur Ausübung dieser Rechte zur Verfügung gestellt werden;
> c) Menschen mit Behinderungen, einschließlich Kindern, gleichberechtigt mit anderen ihre Fruchtbarkeit behalten.“ (Art. 23 Abs. 1)

---

2 Präambel Buchstabe (e) (zitiert nach: Gesetz zu dem Übereinkommen der Vereinten Nationen vom 13. Dezember 2006 über die Rechte von Menschen mit Behinderungen sowie dem Fakultativprotokoll vom 13.12.2006 zum Übereinkommen der Vereinten Nationen über die Rechte von Menschen mit Behinderungen vom 21.12.2008, Bundesgesetzblatt 2008 Teil II, Nr. 35, Bonn 2008, 1419–1457:1420 (Hervorhebung ALH).

3 Vgl. Heiner Bielefeldt, Inklusion als Menschenrechtsprinzip: Perspektiven der UN-Behindertenrechtskonvention, in: Johannes Eurich/Andreas Lob-Hüdepohl (Hg.), Inklusive Kirche. Behinderung – Theologie – Kirche, Stuttgart 2011, 64–79; vgl. auch: Andreas Lob-Hüdepohl, Vielfältige Teilhabe als Menschenrecht – ethische Grundlage inklusiver Praxis, in: Holger Wittig-Koppe/Fritz Bremer/Hartwig Hansen (Hg.), Teilhabe in Zeiten verschärfter Ausgrenzung? Kritische Beiträge zur Inklusionsdebatte, Neumünster 2010, 13 21; ders., Inklusive Pastoral. Theologisch-ethische Begründung einer Leitoption pastoralen Handelns, in: Unsere Seelsorge. Themenheft der Hauptabteilung Seelsorge im Bischöflichen Generalvikariat Münster. Heft 3/2009, 4–7.

2. Sexualität im Zeichen von Behinderung

Sexualität im Zeichen von Behinderung ist mit unterschiedlichen Barrieren konfrontiert, die zunächst hinsichtlich spezifischer religiöser Positionen unspezifisch sind. Auf folgende Aspekte konzentriert sich die aktuelle Fachdiskussion:

Einstellungsbedingte Barrieren

Obwohl die Behindertenrechtskonvention in ihren fünfzig Artikeln nahezu alle relevanten Lebensbereiche ausdrücklich thematisiert, berührt sie den Bereich menschlicher Sexualität lediglich in Artikel 23 und das sogar nur implizit. So liegt die Vermutung nahe, dass sie selbst tendenziell jene Tabuisierung fortschreibt, die bis heute das Lebensfeld ‚Sexualität und Behinderung' gesamtgesellschaftlich dominiert. Gerade im Kontext von Sexualität entsteht Behinderung bis heute besonders durch jene *einstellungsbedingten* Barrieren, die das gesellschaftliche Umfeld der Menschen mit Beeinträchtigungen, also Eltern, professionelle Betreuer oder das soziale Lebensmilieu insgesamt aufbauen und eine alters- wie lebenslagengemäße Entwicklung der Sexualität erschweren oder sogar verunmöglichen.[4] Auf Seiten des sozialen Umfeldes prägen besonders bei Menschen mit geistigen Beeinträchtigungen drei Deutungsmuster, die mindestens hintergründig wirken, die Wahrnehmung von und infolgedessen auch die Umgangsweise mit deren Sexualität:[5] das Deutungsmuster der *Leugnung und Verdrängung* – der geistig beeinträchtigte Mensch erfährt lebenslang eine Infantilisierung, die eine sexuelle Regung und Reifung nicht kennt; das Deutungsmuster der *Dramatisierung und Überbetonung* – dem geistig beeinträchtigten Menschen wird auf Grund seiner mutmaßlichen Intelligenzminderung die Unfähigkeit unterstellt, seine „Sexualität in die eigene Person zu integrieren, sie zu lenken oder gar zu kompensieren. Daraus erwächst dann", so die bis heute immer wieder bestätigte sozialpsychologische Einsicht Norbert Hubers, „die Befürchtung, die Sexualität der geistig Behinderten sei meist ungeordnet, verselbständige sich

---

4 Vgl. Wolfgang Plaute, Sexualität von und Sexualpädagogik für Menschen mit geistiger Behinderung; Ernst Wüllenweber/Georg Theunissen/Heinz Mühl (Hg.), Pädagogik bei geistigen Behinderungen. Ein Handbuch für Studium und Praxis, Stuttgart 2006, 501–513: 501.

5 Vgl. Joachim Walter, Grundrecht auf Sexualität? Einführende Überlegungen zum Thema „Sexualität und geistige Behinderung", in: ders. (Hg.), Sexualität und geistige Behinderung, Heidelberg [4]1996, 29–37: 32 ff.

und werde dann aggressiv“[6]; und das Deutungsmuster der *Distanzlosigkeit* und *Hemmungslosigkeit* – hier wird für Außenstehende die stark pointierte Körpersprache, mit der der geistig beeinträchtigte Mensch oftmals seine mangelnde verbale Sprachfähigkeit kompensiert, als sexualisierte Übergriffigkeit fehlgedeutet.

Sexuelle Entwicklung und Reifung

Oftmals sind solche tabuisierenden oder abwertenden Deutungsmuster lediglich Ausdruck einer großen Verunsicherung über die als befremdlich anders erlebte Lebensrealität von behinderten Menschen. Nicht zuletzt ist es die große Sorge der Eltern um das Wohl ihrer behinderten Kinder, die sie zu einer familiaren oder institutionell verordneten[7] Überbehütung motiviert.[8] Dabei sind das Bedürfnis nach Zärtlichkeit oder die sexuelle Lust auch bei behinderten Menschen unbestritten identitäts- bzw. persönlichkeitsbildend. Freilich differieren sexuelles Leben und sexuelle Reifung zwischen den unterschiedlichen Beeinträchtigungsformen behinderter Menschen:[9] Während Menschen mit körperlichen Beeinträchtigungen in der Regel über ein durchschnittliches (und in diesem statistischen Sinne *normales)* sexuelles Empfinden und Reifen verfügen, ihnen aber oftmals die körperlichen Voraussetzungen für ein durchschnittliches sexuelles Handeln fehlen (sei es Beischlafunfähigkeit, fehlende manuelle Fähigkeit zur Masturbation, zum Petting usw. oder mangelnde Attraktivität für einen Partner), so treten bei Menschen mit geistigen Beeinträchtigungen während der Pubertät die körperliche und die geistige Entwicklung zum Teil gravierend auseinander.[10] Unbeschadet dieser erheblichen Unterschiede ist die Phase sexueller Reifung bei allen Menschen mit Beeinträchtigungen durch eine prägende äußere Rahmenbedingung ihrer Lebenslage mehr oder minder stark belastet. Die meisten behinderten Ju-

---

6 Norbert Huber, Geschlechtserziehung bei geistig Behinderten, Freiburg i. Br. 1975, 13.

7 Nicht selten erwarten Eltern von den stationären Einrichtungen der Behindertenhilfe, dass diese sexuelle Beziehungen oder Lebensäußerungen ihrer Kinder um des (vermeintlichen) Wohls ihrer Kinder unterbinden, was immer wieder zu Auseinandersetzungen mit den sexualpädagogischen Konzepten der Einrichtungen führt.

8 Vgl. Otto Speck, Viele Eltern haben Angst, in: Walter, Sexualität, 17–21; Ilse Achilles, „Was macht Ihr Sohn denn da?“, München 1990.

9 Deshalb differenzieren viele sexualpädagogische (Beratungs-)Konzepte zwischen Sexualität bei Menschen mit körperlichen und Sexualität bei Menschen mit geistigen Beeinträchtigungen. Vgl. etwa die jeweiligen sexualpädagogischen Beratungskonzepte von Pro Familia, Körper und Sexualität. Sexualität und körperliche Behinderung, Frankfurt a. M. ³2004 bzw. Körper und Sexualität. Sexualität und geistige Behinderung, Frankfurt a.M. ³2006.

10 Vgl. Plaute, Sexualpädagogik, 503.

gendlichen werden in zentralen Fördereinrichtungen beschult. Im Vergleich mit der Regelbeschulung erschwert dies die Pflege von Freundschaften oder die Bildung von Peergroups bzw. ‚Cliquen', was sich nicht selten nachteilig auf die Entwicklung einer alteritätsorientierten bzw. beziehungsfähigen Sexualität auswirkt. Behinderte Jugendliche erleben ihre Lebenswelt als *„totale Institution"*[11]*:* indirekt durch Betreuung vollständig überwacht und ohne Erlebnisraum ungestörter Intimität. Das Fehlen von Kontakten zu Gleichaltrigen wie die unbewusst lückenlose Beobachtung erschweren zugleich eine sexuelle Reifung, die sich nicht nur der Chancen, sondern auch der Grenzen sexueller Kommunikation und Praxis bewusst wird, diese Erfahrungen in eine Persönlichkeitsentwicklung integriert und als lebensdienliche Grenzziehung bzw. Orientierungslinie nutzt: „Gerade behinderte Jugendliche, die sich verbal nicht gut oder gar nicht ausdrücken können, teilen sich dann über ihre Körpersprache mit – in dem sie die angehimmelte Person umarmen, küssen, streicheln – was nicht immer auf Gegenliebe stößt."[12]

Der fehlende Ort einer in Gemeinschaft sich vollziehenden sexuellen Reifung und Praxis einerseits und das Auseinandertreten von körperlicher und geistiger Entwicklung andererseits ist vermutlich eine wichtige Ursache dafür, dass bei nicht wenigen Menschen mit (geistigen) Beeinträchtigungen partnerschaftlich orientierte Sexualität im Hintergrund verbleibt und stattdessen das lustvolle Erleben des eigenen Körpers im Vordergrund steht.[13] Infolgedessen rücken zwei weitere Problemfelder der Sexualität im Kontext von Behinderung in den Mittelpunkt sexualpädagogischer Diskurse: das Problemfeld der Masturbation und die Frage nach der Legalität wie Legitimität sexueller Assistenz. Dabei wird das *Ob* von Masturbation mehrheitlich nicht mehr grundsätzlich in Zweifel gezogen. Vielmehr konzentriert sich die Debatte auf das *Wie,* genauer: auf die situativen Umstände einer angemessenen Form der sexuellen Befriedigung des Selbst und einer entsprechenden pädagogischen Begleitung, die den Menschen mit (geistigen) Beeinträchtigungen solche Räume und Situationen der Intimität lernen und achten hilft, die ihn selbst wie seine soziale Umwelt schützen.

---

11 Erving Goffman, Asyle. Über die Situation psychiatrischer Patienten und anderer Insassen, Frankfurt a. M. 1977, 11 f.

12 Pro Familia, Behinderung und Sexualität. Sexualität und Menschen mit geistiger Behinderung, Frankfurt a. M. [3]2006, 8.

13 Vgl. Plaute, Sexualpädagogik, 502; Ferdinand Kaeser, Developing a Philosophy of Masturbation Training for Persons with Severe and Profound Mental Retardation, in: Sexuality and Disability 4. 1996, 295–308.

Passive und aktive Sexualassistenz

Im Gegensatz zur Masturbation wird die Legitimität der sogenannten Sexualassistenz sehr kontrovers diskutiert. Hier gilt es zunächst, zwei Formen der Sexualassistenz zu unterscheiden: Zwar umfasst Sexualassistenz grundsätzlich alle Unterstützungshandlungen, „die es behinderten Menschen ermöglichen, ihre Sexualität zu leben".[14] Während sich die *passive Sexualassistenz* auf die pädagogische Beratung und Begleitung sexueller Reifungsprozesse, also auf sexualpädagogische und gegebenenfalls sexualtherapeutische Interventionen beschränkt, werden bei der *aktiven* Sexualassistenz die Assistierenden unmittelbar in die sexuelle Handlung einbezogen. Ihre aktive Einbindung kann sich von der Hilfe bei der Masturbation über die Unterstützung des Geschlechtsverkehrs eines körperbehinderten Paares bis hin zum Geschlechtsverkehr mit der behinderten Person selbst erstrecken. In der Regel verfügen die aktiven Sexualassistentinnen und Sexualassistenten über pflegerische und behindertenspezifische Kompetenz. Gleichwohl sind die Grenzen zur Prostitution fließend, so dass hier erhebliche Vorbehalte geltend gemacht werden.[15] Doch selbst Befürworter einer behutsamen aktiven Sexualassistenz, die sich in Form und Reichweite strikt an den Bedürfnissen des behinderten Menschen orientieren, lehnen eine aktive Sexualassistenz von professionellen oder ehrenamtlichen Aufsichtspersonen oder Betreuern aus verschiedenen Gründen strikt ab – nicht zuletzt auf Grund einschlägiger Bestimmungen des Sexualstrafrechts (§174a Abs. 2 StGB), das solche Assistenzen auf Grund der bestehenden bzw. der faktisch nie vollends auszuschließenden Abhängigkeitsverhältnisse als Missbrauch unter Strafe stellt.[16] Diese unmissverständliche Missbilligung jeglicher aktiven Sexualassistenz durch professionelle wie ehrenamtliche Angehörige einer betreuenden Einrichtung ist erheblich. Sie ist nicht zuletzt dem Umstand geschuldet, dass die Erfahrung sexueller Gewalt durch Betreuer und Pflegende auf Seiten der Menschen mit Behinderungen – wie die wenigen, gleichwohl einschlägigen empirischen Studien belegen[17] – offensichtlich dramatisch hoch sind: über

---

14 Sigrid Arnade, Sexuelle Rechte behinderter Menschen, in: Claudia Lohrenscheit/ Deutsches Institut für Menschenrechte (Hg), Sexuelle Selbstbestimmung als Menschenrecht, Baden-Baden 2009, 233–249: 241.

15 Vgl. Joachim Walter, Zur Einführung: Was ist Sexualassistenz? Was kennzeichnet professionelle Sexualbegleitung?, in: ders. (Hg.), Sexualbegleitung und Sexualassistenz bei Menschen mit Behinderungen, Heidelberg 2004,11–14.

16 Vgl. Julia Zinsmeister, Rechtliche Maßgaben und Grenzen der Sexualassistenz und Sexualbegleitung, in: Pro Familia, Expertise – Sexuelle Assistenz für Frauen und Männer mit Behinderungen, Frankfurt a. M. 2002, 17–65: 46.

17 So etwa die Studie des österreichischen Bundesministeriums für Frauenangelegenheiten und Verbraucherschutz: Sexualisierte Gewalt im behinderten Alltag. Jungen und Männer mit Behinderung als Opfer und Täter, Wien 1997.

die Hälfte der befragten Frauen und Männer gaben an, bereits sexuelle Gewalt erfahren zu haben.[18] Die Gefahr, Opfer zu werden, steigt dort, wo behinderte Menschen – in Familien wie in institutionellen Settings – „überbehütet und zum Gehorsam erzogen werden und zum Teil unaufgeklärt heranwachsen“[19].

Mutterschaft und Elternschaft

Unbeschadet einer gelegentlichen Dominanz selbstbezüglicher Sexualität („Erleben der eigenen Körperlichkeit“) ist die Sexualität bei Menschen mit somatischen oder geistigen Beeinträchtigungen auch mit dem Aspekt von Elternschaft und Mutterschaft verknüpft. Insbesondere bei Menschen mit geistiger Beeinträchtigung sind Mutterschaft und Elternschaft nachwievor ein großes Tabu. In der Regel wird ihnen die Fähigkeit, verbindlich eine Familie zu gründen und Kinder zu erziehen, nicht zugetraut. Gerade die Eltern von Menschen mit geistigen Beeinträchtigungen fürchten die weitere schwere Belastung, die ihnen als Großeltern durch eine ersatzweise Elternschaft für ihre Enkel zuwachsen könnte, sollten ihre behinderten Kinder mit der Erziehung ihres Nachwuchses überfordert sein. Zwar existieren mittlerweile erfolgreiche Modellprojekte, die Mütter bzw. Väter mit geistigen Beeinträchtigungen eine Familien- bzw. Elternassistenz an die Seite stellen.[20] Gleichwohl sehen sich viele behinderte Frauen, die eine Mutterschaft anstreben, mit Hemmnissen konfrontiert, die nachteilig zusammenwirken:[21] der Rat, auf eigene Kinder zu verzichten, weil sie (mutmaßlich) keine gute Mutter für ihre Kinder sein können; mangelnde schwangerschafts- oder auch geburtsbegleitende Infrastrukturen, die auf die spezifischen Bedürfnisse behinderter Schwangerer eingestellt sind; und eine fehlende systematisch bzw. verlässlich organisierte Elternassistenz, die insbesondere in den ersten Jahren der Mutterschaft bzw. Elternschaft die Alltagsbewältigung unterstützt.

Die Furcht mancher Eltern behinderter Töchter oder Söhne, im Falle deren Elternschaft selbst überfordert zu sein, ist ein nicht unerheblicher Movens, die Fertilität ihrer Kinder verlässlich und gelegentlich sogar dauerhaft durch eine Sterilisation zu unterbinden. Das menschen- bzw. grundrechtlich

---

18 Vgl. Arnade, Sexuelle Rechte, 243.

19 Pro Familia, Behinderung und Sexualität, 17.

20 Vgl. etwa Landesverband der Mütterzentren NRW e.V. (Hg.), Endbericht zum Modellprojekt „Mütter mit Behinderungen“, Dortmund 2004.

21 Vgl. Sigrid Arnade, Sexualität, Partnerschaft, Mutterschaft und Familienarbeit, in: Bundesministerium für Familie, Senioren, Frauen und Jugend (Hg.), Einmischen, Mitmischen. Informationsbroschüre für behinderte Mädchen und Frauen, Berlin 2007, 100–110: 104 f.

verbürgte Recht auf sexuelle Selbstbestimmung, zu dem essenziell auch das Recht auf Zeugungsfähigkeit und Fortpflanzung gehört, führt in Deutschland bei der Durchführung einer Sterilisation zu hohen Hürden. Wenn überhaupt darf eine Sterilisation nicht vor Vollendung des 18. Lebensjahres und dann nur mit Zustimmung des betroffenen Menschen mit Beeinträchtigung auf der Grundlage eines intensiven Beratungsprozesses vorgenommen werden. Bei dauernd einwilligungsunfähigen Personen muss das Vormundschaftsgericht eine etwaige Sterilisationsentscheidung des Betreuers[22] genehmigen. Sie darf gemäß § 1905 BGB nie gegen den Willen des Betroffenen und nur dann erfolgen, wenn durch eine mögliche Schwangerschaft das Leben der Schwangeren in schwerer und unzumutbarer Weise gefährdet werden würde. Im Falle von einer genehmigungsfähigen Sterilisation ist immer eine solche Methode vorzuziehen, die zu einem späteren Zeitpunkt eine Refertilisation offenhält.

3. Theologisch-ethische Beurteilungen

Eine theologisch-ethische Beurteilung des Handlungsfeldes Sexualität und Behinderung ist mit verschiedenen, gleichwohl miteinander verzahnten Problemkreisen konfrontiert. Zunächst gilt es, die beschädigenden Deutungsmuster der je eigenen – in diesem Fall der christlichen – Tradition im Umgang mit Behinderung und den von ihr betroffenen Menschen kritisch zu reflektieren und nicht zuletzt im Lichte der genuin christlichen Botschaft neu auszurichten und für einen Paradigmenwechsel auch (inner-)kirchlicher sowie theologischer Rede über Menschen mit Behinderungen *und ihrer Sexualität* fruchtbar zu machen.[23] Denn gegen die eigentlich befreiende Botschaft

---

22 Vgl. die bertreuungsrechtliche Festlegung advokatorischer Entscheidungen des Betreuers: dieser hat „die Angelegenheiten des Betreuten so zu besorgen, wie es dessen Wohl entspricht". Dabei zählt der Gesetzgeber zum Wohl des Betreuten „auch die Möglichkeit, im Rahmen seiner Fähigkeiten sein Leben nach seinen eigenen Wünschen und Vorstellungen zu gestalten." (§ 1901 Abs. 2 BGB)

23 Ich habe dies an anderen Stellen wiederholt skizziert: Andreas Lob-Hüdepohl, Alltag unter erschwerten Bedingungen. Menschenbilder und Ethik „behinderten" Lebens, in: Bernd Goebel/Gerhard Kruip, (Hg.), Gentechnologie und die Zukunft der Menschenwürde, Münster/Hamburg/London 2003, 85–99; ders., Gott in Welt. Heilsames und Unheilvolles im Umgang mit psychisch versehrten Menschen, in: Erik Boehlke/Andreas Heinz/Manfred Heuser (Hg.), Über Gott und die Welt (Schriftenreihe der deutschsprachigen Gesellschaft für Kunst und Psychopathologie des Ausdrucks e.V. 24), Berlin 2005, 23–31; ders., Behindernde Bilder „versehrten" Lebens – von der Notwendigkeit einer befreienden Theologie der Versehrten, in: Arnd T. May/Caspar Söling (Hg.), Gesundheit, Krankheit, Behinderung – Gottgewollt, naturgegeben oder gesellschaftlich bedingt?, Paderborn 2006, 65–81.

haben sich in der kirchlichen und theologischen Wahrnehmung von Menschen mit Beeinträchtigungen abwertende, teilweise sogar menschenverachtende Deutungsmuster bis in die jüngste Gegenwart hartnäckig halten können. Trauriger Höhepunkt ist die kirchenoffizielle Argumentationslinie gegenüber der negativen Eugenik im ersten Drittel des 20. Jahrhunderts. In der Auseinandersetzung mit dem 1933 in Deutschland erlassenen Gesetz zur Verhinderung erbkranken Nachwuchses, das unter anderem eine zwangsweise Sterilisation sogenannter „erblich belasteter“ Menschen vorsah, lehnten zwar die meisten katholischen Bischöfe und Moraltheologen eine solche „Unschädlichmachung“ ab.[24] Gleichwohl war diese Ablehnung in der Regel kein Ausdruck der Wertschätzung versehrter Menschen, sondern Konsequenz der kirchlichen Sexualmoral: eine (zwangsweise) Sterilisation sei strikt abzulehnen, weil „mit der Durchführung des Gesetzes für die private und öffentliche Sittlichkeit große Gefahren sich ergeben; denn die sterilisierten Männer und Frauen können sich nun ihrem Geschlechtsleben hemmungslos überlassen, da ja aus ihrem Verkehr keine Nachkommen entstehen.“[25] Statt einer Sterilisation optierten viele deutsche Bischöfe für eine konsequente Asylierung, also Internierung mutmaßlich Erbkranker, zu denen insbesondere behinderte Menschen gezählt wurden. Der Vorsitzende der Freisinger Bischofskonferenz, Kardinal Faulhaber, schlug kurz nach Weihnachten 1933 seinem Fuldaer Amtskollegen sogar vor: „Da der Staat für die Schutzhäftlinge eigene Lager errichtet hat, kann er es ebenso gut für diese Schädlinge der Volksgemeinschaft, die er ja durch die Sterilisation unschädlich machen will.“[26]

Mittlerweile hat sich auch das kirchenoffizielle Bild vom Menschen mit körperlichen oder geistigen Behinderungen grundlegend gewandelt. Anlässlich des Europäischen Jahres der Menschen mit Behinderungen haben sich die deutschen Bischöfe in einem Hirtenwort entschieden gegen jede Form von Hierarchisierungen und Ausgrenzungen behinderter Menschen gewandt: „Mit Behinderungen sein Leben zu führen, hat eine eigene Sinnhaftigkeit. Für die Mehrzahl der Menschen relativiert es die gewohnten Maßstäbe des Sinnvollen und des Nichtsinnvollen. (…) Festgefahrene und verengte Bilder von dem, was geglücktes, wahrhaft gelingendes Leben ist, werden aufgebrochen. Sie entdecken am Anderen neue Möglichkeiten, mit den Begrenzthei-

---

24 Vgl. die ausführliche und differenzierte Recherche von Ingrid Richter, Katholizismus und Eugenik in der Weimarer Republik und im Dritten Reich. Zwischen Sittlichkeitsreform und Rassenhygiene (Veröffentlichungen der Kommission für Zeitgeschichte Reihe B: Forschungen Bd. 88), Paderborn 2001, besonders 381 ff.

25 Schreiben der Bischöfe Gröber (Freiburg) und Berning (Osnabrück) an den Vorsitzenden der Fuldaer Bischofskonferenz Kardinal Bertram vom 3.11.1933, in: Akten deutscher Bischöfe (Veröffentlichungen der Kommission für Zeitgeschichte Reihe A, Bd I), 243 f.

26 Michael von Faulhaber an Adolf Bertram vom 29.12.1933, in: Ludwig Volk (Bearb.): Akten Kardinal Michael von Faulhaber, Bd. 1, Mainz 1975, 834.

ten auch des eigenen Lebens sinnvoll umzugehen. Sie lernen einen respektvollen Umgang mit Verschiedenheiten, ohne immer wieder die alten Muster von besser oder schlechter zu bemühen. Sie lernen, Ängste vor dem Unbekannten und Befremdlichen abzubauen."[27] Diese grundlegend veränderte Wahrnehmung von Menschen mit Behinderungen ist von großer Bedeutung; denn: „Dringlich ist vor allem ein mehr an Sensibilität für die Würde des Menschen – in allen seinen Lebensphasen, die Grundrechte auf das Leben und die leibliche Unversehrtheit, die Achtung der Selbstbestimmungs- und Persönlichkeitsrechte behinderter Menschen."[28]

Von hieraus erschließen sich wichtige Anhaltspunkte für die Orientierung und Gestaltung der Sexualität im Kontext von Behinderung. Auch für Menschen mit körperlichen wie geistigen Behinderungen gilt: Sexualität ist Ausdruck und Vollzug menschlicher Würde. Die Reifung einer Persönlichkeit geht mit der Reifung eigener Sexualität Hand in Hand. Menschliche Sexualität ist qualitativ entschieden mehr als ihre Reduktion auf genitales Sexualleben. Sie ist die ursprüngliche Sprache menschlicher Leiblichkeit, die des Menschen individuelle Existenz in deren dialogische und darin personale Vermittlung mit dem mitmenschlichen Du wesentlich mitbestimmt: „Der Mensch ist auf die Zuwendung anderer Menschen angewiesen. Er lebt nicht nur für sie, sondern immer auch durch sie. Da die zwischenmenschlichen Beziehungen leiblich vermittelt werden, wird die Sexualität als eine besondere Möglichkeit erlebt, Liebe und personale Zuwendung zueinander auszudrücken und lustvoll zu erfahren."[29]

Diese essenzielle Bedeutung der Sexualität eines Menschen für seine persönliche Reifung wie für seine Kommunikationsfähigkeit mit dem mitmenschlichen Du gilt für alle „Normalvarianten" menschlichen Seins, für behinderte ebenso wie für nicht behinderte Menschen. Unter dieser Rücksicht wäre eine automatische Verhinderung geschlechtlichen Lebens tatsächlich eine schwerwiegende Beschädigung der Würde des so behinderten Menschen. Grundsätzlich verhinderte Sexualität ist grundsätzliche Behinderung menschlicher Würde. Dies gilt umso mehr, wenn die Sprache des Leiblichen, die bei der zärtlichen Geste und Berührung des Leibes beginnt, oftmals eine zentrale Weise der Kommunikation zwischen bzw. mit behinderten Menschen ist. Insofern sind behinderte Menschen in der Reifung ihres geschlechtlichen Lebens unterstützend zu begleiten. Dazu dienen zum Beispiel

---

27 UnBehindert Leben und Glauben teilen. Wort der deutschen Bischöfe zur Situation der Menschen mit Behinderungen, Bonn 2003, 17 f.

28 A.a.O., 8.

29 Gemeinsame Synode der Bistümer in der Bundesrepublik Deutschland, Arbeitspapier „Sinn und Gestaltung menschlicher Sexualität", 3.1.6.2.

elaborierte sexualpädagogische Konzepte, die für viele – auch kirchliche – Institutionen der Behindertenhilfe mittlerweile gängige Praxis sind.[30]

Allerdings erfordert auch die Sexualität von Menschen mit Beeinträchtigungen ein hohes Maß an Sensibilität gegenüber der eigenen Person wie gegenüber dem mitmenschlichen Du, das in der Sprache seiner eigenen Geschlechtlichkeit intime Vertrautheit vermitteln kann und darin äußerst versehrbar ist. Auch die Sexualität behinderter Menschen ist nicht vor Selbstverliebtheit geschützt, die den anderen zum bloßen Instrument eigenen Lustempfindens degradiert – selbst wenn das objektiv übergriffige Verhalten seitens etwa eines pubertierenden Jugendlichen mit geistigen Behinderungen auf Dritte selten eine bewusste Entscheidung spiegelt.[31] Infolgedessen ist hier eine Sexualpädagogik gefordert, die in die Kultur einer menschenwürdigen Sexualität einführt und mit deren Hilfe (behinderte) Frauen und Männer ihre spezifischen Erfahrungen im Licht christlich verantworteter Sexualethik im Hinblick auf ihre spezifische Lebenslage artikulieren bzw. entwickeln können. Mit Blick auf die Lebenslage etwa von Menschen mit schwerer wiegenden geistigen Beeinträchtigungen ist tatsächlich zu bedenken, ob die Kluft zwischen körperlicher Reife und personaler Lebensführungskompetenz nicht über eine stärkere Zuwendung und Einführung in den sogenannten Mittelbereich des Erotischen überbrückt werden sollte.[32] Sexualpädagogische Begleitung hätte hier die Aufgabe, die vielfältigen Sprachformen des Leiblichen zu erschließen und die Fixierung auf genital-orgastische Sexualität zu überwinden. Solche Begleitung ist immer eine Form von Assistenz, freilich nie eine Form aktiver Sexualassistenz. Die höchst intime und versehrbare Sprache menschlicher Sexualität verlangt in jeder Situation von allen Beteiligten: die Erfüllung sexueller Sprachformen – auch im „Mittelbereich des Erotischen“ – ist zu ermöglichen und zu gewähren, nie aber aktiv herbeizuführen.[33]

---

30 Vgl. für den kirchlichen Bereich etwa Stiftung Ecksberg, Positionen Sexualpädagogik, Mühldorf 2006. Dabei darf nicht übersehen werden, dass sich kirchliche bzw. katholische Institutionen mitunter schwer tun, angesichts einer restriktiven kirchlichen Sexualmoral angemessene Leitlinien nicht nur zu erarbeiten, sondern auch öffentlich zu vertreten.

31 Vgl. Heinz Krebs, Medizinische Aspekte zur Sexualität geistig behinderter Menschen. Aufgaben – Möglichkeiten – Grenzen, in: Walter, Sexualität, 40–58, 46–49.

32 So schon Paul Sporken, Sexualethik und geistige Behinderung. Befreiung oder Bevormundung?, in: ders., Geistig Behinderte, Erotik und Sexualität, Düsseldorf 1974, 157–186, 159 ff.

33 Vgl. Winfried Lerch/Zachäuskreis – Seelsorge für Menschen mit geistiger Behinderun, Sexualität und Partnerschaft bei Menschen mit geistiger Behinderung in katholischen Wohneinrichtungen im Erzbistum Berlin. Ergebnisse einer Arbeitsgruppe im Rahmen der „AG Sorge um Menschen mit geistiger Behinderung“ beim Caritasverband für das Erzbistum Berlin, Berlin 2000 (unveröffentlichtes Manuskript), 17.

Freilich ist eine christliche Sexualethik, die aus der Lebensperspektive von Menschen mit körperlichen oder geistigen Beeinträchtigungen heraus Leitlinien zu Sinn und Gestaltung ihrer Sexualität entwirft und begründet, noch weitgehend Desiderat. Denn eine automatische Übertragung sexualethischer Grundlinien, wie sie für die Lebenslage nicht behinderter Menschen in Geltung stehen, könnte sich gerade aus anthropologischen bzw. fundamentalethischen Gründen als sehr problematisch erweisen. Der normative Sinn einer menschwürdigen Lebensführung erschließt sich immer auch aus der jeweiligen Sinnlogik der menschlichen Natur. Diese Sinnlogik ist aber nicht automatisch bei allen Menschen identisch. Die Wertschätzung der Lebensführung von Menschen mit körperlichen wie geistigen Behinderungen, die sich grundsätzlich jeder Abwertung behinderten Lebens als *Minusvariante* des normalen vollgültigen Lebens widersetzt, beruht etwa im Anschluss an die phänomenologisch-anthropologischen Studien von Merleau-Ponty auf einer folgenreichen anthropologischen Grundannahme: Jede menschliche Existenz wird von einer je spezifischen „fungierenden Intentionalität" durchwaltet, so dass „auch und gerade die ‚beschädigte Subjektivität' [eines behinderten Menschen, ALH] in ihrer besonderen Seinsweise jenseits jeglicher defizitorientierten Beurteilung für sich ‚sinnvoll' ist"[34].

Sollte sich diese anthropologische Einsicht als zutreffend erweisen – und sie macht die Rede von der intrinsischen Eigenlogik eines Lebens mit Beeinträchtigungen und von der bereichernden Vielfalt (‚diversity') menschlichen Lebens überhaupt erst plausibel –, dann müssten auch die Konsequenzen etwa für bestimmte Äußerungsformen menschlicher Sexualität reflektiert werden. Möglicherweise legen sich in der moraltheologischen Beurteilung der Sexualität behinderter Menschen gewisse Akzentverschiebungen nahe: Wäre jede Form von selbstbezüglicher Sexualität, etwa in Gestalt der Masturbation, automatisch schon jene „schuldhafte Ichbezogenheit"[35], die moralisch nicht zu legitimieren ist? Oder könnte sich herausstellen, dass diese Äußerung sexuellen Lebens in bestimmten Phasen, die der Selbstkonstitutionsprozess eines Lebens mit schweren Behinderungen durchläuft, ein wichtiges Medium ist, in dem dieser Mensch seine durch Versehrungen geprägte Leiblichkeit nicht nur schmerzhaft, sondern eben auch lustvoll zu erfahren und damit als *Geschenk* Gottes zu bejahen lernt?

Die zutiefst christliche Rede von der unwiderruflich gleichen Menschenwürde auch und gerade eines Lebens in der Situation von Behinderung macht es jedenfalls erforderlich, auf diese und eine Reihe weiterer Fragen im Lichte der christlichen Tradition behutsam überzeugende Antworten auszuloten. Sie weiß, dass moralische Urteile – auch solche im Geflecht von Se-

---

[34] Dieter Mattner/Manfred Gerspach, Heilpädagogische Anthropologie, Stuttgart 1997, 88.

[35] Deutsche Bischofskonferenz (Hg.), Leben aus dem Glauben (Katholischer Erwachsenenkatechismus, Bd. 2), Freiburg i. Br. 1995, 379.

xualität und Behinderung – immer gemischte Urteile sind, in denen sich normative Urteilskriterien zu deskriptiven Sachverhaltseinsichten in Beziehung setzen. Gerade konsistente normative Urteilskriterien könnten bei wesentlich geänderten Sachverhaltseinsichten zu anderen moralischen Urteilen führen. Da sich die Einsicht über Sinn und Bedeutung einer Lebensführung im Zeichen von Behinderung erheblich geändert hat, sind anders akzentuierte moralische Beurteilungen nicht mehr grundsätzlich auszuschließen.

II. Kirchliche Handlungsfelder im Kontext von Behinderung

Implikationen von Inklusion für Kirchengemeinden

Wolfhard Schweiker

Implizieren und inkludieren liegen sprachlich nahe bei einander. Der Fremdwörter-Duden meint, es gehe bei Implikation um die „Einbeziehung einer Sache in eine andere“[1]. Auf unser Thema bezogen, lassen sich daraus die Fragen ableiten: Was wird für Kirchengemeinden einbezogen, wenn Menschen einbezogen sind, die bislang nur passiv in der Mitte dabei waren oder am Rand außen vor blieben? Welchen Gewinn zieht die Gemeinde aus dem Einbezogensein dieser Menschen und welche Änderungsbedarfe ergeben sich aus der neuen Form des Miteinanders der Verschiedenen?

1. Inklusionschancen aus der Sicht von Pfarrer/innen

Ein erstes Schlaglicht soll auf die Erfahrungen und Erwartungen von Gemeindepfarrer/innen gerichtet werden. Im Rahmen einer explorativen Studie zur inklusiven Konfirmandenarbeit in Süddeutschland wurden sie gefragt[2], welche Chancen sie darin sehen, dass Jugendliche mit Behinderungen im Konfirmandenunterricht selbstverständlich mit dabei sind. Diese Frage haben sie in Blick auf die Konfirmanden/innen, die Gemeinde und auf sich selbst als Pfarrer/innen beantwortet.

---

1 Duden, Fremdwörterbuch, Bd. 5, Mannheim u. a. [4]1984, 333.

2 Siehe Wolfhard Schweiker, Auf dem Weg zu einer inklusiven Konfirmandenarbeit. Empirische Untersuchungen und religionspädagogische Reflexionen, in: Zeitschrift für Pädagogik und Theologie: Der Evangelische Erzieher 4. 2006, 362–376: 369.

Für die Konfirmandinnen und Konfirmanden steht aus Sicht der Pfarrer/innen der *soziale Gewinn* im Mittelpunkt. Sie erwerben soziale Handlungskompetenzen im Umgang miteinander, bauen Berührungsängste ab und entwickeln die Fähigkeit, neue Beziehungen zu knüpfen, kurzum: Sie lernen, „mit der sichtbaren und spürbaren Andersheit des anderen selbstverständlich und unbefangen" umzugehen.

Für die Gemeinde wird die Realisierung von *theologischen Aspekten* als zentrale Chance der inklusiven Arbeit betrachtet. Das Evangelium wird nicht nur verkündigt, sondern auch gelebt. Die gemeinsame Konfirmandenarbeit ist eine „Erinnerung an das Evangelium von Gottes Liebe zu allen Menschen. ‚Vor Gott sind alle gleich' wird endlich konkret."[3]

Die Pfarrerinnen und Pfarrer erkennen ihren persönlichen Gewinn primär *im pädagogischen Feld*. Sie sehen in der gemeinsamen Konfirmandenarbeit eine Art informelle Fortbildungsveranstaltung, in der neue Formen der didaktischen Vermittlung und Lernorganisation entwickelt und personale Kompetenzen, insbesondere hinsichtlich einer sensibilisierten Wahrnehmungsfähigkeit und sozialer Fertigkeiten erworben werden können. Ich „erlebe, dass guter Konfi nicht so verkopft sein muss, wie ich ihn bisher gestaltet habe"[4], stellt ein Pfarrer fest. Die didaktische Aufgabe wird von vielen Pfarrer/innen als eine große Herausforderung empfunden.

Dieses Spotlight aus der Konfirmandenarbeit zeigt, dass Pfarrer/innen in der Inklusion für die Konfirmanden/innen primär eine soziale, für die Gemeinden eine theologisch-praktische und für sich selber eine pädagogische Chance sehen. Diese subjektive Sicht im Blick auf ein spezifisches Praxisfeld der Kirchengemeinde soll nun geweitet und verallgemeinert werden.

Um genauer bestimmen zu können, welche Implikationen für Kirchengemeinden mit dem Sachverhalt der Inklusion verbunden sind, werden zuerst unterschiedliche Facetten des Inklusionsbegriffs beleuchtet und präzisiert (Kap. 2). Danach wird die Inklusion als Herausforderung hinsichtlich der vier zentralen Dimensionen von Kirche in den Blick genommen (Kap. 3), um abschließend exemplarische Implikationen für Kirchengemeinden zu formulieren (Kap. 4).

2. Inklusion aus wissenschaftlicher Sicht

Aus *sprachwissenschaftlicher Sicht* ist der Inklusionsbegriff zutiefst ambivalent. Im Lateinischen bedeutet er nichts anderes als den Einschluss, das

---

3 Siehe die Broschüre INKA: Inklusive Konfirmandenarbeit 1, in: www.ptz-stuttgart.de/uploads/media/Inka_2005_02.pdf.

4 A.a.O., 2.

Einsperren oder die Einkerkerung von Personen. Dies steht in einem krassen Widerspruch zum aktuellen sozialpolitischen Gebrauch von Inklusion als soziale Einbezogenheit. Die Denotation und die Konnotation des Begriffs klaffen weit auseinander. Auch das Wortfeld von Inklusion und seinem Gegenbegriff Exklusion ist breit gefächert. Es reicht von den Bedeutungsfeldern (Klasseme) Drinnen-Draußen, über Dazu- und Nicht-Dazugehörigkeit bis hin zum Einbezogen und Nichteinbezogen sein. Bei dieser Sprachvielfalt und -verwirrung zwischen Eingekerkert sein und sozialromantischem Einbezogensein ist eine klare Definition von Inklusion umso bedeutsamer.

Aus *rechtlicher Sicht* gilt Inklusion seit der UN-BRK (2006/2009) als Menschenrecht, das mit den zentralen Menschenrechtsprinzipien (vgl. Art. 3) eng verzahnt ist. Inklusion vertieft die Menschenrechte auf Partizipation und freien Zugang (Akzess/Barrierefreiheit). Neu ist, dass das Recht auf *volle*, d. h. ungeteilte Inklusion unmittelbar mit angemessenen, für die Vertragsstaaten verpflichtenden Vorkehrungen verbunden ist. Erst durch diese „reasonable accomodations" wird das Inklusionsrecht auch *wirksam* (full and effective inclusion).

Die Bundesrepublik Deutschland hat sich als Vertragsstaat der UN-BRK verpflichtet, die rechtlichen Vorgaben der Konvention umzusetzen (siehe Art.4 Abs.1 und 2 UN-BRK). Zu den Verpflichtungen gehört u. a., ein inklusives Bildungssystem auf allen Ebenen zu gewährleisten[5]. Dieser Art. 24 der UN-BRK hat eine individualrechtliche Wirkung, da er ein Diskriminierungsverbot enthält. Seit der Ratifizierung der UN-BRK dürfen Schulbehörden und Gerichte Schüler/innen mit Behinderung nicht mehr durch eine zwangsweise Sonderbeschulung diskriminieren, selbst wenn ihre inklusive Beschulung mit Kosten und Maßnahmen verbunden ist. Mit der UN-BRK wurde ein neuer Diskriminierungsbegriff in die deutsche Rechtsordnung eingeführt, der mit staatlichen und individualrechtlich einklagbaren Umsetzungspflichten verbunden ist.[6]

Die rechtskräftige Verpflichtung der ratifizierten UN-BRK, in allen gesellschaftlichen Bereichen und Lebensfeldern Inklusion zu verwirklichen, schließt auch die Kirchen und ihre Institutionen ein. Für Kirchengemeinden als Körperschaften des öffentlichen Rechts ist diese Herausforderung zur

---

5 Mit dem Recht auf Bildung verbinden sich staatliche Verpflichtungen auf den Ebenen der Achtung, des Schutzes und der Gewährleistung. „Die Verpflichtungen beziehen sich auf Fragen der Verfügbarkeit, Zugänglichkeit, Angemessenheit und Adaptierbarkeit von Bildungseinrichtungen und Diensten im Bereich Bildung", in: Valentin Aichele, Behinderung und Menschenrechte. Die Konvention über die Rechte von Menschen mit Behinderungen, in: Aus Politik und Zeitgeschichte 23. 2010, 16.

6 Siehe Theresia Degener, Die UN-Behindertenrechtskonvention als Inklusionsmotor, in: Recht der Jugend und des Bildungswesens (RdJB). Zeitschrift für Schule, Berufsbildung und Jugenderziehung, 2. 2009, 219.

moralischen Selbstverpflichtung, wenn nicht sogar zur rechtskräftigen Pflicht geworden.[7]

In jüngsten evangelischen[8] Verlautbarungen und diakonischen Positionspapieren, wird das gemeinsame Leben und Lernen aus theologischen Gründen zur selbstverständlichen kirchlichen Sache erklärt.[9] Es scheint so, als ob die Kirche im Spiegel der Inklusionsdebatte ihr ureigenes Thema wieder entdeckt habe.

Aus der *soziologischen Sicht* der Systemtheorie erhebt jedes Funktionssystem der modernen Gesellschaft das Postulat einer Vollinklusion. So ermöglicht das Funktionssystem der Religion jeder Person, die es wünscht, die Mitgliedschaft. Die christliche Religion verkündet ihre „Vollinklusionssemantik" z. B. in Form des Erlösungsgeschehens durch Christus für alle Menschen. Der Zugang (Akzess) ist in der protestantischen Lehre des Priestertums alle Gläubigen für alle gleich.[10] Jeder Mensch ist unmittelbar zu Gott (coram Deo). Niklas Luhmann spricht in seiner Schrift „Funktion der Religion" (1977) sogar von der „Inklusionstheologie"[11] Luthers in der Refor-

---

7 Die rechtswissenschaftliche Prüfung, wie groß der juristische Bindungscharakter der UN-BRK ist, steht m. W. noch aus.

8 Die Empfehlungen der DBK zur inklusiven Bildung hebt sich von den evangelischen Positionen durch eine den Status Quo paternalistisch-bewahrende, vorsichtig prüfende Grundhaltung gegenüber der Inklusion ab, vgl. Deutsche Bischofkonferenz: Empfehlungen zur inklusiven Bildung. Presseerklärung vom 07.05.2012, in: www.dbk.de/nc/presse/details/?presseid=2097 (Zugriff: 11.09.2012).

9 Siehe die Sammlung der kirchlichen Stellungnahmen in Annebelle Pithan/Wolfhard Schweiker (Hg.), Evangelische Bildungsverantwortung Inklusion. Ein Lesebuch, Münster 2011, 197–210; Ökumenischer Rat der Kirchen (Hg.), Kirche aller. Eine vorläufige Erklärung, Genf 2003, online abrufbar unter: www.oikoumene.org/de/dokumentation/documents/oerk-kommissionen/glauben-und-kirchenverfassung-kommission-fuer/ix-andere-studien/kircher-aller-eine-vorlaeufige-erklaerung.html (Zugriff: 11.09.2012), Evangelische Kirche in Deutschland (Hg.), Kundgebung der 3. Tagung der 11. Synode der EKD. „Niemand darf verloren gehen!" Evangelisches Plädoyer für mehr Bildungsgerechtigkeit, Hannover 10.11.2010, online abrufbar unter: www.ekd.de/synode2010/beschluesse/74177.html (Zugriff: 11.09.2012, Evangelische Stiftung Alsterdorf/Katholische Hochschule für Sozialwesen Berlin, Enabling Community. Gemeinwesen zur Inklusion befähigen!, Hamburg/Berlin 2009, in: www.alle-inklusive.de/wp-content/uploads/2009/12/091125-PolicyPaper-End.pdf (Zugriff: 11.09.2012) und Bundesverband evangelische Behindertenhilfe, Von der Integration zu Bildungseinrichtungen, für die Inklusion selbstverständlich ist: Positionspapier des BeB (26.02.2008), in: Orientierung 1. 2009, 36 f. sowie: www.beb-ev.de/files/pdf/2008/sonstige/2008-10-14PositionspapierInklusionSchule10-2008.pdf (Zugriff: 11.09.2012).

10 Zugleich werden auf die Mitgliedschaft christliche Exklusivansprüche erhoben. Luhmann geht von einer Exklusivität der Mitgliedschaft in einer systemexklusiven Religiosität aus, die „keine anderen Götter neben sich duldet" (Niklas Luhmann, Funktion der Religion, Frankfurt a.M. [5]1999, 175; siehe auch 172 und 288).

11 Siehe Luhmann, 261.

mationszeit. Da das Postulat der Vollinklusion von keinem gesellschaftlichen Funktionssystem mit der Realität in Einklang gebracht werden kann, versuchen alle Teilsysteme dieses Prinzip durch Pragmatisierungen aufrechtzuerhalten. Eine beliebte Strategie ist die Einrichtung von Institutionen der inkludierenden Exklusion. Es sind Institutionen, wie z. B. psychiatrische Kliniken, Gefängnisse, Jugendhilfeeinrichtungen oder Sonderschulen, die Menschen exkludieren, um sie durch Resozialisation, Förderung oder Therapie zu re-inkludieren.

Aus *pädagogischer Sicht* bedeutet Inklusion, dass die Lernbedingungen so gestaltet werden, dass jede Person in ihrer unverwechselbaren Einzigartigkeit unabhängig von allen Differenzen als vollwertiges Mitglied (full membership) wahrgenommen wird. Alle werden so gebildet und unterstützt, dass niemand aus der Gemeinschaft heraus fällt. Ausgrenzung wird von Anfang an vermieden. Mit dem Paradigmenwechsel von der Integration zur Inklusion[12] kommt die Vielfalt aller Menschen in den Blick. Statt einem dichotomen Denken der Integration, das die Menschen in normal und unnormal, Sonder- und Regelkinder usw. unterscheidet, wird in der Inklusion die Verschiedenheit zur Norm erklärt: „Es ist normal, verschieden zu sein".

3. Inklusion als Herausforderung für Kirchengemeinden

Schon ein kurzer Blick in die *Kirchengeschichte* zeigt, dass das Inklusionspostulat des Christentums einerseits und seine gelebte Wirklichkeit andererseits mitunter weit auseinander klaffen. Die Geschichte der Kirche ist voll von spaltenden und polarisierenden Tendenzen, Schismen und Verketzerungen. Und diese Traditionslinie reicht bis in die Gegenwart, wie das aktuelle Beispiel einer württembergischen Ausbildungsvikarin zeigt. Sie kann nicht Pfarrerin werden, weil sie „einen Muslim liebt"[13]. Die aufgrund seiner religiösen Herkunft von der Kirche vollzogene Exklusion des Ehemanns aus dem Pfarrhaus zieht ihre eigene Exklusion aus dem Gemeindedienst nach sich. Dies ist ein Beispiel für eine theologisch motivierte und legitimierte Form der Exklusion, die mit der Vorstellung einer gleichberechtigten Konvivenz der Religionen und dem Recht auf freie Religionsausübung im Widerspruch steht.

---

12 Siehe Andreas Hinz, Von der Integration zur Inklusion – terminologisches Spiel oder konzeptionelle Weiterentwicklung? Zeitschrift für Heilpädagogik 9. 2002, 354–361.

13 Siehe Carmen Häcker, „Ich bin ein Mensch und liebe einen Muslim", in: Deutsches Pfarrerblatt 12. 2011, 656–657.

Auch die Theologie hat bis in die heutige Zeit ihren Anteil an der Diskriminierung von benachteiligten Personengruppen. Beispielhaft genannt sei die in der Theologiegeschichte und im Volksglauben bis dato noch nicht vollständig überwundene Vorstellung, Menschen mit Behinderung seien von Gott gestraft, erlösungsbedürftiger oder gottesferner als andere Menschen. Diese auch von der Theologie geförderten Einstellungen wurden von Ulrich Bach als „Sozialrassismus in Theologie und Kirche"[14] gebrandmarkt und von ihm in vielen seiner Fachbeiträgen ausführlich nachgewiesen. Die Ambivalenzen des kirchlichen Umgangs mit Menschen, die behindert sind bzw. werden, sind facettenreich.[15]

Im Raum der Kirchengemeinde werden jedoch nicht nur Menschen diskriminiert und exkludiert, sondern auch Themen. Die Thematik der mangelnden Teilhabe von Randgruppen in der Gemeinde wird weitgehend in die Zuständigkeit von Diakonie bzw. Caritas delegiert. Dies verstärkt nicht nur die separierenden Denk- und Handlungsstrukturen, sondern weist bestimmte Personengruppen exklusiv den kirchlichen Wohltätigkeitsagenten zu. Und wo Menschen primär als Objekte der diakonischen Hilfeleistung behandelt werden, wird auch ein diskriminierender, ausgrenzender Akt vollzogen.

Mit ihrer asymmetrischen Fürsorgeperspektive haben die Kirchen und ihre Hilfswerke relativ unterschiedslos am „Zwei-Welten-Modell"[16] der separierenden Gesellschaftsstrukturen partizipiert. Mehr noch: Die im 19. Jahrhundert unverzichtbaren sozialen Leistungen der Inneren Mission haben in der Folgezeit wesentlich zum Aufbau von separierenden und exkludierenden Institutionen im Sozialwesen beigetragen. Auf diesem sozialgeschichtlichen Weg sind die Kirchen mit ihren Hilfswerken ungewollt zu den primären Exklusionsagentinnen der modernen Gesellschaft geworden. Der aktuelle diakonische und caritative Konversionsprozess von Komplexeinrichtung und Anstaltsdörfern auf der grünen Wiese zu kleinen gemeinwesenorientierten Einheiten vor Ort ist ein Versuch, diese Entwicklung rückgängig zu machen und zu überwinden. Die große aktuelle Herausforderung besteht nun nicht nur darin, die Zentralisierungsquote durch die Bildung von kleineren Einheiten zu senken, sondern die Inklusionsquote durch Formen des gemeinsamen Wohnens, Lebens und Lernens zu erhöhen. Denn das Inklusionsrecht

14 Siehe Ulrich Bach, Getrenntes wird versöhnt. Wider den Sozialrassismus in Theologie und Kirche, Neukirchen-Vluyn 1991, und sein Sammelwerk Ohne die Schwächsten ist die Kirche nicht ganz. Bausteine einer Theologie nach Hadamar, Neukirchen-Vluyn 2006.

15 Siehe z. B. Sabine Schäper, Kirche als Inklusionsagentur und/oder -akteurin? Chancen und Widerspruch auf der Suche nach einer neuen Rolle, in: Johannes Eurich/Lob-Hüdepohl (Hg.), Inklusive Kirche, Stuttgart 2011, 146–162: 148–150.

16 Ulf Liedke, Menschen. Leben. Vielfalt. Inklusion als Gabe und Aufgabe für Kirchengemeinden, in: Pastoraltheologie 3. 2012, 71–86, 80, spricht davon, dass auch die praktisch-theologische Reflexion das Zwei-Welten-Modell als ihren Ausgangspunkt weitgehend akzeptiert hat.

der Kirchenmitglieder bezieht sich nicht nur auf ein gemeinwesennahes Leben, sondern auch auf die gestaltungsaktive Teilhabe inmitten der kirchlichen Gemeinschaft (vgl. UN-BRK, Art. 24; 29 f.).

4. Exemplarische Implikationen für Kirchengemeinden

Eine grundsätzliche Implikation für die Kirchengemeinde ist, dass Inklusion unteilbar ist und sich somit auf alle Bereiche des Gemeindelebens bezieht. Inklusion ist ein Querschnittsthema, das nicht vom Gemeindebereich Diakonie (Diakonia) erledigt werden kann, sondern in gleicher Weise in Zeugnis (Martyria), Feier (Leiturgia) und Gemeinschaft (Koinonia) der Gemeinde gelebt und realisiert werden muss. Mit der Verwirklichung von Inklusion in allen Feldern der Kirchengemeinde wird u. a. ein Perspektivenwechsel von der paternalistischen Fürsorge zur Wahrnehmung symmetrischer Beziehungen als gleichberechtigte Glieder am Leib Christi vollzogen. Menschen mit besonderen Bedürfnissen verwandeln sich im Miteinander der Kirchengemeinde vom sozialen Fürsorgeobjekt zum aktiven Rechts- und Gestaltungssubjekt. Ulf Liedke plädiert für eine konsequente „Entdiakonisierung der Wahrnehmung behinderter Menschen.“[17] Menschen mit Behinderung sollten trotz aller Assistenzbedarfe und der notwendigen Sensibilität für ihre Situation nicht primär mit den Augen des aufhelfenden Samariters, sondern als gleichberechtigt, bereichernde Akteure der Gemeinde betrachtet werden. „Sie sind Glieder und nicht Klienten der Gemeinde. Die ungeteilte Teilhabe am kirchlichen Leben ist keine Einbahnstraße, die nur für Hilfstransporte zugelassen wäre.“[18] Sie ist in dem begründet, der die Glieder am Leib miteinander verbindet, Christus, die Mitte.

Neben der Implikation einer aktiven Teilhabe aller Glieder auf gleicher Augenhöhe, die als Querschnittsthematik alle Bereiche des kirchlichen Lebens durchzieht, könnten für die Grundsäulen noch weitere mögliche Implikationen benannt werden:

Das Zeugnis des Evangeliums von Jesus Christus (Martyria) muss von der Gemeinde ins Verhältnis zum Inklusionsgedanken gebracht werden. Die Gemeindeglieder sind herausgefordert, Inklusion theologisch zu buchstabieren. Dies ist z. B. in einem gemeinsamen Leitbildprozess möglich, an dessen Ende eine begründete Haltung steht, die nicht nur auf der Homepage[19] und

---

17 A.a.O., 81.

18 A.a.O., 82.

19 Vgl. die Konzeption der Ev. Kirchengemeinde Meckenheim in: www.meckenheim-evangelisch.de/ueber-uns/konzeption/ (Zugriff: 07.08.2013).

den Publikationsorganen der Kirchengemeinde für die Öffentlichkeit sichtbar ist, sondern in der gesamten Gemeinde sukzessive eingenommen wird. Die Umgestaltung der Gemeinde zur inklusiven Kirche sollte in einem langfristigen Aktionsplan mit einem geeigneten Instrumentarium[20] unter aktiver Beteiligung der Menschen mit Besonderheiten auf den Weg gebracht werden und in den Gesamtprozess von Kirche und Diakonie eingebunden sein. Die Zuständigkeit für diesen Prozess vor Ort kann nicht stellvertretend von einzelnen übernommen werden. Sie ist wie die Inklusion selbst unteilbar und liegt in der Gesamtverantwortung aller Kirchenglieder, insbesondere der gewählten Repräsentanten im Kirchenvorstand. Da der rechtsverbindliche Verpflichtungscharakter der Inklusion impliziert, dass der Reformprozess langfristig umgesetzt wird, ist eine externe Überprüfung (Monitoring) hilfreich.

Der gegenseitige Dienst innerhalb und außerhalb der Gemeinde (Diakonia) bedarf einerseits der Sensibilisierung für Menschen mit besonderen Bedürfnissen, andererseits der Entdiakonisierung der Wahrnehmung assistenzbedürftiger Randgruppen. Darum ist es sinnvoll, regelmäßige Veranstaltungen zur Bewusstseinsbildung und Schaffung einer inklusiven Gemeindekultur durchzuführen, in denen die Auseinandersetzung mit einer paritätischen christlichen Ekklesiologie geführt wird (vgl. UN-BRK, Art. 8: awareness-raising).

Unter dem Vorzeichen der Inklusion sind Kirche und Diakonie herausgefordert, ihre organisatorische und institutionelle Trennung, mit der sie die separierenden Strukturen unserer Gesellschaft verfestigen, sukzessive zu überwinden. Dazu ist es notwendig, separierende Organisationsstrukturen ab- und inklusive aufzubauen, z. B. Sonderkonfirmationen an Förderschulen zugunsten inklusiver Gemeindemodelle abzuschaffen und diakonische Sonderpfarrstellen in die parochialen Pfarramtstrukturen zu integrieren. Darüber hinaus braucht es verlässliche Netzwerke der Kooperation zwischen dem institutionellem Sozialwesen und den Ortskirchen, damit diese sich zu diakonisch-inklusiven Gemeinden weiterentwickeln.[21] Das subsidiäre Prinzip dieser Gemeinden, die vom Teilhabesubjekt ihrer Mitglieder ausgehen, wäre dann zuerst die Selbsthilfe der Betroffenen (1), die selbstorganisierte Unterstützung der Gemeinde als Hilfe zur Selbsthilfe (2), der nicht zu ersetzende Support der Gemeinde, z. B. auf der Basis von Freiwillignetzwerken (3) sowie die kooperierende (4) und eigenständige professionelle Hilfe (5).

Feste und gottesdienstliche Feiern (Leiturgia) sind öffentliche Gemeindeveranstaltungen. Die Glocken laden *alle* zum Gottesdienst ein.[22] Sie sind

---

[20] Ein valider Index Inklusion für Kirchengemeinden, wie er zurzeit in der Ev. Kirche im Rheinland erstellt wird, ist dazu hilfreich.

[21] Siehe z. B. die Mainzer Thesen 1999.

[22] Siehe zu diesem Abschnitt die entsprechenden Ausführungen in Wolfhard Schweiker, Inklusive Praxis als Herausforderung praktisch-theologischer Reflexion und

inklusiv. Es ist die Aufgabe der Gemeinde zu gewährleisten, dass alle, die teilnehmen und teilhaben wollen, dies auch können. Dies ist eine Grundvoraussetzung, um eine missionarische Gemeinde zu sein. Die inklusive Vision hat eine missionstheologische Pointe.[23] Es gilt die Strukturen so zu verändern, dass separate Gottesdienstangebote in der Parochie, wie z. B. im Seniorenzentrum oder im Zentrum für Menschen mit Behinderung in die Feiern der ganzen Gemeinde eingebunden werden. Damit Kinder, Jugendliche und Erwachsene mit besonderen Bedürfnissen am Gemeindegottesdienst teilnehmen können ist eine Barrierefreiheit im weitesten Sinn zu gewährleisten. Es sind ggf. Fahrdienste, barrierefreie Zugänge, bedürfnisgerechte Toilette, Kassettendienst, Assistenzmöglichkeiten, aber auch Gesangbücher im Großdruck, Akustik- und Gebärdenunterstützung, Höranlagen, eine angemessene Beleuchtung, Audiovisualisierungs- und Sehhilfen sowie eine Kommunikation in verständlicher bzw. leichter Sprache zu ermöglichen. Die Aufzählung ließe sich beliebig fortsetzen. Entscheidend ist, dass die Gemeinde ein Angebot entwickelt, das den besonderen Bedürfnissen aller eingeladenen Menschen gerecht zu werden sucht. Eine Checkliste oder ein Index für den inklusiven Gottesdienst könnte dazu hilfreich sein.[24] Damit bei der Teilnahme die Teilhabe nicht auf der Strecke bleibt, sind in der Gottesdienstgestaltung, Liturgik und Homiletik inklusive Prinzipien zu erarbeiten und in der Praxis zu realisieren. Dazu sollten Standards eingeführt werden, die einen gewissen Grad der Beteiligung, Elementarisierung, Versinnlichung, Visualisierung oder Ritualisierung im Gottesdienst gewährleisten.[25] Nicht nur Pfarrerinnen und Pfarrer müssten in der Umsetzung dieser Prinzipien aus- und weitergebildet werden. Auch Küster und Messnerinnen sollten in die Lage versetzt werden, kompetent auf die besonderen Bedürfnisse von Menschen aller Altersstufen vom Babyfläschchen bis zum Rollator einzugehen. Alle Bedürfnisse, auch die der jungen Familien und die der Jugendli-

---

kirchlicher Handlungsfelder, in: Johannes Eurich/Andreas Lob-Hüdepohl (Hg.), Inklusive Kirche, Stuttgart 2011, 131–145: 141 f.

23 Zu Ausführungen dieses Zusammenhangs siehe Ralph Kunz, Inklusive Gottesdienste. Eine Vision und Mission der Gemeinde, in: Pastoraltheologie 3. 2012, 87–101.

24 Vgl. Wolfhard Schweiker, Was ist wichtig für das Wie? Einführung in eine Didaktik des inklusiven Feierns mit Checkliste für einen inklusiven Gottesdienst, in: Ev. Landeskirche in Württemberg u. a. (Hg.), Christliche Spiritualität gemeinsam leben und feiern. Praxisbuch zur inklusiven Arbeit in Diakonie und Gemeinde, Stuttgart 2007, 74–79.

25 Siehe ebd. die gottesdienstliche Entfaltung weiterer Prinzipien wie z. B. Gleichstellung, Normalisierung, Verleiblichung, Handlungsorientierung, Rhythmisierung, innere Differenzierung, Kompetenzorientierung und Empowerment. Hier wird deutlich, dass dies nur erste Ideen aus der inklusiven Pädagogik sind und die Liturgik sowie Homiletik herausgefordert sind hier eigene (inklusive) Grundlagen zu schaffen.

chen sind in den Blick zu nehmen. Dass dieser Spagat nicht ohne innere Differenzierung bzw. die gelegentliche äußere Differenzierung in Zielgruppengottesdiensten gelingt, liegt auf der Hand.

Die Gemeinschaft im Glauben (Koinonia) kann nicht erlebt werden, wenn das Gemeindeleben aus unterschiedlichen, hermetisch abgetrennten Gruppenveranstaltungen besteht. Gemeinsamkeiten müssen gelebt werden, damit Gemeinschaft im Glauben entsteht. Die Gruppen sind von der Inklusionsthematik herausgefordert zu prüfen, ob ihre Zugangsbedingungen angemessen sind und welchen Beitrag sie jeweils zur Koinonia der Gemeinde sowie der christlichen Gemeinschaft insgesamt leisten. Dass die Sänger/innen im Kirchenchor singen können müssen, mag ein sinnvolles Eingangskriterium sein. Ob sie aber zugleich evangelisch, standfähig, regelmäßig teilnehmend, sehend sein müssen, ist zu bezweifeln, jedenfalls im Horizont des inklusiv-christlichen Leitbildes der Gemeinde auch kritisch zu prüfen. Wird die gute Sangesqualität als Eintrittskarte in den Chor oder die Kantorei akzeptiert, ist die Frage zu stellen, ob nicht auch für sangesfreudige Menschen, die musikalisch weniger begabt sind ein just-for-fun-Angebot gemacht werden sollte.

Neben den Zugangsbedingungen zur Gemeinde und ihren Gruppen ist auch das Verhältnis von spezifischen Zielgruppenangeboten und übergreifenden Gesamtangeboten zu klären. Wenn inklusive Diversität in der Tat bereichert, sollte sie auch generationen-, geschlechter-, kulturen-, milieu-, religionen- und begabungsverbindend gewagt und gelebt werden.

Wenn zur Koinonia auch die gegenseitige Sorge gehört, dann braucht eine diversitätsfreundliche Gemeinde auch eine inklusionsorientierte Seelsorge für Menschen, die aufgrund besonderer Lebenssituationen zunehmend von der Gemeinschaft isoliert oder ausgegrenzt werden. Sie nimmt insbesondere nicht sichtbare Phänomene (wie z. B. psychische Erkrankung, Fernbleiben, innere Emigration, Krisenbewältigung) sowie negative, diskriminierende Zuschreibungen und Verletzungen wahr. Gegenüber Menschen, die der Gemeinschaft entfremdet werden, agiert sie aufsuchend und nachgehend (vgl. Lk 15,1 ff.). Für Menschen, die spezifische Angebote brauchen, weil sie z. B. blind oder gehörlos sind, sorgt die Kirche nach wie vor für eine überregionale Begleitung durch geschulte Seelsorger/innen. Diese orientieren sich mit ihrer Angebotsstruktur zukünftig noch stärker am inklusiven Parochialprinzip. Das gemeinsam angestrebte Ziel ist, allen Gemeindegliedern ihren besonderen Bedürfnissen entsprechend einen freien Zugang zu ermöglichen, so dass sie sich durch Aktivität und Teilhabe in der Koinonia ihrer Ortskirchengemeinde einbringen können.

An den vier Feldern der Gemeinde wurde deutlich erkennbar, dass die Implikationen von Inklusion mit einer Reihe von Änderungsbedarfen verbunden sind. In gleicher Weise hätte auch davon gesprochen werden müssen, welcher Gewinn mit Inklusion verbunden ist und was Menschen mit besonderen

Bedürfnissen und Begabungen bereichernd in das Gemeindeleben einbringen. Die eingangs geschilderten Schlaglichter von Pfarrer/innen könnten durch viele weitere positive Erfahrungsberichte ergänzt werden, die davon berichten, wie sehr sich dieser Weg lohnt. Er lohnt sich jenseits aller Abwägungen von Bereicherung und Beschwerde nicht zuallererst darin, dass Kirche auf diesem Weg zu sich selber kommt. Denn: „Ohne die Schwächsten ist die Kirche nicht ganz“[26], so hat es Ulrich Bach formuliert. Wo aber all diejenigen, die Gott erwählt (1. Kor 1,26) und in Jesus Christus gesucht und gefunden hat mit dabei sind, wird sie sich aus einer Torso-Gemeinde zu einer lebendigen Ganzheit entwickeln. Gelingt es ihr, den Weg der Inklusion zu einer Gemeinde der Vielfalt zu beschreiten, die allen Menschen Aktivität und Teilhabe ermöglicht, auch denjenigen die immer wieder an den Rand gedrängt werden, erweist sie sich als Kirche Jesus Christi.

---

26 Bach, Ohne die Schwächsten. Eine vergleichbare ältere Formulierung ist: „Eine Gemeinde ohne Behinderte gibt es nicht. Wo die Behinderten fehlen, ist eine Gemeinde behindert.“ in: Leben und Zeugnis der Behinderten in der christlichen Gemeinde. Memorandum einer ökumenischen europäischen Konsultation vom 3. bis 7. April 1978 in Bad Saarow, DDR, in: Der Mitarbeiter 8. 1980, 78.

Menschen mit Behinderung als Amtsträger der Kirche aus römisch-katholischer Perspektive[1]

Thomas Schüller

Vorbemerkung

Ich erinnere mich gut an die Erzählung meines Hochschulpfarrers in Tübingen, der mir berichtete, dass er wegen seiner Gehbehinderung aufgrund einer Kinderlähmung fast nicht als Priesteramtskandidat aufgenommen worden sei. Er habe erst einen Test bestehen müssen, der darin bestand, dass er unter der Aufsicht eines Domkapitulars in der Pfarrkirche seines Bistums, bei der die meisten Stufen auf dem Weg zum Hochaltar zu bewältigen waren, in einer bestimmten Zeit mit Kelch und Hostienpatene zum Altar hinauf- und hinunterlaufen musste. Nachdem dann auch noch eine römische Dispens eingeholt worden war, sei er schlussendlich doch noch zur Weihe zugelassen worden.

Was sich heute wie ein unglaublich klingender, diskriminierender Akt der Kirche anhört, war zu diesem Zeitpunkt Anfang der 70er-Jahre des letzten Jahrhunderts eine weit verbreitete Praxis und entsprach den kirchenrechtlichen Vorgaben. Von daher möchte ich die bis 1983 universalkirchenrechtlich geltende Rechtslage kurz als historischen Hintergrund skizzieren, um dann auf die aktuelle Rechtslage etwas näher einzugehen. Eine letzte Vorbemerkung: Ich beschränke mich auf geistliche Amtsträger, angefangen vom Papst über die Diözesanbischöfe bis hin zu den Pfarrern. Das Kirchenrecht hat jedoch einen weiteren Amtsbegriff, der auch Laien umfasst und jedweden Dienst meint, der durch göttliche oder kirchliche Anordnung auf Dauer eingerichtet ist und der Wahrnehmung eines geistlichen Zweckes dient.[2]

---

1 Schriftliche Fassung meines Vortrages auf dem Kongress „Wissenschaft trifft Praxis: Behinderung – Theologie – Kirche" am 8./9. März 2012 in Heidelberg. Der Vortragsstil wurde beibehalten und der Beitrag um Fußnoten ergänzt.

2 Vgl. c. 145 CIC. So sind die zahlreichen pastoralen Mitarbeiter und Mitarbeiterinnen in der Seelsorge in den deutschen Bistümern (Gemeinde-/Pastoralreferentinnen und Gemeinde-/Pastoralreferenten) kirchenrechtlich Amtsträger und Amtsträgerinnen und müssen von daher auch Seelsorger und Seelsorgerinnen genannt werden. Allerdings kann ein Amt, das der umfassenden Seelsorge dient, nur einem Priester übertragen werden (vgl. c. 150 CIC). Vgl. hierzu Heribert Hallermann, Kirchliche Amtsträger ohne sakramentale Grundlage? Die Ämter der Pastoral- und Gemeindereferentinnen/-

Eine rechtsgeschichtliche Vergewisserung[3]

Nach c. 984, 2° CIC/1917[4] waren diejenigen Männer „irregulär“ für den Empfang der Weihe, die mit einem körperlichen Gebrechen behaftet waren, demzufolge sie nicht sicher und mit Würde den Dienst am Altar – gemeint war hier vor allem die Feier der Hl. Eucharistie – versehen konnten. Biblische Bezugsgröße für diese Norm war Lev 21,18–20[5]; in dieser Perikope finden sich sehr genaue Voraussetzungen für die Übernahme des Priesteramtes. Und an dieser Stelle werden unter anderem auch jene körperlichen Gebrechen genannt, die vom priesterlichen Dienst ausschließen. In der kirchenrechtlichen Kommentierung wurden nun verschiedene Gruppen von Behinderungen entwickelt, bei deren Vorliegen eine Weihe nicht möglich und somit eine Amtsübertragung ausgeschlossen war. Diese reichten von Einschränkungen im Bewegungsapparat[6] über das Fehlen von Gliedmaßen,[7]

---

referenten in der kirchlichen Rechtsordnung, in: TrThZ 108. 1999, 200-219; ders., Seelsorger(in) – ein geschützter Begriff? Kirchenrechtliche Klärungen, in: LS 55. 2004, 210–214.

3 Vgl. Klaus Mörsdorf, Lehrbuch des Kirchenrechts auf Grund des Codex Iuris Canonici II, München/Paderborn/Wien ¹¹1967, 112 f.; Heribert Jone, Gesetzbuch der lateinischen Kirche. Erklärung der Kanones II, Paderborn ²1952, 202–205; Walter Weinberger, Voraussetzungen für die Zulassung zum Priestertum, Berlin 2011, 107–110; Adam Kalinowski, Weihehindernisse im CIC 1917 und CIC 1983. Eine kanonistisch-theologische Untersuchung, unveröffentlichte Lizentiatsarbeit, Münster 2003, 82–85.

4 Vgl. c. 984, 2° CIC/1917: „Sunt irregulares ex defectu: […] 2. Corpore vitati qui secure propter debilitatem, vel decenter propter deformationem, altaris ministerio defungi non valeant. Ad impediendum tamen exercitium ordinis legitime recepti, gravior requiritur defectus, neque ob hunc defectum prohibentur actus qui rite poni possunt; […].“

5 Vgl. Lev 21,18–20: „Denn keiner mit einem Gebrechen darf herantreten: kein Blinder oder Lahmer; kein im Gesicht oder am Körper Entstellter, kein Mann, der einen gebrochenen Fuß oder eine gebrochene Hand hat, keiner mit Buckel, Muskelschwund, Augenstar, Krätze, Flechte oder Hodenquetschung.“ Vgl. hierzu auch: Carl Friedrich Keil, Leviticus, Numeri, Deuteronomium, Darmstadt ³1987, 142 f.

6 Es werden auch äußerliche Fehlbildungen wie Zwergenwuchs, Höcker, Lähmungserscheinungen in Armen und Beinen oder auch äußerlich Mißgestaltete genannt (vgl. Mörsdorf, Lehrbuch II, 113).

7 Insbesondere nach beiden Weltkriegen mussten für kriegsversehrt zurückgekehrte Priesteramtskandidaten vielfältige Ausnahmen gemacht werden, denen Gliedmaßen fehlten. Problematisch waren die fehlenden Hände und Finger, weil man Sorge hatte, es könne zu einem unwürdigen Umgang mit den eucharistischen Gestalten kommen. Vgl. Weinberger, Voraussetzungen, 108, Anm. 362.

besonders der Finger, mit denen bei Hl. Messe die Hostie gehalten wurde, bis hin zu Blindheit[8] und Taubheit.

Geltende Rechtslage

Von allen gerade genannten Ausschlussgründen von der Zulassung zur Weihe und damit von der Übernahme eines geistlichen Amtes ist im geltenden Kodex von 1983 so nicht mehr die Rede. Die Streichung der Irregularitäten wegen körperlicher Defizite erfolgte, weil man in der entsprechenden Kommission, die das Kleriker- und Weiherecht überarbeitete, der Auffassung war, „dass Menschen mit körperlichen Defiziten ebenso eine Vielzahl von Aufgaben übernehmen können, die für das Priestertum konstitutiv sind“[9].[10] In der Zusammenschau der nun einschlägigen Normen des Weiherechts[11] ist es die Aufgabe des Diözesanbischofs oder höheren Ordensoberen, sich von den physischen und psychischen Qualitäten des Weihebewerbers zu überzeugen, die er für seinen späteren seelsorgerlichen Dienst benötigt. So wird in der Rahmenordnung für die Priesterbildung der Deutschen Bischofskonferenz bei den Eignungskriterien für den priesterlichen Dienst ausdrücklich Gesundheit und geistige Reife gefordert, mit denen eine hinreichende leibliche und seelische Gesundheit gemeint ist.[12] Von daher ist schon vor der Aufnahme in das Priesterseminar eine umfassende medizinische und, falls notwendig, auch psychologische Untersuchung der Priesteramtskandidaten vorgeschrieben.[13] Spätestens bei den Skrutinien[14], den

8 Bei Augenleiden war insbesondere das linke Auge von Bedeutung, das sogenannte oculus canonis, „weil dies vornehmlich beim Lesen des Meßkanons gebraucht“ (Mörsdorf, Lehrbuch II, 113) wurde.

9 Weinberger, Voraussetzungen, 109, Anm. 367.

10 Vgl. Communicationes 10. 1978, 196: „Ratione habita eorum qui *handicappati* vocantur, qui, iudicio Episcopi, revera possunt non paucas mansiones et apostolatus opera exercere, supprimatur § 1.“

11 Vgl. die cc. 1029, 1041, 1051 und 1052 CIC.

12 Vgl. Die Deutschen Bischöfe, Nr. 73 Rahmenordnung für die Priesterbildung, Bonn 2003, 49.

13 Vgl. Kongregation für den Gottesdienst und die Sakramentenordnung, Rundschreiben Entre las más vom 10.11.1997, in: Notitiae 33. 1997, 495–506; englische Fassung, in: Notitiae 33. 1997, 507–518, hier 512, wo für jeden Weihekandidaten „a medical certificate attesting to the health of the candidate following from the medical examination which preceded the candidate´s entrance to the seminary or house of formation“ gefordert wird und 516, wo bei den Richtlinien für die Zulassung zu den Weihen zu lesen ist: “Physical health and mental balance. Sufficient human maturity. Any negative precedents in the family as a mental health, alcoholism, or drug addiction.“

Gesprächen der Diözesanbischöfe mit den Weihekandidaten kurz vor der Weihehandlung, muss sich der Bischof erneut vom Gesundheitszustand der Weihebewerber überzeugen.

Hier hat es in den letzten Jahren einige neue medizinisch induzierte Herausforderungen und Entwicklungen gegeben: zum einen ist das Thema AIDS/HIV-Infektion[15] zu nennen. Obwohl es bisher keine universalkirchenrechtlichen Normen hierzu gibt, richtet sich vor allem in Nordamerika bei der Zulassung von Weihebewerbern ein Hauptaugenmerk auf dieses Krankheitsbild.[16] Seit 2006 schreibt das sogenannte „Program of Priestly Formation“[17] der US-amerikanischen Bischofskonferenz einen verpflichtenden HIV- und Drogentest vor.[18] Angesichts der Fortschritte bei der Behandlung dieser Krankheit wird im Einzelfall je nach Stadium der Erkrankung zu entscheiden sein, ob die Zulassung zur Weihe möglich ist.[19]

Aufgrund der zentralen Bedeutung der Feier der Eucharistie für den priesterlichen Dienst hat sich zum anderen die Glaubenskongregation seit 1982 auch mehrfach zu Zöliakie[20], Alkoholismus[21] und analogen Erkrankungen geäußert.[22] Bei Zöliakie „handelt es sich […] um eine angeborene, per-

---

14 Vgl. c. 1051 CIC.

15 Grundlegend: Frank Sanders, AIDS als Herausforderung für die Theologie. Eine Problematik zwischen Medizin, Moral und Recht (BzMK 43), Essen 2005.

16 Vgl. Thomas Victor Arnao, HIV testing as a requirement for entrance into a Diocesan Major Seminary in the United States of America, Rom 1999.

17 Vgl. US-Amerikanische Bischofskonferenz, Program of Priestly Formation vom 4.8.2006, Washington [5]2006.

18 Vgl. ebd., Nr. 65, 27: „The admission process by the diocese or religious community must include a thorough physical examination to ensure that applicants possess the good health necessary for seminary training and priestly ministry. This exam should include HIV and drug testing.“

19 Vgl. im Ergebnis Weinberger, Voraussetzungen, 126; Marius Johannes Bitterli, Wer darf zum Priester geweiht werden? Eine Untersuchung der kanonischen Normen zur Eignungsprüfung des Weihekandidaten (BzMK 58), Essen 2010, 119.

20 Vgl. Thomas Schüller, „Wenn der Kommunionempfang krank macht“ – Zöliakie, eine Krankheit und ihre Auswirkungen auf das Eucharistierecht, in: Rüdiger Althaus/Klaus Lüdicke/Matthias Pulte (Hg.), Kirchenrecht und Theologie im Leben der Kirche. FS für Heinrich J. F. Reinhardt zur Vollendung seines 65. Lebensjahres (BzMK 50), Essen 2007, 377–388.

21 Vgl. Georg May, Vinum de vitae als Materie des eucharistischen Opfersakraments, in: Bernd Hilberath/Dorothea Sattler (Hg.), Vorgeschmack. Ökumenische Bemühungen um die Eucharistie. FS für Theodor Schneider, Mainz 1995, 429–452.

22 Vgl. Glaubenskongregation, Resp. Patres Sacrae Congregationis ad proposita dubia de celebrandis communione „per intinctionem“ ratione alcoholismi et de fidelium communione sub sola specie vini ratione morbi sic dicti celiachia vom 29.10.1982, in: AAS 74. 1982, 1298 f.; dies., Lettera circolare „Questo dicasterio“ circa l´uso del pane con poca quantità di glutine e del mosto come material eucaristica (Ai Presidenti delle conferenze episcopali), Prot. Nr. 89/78 vom 19.06.1995, in: Notitiae 31. 1995, 608–610; dies., Lettera circolare „Questo dicasterio“ circa l´uso del pane con

manente Unverträglichkeit der Dünndarmschleimhaut gegenüber dem Weizenkleberprotein Gluten und gegenüber Prolaminen, die in den Getreidesorten Roggen und Gerste vorkommen."[23] Während die Schreiben der Glaubenskongregation von 1982 und 1995 den Eindruck erweckten, Männer mit diesem Krankheitsbild seien „irregulär" für den Empfang der Priesterweihe und könnten daher nicht zur Weihe zugelassen werden,[24] kam sie 2003, auch wegen des Hinweises aus der Kirchenrechtswissenschaft,[25] mit Blick auf c. 1040 CIC[26] zu der Empfehlung, ob der zentralen Bedeutung der Eucharistiefeier für das priesterliche Leben nur sehr behutsam Kandidaten zur Priesterweihe zuzulassen, „die nicht ohne schweren Schaden Gluten oder Ätyhlalkohol zu sich nehmen können."[27] Bei Alkoholismus bzw. anderen schweren Lebererkrankungen (z. B. Hepatitis C) besteht auf der Grundlage eines ärztlichen Attestes die Möglichkeit für den Diözesanbischof, dem Priester anstelle von Wein Traubensaft bei der Feier der Eucharistie zu gestatten.[28]

Neben der physischen Gesundheit muss, wie gesehen, auch die psychische Verfassung des Weihekandidaten vom Diözesanbischof geprüft werden. Hierzu gehört vor allem auch die psychosexuelle Reife, der angesichts der Missbrauchsthematik[29] der jüngsten Zeit bei der Auswahl und Ausbildung von angehenden Klerikern besondere Aufmerksamkeit geschenkt wird. In

---

poca quantità di glutine e del mosto come material eucaristica (Ai Presidenti delle conferenze episcopali), Prot. Nr. 89/78-17498 vom 24.07.2003, dt. in: AfkKR 172. 2003, 475–477.

23 Bitterli, Priester, 112.

24 Vgl. Glaubenskongregation, Resp. vom 19.06.1995, 609, dt. in: ABl Paderborn 138. 1995, 104: „Wegen der zentralen Bedeutung der Eucharistiefeier im Leben des Priesters können die Priesteramtskandidaten, die an Zöliakie erkrankt sind oder an Alkoholismus oder analogen Krankheiten leiden, nicht zu den heiligen Weihen zugelassen werden."

25 Vgl. Thomas Schüller, Kommunionempfang, 385; Heribert Schmitz, Krankheit als Hindernis für die Ausübung der Weihe. Kanonistische Anmerkungen zu c. 1044 § 2 n. 2 CIC, in: AfkKR 172. 2003, 464–474: 469.

26 Nach c. 1040 CIC ist es allein Sache des universalkirchlichen Gesetzgebers, neue Weihehindernisse einzuführen (vgl. H. Schmitz, Krankheit, 469 Anm. 25), und so kann die Glaubenskongregation nicht durch ein Rundschreiben quasi „unter der Hand" neue Weihehindernisse statuieren.

27 Glaubenskongregation, Resp. vom 24.07.2003, 477.

28 Vgl. a.a.O., 476.

29 Aus der inzwischen unüberschaubar gewordenen Literatur sei nur auf Klaus Kießling (Hg.), Sexueller Missbrauch. Fakten – Folgen – Fragen, Ostfildern 2011 und Wunibald Müller, Verschwiegene Wunden. Sexuellen Missbrauch in der katholischen Kirche erkennen und verhindern, München ²2010, verwiesen. Vgl. Kongregation für das Katholische Bildungswesen, Instruktion „In continuità", dt.: Sekretariat der Deutschen Bischofskonferenz (Hg.), Über Kriterien zur Berufungsklärung von Personen mit homosexuellen Tendenzen im Hinblick auf ihre Zulassung für das Priesterseminar und zu den heiligen Weihen vom 4.1.2005 (VApSt 170), Bonn 2005.

diesem Kontext ist auch das Thema Homosexualität anzusprechen. Auf ausdrückliche Anordnung von Papst Benedikt XVI. veröffentliche die Bildungskongregation am 4.1.2005 eine Instruktion[30], in der festgestellt wird, dass die Kirche Personen, die „tiefsitzende homosexuelle Tendenzen"[31] aufweisen, weder in das Priesterseminar aufnehmen, noch zu den Weihen zulassen kann. Sie bestätigt damit eine lang andauernd vertretene lehramtliche[32] und disziplinäre[33] Auffassung, dass sich das Priesteramt nicht mit einer tiefsitzenden Homosexualität vereinbaren lässt. Zwar handelt es sich nicht um ein Weihehindernis im streng rechtlichen Sinn, wohl aber nach Ansicht der Bildungskongregation um einen Mangel an affektiver Reife gemäß c. 1031 § 1 CIC[34], der diese Personen nicht in die Lage versetze, korrekte Beziehungen zu Männern und Frauen aufzubauen.[35]

Das Thema der Behinderung und die Ausübung eines geistlichen Amtes spielt aber nicht nur bei der Zulassung zur Weihe als notwendiger Voraussetzung für die Übertragung eines solchen Amtes eine Rolle, sondern kann ja auch während des aktiven priesterlichen und bischöflichen Dienstes einen geweihten Amtsträger der römisch-katholischen Kirche betreffen. Auch hier hat der päpstliche Gesetzgeber entsprechende Normen erlassen.

Was den priesterlichen Dienst angeht, so ist der Inkardinationsordinarius ab der Diakonenweihe gemäß c. 281 § 2 CIC verpflichtet, für seine Kleriker Vorsorge zu treffen: für den Fall der Krankheit, der Arbeitsunfähigkeit und auch im Alter.[36] Aufgrund der kirchensteuerfinanzierten Ausstattung der deutschen Diözesen kommen die deutschen Bischöfe diesem universalkirchenrechtlich geforderten Anspruch auf Vorsorge durch die jeweiligen diözesanen Priesterbesoldungs- und Versorgungs- bzw. Vergütungsordnun-

---

30 A.a.O., 2.

31 Ebd.

32 Vgl. Katechismus der Katholischen Kirche. Neuübersetzung aufgrund der Editio typica latina, München u. a. 2005, Nrn. 2357-2359.

33 Vgl. Kongregation für den Gottesdienst und die Sakramentenordnung, Rundschreiben Magna equidem vom 27.12.1955, in: Ochoa II, 3435–3440, 2542.

34 Vgl. c. 1030 § 1 CIC: „Der Presbyterat darf nur jenen erteilt werden, die das fünfundzwanzigste Lebensjahr vollendet haben und über eine ausreichende Reife verfügen; [...]."

35 Anderer Auffassung Georg Bier, Homosexualität IV., 2. Kirchenrechtlich, in: LThK V, [3]1996, 259, der sich Heribert Schmitz, Krankheit, 469, anschließt, wenn er schreibt: „Homosexualität an sich (per se) schließt daher weder vom Empfang der Weihe noch von der Ausübung der Weihe aus."

36 Vgl. Peter Platen, Die Sustentation der Kleriker. Der Neuansatz in der Versorgung der Kleriker mit Blick auf ausgewählte Problemlagen (BzMK 24), Essen 2000; Heribert Schmitz, Besoldung und Versorgung des Diözesanklerus vom ausgehenden 18. Jahrhundert bis zur Rechtslage aufgrund des Codex Iuris Canonici von 1983, Egelsbach u. a. 1995.

gen umfassend nach.[37] Die Priester sind beamtenähnlich versorgt, d. h. sie erhalten in den entsprechenden Ordnungen im Krankheitsfall einen Anspruch auf Beihilfe und müssen sich privat krankenversichern. Für den Fall, dass ein Pfarrer aufgrund von Krankheit gesundheitlich gehindert ist, seinen pastoralen Verpflichtungen in der ihm übertragenen Pfarrei nachzukommen, bedeutet dies nicht den automatischen Amtsverlust. Vielmehr sieht das kirchliche Gesetzbuch in c. 539 CIC vor, dass diesem Pfarrer ein Pfarradministrator zur Seite gestellt wird, der ihn vertritt; der Pfarrer bleibt also im Amt.[38] Es kann allerdings Situationen geben, wo sich die gesundheitliche Verfassung eines Pfarrers aus Sicht des Diözesanbischofs so darstellt, dass dieser sein Amt nicht mehr seelsorglich nutzbringend ausüben kann, der Pfarrer dies aber selbst nicht einsieht und dem Bischof den Amtsverzicht nicht von sich aus anbietet.[39] In solchen Fällen kann der Diözesanbischof einen Pfarrer auch gegen seinen Willen nach c. 1741, 1° CIC[40] in einem genau geregelten Verfahren[41] seines Pfarramtes entheben.

Obwohl die Gesundheit eines Bischofskandidaten ausdrücklich im Fragenkatalog aufgenommen ist, den der Nuntius bei der Suche nach geeigneten Kandidaten für dieses zentrale Amt an Gläubige mit der Bitte um Beantwortung schickt,[42] kann es durchaus zur gesundheitlich bedingten Behinde-

---

37 Vgl. Heinrich J. F. Reinhardt, MK 281,9 (26. Erg.-Lfg. November 1996). Vgl. beispielhaft die Ordnung der Dienst- und Versorgungsbezüge der Priester im nordrhein-westfälischen Teil des Bistums Münster (Priesterbesoldungs- und -versorgungs-ordnung – PrBVO) vom 25.09.2003, in: KABl Münster 137. 2003, 196–219, hier 201, dort der § 23 Krankheitsfürsorge, der lautet: „Priester, die Besoldung oder Versorgung beziehen, erhalten in Krankheitsfällen Beihilfe nach Maßgabe der Beihilfeordnung für Priester des Bistums Münster in der jeweils geltenden Fassung."

38 Vgl. Reinhild Ahlers, MK 539,3 (44. Erg.-Lfg. Februar 2009).

39 Vgl. c. 538 § 1 CIC, der den Amtsverzicht des Pfarrers regelt.

40 Vgl. c. 1741, 2° CIC: „Die Gründe, derentwegen ein Pfarrer seiner Pfarrei rechtmäßig enthoben werden kann, sind vornehmlich folgende: […] 2° Unerfahrenheit oder dauernde geistige oder körperliche Schwäche, die den Pfarrer zur erfolgreichen Wahrnehmung seiner Aufgaben unfähig machen."

41 Vgl. Michael Landau, Amtsenthebung und Versetzung von Pfarrern. Eine Untersuchung des geltenden Rechts unter besonderer Berücksichtigung der Rechtsprechung der Zweiten Sektion des Höchsten Gerichts der Apostolischen Signatur (AIC 16), Frankfurt a. M. u. a. 1999; Hans Paarhammer, Neuordnung des Verfahrens zur Absetzung und Versetzung von Pfarrern, in: AfkKR 154. 1985, 452–489; Winfried Schulz, Vom schwierigen Umgang mit den kodikarischen Vorgaben in Bezug auf die Verfahren zur Amtsenthebung und zur Versetzung von Pfarrern, in: Elmar Güthoff/Karl-Heinz Selge (Hg.), Festgabe Franz X. Walter zur Vollendung des 65. Lebensjahres, Fredersdorf 1994, 13–29; Klaus Lüdicke, MK 1741 (17. Erg.-Lfg. April 1992).

42 Vgl. den Abdruck des bisher nicht offiziell veröffentlichten Fragekataloges in der FAZ vom 07.03.2001 in einer Handreichung des Bistums Hildesheim, vgl. www.informations.bistum-hildesheim.de/113316397080027.pdf (Zugriff am 29.2.2012), in

rung im Bischofsamt kommen. Diesen Fall regelt c. 412 CIC. Er besagt, dass der bischöfliche Stuhl dann als behindert anzusehen ist, wenn der Diözesanbischof unter anderem wegen Unfähigkeit vollständig an der Wahrnehmung seines bischöflichen Dienstes gehindert ist, so dass er nicht einmal schriftlich mit seinen Gläubigen verkehren kann. Mit der Unfähigkeit (inhabilitas) ist die tatsächliche Unfähigkeit gemeint, aufgrund „von persönlicher Unzulänglichkeit, schwerer Krankheit, geistiger Verwirrung und vergleichbaren Umständen […] die Amtsgeschäfte noch“[43] wahrnehmen zu können. Es ist Sache der in c. 413 § 1 CIC genannten Personen[44] festzustellen, ob dieser Sachverhalt vorliegt, um dann die in diesem Kanon genannten Maßnahmen zu ergreifen. Weiterhin ist auf c. 401 § 2 CIC hinzuweisen, der einen Diözesanbischof nachdrücklich auffordert, im Falle schwacher Gesundheit und damit verbundener Beeinträchtigung des bischöflichen Dienstes, dem Papst den Verzicht auf sein Amt anzubieten. Damit ist keine rechtliche Pflicht, sondern eine nachdrückliche Bitte formuliert worden, da es auch an objektiven Kriterien mangelt, mit denen eine entsprechende Erkrankung mit Blick auf die unbedingt zu erfüllenden Amtsaufgaben eines Diözesanbischofs qualifiziert werden könnte. Letztlich ist es Sache des betroffenen Bischofs selber zu beurteilen, ob er sich trotz seiner gesundheitlichen Beeinträchtigungen noch in der Lage sieht, sein Amt auszuüben.[45]

Anders sieht die Situation beim Amt des Papstes aus. Hier stellt c. 335 CIC fest, dass im Falle der Vakanz oder vollständigen Behinderung des Römischen Stuhles in der Leitung der Gesamtkirche nichts geändert werden darf. Angesichts der bewegenden Bilder, die den leidenden Papst Johannes Paul II. kurz vor seinem Tod 2005 zeigten, stellt sich zukünftig die Frage, wie in einem Fall umzugehen wäre, wo ein alter Papst von jetzt auf gleich durch Schlaganfall oder rasches Übergleiten in die Demenz vollständig an der Ausübung seines Amtes gehindert wäre. Mit Bier[46] und Provost[47] ist für den Fall einer lang andauernden vollständigen Behinderung des Papstes aus Gründen der Rechtssicherheit zu fordern, dass der päpstliche Gesetzgeber

---

dem in der Nr. 1 gefragt wird: „Angaben zur Person: Äußere Erscheinung; Gesundheit; Belastbarkeit; Familienverhältnisse, insbesondere bezüglich eventueller Anzeichen von Erbkrankheiten.“

43 Georg Bier, MK 412,7 (31. Erg.-Lfg. Juli 1999).

44 Vgl. c. 413 § 1 CIC, der zunächst, sofern der Heilige Stuhl nichts anderes vorgesehen hat, den Koadjutor nennt, dann den Auxiliarbischof, Generalvikar, Bischofsvikar oder andere Priester in der Reihenfolge des Verzeichnisses, das der Diözesanbischof alle drei Jahre für diesen Fall der Behinderung schriftlich zu erstellen, im Geheimarchiv der Kurie aufzubewahren und dem Metropoliten mitzuteilen hat.

45 Vgl. Georg Bier, MK 401,3 (30. Erg.-Lfg. Dezember 1998).

46 Vgl. ders., MK 335,6 (43. Erg.-Lfg. Januar 2008).

47 Vgl. James H. Provost, „De sede apostolica impedita“ due to incapacity, in: Alberto Melloni u. a. (Hg.), Christianesimo nella storia. FS f. G. Alberigo (Testi e ricerche di scienze religiose 18), Bologna 1996, 101–130: 122.

hierfür ein Spezialgesetz erlässt, in dem geregelt wird, wie in diesem Fall zu verfahren ist. „Es mag bequem sein, sich gegen die Möglichkeit eines [...] unfähig werdenden Papstes auf den Schutz der göttlichen Vorsehung zu berufen, aber es gibt für diese Annahme keine Grundlage in der Offenbarung."[48]

Im Ergebnis ist festzuhalten, dass körperliche Behinderungen kaum noch, psychische Einschränkungen angehender Kleriker nur nach eingehender gutachterlicher Stellungnahme – mit dem besonders zu betrachtendem Phänomen der tiefsitzenden Homosexualität als aus Sicht der römisch-katholischen Kirche psychosexuell begründeter affektiver Unreife – in eher seltenen Fällen zur Nichtzulassung zum geistlichen Amt führen. Inzwischen werden – um nur ein Beispiel zu nennen – auch im Einzelfall blinde Männer zu Priestern geweiht, wie ich aus meiner Zeit als Kirchenrechtler im Bistum Limburg berichten kann. Der Altbischof von Limburg, Franz Kamphaus, formulierte im Jahre 2002 in seinem Fastenhirtenbrief: „Es geht mir nicht darum, das Leben von behinderten Menschen schönzureden. Es gibt unter ihnen Verzweifelte, die lieber tot sein wollen als dass sie leben. Sie können ihr Leben nicht annehmen, weil sie von ihrer Umwelt nicht angenommen sind. Genau das macht ihre eigentliche Behinderung aus; genau das können wir ändern, wenn wir es ändern wollen. Nicht körperliche oder geistige Beeinträchtigungen als solche, sondern deren soziale Folgen, die Reaktion der Anderen lassen behinderte Menschen in erster Linie an ihrem Leben verzweifeln. Behindert wird man nicht allein durch eine körperliche oder geistige Beeinträchtigung, sondern durch eine behinderte Gesellschaft, die die eigene Behinderung nicht wahrhaben will."[49]

---

48 A.a.O., 122 (deutsche Übersetzung von Georg Bier, MK 335,6). Vgl. auch G. Müller, Sedes Romana impedita. Kanonistische Annäherungen zu einem nicht ausgeführten päpstlichen Spezialgesetz, St. Ottilien 2012.

49 Franz Kamphaus, Die Würde behinderter Menschen. Brief des Bischofs an die Gemeinden im Bistum Limburg zur österlichen Bußzeit 2002, Limburg 2002, online abrufbar unter: www.freckenhorster-kreis.de/pdf-spirit/Kamphaus02.pdf (Zugriff am 1.3.2012).

Behinderung und kirchliche Berufe: Anmerkungen zur Situation im Pfarramt

Thomas Jakubowski[1]

In diesem Beitrag befasse ich mich mit dem EKD-Pfarrdienstrecht von 2010 in seiner Bedeutung für das Thema Behinderung und Pfarramt. Hier besteht eine eigentümliche Personalpolitik von Evangelischen Kirchen, die Menschen mit erworbenen oder angeborenen Beeinträchtigungen nicht oder nur sehr eingeschränkt in den Pfarrdienst übernehmen. Offensichtlich wird das Vorhandensein einer Beeinträchtigung als prinzipiell unvereinbar mit dem Pfarrdienst verstanden. Diese Praxis wird schon durch das Faktum unterlaufen, dass zu Beginn der Berufstätigkeit im Alter von ca. 25 Jahren der Anteil von Menschen mit Behinderung im Arbeitsleben bei unter 10 Prozent liegt und der Anteil der Menschen mit einem Grad der Behinderung (GdB) von 50 Prozent und mehr noch deutlich niedriger.[2] Im Alter von 65 Jahren liegt dagegen das Verhältnis von Menschen mit oder ohne Behinderung bei 50:50;[3] teilweise gibt es in einigen Alters-Jahrgängen sogar mehr Pfarrerinnen und Pfarrer mit einer schweren Behinderung als ohne. Die Grundorientierung am Sozialgesetzbuch IX sollte dazu führen, den gesellschaftlichen Standard auch im Pfarrdienstrecht zu etablieren[4] und die Einstellungshürde „Behinderung" als „Schutz" vor Menschen mit Behinderung im Pfarrdienst fallen zu lassen.

---

1 Aufgrund meiner Tätigkeit als Berater von evangelischen Pfarrerinnen und Pfarrer konzentriere ich mich in meinen Ausführungen auf das Berufsfeld Pfarramt und den Normalfall eines öffentlich rechtlichen Dienstverhältnisses im kirchlichen Bereich. Leider gibt es viele Theologinnen und Theologen, die aufgrund einer Beeinträchtigung nicht den Vorzug der beamtenrechtlichen Unterstützung mit Beihilfe und Versorgung bzw. nicht einmal den Status eines Pfarrers/einer Pfarrerin erhalten haben.

2 „2 Prozent waren Kinder und Jugendliche unter 18 Jahren. Mit 83 Prozent wurde der überwiegende Teil der Behinderung durch eine Krankheit verursacht; 4 Prozent der Behinderungen waren angeboren beziehungsweise traten im ersten Lebensjahr auf, 2Prozent waren auf einen Unfall oder eine Berufskrankheit zurückzuführen." Pressemitteilung 324/12 vom 18.09.2012 des statistischen Bundesamtes.

3 „Behinderungen treten vor allem bei älteren Menschen auf: So waren 72 Prozent der behinderten Menschen 55 Jahre oder älter". Pressemitteilung 187/11 vom 12. Mai 2011 des statistischen Bundesamtes.

4 Vgl. dazu Thomas Jakubowski, Inklusion und Pfarrdienstrecht. Verwendung vor Versorgung, Deutsches Pfarrerblatt 6. 2011, 304–307.

Sieht man sich die Entwicklung im Pfarrdienst an, so ist in den letzten Jahren eine deutliche Tendenz der Zunahme an psychischen Erkrankungen zu erkennen und eine spürbare Abnahme der Alkoholabhängigkeit. Behinderung im Pfarrdienst und die chronischen Krankheiten von Pfarrerinnen und Pfarrern sind weltliche Erfahrungen und Realität.[5] Insbesondere die Neigung zu Depressionen und Erschöpfungszuständen sind im Pfarrberuf zu erkennen. Dieses Phänomen wurde vielfach untersucht und ausgewertet. Dabei muss das „Burnout-Syndrom" von einer depressiven Erkrankung und den Folgen einer falschen Berufswahl unterschieden werden.[6]

Wie in allen Berufen gibt es auch im Pfarrdienst Menschen mit unterschiedlichen Beeinträchtigungen aufgrund von Sinnes- bzw. Körperdysfunktionen oder psychischen Störungen. Insbesondere psychische Erkrankungen wie Depression, Alkoholsucht, Essstörung u. a. führen zu einer ernsthaften und wesentlichen Einschränkung der Dienstfähigkeit. Befristete Behinderungen, wie Müdigkeit nach Chemotherapien aufgrund einer Krebserkrankung, postoperative Einschränkungen und Rekonvaleszenzzeiträume nach längeren Krankheitszeiten sind ebenfalls Bereiche, die im Rahmen des Anrechtes auf Teilhabe an der Gesellschaft und der Menschenwürde betrachtet und berücksichtigt werden müssen, sofern sie mindestens sechs Monate andauern. Statistisch gesehen fällt somit eine Mehrheit der Pfarrerinnen und Pfarrer im aktiven Dienst in diesen Risikobereich einer Behinderung mit unterschiedlichen Zeiträumen im Sinne von kurzen Krankheitsdauern bis hin zur chronischen Erkrankung oder sogar einer dauerhaften schweren Behinderung.

Der Umgang mit Einschränkungen und zeitlich befristeter Dienstunfähigkeit muss daher noch deutlich verbessert werden. Insbesondere muss sowohl die arbeitsmedizinische Beurteilung verbessert als auch die Prophylaxe verstärkt werden. Der Zusammenhang zwischen einem belastenden Dienst und dem Ausbruch einer schweren Krankheit ist dabei zu berücksichtigen. Lösungen, die nicht in einer vorzeitigen Pensionierung bestehen, sind zu suchen.

Ein weiterer Hinweis auf die Notwendigkeit eines differenzierten Umgangs mit Behinderung und Schwerbehinderung sind die Vergleiche von BMI, Diabetes und Geschlecht:[7] Ein zu hoher BMI oder Diabetes Typ 1 kann zu einer Abweisung des Antrags auf Verbeamtung auf Lebenszeit führen. Beide Erkrankungen würden zu hohen Beihilfekosten führen, so die Begründung. Dies lässt sich jedoch nicht belegen, denn der BMI stellt nur einen äußeren Wert dar. Die Verteilung des Übergewichtes im Körper ist für

---

5 Siehe vor allem Andreas von Heyl, Das Anti-Burnout Buch für Pfarrerinnen und Pfarrer, Freiburg 2012.

6 Siehe Wolfgang P. Kaschka, Dieter Korczak, Karl Broich, Modediagnose Burn-out Burnout – a Fashionable Diagnosis, DtschArztebllnt 108. 2011: 781–787.

7 Martin Hilebrecht, Die gesundheitliche Eignung für ein öffentliches Amt bei Übergewicht und Adipositas, Zeitschrift für Beamtenrecht 3. 2011, 84–91.

den Gesundheitszustand und die Prognose über eine mögliche chronische Krankheit und eine drohende Behinderung (i.e. frühe Dienstunfähigkeit) entscheidend, nicht das Gewicht an sich. Hingegen ist das Geschlecht ein Garant für eine sehr frühe Ruhestandsversetzung, da Männer absolut betrachtet gerade einmal zu 20 Prozent die Pensionierungsgrenze erreichen.[8] „Andernfalls müsste man nämlich konsequenterweise auch sämtliche Männer von einer Verbeamtung ausschließen, da diese aufgrund ihres Risikofaktors Geschlecht den geforderten hohen Grad an Wahrscheinlichkeit nicht erreichen können."[9] „So sterben im Lebensalter-Zeitraum von 30–67 immerhin 17 930 von 100 000 Männern." Sollen wir daher nur Frauen in den Pfarrdienst einstellen? Diese Frage ist rhetorischer Natur, weist aber darauf hin, dass „die frühere Typisierung der gesundheitlichen Eignung anhand der WHO-Klassifikation des BMI (Normalgewicht, Übergewicht, Adipositas) (…) daher nicht länger aufrechterhalten werden"[10] kann.

Diabetes ist eine schwere Erkrankung, oft gepaart mit einer schlechten Prognose. Aber gerade in der Seelsorge sind Menschen mit einer durchlebten oder chronischen Erkrankung bzw. mit einer anerkannten Behinderung sehr einfühlsame Gesprächspartner. Die gleiche Personengruppe geht zudem mit Stress und Entspannung sehr weise um. Sie sind oftmals gute Vorbilder für die Grenzwahrnehmung des Lebens und die Ressourcenorientierung im Blick auf die Einteilung ihrer Kräfte.

Die gesundheitliche Eignung ist daher immer in einer Gesamtschau zu betrachten. Diese Erkenntnis erschwert die Beratung eines Schwerbehindertenbeauftragten genauso wie es die ermessensfehlerfreie Entscheidung der Personalverantwortlichen belastet.

1. Das Sozialgesetzbuch IX und die Pfarrerinnen und Pfarrer: Die Integrationsvereinbarung

Wie viele Pfarrerinnen und Pfarrer sind schwer behindert? Keine Landeskirche führt darüber eine Statistik, da diese Daten nicht relevant sind. Jeder andere Betrieb muss eine Abgabe zahlen, sobald die Quote von 5 Prozent unterschritten wird. Diese Unterschreitung kann mit Ausgleichszahlungen oder mit dem Kauf von Produkten aus einer Werkstatt für Menschen mit Behinderung ausgeglichen werden.

Pfarrerinnen und Pfarrer gelten aber nicht als Arbeitnehmer im Sinne des Sozialgesetzbuches IX und haben keinen entsprechenden Arbeitsplatz (§ 73).

---

8 A.a.O., 90.

9 A.a.O., 89.

10 A.a.O., 90.

Die Kirchen müssen dieses Recht für sich selbst implementieren, da der Staat die besonderen Bereiche der Kirche nicht regeln darf. Dazu gehört die Abgabe bei Nichterfüllung der Quote. Umgekehrt darf aber die Kirche aus diesem Quotentopf schöpfen. Die Bildung einer Schwerbehindertenvertretung ist allerdings nicht an die Arbeitsplatzdefinition gebunden und daher eigentlich geltendes Recht. Aus diesem Grundverständnis haben einige Landeskirchen die Schwerbehindertenvertretung organisiert und etabliert.[11]

In vielen Kirchen ist die Einrichtung einer Schwerbehindertenvertretung erfolgt. Das Werkzeug der Vertretungsarbeit ist die Integrationsvereinbarung, die mit Dienstvorgesetzten, Dienststelle, Schwerbehindertenvertretung und dem/der Betroffenen geschlossen wird. Im Prinzip ist die Integrationsvereinbarung eine Wiedereingliederungsmaßnahme für einen längeren Zeitraum. Die Eingliederung von Menschen mit einer Behinderungen bzw. nach einer längeren Krankheit nach § 84 Abs.2 Sozialgesetzbuch IX[12] führt in den verschiedenen Landesbeamtengesetzen zu Unsicherheiten, da unterschiedliche Rechtsauffassungen nebeneinander stehen und konkurrieren.[13] Auch in den Landeskirchen wurde in den letzten Jahren erst wenig Erfahrung mit Rehabilitation, Verwendung vor Versorgung, Prophylaxe und betriebliches Gesundheitsmanagement gesammelt. Daher sollten daran intensiv gearbeitet werden, damit die Landeskirchen den Anschluss an den gesellschaftlichen Standard nicht verlieren.

---

11 Siehe www.kbs-ev.de.

12 „§ 84 SGB IX Prävention
(2) Sind Beschäftigte innerhalb eines Jahres länger als sechs Wochen ununterbrochen oder wiederholt arbeitsunfähig, klärt der Arbeitgeber mit der zuständigen Interessenvertretung im Sinne des § 93, bei schwerbehinderten Menschen außerdem mit der Schwerbehindertenvertretung, mit Zustimmung und Beteiligung der betroffenen Person die Möglichkeiten, wie die Arbeitsunfähigkeit möglichst überwunden werden und mit welchen Leistungen oder Hilfen erneuter Arbeitsunfähigkeit vorgebeugt und der Arbeitsplatz erhalten werden kann (betriebliches Eingliederungsmanagement). Soweit erforderlich wird der Werks- oder Betriebsarzt hinzugezogen. Die betroffene Person oder ihr gesetzlicher Vertreter ist zuvor auf die Ziele des betrieblichen Eingliederungsmanagements sowie auf Art und Umfang der hierfür erhobenen und verwendeten Daten hinzuweisen. Kommen Leistungen zur Teilhabe oder begleitende Hilfen im Arbeitsleben in Betracht, werden vom Arbeitgeber die örtlichen gemeinsamen Servicestellen oder bei schwerbehinderten Beschäftigten das Integrationsamt hinzugezogen. Diese wirken darauf hin, dass die erforderlichen Leistungen oder Hilfen unverzüglich beantragt und innerhalb der Frist des § 14 Abs. 2 Satz 2 erbracht werden. Die zuständige Interessenvertretung im Sinne des § 93, bei schwerbehinderten Menschen außerdem die Schwerbehindertenvertretung, können die Klärung verlangen. Sie wachen darüber, dass der Arbeitgeber die ihm nach dieser Vorschrift obliegenden Verpflichtungen erfüllt."

13 Vgl. Maximilian Baßlsperger, Die Beendigung von Beamtenverhältnissen wegen Krankheit. Entlassung – Ruhestandsversetzung – Eingliederung nach § 84 Abs. 2 SGB IX, in: Zeitschrift für Beamtenrecht 3. 2010, 73–88.

Ein weiteres Gesetz ist das Allgemeine Gleichbehandlungsgesetz von 2006, welches zum Teil im kirchlichen Bereich nicht gilt. Dies ist bedauerlich, da Teile des Gesetzes durchaus in den evangelischen Kirchen direkt anwendbar wären. Allerdings ist die komplette Anwendung des Allgemeinen Gleichbehandlungsgesetzes im kirchlichen Bereich unter anderem bei der Religionszugehörigkeit problematisch.

2. Das neue Pfarrdienstgesetz der EKD von 2010

In dem Gesetz, dass allerdings in den Landeskirchen teilweise noch umgesetzt werden muss, gibt es einen Hinweis auf Geltung der Integrationsgesetze, soweit dies nicht explizit ausgeschlossen wird. Dies ist ein großer Fortschritt, weil dadurch die Einschränkung des Sozialgesetzbuches IX grundsätzlich aufgehoben ist.[14] Die begrenzte Dienstfähigkeit ist zudem ein neues Instrument, um eine Ruhestandsversetzung zu verhindern und stattdessen eine Verwendung im Dienst zu organisieren.

Das EKD-Pfarrdienstgesetz wurde im November 2010 von der EKD – Synode beschlossen. Im Kern ist das EKD-Pfarrdienstgesetz ein Gesetz, das die Grundordnung der EKD betrifft. Die einzelnen Landessynoden können beschließen, dass in Zukunft die EKD über das Dienstrecht entscheidet. Die Landessynoden würden dann in Zukunft nur über Ausführungsgesetze und Sonderbestimmungen entscheiden bzw. einige wenige Instrumente des Dienstrechtes bei der Anwendung ausschließen oder auch ergänzen.

Grundsätzlich ist das Gesetz sehr zu begrüßen, da es nun klare Begriffsbestimmungen im Dienstrecht innerhalb der EKD gibt. Diese Bestimmungen sind dringend notwendig, da sich das Dienstrecht im Landes- und Bundesbeamtenbereich weiterentwickelt hat und aufgrund des Selbstbestimmungsrechtes der Kirchen nun auch im Pfarrdienst in angemessener Form etabliert werden soll.

Das EKD-Pfarrdienstgesetz regelt das Dienstrecht im Pfarrdienst im Sinne eines Statusrechtes. Nicht geregelt werden Beihilfe, Besoldung, Besetzungsrecht von Pfarrstellen und Versorgung. Trotzdem wird auf diese Bereiche immer wieder hingewiesen. Auch Ausbildung, Prüfung, Lehrbeanstandungen, Visitation, Erteilung von Aufträgen und Haushaltsrecht bleibt der Regelungshoheit der Landeskirchen vorbehalten. Die Ordination von Prädikantinnen und Prädikaten wird im Rahmen eines Bestandschutzes weiterhin

[14] In einem öffentlich-rechtlichen Dienstverhältnis droht weder Entlassung noch Arbeitslosigkeit. Der Arbeitsplatz ist allerdings gefährdet, sobald eine Behinderung die Ausübung des Dienstes hindert. Daher rate ich grundsätzlich bei einem Grad der Behinderung (GdB) von 30 Prozent und mehr, einen Antrag auf Gleichstellung zu stellen. Damit ist der Anspruch auf Unterstützung rechtlich herbeigeführt.

möglich sein, ist aber im EKD-Pfarrdienstgesetz mit anderen Bestimmungen geregelt.

Bisher wurden bereits das Disziplinargesetz und das Seelsorgegeheimnisgesetz als EKD-Gesetze etabliert. Allerdings haben nicht alle Landeskirchen die Unterscheidung von Beichte und Seelsorge so akzeptiert.

Zur Geschichte des EKD-Pfarrdienstgesetzes ist kurz zu erwähnen, dass eine bewusste Stärkung der EKD erreicht werden soll und die Zersplitterungen und Sonderwege der einzelnen Landeskirchen bzw. Kirchenzusammenschlüsse beendet werden sollen. Ein durchaus gewollter Effekt besteht in der einfacheren Rechtspflege und in der verbindlicheren Ausbildung von Kirchenjuristen. Zudem sollte das Gesetz auch zu einer höheren Akzeptanz kirchlichen Rechts gegenüber staatlichen Stellen führen. Bisher gab/gibt es eigene Pfarrdienstgesetze in Baden, Bremen, Hessen, Lippe, Oldenburg, Pfalz, Württemberg und in reformierten Kirchen.

Nebeneffekt des EKD-Pfarrdienstgesetzes ist die Etablierung der EKD als eigenständige Kirche mit der Möglichkeit der Ordination und der Berufung in den Pfarrdienst, ohne dass eine Gliedkirche die Ordination, Berufung und die Feststellung der Dienstfähigkeit bereits vorgenommen hat.

Die grundsätzliche Annahme des EKD-Pfarrdienstgesetzes zieht einen Verzicht auf die Gesetzgebungskompetenz der landeskirchlichen Synode für den definierten Bereich nach sich. Diese Kompetenz könnte wieder zurückgenommen werden. Aus Sicht der Personalvertretung der Pfarrerinnen und Pfarrer wird daher nun dem Verband der evangelischen Pfarrerinnen und Pfarrer eine Möglichkeit der Stellungnahme eingeräumt, die dem Rat und der Kirchenkonferenz zur Kenntnis gegeben wird. Pfarrvertretungen und Schwerbehindertenvertretungen der Landeskirchen können sich bei Veränderungen der zentralen Kernbestimmungen des EKD-Pfarrdienstgesetzes nur über die jeweilige Landeskirche zu Wort melden. Eine Stellungnahme vor der EKD-Synode ist somit nicht vorgesehen. Damit wird die Mitwirkung der Mitarbeitervertretung von der Synode auf die episkopale Kirchenleitung verlagert. Dies ist eine ekklesiologische Neubestimmung. Der Verband der evangelischen Pfarrerinnen und Pfarrer arbeitet an und drängt auf eine gesetzliche Regelung der Möglichkeit der Stellungnahme bei einer Veränderung des EKD-Pfarrdienstgesetzes. Bisher gibt es nur einen Verfahrenshinweis seitens des Ratsvorsitzenden.

Dies alles gilt nur für den Kernbestand des EKD-Pfarrdienstgesetzes im Sinne eines Gesetzes nach § 10 der Grundordnung der EKD. Weitere Mitsprachemöglichkeiten der landeskirchlichen Vertretungen bestehen bei den Anwendungsgesetzen bzw. beim Einsatz der Öffnungsklauseln und des Bestandschutzes im Rahmen der Übergangsbestimmungen (§ 118 Pfarrdienstgesetz der EKD von 2010).

Das Verhältnis zwischen Dienstrecht für staatliche Beamte und verbeamtete Pfarrerinnen und Pfarrer besteht darin, dass eine Angleichung der Rechtsbereiche nötig ist, damit die Dienstherrenfähigkeit der Landeskirche erhalten bleibt. Die Berufung in den Dienst als verbeamtete Pfarrerinnen und Pfarrer ist nur möglich, sobald die hergebrachten Grundsätze des Berufsbeamtentums auch im Dienstrecht der Pfarrerinnen und Pfarrer weiterhin beachtet werden. Zu diesen Grundsätzen gehören Alimentation, Lebenszeitprinzip, Bestenauswahl, Leistungsprinzip u. a. Das EKD Pfarrdienstgesetz ist eine Mischung aus staatlichen Voraussetzungen und kirchlicher Notwendigkeiten, darin wurden kirchenpolitische Vorgaben eingewoben, die teilweise nicht explizit formuliert sind.

Aufgrund des Selbstbestimmungsrechtes der Kirchen müssen aber alle staatlichen Regelungen, die in das Innerste der Kirche eingreifen – sprich Dienstrecht der Pfarrerinnen und Pfarrer als Schlüsselberuf der Kirche – aktiv in kirchliche Gesetze übertragen werden.

So schließt das Sozialgesetzbuch IX in § 73 aus, dass Pfarrerinnen und Pfarrer, dass Priester, Ordensangehörige, Partei- und Gewerkschaftsangestellte im Sinne des Sozialgesetzbuch IX einen Arbeitsplatz vorhalten, bei dem eine Quote der Beschäftigung von Menschen mit einer Behinderung erfüllt werden muss.[15] Der Zwang der Erfüllung der Quote bzw. die Sanktionierung bei Nichterfüllung stellt einen Eingriff in den internen Bereich der genannten Institutionen dar. Die freiwillige Verpflichtung dies zu tun ist hingegen im Sinne der Schutzrechte der Kirche vor staatlicher Willkür.

Somit müssen Regelungen des Behindertenrechtes sowohl von der EKD als auch von den Landeskirchen aus freien Stücken und im Rahmen einer Selbstverpflichtungserklärung eingepflegt werden. Dies ist erst zum Teil geschehen. Unabhängig davon sind hierbei auch die Auslegung und die Anwendungskultur entscheidend.

---

[15] „§ 73 SGB IX Begriff des Arbeitsplatzes
(1) Arbeitsplätze im Sinne des Teils 2 sind alle Stellen, auf denen Arbeitnehmer und Arbeitnehmerinnen, Beamte und Beamtinnen, Richter und Richterinnen sowie Auszubildende und andere zu ihrer beruflichen Bildung Eingestellte beschäftigt werden.
(2) Als Arbeitsplätze gelten nicht die Stellen, auf denen beschäftigt werden
1. behinderte Menschen, die an Leistungen zur Teilhabe am Arbeitsleben nach § 33 Abs. 3 Nr. 3 in Betrieben oder Dienststellen teilnehmen,
2. Personen, deren Beschäftigung nicht in erster Linie ihrem Erwerb dient, sondern vorwiegend durch Beweggründe karitativer oder religiöser Art bestimmt ist, und Geistliche öffentlich-rechtlicher Religionsgemeinschaften […].“

3. Einzelne gesetzliche Regelungen

(a) Zur begrenzten Dienstfähigkeit: § 90 Pfarrdienstgesetz der EKD[16]

Die für dieses Thema zentrale Bestimmung: „Begrenzte Dienstfähigkeit" (§ 90) wird am Ende des Abschnitts aufgegriffen und beleuchtet. Zusammenfassend kann darauf verwiesen werden, dass die begrenzte Dienstfähigkeit ein neues und aber schon zum Teil bewährtes Instrument ist. Es ist ein Anrecht auf den Teildienst bei entsprechenden Einschränkungen in der Leistungsfähigkeit. Die bisherige vorzeitige Ruhestandsversetzung bei Unterschreitung des Mindestmaßes an verbindlicher Dienstwahrnehmung wurde damit aufgehoben. Bei mindestens 50 Prozent Dienstfähigkeit kann nun weiterhin der Dienst ausgeübt werden, allerdings bei Gehaltseinbußen. Hinter dieser Neuregelung steht der Grundsatz „Verwendung vor Versorgung". Vorteil dieser Regelung ist nun der Einsatz von Menschen mit Behinderungen, gesundheitlichen Einschränkungen und chronischen Krankheiten, die den Grundsätzen des Beamtenrechtes mit dem Prinzip „Bestenauswahl" und dem „Leistungsprinzip" nicht mehr entsprechen können. Der Nachteil besteht allerdings darin, dass eine vorzeitige Ruhestandsversetzung aus gesundheitlichen Gründen nicht mehr ohne Weiteres möglich ist: Auch nicht aus der Sicht des Dienstherren!

(b) Zur Ordination: § 5 (5)[17]

Das Ruhen der Rechte aus der Ordination kann festgestellt werden, wenn der oder die Ordinierte aufgrund von Krankheit und Behinderung nicht in der

---

16 „§ 90 Begrenzte Dienstfähigkeit
(1) Von der Versetzung in den Ruhestand wegen Dienstunfähigkeit soll abgesehen werden, wenn die Pfarrerin oder der Pfarrer Dienst mit mindestens der Hälfte eines vollen Dienstumfangs ausüben kann (begrenzte Dienstfähigkeit). § 91 Absatz 1 bis 3 und 5 gilt entsprechend. Die Evangelische Kirche in Deutschland, die Gliedkirchen und gliedkirchlichen Zusammenschlüsse können abweichende Regelungen erlassen.
(2) Der Dienstumfang der Pfarrerin oder des Pfarrers ist entsprechend der begrenzten Dienstfähigkeit herabzusetzen."

17 „§ 5 Verlust, Ruhen
(5) Das Ruhen der Rechte aus der Ordination kann festgestellt werden, wenn eine Pfarrerin oder ein Pfarrer wegen einer Krankheit oder einer Behinderung nicht in der Lage ist, die eigenen Angelegenheiten zu besorgen. Das Recht der öffentlichen Wortverkündigung und Sakramentsverwaltung darf während des Ruhens im Einzelfall mit Genehmigung ausgeübt werden."

Lage ist, die eigenen Angelegenheiten zu besorgen. Diese Möglichkeit der vorübergehenden Aussetzung der Rechte aus der Ordination mag zuerst hart klingen. Allerdings ist es eine „Kann"-Bestimmung und die Hürde ist sehr hoch. In besonderen Fällen ist es unumgänglich das Recht der öffentlichen Wortverkündigungen erst einmal zu entziehen. Insbesondere bei psychischen Behinderungen und seelischen Krankheiten muss die Kirchenleitung darauf achten, dass Schaden von der Kirche abgewendet wird.

(c) Zur Eignung: § 9 (1) 4[18]

Geeignet ist, wer nicht *wesentlich* in der Dienstausübung beeinträchtig ist. Die Regelung bezieht sich auf den körperlichen Zustand, gesundheitliche Gründe oder eine schwere Behinderung. Dies bedeutet einen weiteren Beurteilungsspielraum, der nicht gerichtlich überprüfbar ist. Der Typenzwang der beamtenrechtlichen Bestenauswahl spielt hier eine große Rolle. Die Formulierung wurde nach langer Diskussion gewählt, da ansonsten die Beweislast der Eignung bei dem Bewerber liegen würde. Die Betonung liegt auf „wesentlich" und betont somit eine Beeinträchtigung, die den Dienst dem Wesen nach und somit grundsätzlich unmöglich macht. Die Kriterien für die Eignung sind allerdings sehr der jeweiligen Zeitströmung unterworfen und daher in gewissem Sinne beliebig[19] – ebenso wie die Kriterien für das Wesen des Pfarramts sich verändert haben.[20]

---

18 „§ 9 Voraussetzungen, Eignung
(1) In das Pfarrdienstverhältnis auf Probe kann nur berufen werden, wer
4. nicht infolge des körperlichen Zustandes oder aus gesundheitlichen Gründen bei der Ausübung des Pfarrdienstes wesentlich beeinträchtigt ist […].

19 Siehe auch Hans Martin Dober, Die Tugend des guten Predigers bei Martin Luther, in Deutsches Pfarrerblatt 6. 2012, 312–317.

20 Siehe unter anderem Martin Honecker, Kirchliche Lebensordnung zwischen Recht und Pastoralethik, Zeitschrift für evangelisches Kirchenrecht 2. 2012, 146–168 und Eduard Lohse, Kleine evangelische Pastoralethik, Göttingen 1985.

(d) Zur Dienstunfähigkeit im Probedienst: § 14[21]

Wer im Probedienst dienstunfähig wird, der wird in den Ruhestand versetzt und nicht in den Wartestand, soweit dieser gesetzlich geregelt wird. § 14 besagt, dass eine Entlassung erfolgt, falls die Anstellungsfähigkeit nicht zuerkannt worden ist. Daher sollte eigentlich für alle Berufsanfänger für eine Übergangszeit eine Berufsunfähigkeitsversicherung empfohlen werden, damit eine Entlassung aufgrund der fehlenden Anstellungsfähigkeit nicht zu einer existentiellen Krise führt. Sobald die Anstellungsfähigkeit erklärt wird, ist die Mindestversorgung eine relative finanzielle Sicherheit.

(e) Zur Residenzpflicht und Dienstwohnung: § 38[22]

Die zugewiesene Dienstwohnung muss bezogen werden. Gibt es aber auch barrierefreie Dienstwohnungen, die den Dienst ermöglichen bzw. die Pflege von erkrankten oder behinderten Familienangehörigen nicht unmöglich machen? Diese Frage muss in den gliedkirchlichen Ordnungen geregelt werden.

(f) Zur Rehabilitation und Teilhabe: § 54[23]

Hier wird von einer unmittelbaren Geltung gesprochen. Das Sozialgesetzbuch IX gilt daher voll und begrenzt die verfassungsmäßig garantierte Äm-

---

21 „§ 14 Beendigung
(1) Das Pfarrdienstverhältnis auf Probe endet in der Regel durch die Berufung in ein Pfarr-dienstverhältnis auf Lebenszeit.
(2) Das Pfarrdienstverhältnis auf Probe wird außer durch Tod und durch Beendigung nach den §§ 97 bis 100 und § 102 durch Entlassung beendet, wenn […]
4. die Pfarrerin oder der Pfarrer im Pfarrdienstverhältnis auf Probe dienstunfähig ist und nicht in den Ruhestand versetzt wird […].“

22 „§ 38 Residenzpflicht, Dienstwohnung
(1) Gemeindepfarrerinnen und Gemeindepfarrer sind verpflichtet, am Dienstsitz zu wohnen. Eine für sie bestimmte Dienstwohnung haben sie zu beziehen. Ausnahmen können in besonders begründeten Fällen genehmigt werden.“

23 „§ 54 Mutterschutz, Elternzeit, Arbeitsschutz, Rehabilitation und Teilhabe behinderter Menschen
(1) Die allgemeinen Vorschriften über Mutterschutz, Elternzeit, Arbeitsschutz, Rehabilitation und Teilhabe behinderter Menschen sind anzuwenden, soweit diese unmittelbar gelten. Im Übrigen gelten die Regelungen für Bundesbeamtinnen und Bundesbeamte entsprechend, soweit sie nicht der Wahrnehmung gottesdienstlicher Aufgaben entgegenstehen und soweit nicht die Evangelische Kirche in Deutschland, die Gliedkirchen und gliedkirchlichen Zusammenschlüsse je für ihren Bereich andere Regelungen treffen.“

terhoheit in der Kirche. Damit ist klar und deutlich definiert, dass die Quote der Besetzung der Stellen mit Menschen mit Behinderung nur kirchliches Recht sein darf, aber das Vertretungsrecht von behinderten Pfarrerinnen und Pfarrern eindeutig auch für den kirchlichen Bereich anzuwenden ist.[24]

Die Regelungen für Bundesbeamte beziehen sich vor allem auf das Allgemeine Gleichbehandlungsgesetz von 2006. Allerdings ist die Anwendung des Allgemeinen Gleichbehandlungsgesetzes von 2006 im kirchlichen Bereich immer noch sehr umstritten, nicht im Bereich Behinderung, aber umso mehr im Abschnitt Diskriminierung aufgrund der Religionszugehörigkeit. Zur Klarstellung: Das Allgemeine Gleichbehandlungsgesetz von 2006 gilt für den beruflichen Bereich mit Ausnahme der öffentlich-rechtlichen Dienstverhältnisse. In einem Verweis wird betont, dass das Allgemeine Gleichbehandlungsgesetz von 2006 unter Berücksichtigung des Dienstrechtes gilt. Dies kann also auch auf das EKD-Pfarrdienstgesetz übertragen werden. Das Allgemeine Gleichbehandlungsgesetz von 2006 gilt also insoweit keine anderen Bestimmungen getroffen werden. Besser wäre es nach meinem Verständnis, wenn die Bestimmungen des Allgemeinen Gleichbehandlungsgesetzes von 2006 sinngemäß und explizit in kirchliches Recht eingepflegt werden würde.

(g) Zur Abordnung: § 77[25]

Mithilfe des Instruments der Abordnung könnte im Guten wie im Schlechten Pfarrerinnen und Pfarrern befristet ein anderer Dienst übertragen werden. Damit könnten Folgen einer Behinderung oder postoperative Beeinträchtigungen mithilfe der Personalsteuerung abgemildert werden. Dieses Instrument kann allerdings auch missbräuchlich eingesetzt werden. Ob dies dann auch dem kirchlichen Auftrag dienlich wäre, darf durchaus in Zweifel gezogen werden.

---

[24] „§ 94 SGB IX Wahl und Amtszeit der Schwerbehindertenvertretung
(1) In Betrieben und Dienststellen, in denen wenigstens fünf schwerbehinderte Menschen nicht nur vorübergehend beschäftigt sind, werden eine Vertrauensperson und wenigstens ein stellvertretendes Mitglied gewählt, das die Vertrauensperson im Falle der Verhinderung durch Abwesenheit oder Wahrnehmung anderer Aufgaben vertritt. [...] Betriebe oder Dienststellen, die die Voraussetzungen des Satzes 1 nicht erfüllen, können für die Wahl mit räumlich nahe liegenden Betrieben des Arbeitgebers oder gleichstufigen Dienststellen derselben Verwaltung zusammengefasst werden [...].“

[25] „§ 77 Abordnung
(1) Eine Abordnung ist die vorübergehende Übertragung einer der Ausbildung der Pfarrerin oder des Pfarrers entsprechenden Tätigkeit bei einer anderen Dienststelle desselben oder eines anderen Dienstherrn unter Beibehaltung der bisherigen Stelle oder des bisherigen Auftrages im Sinne des § 25. Die Abordnung erfolgt im dienstlichen Interesse. Sie kann ganz oder teilweise erfolgen.“

(h) Zur Versetzung: § 79 (2) 6[26] *und Versetzungsvoraussetzungen und -verfahren: § 80 (2)*[27]

In diesem Abschnitt werden die Versetzungsgründe angeführt. Danach liegt ein besonderes kirchliches Interesse vor, sobald der Dienst aufgrund des Gesundheitszustandes wesentlich beeinträchtigt ist. Diese Beeinträchtigung kann mithilfe einer amts- oder vertrauensärztlichen Untersuchung festgestellt werden. Eine solche Untersuchung kann angeordnet werden.

Das Wort „wesentlich" hat eine grundlegende Bedeutung: Rein formal liegt die Beweispflicht bei dem Dienstherrn. Die Landeskirche muss also nachweisen, dass die Ausübung des Dienstes beeinträchtigt ist und zwar „den Kern einer Sache ausmachend, grundlegend, besonders wichtig". Weitere Umschreibungen für wesentlich sind: „bedeutsam, charakteristisch, fundamental, grundsätzlich."[28]

Mit diesen Umschreibungen deute ich das Wort *wesentlich* für den Pfarrdienst wie folgt: Wer predigen, Sakramente verwalten, unterrichten kann, wer imstande ist, seelsorglich tätig zu sein, und wer diakonisch handeln kann, der ist nicht wesentlich beeinträchtigt. Diese Fähigkeiten sind charakteristisch für den Pfarrdienst und die Kirchenleitung sollte unter arbeitsmedizinischen Grundsätzen diese Fähigkeiten Pfarrerinnen und Pfarrern erst dann absprechen, wenn dies einwandfrei von Experten festgestellt wurde. Eine Entscheidung diese Fähigkeit abzusprechen muss dabei ermessensfehlerfrei sein.

---

26 „(2) Pfarrerinnen und Pfarrer können um der Unabhängigkeit der Verkündigung willen nur versetzt werden, wenn sie sich um die andere Verwendung bewerben oder der Versetzung zustimmen oder wenn ein besonderes kirchliches Interesse an der Versetzung besteht. Ein besonderes kirchliches Interesse liegt insbesondere vor, wenn sie wegen ihres Gesundheitszustandes in der Ausübung ihres bisherigen Dienstes wesentlich beeinträchtigt sind."

27 „(2) Zur Feststellung der Voraussetzungen des Absatzes 1 werden die erforderlichen Erhebungen durchgeführt. Der Beginn der Erhebungen wird der Pfarrerin oder dem Pfarrer mitgeteilt. Sofern nicht ausnahmsweise etwas anderes angeordnet wird, nehmen Pfarrerinnen und Pfarrer für die Dauer der Erhebungen den Dienst in der ihnen übertragenen Stelle oder in dem ihnen übertragenen Auftrag nicht wahr. Während dieser Zeit soll eine angemessene Aufgabe übertragen werden."

28 Siehe die aktuelle Definition für „wesentlich", Duden online, www.duden.de (Zugriff am 11.08.2013).

(i) Klare Regelungen beim Wartestand[29]

Der Wartestand bzw. der einstweilige Ruhestand ist eine Übergangslösung zwischen der Übertragung einer Stelle und dem Ruhestand. Soweit stellt der Wartestand eine Variation der Situation der begrenzten Dienstfähigkeit dar, sobald ein Dienstauftrag erteilt ist, Wartegeld gezahlt wird und die Aufforderung der Pflicht zur Bewerbung nachgekommen wurde. Der Wartestand ist allerdings eher im Bereich der disziplinarischen Maßnahmen zu sehen, da der Versetzungsgrund § 79 (2) 6[30] nicht genannt ist.

(j) Vorzeitiger Ruhestand: § 88[31]

Aufgrund der neuen Regelaltersgrenzen kann ein Antrag auf Ruhestandsversetzung gestellt werden, sobald das 63. Lebensjahr vollendet ist oder eine Schwerbehinderung vorliegt und gleichzeitig das 62. Lebensjahr vollendet ist. Diese Grenze wird für die Jahrgänge 1952 (60 Jahre und ein Monat) bis 1963 (61 Jahre und zehn Monate) schrittweise erreicht. Diese Grenzen können auch von den Gliedkirchen abweichend geregelt werden.

(k) Dienstunfähigkeit[32]

Die Dienstunfähigkeit wird folgendermaßen definiert: Andauernde Unfähigkeit, die Dienstpflichten zu erfüllen oder in sechs Monaten mehr als drei Monate keine Möglichkeit, den Dienst zu leisten ohne Aussicht auf Besserung. Im Zusammenhang mit dieser Definition wird eine Verpflichtung zur Vermeidung von Dienstunfähigkeit eingeführt, die meines Erachtens auch dienstrechtlich relevant ist. Suchtverhalten, Extremsport, Übergewicht und andere gesundheitliche Fehlverhalten sollen vermieden werden, indem eine Verpflichtung zur Teilnahme an Rehabilitationsmaßnahmen (gesundheitlich und beruflich) betont wird.

Dies ergibt sich aus § 24 (4): „Die Pflicht zum vollen persönlichen Einsatz umfasst auch die Pflicht zur Gesunderhaltung“[33]. Damit wird auch die

---

[29] Siehe § 83–86 EKD-Pfarrdienstgesetz.

[30] Siehe Fußnote 22.

[31] „§ 88 Ruhestand vor Erreichen der Regelaltersgrenze
(1) Pfarrerinnen und Pfarrer können auf eigenen Antrag in den Ruhestand versetzt werden, wenn
1. sie das 63. Lebensjahr vollendet haben oder
2. ihnen ein Grad der Behinderung von wenigstens 50 im Sinne des Neunten Buches Sozialgesetzbuch zuerkannt worden ist und sie das 62. Lebensjahr vollendet haben.“

[32] § 89 EKD-Pfarrdienstgesetz, zum Verfahren § 91 EKD-Pfarrdienstgesetz.

persönliche Prophylaxe zur Dienstpflicht bzw. die Vernachlässigung dieser zu einer Dienstpflichtverletzung. Im Prinzip gilt dies auch für eine übermäßige dienstliche Tätigkeit und für das Verfallenlassen von Erholungsurlaubanspruch. Dies gilt auch im Ruhestand im Sinne einer Wiederherstellung der Dienstfähigkeit (§ 95 (3)).[34]

Dienstunfähigkeit wird definiert, indem die Grenze zur begrenzten Dienstfähigkeit gezogen wird. Diese Definition in § 90 hat eine Öffnungsklausel für die Gliedkirchen. Mindestens 50 Prozent der Dienstfähigkeit ist begrenzte Dienstfähigkeit. Der Dienstumfang und die Besoldung werden im gleichen Maße reduziert.

Dienstunfähigkeit kann beantragt oder die Überprüfung dieser veranlasst werden. Für beide Wege sind ärztliche Gutachten möglich bzw. können angeordnet werden. Auch eine ärztliche Beobachtung ist als Verpflichtung möglich. Das Ergebnis eines Gutachtens führt nicht zwangsläufig zur Feststellung der Dienstunfähigkeit und schließt die Erhebung weiterer Beweise nicht aus.

(l) Rückkehr aus dem Ruhestand: § 95[35]

Die Rückkehr in den Dienst ist möglich, sobald die Gründe für die Versetzung in den Ruhestand weggefallen sind. Dann besteht die Verpflichtung zur Bewerbung bzw. die Bereitschaft zur Übernahme eines Auftrages. Die Dienstunfähigkeit kann in regelmäßigen Abständen überprüft werden. Der Dienstherr hat diese Kosten zu übernehmen, da dieser zum Rehabilitationsträger nach Sozialgesetzbuch IX wird und die Kasse entlasten soll.

(m) Expliziter Hinweis auf Bildung einer Schwerbehindertenvertretung: § 107

Bei Veränderung des EKD-Pfarrdienstgesetzes nach § 10a der Grundordnung der EKD erhält der Vorstand des Verbandes der evangelischen Pfarrerinnen und Pfarrer in Deutschland bei der Vorbereitung von gesetzlichen

---

33 Dirk Lenders, Cornelia Peters, Klaus Weber, Das neue Dienstrecht des Bundes. Ein Handbuch für die Praxis, Köln 2009, 497.

34 Pfarrerinnen und Pfarrer sind auf Weisung verpflichtet, zur Wiederherstellung ihrer Dienstfähigkeit an geeigneten und zumutbaren gesundheitlichen und beruflichen Rehabilitationsmaßnahmen teilzunehmen

35 Pfarrerinnen und Pfarrern im Ruhestand kann erneut eine ihrer Ausbildung entsprechende Stelle oder ein ihrer Ausbildung entsprechender Auftrag im Sinne des § 25 übertragen werden, wenn die Gründe für die Versetzung in den Ruhestand weggefallen sind.

Regelungen, die den Pfarrdienst betreffen, Gelegenheit zur Stellungnahme. Auf die Bildung einer Schwerbehindertenvertretung wird in der Kommentierung zusätzlich hingewiesen. Die Beteiligung der Pfarrerschaft und der Schwerbehindertenvertretung bei der Vorbereitung der Gesetze in den Landeskirchen richtet sich nach wie vor nach dem Recht der jeweiligen Gliedkirche bzw. der gliedkirchlichen Zusammenschlüsse.

(n) Privatrechtliche Dienstverhältnisse: § 108

Diese Einzelfallregelung ermöglicht gerade auch den Dienstanwärterinnen mit einer Behinderung die Anstellung, sobald versorgungsrechtliche oder beihilferechtliche Gründe gegen eine Berufung in den Dienst sprechen. Ähnliches gilt für das Pfarrdienstverhältnis auf Zeit in § 109.

(o) Pfarrdienstverhältnis im Ehrenamt: §§ 111–114

Falls die Berufung und die privatrechtliche Anstellung von Theologinnen und Theologen mit einer Behinderung missglückt, gibt es noch das Pfarrdienstverhältnis im Ehrenamt. Da damit keine Besoldungs- und Versorgungsansprüche abzuleiten sind, ist dies keine wirkliche Option. Die Unfallfürsorge ist allerdings geregelt (siehe Dienstunfallschutz für Ehrenbeamte).

(p) „Verwendung vor Versorgung" bzw. Rehabilitation vor Versorgung

Mit diesem Grundsatz kann der vorzeitigen Pensionierung entgegengewirkt werden. Dieses Prinzip ist auch für den Dienstherrn, also die Landeskirchen, finanziell und strukturell sinnvoll. Einen hoch qualifizierten Pfarrer und eine hoch qualifizierte Pfarrerin nach vielen Jahren der Aus-, Fort- und Weiterbildung ohne Not in den Ruhestand zu schicken, bedeutet enorme finanzielle Aufwendungen aus den Haushaltsstellen Besoldung und Versorgung ohne Gegenleistung. Dies widerspricht dem Grundsatz der sparsamen und wirtschaftlichen Mittelverwendung einer Körperschaft des öffentlichen Rechtes und sollte nicht angewendet werden, sobald die Dienstfähigkeit zu mindestens 50 Prozent gegeben ist.

(q) Begrenzte Dienstfähigkeit § 90 EKD-Pfarrdienstgesetz

Die begrenzte Dienstfähigkeit ist eine Option, nachdem festgestellt wurde, dass eine Vollzeitbeschäftigung nicht mehr möglich ist. Dann erst erfolgt die Prüfung der begrenzten Dienstfähigkeit. Die Herabsetzung des Dienstumfanges entsprechend der begrenzten Dienstfähigkeit bedeutet auch eine Kürzung der Dienstbezüge in Höhe des Dienstumfanges bis maximal auf die Höhe des zustehenden Ruhegehaltes, soweit § 72a Absatz 1 i.V. mit § 6 Absatz 1 BBesG angewendet wird. § 72a Absatz 2 BBesG sieht die Gewährung eines nicht ruhegehaltsfähigen Zuschlages vor.

Dieses Instrument wurde 2009 im BeamtStG in § 27 für die Länder geregelt (siehe § 45 BBG). Es wurde befristet 1998 bis zum 31.12.2004 im Versorgungsreformgesetz als Teildienstfähigkeit eingeführt. In dieser vorläufigen Form war das Gesetz für Amtspersonen ab dem 50. Lebensjahr möglich. Diese Altersgrenze wurde mit der wirkungsgleichen Übertragung der sozialen Pflegeversicherung aufgehoben. Begründet wurde die Veränderung von einer Sollvorschrift zur gesetzlichen Verpflichtung mit der vollen Nutzung der knapper werdenden Ressourcen.

Die Feststellung der begrenzten Dienstfähigkeit wird durch die Personalverwaltung mitgeteilt. Es besteht die Möglichkeit der Einwendung. Mit Zustimmung der Amtsperson kann auch eine Tätigkeit übertragen werden, die nicht dem eigentlichen Amt entspricht. Allerdings geht die eingeschränkte Verwendung im bisherigen Amt vor. Dies muss zuerst geprüft werden. Erst danach kann nach ordnungsgemäßer Ermessensausübung eine eingeschränkte Verwendung angeordnet werden. Eine Tätigkeit in einer anderen Laufbahngruppe ist im Pfarrdienst praktisch nicht denkbar. Daher bleibt letztlich nur die eingeschränkte Verwendung im Amt.[36]

Die Personalvertretung ist bei Widerspruch und Einspruch gegen diese Entscheidung entsprechend der Mitwirkungsrechte zu beteiligen, da die Feststellung der begrenzten Dienstfähigkeit ein Unterfall der Versetzung in den Ruhestand ist. Es ist zu empfehlen auf die Möglichkeit und auf die Bedingungen der begrenzten Dienstfähigkeit rechtzeitig hinzuweisen und Beratung anzubieten. Diese Beratung sollte allgemein alle erreichen. In einem besonderen Verfahren sollten aber schon Amtspersonen, die länger bzw. öfter erkrankt sind, rechtzeitig auf eine möglicherweise drohende Dienstunfähigkeit hingewiesen werden.

Die begrenzte Dienstfähigkeit ist dem Wesen nach Teildienst. Versorgungsrechtlich wird die begrenzte Dienstfähigkeit daher nur anteilig ruhegehaltsfähig, d. h. die der Versorgung zugrunde liegende Dienstzeit wird im gleichen Verhältnis wie die Arbeitszeit gekürzt.

---

[36] Siehe Baßlsperger, a.a.O.

(r) Zusammenfassung des EKD-Pfarrdienstgesetzes

Das EKD Pfarrdienstgesetz zeigt gute Ansätze der Übertragung des allgemein gültigen Behindertenrechtes in kirchliches Arbeitsrecht. Trotzdem besteht in einigen Bereichen noch Nachbesserungsbedarf. Insbesondere die klaren Hinweise auf die Schwerbehindertenvertretung und auf eine Zuschlagsregelung bei der begrenzten Dienstfähigkeit sollten deutlich formuliert und bekräftigt werden.

Das Instrument der begrenzten Dienstfähigkeit darf aber nicht zu einem Werkzeug werden, mit dem preisgünstig Versorgungslasten gemindert werden. Es muss immer um den Menschen und dessen Möglichkeiten gehen. Pfarrerinnen und Pfarrer mit einer Behinderung sollten die Möglichkeiten haben, sich nach ihren Ressourcen in den Dienst einzubringen. Sie haben schließlich einen grundsätzlichen Anspruch auf berufliche Teilhabe, der nun auch kirchenrechtlich festgestellt ist.

(s) Die konkrete Bedeutung des EKD – Pfarrdienstgesetzes für den Umgang mit Pfarrerinnen und Pfarrern mit einer Behinderung

Das EKD-Pfarrdienstgesetz wurde verabschiedet. Die Konkretion dieses Gesetzes liegt nun darin, dass zwar auf eine Schwerbehindertenvertretung hingewiesen wird und das staatliche Rehabilitationsrecht explizit angewendet werden kann – insbesondere die begrenzte Dienstfähigkeit mit dem Grundsatz „Verwendung vor Versorgung“. Im Alltag liegen die Probleme meist auf einer ganz anderen Ebene. Grundsätzlich erfüllt der Vorrang der Verwendung das menschenwürdige Anrecht auf Berufstätigkeit, aber die alltäglichen Probleme liegen in der besonderen Form des Pfarrdienstes.

Neben der Dienstaufsicht sind es vor allem die Kolleginnen und Kollegen, die einen eingeschränkten Einsatz oft genug erschweren. Da wird schnell mit Ungerechtigkeit und unterschiedlicher Behandlung argumentiert, sobald der Nachteilsausgleich einem schwerbehinderten Pfarrer oder einer schwerbehinderten Pfarrerin gewährt wird. Kommentare wie „Faulenzer“, „Drückeberger“ und „Opportunist“ sind leider auch in der Pfarrerschaft zu hören. Auch dieser Haltung, die oft der immer weiter zunehmenden Arbeitsverdichtung zuzurechnen ist, muss mit dem Hinweis begegnet werden: Es kann jeden und jede treffen. Daher ist es umgekehrt wichtig und ratsam, dass Strukturen geschaffen werden, in denen eine begrenzte Dienstfähigkeit auch möglich ist. Eine Dienstfähigkeit in der Bandbreite zwischen 80 und 120 Prozent einer durchschnittlichen Dienstes eines Pfarrers bzw. einer Pfarrerin ist normal. Mehr Dienst ist auf Dauer schädlich, genau wie eine Überforderung bei einer eingeschränkten Dienstfähigkeit dauerhaft diese noch mehr beschädigt. Daher gilt die Selbstkontrolle der Leistungsfähigkeit als lebensnotwendig. Dieses Schauen auf die Möglichkeiten und Ressourcen der Pfarrerinnen und Pfarrer ist übrigens die vornehmste Aufgabe von Kirchenleitung und Dienstaufsicht. Die Beratung und die Personalsteuerung werden daher in Zukunft hoffentlich wieder wahrgenommen.

Eine Vision stellt dabei die Einrichtung eines beruflichen Gesundheitsmanagements dar. Dieses moderne Instrument vieler Betriebe ist leider in den Kirchen nur bedingt wahrgenommen worden. Den Umgang mit Begrenzung zu steuern und den Schutz vor Überlastung durch Prophylaxe und Rekreationsangebote zu organisieren wird eine wichtige Herausforderung der Kirchen in den nächsten Jahren sein. Dies gilt nicht nur für Pfarrerinnen und Pfarrer, die bereits krank oder behindert sind, sondern gerade auch für alle anderen, damit diese gesund bleiben: Für sich, für ihre Familien und vor allem für den Auftrag Jesu Christi in der Welt.

(t) Das Berufsbild der Pfarrerinnen und Pfarrer des Verbandes

Der Verband aller evangelischen Pfarrerinnen und Pfarrer entwickelt zurzeit ein Berufsbild von Pfarrerin und Pfarrer, das sich an den Ressourcen orientiert. Damit wird das Paradigma der Behindertenarbeit im Sinne der Inklusion im Grundsatz angewendet. Pfarrerinnen und Pfarrer mit einer Behinderung und ihr Umgang mit den Leistungsmöglichkeiten und ihren Begrenzungen sind somit Vorbild für alle Pfarrerinnen und Pfarrer ohne eine erkennbare Behinderung.[37]

(u) Der Konvent von behinderten SeelsorgerInnen und BehindertenseelsorgerInnen e.V.(KbS)

Der KbS bietet Weggemeinschaft, Unterstützung in Rechtsfragen und treibt Theologie für und mit Menschen mit und ohne Behinderung.[38] Der KbS besteht aus rund 100 Personen mit und ohne Behinderung. Unter diesem Personenkreis befinden sich Pfarrerinnen und Pfarrer, Theologinnen und Theologen und weitere Interessierte mit und ohne Behinderung aus dem In- und Ausland.[39]

---

37 Siehe den Jahresbericht 2012 des Vorstandes unter www.pfarrverband.de

38 Vgl. www.kbs-ev.de.

39 Vgl. www.behinderte-pfarrer.de

Von der Integration zur Inklusion in Freizeitgestaltung und Jugendarbeit[1]

Johannes Eurich

Inklusion wird zurzeit vor allem im Blick auf die Entwicklung eines inklusiven Schulsystems diskutiert. Die Veränderungen betreffen dabei weit mehr als „nur" den Einbezug von Kindern oder Jugendlichen mit Behinderung in einen gemeinsamen Unterricht mit anderen Kindern. Denn zum einen zeigt sich, dass die Schule als Lern- und Lebensort in seinem gesellschaftlichen Umfeld zur Realisierung von Inklusion in den Blick genommen werden muss und sich dabei gerade die Jugendarbeit als ein Partner anbietet; zum anderen richtet sich Inklusion auf die bewusste Wahrnehmung und Wertschätzung jeglicher Heterogenität, sei sie durch eine Behinderung, ethnisch-kulturelle oder religiöse oder weitere Andersheiten gekennzeichnet. Beide Aspekte sind bei der Diskussion von inklusiver Jugendarbeit im Blick zu behalten; da aber gegenwärtig vor allem die Inklusion von behinderten Jugendlichen diskutiert wird, steht diese auch bei diesem Beitrag im Mittelpunkt.

1. Integrative kirchliche Jugendarbeit im Bereich der Freizeit

Jugendarbeit spielt sich in der Freizeit ab, die mit dem von Opaschowski[2] eingeführten „positive(n) Freizeitbegriff" als Lebenszeit charakterisiert werden kann, die durch mehr oder weniger große Dispositionsfreiheit und Entscheidungskompetenz gekennzeichnet ist. Dabei sind grundsätzlich alle Jugendlichen eingeschlossen. Jedoch verfügen junge Menschen, die aufgrund einer Nicht-Passung zwischen ihrem gesellschaftlichen Umfeld und ihrer individuellen Beeinträchtigung als behindert bezeichnet werden, wegen Therapie, Arbeit und den alltäglichen Versorgungsmaßnahmen oftmals über weniger frei disponible Zeit als andere Jugendliche. Damit sind ihre Möglichkeiten, sozialen Kontakt aufzunehmen und Gemeinschaft zu erleben, sich

---

[1] Der Beitrag wurde unter dem Titel „Inklusive Jugendarbeit. Grundlagen, Konsequenzen und Qualifikationen im Blick auf Jugendliche mit unterschiedlichen Begabungen" im Handbuch Diakonische Jugendarbeit 2010 publiziert und für diese Veröffentlichung überarbeitet und erweitert.

[2] Horst W. Opaschowski, Pädagogik der freien Lebenszeit, Opladen ^{3}1996.

kreativ zu entfalten und am gesellschaftlichen und kulturellen Leben teilzunehmen, (sehr) eingeschränkt. Jedoch gilt, dass sogenannte „behinderte“ Jungen und Mädchen grundsätzlich die gleichen Bedürfnisse wie „nichtbehinderte“ Jungen und Mädchen haben.[3] Dabei ist natürlich zu berücksichtigen, dass – in Abhängigkeit von dem Assistenz- und Unterstützungsangebot und dessen Zuschnitt auf die Art und den Schweregrad der Beeinträchtigung – sich zum Teil völlig anders gelagerte Probleme ergeben, die dazu führen, dass die jeweiligen Bedürfnisse von „behinderten“ und „nichtbehinderten“ Jugendlichen unterschiedlich gewichtet und zum Ausdruck gebracht werden.

Im kirchlichen Raum wird schon seit Längerem versucht, Jugendliche mit Behinderung in die Jugend- oder Konfirmandenarbeit zu integrieren.[4] Weil diese Jugendlichen in ihren sozialen Kontakten oftmals eingeschränkt sind, sollen sie die Gelegenheit erhalten, mit gleichaltrigen Freunden freie Zeit zu verbringen. Gemeinsame Erlebnisse, geteilte Interessen z. B. bei Hobbys, das Austesten von Grenzen und das Eingehen von Wagnissen und daraus resultierende Erfolgserlebnisse sind wichtige Elemente gemeinsamer Freizeitgestaltung. Dabei sollten die unterschiedlichen Bedürfnisse und Begabungen der einzelnen Jugendlichen berücksichtigt werden. Ist die Jugendarbeit dagegen (noch) am nichtbehinderten Jugendlichen und dessen Wünschen und Bedürfnissen ausgerichtet, so kommen behinderte Jugendliche entweder gar nicht in den Blick oder können nur bedingt integriert werden –

---

3 Um eine Defizitorientierung in der Begrifflichkeit zu vermeiden, wird, wo dies möglich ist, anstatt von „behinderten“ Jugendlichen von „unterschiedlich begabten“ Jugendlichen gesprochen, denn es ist ethisch fragwürdig, eine Etikettierung zu verwenden, die dazu beiträgt, einen Menschen auf seine Defizite festzulegen (die ihm dann auch noch individuell als „Schädigung“, „Krankheit“ oder „Behinderung“ zugeschrieben werden, ohne gesellschaftliche Ursachen zu berücksichtigen), statt ihn in seinem gesamten Dasein wahrzunehmen (vgl. Johannes Eurich, Gerechtigkeit für Menschen mit Behinderung: Ethische Reflexionen und sozialpolitische Perspektiven, Frankfurt a.M. 2008, 206 ff.).

4 Vgl. Gottfried Adam/Annebelle Pithan (Hg.), Wege religiöser Kommunikation: Kreative Ansätze der Arbeit mit behinderten Menschen; Dokumentationsband des zweiten Würzburger religionspädagogischen Symposiums, Münster 1990; Gottfried Adam/Roland Kollmann/Annebelle Pithan (Hg.), Blickwechsel: Alltag von Menschen mit Behinderung als Ausgangspunkt für Theologie und Pädagogik; Dokumentationsband des fünften Würzburger religionspädagogischen Symposiums, Münster 1996; Hannah Löhmannsröben, Jugendliche mit Behinderungen in der Konfirmandenarbeit, in: Comenius-Institut/Verein KU-Praxis (Hg.), Handbuch für die Arbeit mit Konfirmandinnen und Konfirmanden, Gütersloh 1998, 369–388; Andreas Schultheiß, Inklusiver Konfirmandenunterricht, in: Johannes Eurich/Andreas Lob-Hüdepohl (Hg.), Inklusive Kirche, Stuttgart 2011, 207–218; Roland Schwarz, Weil wir verschieden sind: Ideen – Konzeptionen – Modelle für einen integrativen KU, Gütersloh 2001; Wolfhard Schweiker, Auf dem Weg zu einer inklusiven Konfirmandenarbeit: empirische Untersuchungen und religionspädagogische Reflexionen, in: Zeitschrift für Pädagogik und Theologie 58. 2006, 362–376.

eben dort, wo sie mitmachen können. Ansonsten bleiben sie ausgeschlossen oder werden in eine passive Rolle gedrängt. Damit behinderte Jungen und Mädchen als vollwertige Teilnehmer/innen eingebunden und in ihren aktiven Anteilen gefordert und gefördert werden können, ist eine Weiterentwicklung der bestehenden integrativen Ansätze notwendig. Diese sollten jedoch bereits in der (vorschulisch ansetzenden) Kinderarbeit im Sinne eines zwanglosen, spielerischen Umgangs mit Heterogenität eingeführt werden, weil Jugendliche in der Phase der Pubertät auch zur Abgrenzung gegenüber Andersheiten neigen.

2. Grundgedanken einer integrativen Freizeitpädagogik

Bei der integrativen Pädagogik wird Freizeit in erster Linie als Beziehungsgeschehen in den Blick genommen und die Betonung auf die kommunikativ-sozialen Aspekte gelegt, die das Freizeiterleben von Menschen bestimmen. „Entscheidend ist die Art und Weise der Kommunikation. Man unterhält sich nicht nur über Themen, Sachverhalte und Tatbestände und tauscht fachliche Informationen aus, die unmittelbar mit der Freizeitaktivität zu tun haben, sondern auch über den Anderen, die Art, die Intensität und Qualität der Beziehungen zwischen den Teilnehmenden. Einstellungen, Einschätzungen, Haltungen und Bewertungen gegenüber sich selbst (Selbstbilder) und die anderen (Fremdbilder) kommen zum Tragen und prägen in entscheidendem Maße die Qualität des Freizeit(er)lebens.“[5] Deshalb stehen die Interaktionspartner als Subjekte und Akteure wie Konstrukteure ihrer gemeinsamen Freizeitwirklichkeit im Mittelpunkt. Mit der dialogischen Validierung identitätsrelevanter Erfahrungen[6] liegt ein interaktionistisches, beziehungsförderndes und identitätsstiftendes Konzept vor, das zur Entstigmatisierung von behinderten Menschen in der Freizeitwelt beitragen kann. Zentral ist dabei das Integrative, das als grundlegendes Prinzip von paradigmatischer Qualität die Freizeitgestaltung von nichtbehinderten und behinderten Jugendlichen in

---

5 Reinhard Markowetz, Konturen einer integrativen Pädagogik und Didaktik der Freizeit, in: Reinhard Markowetz/Günther Cloerkes (Hg.), Freizeit im Leben behinderter Menschen: Theoretische Grundlagen und sozialintegrative Praxis, Heidelberg 2000, 39–66: 61.

6 Vgl. Reinhard Markowetz, Dialogische Validierung identitätsrelevanter Erfahrungen: Ein interaktionistisches, beziehungsförderndes und identitätsstiftendes Konzept zur Entstigmatisierung von Menschen mit Behinderung, in: Wilfried Datler/Gisela Gerber/Helga Kappus (Hg.), Zur Analyse heilpädagogischer Beziehungsprozesse, Luzern 1998, 65–71.

Theorie und Praxis orientieren soll. „Merkmale, an denen sich das Wesensmoment des Integrativen erkennen und messen lässt, sind:
1. das emanzipatorische Interesse aller Menschen,
2. die egalitäre Grundhaltung,
3. die Ausbildung von Mitbestimmungsfähigkeit, Selbstbestimmungsfähigkeit und Solidaritätsfähigkeit als Ausdruck von Allgemeinbildung und Bildung für alle (...),
4. die Herausbildung von Mündigkeit, Kritikfähigkeit und Demokratiebewusstsein,
5. die Persönlichkeits- bzw. Identitätsentwicklung unter sozialintegrativen Verhältnissen,
6. die Dialogfähigkeit der beteiligten Subjekte,
7. die Beachtung und Lösung behinderungsbedingter Störungen,
8. die (De-/Re-)Konstruktion gemeinsam erlebter Wirklichkeit,
9. die Berücksichtigung verschiedener Aspekte des menschlichen Erlebens und Handelns,
10. die Überwindung der Trennung von Kognition, Emotion und Körperlichkeit,
11. die Ausgewogenheit von Sach-, Gefühls- und Sozialerfahrung,
12. die Beachtung psychologischer, fachlicher, sowie gesellschaftspolitischer Aspekte,
13. der Einbezug äußerer Bedingungen und Voraussetzungen,
14. die Abstimmung wesentlicher Strukturmomente im Rahmen der didaktischen Planung von Freizeitaktivitäten (Ziele, Inhalte, Themen, Ausgangslage der Beteiligten, Vermittlungsvariablen wie Methoden und Medien, Selbst- und Fremdkontrolle) und
15. die handlungsorientierte Freizeitgestaltung.“[7]

Damit ist ein umfassender Katalog von Themen benannt, die in der freizeitpädagogischen und freizeitdidaktischen Diskussion weiter bearbeitet werden müssen, um behinderte und nichtbehinderte Jugendliche als gleichberechtigte Interaktionspartner etablieren zu können und damit sie – als Akteure und Konstrukteure ihrer gemeinsamen Freizeit – Solidarität im sozialen Umgang miteinander einüben können. Gleichzeitig weist dieser Katalog darauf hin, dass integrative Freizeitpädagogik Teil hat an den allgemeinen Grundlagen der Pädagogik und eingehen muss in übergreifende pädagogische und didaktische Konzepte. Benötigt werden vorprogrammierte und durchorganisierte Lehr- und Lernformen ebenso wie offene Formen mit einem Höchstmaß an Wahl- und Entscheidungsfreiheit. „Diese Balance zwischen geschlossenen und offen strukturierten Vermittlungsformen stellt eine spezifische Leistung integrativer Pädagogik und Didaktik dar.“[8] Der integrative Ansatz ist dabei

---

7 Markowetz, Konturen, 62.
8 A.a.O., 51.

auf die Verhältnisse zwischen Freizeit, Schule, vor- und nachschulischer Erziehung, Bildung, Förderung, Therapie und Pflege zu beziehen. In diesen Bereichen vorhandene Denk- und Handlungsschemata sind im Blick auf Integration kritisch zu reflektieren, da „Schule nicht mehr nur Schule ist und Freizeit eben auch nicht mehr nur Freizeit ist", sondern die Unterteilung in idealtypische Lebenszeiten verschwimmt.[9] Daher soll in den nächsten beiden Kapiteln die Situation behinderter Kinder in Kindergarten und Schule betrachtet (Kap. 4) und neuere Ansätze aus der Schulpädagogik, die von der Integration zur Inklusion führen, dargestellt werden (Kap. 5).

3. Die Umsetzung des Integrationsansatzes im deutschen Kindergarten- und Schulsystem

Zur Umsetzung des Integrationsansatzes wurde in der integrativen Pädagogik die Grundidee vom Erhalt bzw. der Wiederherstellung gemeinsamer Lebens- und Lernumfelder behinderter und nichtbehinderter Kinder entwickelt.[10] Durch den gemeinsamen Erziehungsprozess soll die Aussonderung von behinderten Kindern im Bildungssystem, die auf der Grundlage von Leistungskriterien und Behinderungsarten erfolgt, überwunden werden. Der Schwerpunkt der integrativen Pädagogik liegt in der Einbeziehung jedes Menschen als vollwertigen Mitglieds der Gemeinschaft, und zwar unabhängig von seinen Fähigkeiten und Beeinträchtigungen.[11] „Die Integrationspädagogik ist angetreten mit dem erklärten Anspruch auf Bejahung von Vielfältigkeit in Gemeinsamkeit."[12]

Im Bereich von Kindergärten und Kindertagesstätten haben sich drei Ansätze als erfolgsversprechend herauskristallisiert.[13] Der entwicklungsorien-

---

9 Ebd.

10 Vgl. Hans Eberwein, Einführung in die Integrationspädagogik, Weinheim 1996; ders., Integrationspädagogik, Weinheim/Basel [5]1999; Angelika Ehrhardt-Kramer/Manfred Gerspach/Jörg Reiner Hoppe, Integrative Erziehung behinderter und nichtbehinderter Kinder: Konzept und Bearbeitung, Stuttgart 2002.

11 Andreas Hinz, Von der Integration zur Inklusion – terminologisches Spiel oder konzeptionelle Weiterentwicklung?, in: Zeitschrift für Heilpädagogik 53. 2002, 354–361: 356.

12 Sabine Knauer, Von den Anfängen der Integration zur heutigen Integrationspädagogik: Eine kritische Zwischenbilanz, in: Behinderte in Familie, Schule und Gesellschaft 1. 2003, 14–25: 23.

13 Vgl. zum Folgenden Ulrich Heimlich, Pädagogische Konzepte für eine inklusive Pädagogik in Betreuungsreinrichtungen für Kinder in den ersten drei Lebensjahren, in: www.kita-fachtexte.de/fileadmin/website/FT_Heimlich_K_OV.PDF (Zugriff am 13.09.2013).

tierte Ansatz von Georg Feuser[14] betont, dass Kinder am besten auf der Basis ihrer Fähigkeiten und am gemeinsamen Gegenstand lernen. Anhand der aktuellen Fähigkeiten von Kindern lasse sich ihre jeweilige Entwicklung ablesen und bestimmen, was ihre nächsten Entwicklungsaufgaben sein könnten. Kinder mit besonderen Bedürfnissen erscheinen dann mit anderen Kindern ihrer Altersklasse maximal als verzögert in ihrer Entwicklung. Für Kindergärten und Kindertagesstätten bedeutet dies, dass Lernangebote, die sich an der je individuellen Entwicklung der einzelnen Kinder orientieren und dies in allen Bereichen des Tagesablaufs tun, eine hohe inklusive Wirkung haben.

Der prozessorientierte Ansatz fokussiert darauf, dass Einigungen, die in sozialen Gefügen unabdingbar sind, ein großes Potenzial haben, die Integration zu erhöhen. Zum einen entstünden aufgrund der Spieltätigkeiten der Kinder immer wieder und spontan Interaktionen zwischen ihnen, die nicht zuletzt aus der Spannung zwischen Gleichheit und Verschiedenheit resultierten.[15] Zum anderen könnten Fachkräfte Integration auch gezielt anregen, wobei hier besonders auf die Bereitschaft des einzelnen Kindes zu achten ist.

Der situationsbezogene Ansatz von Wolfgang Dichans[16] nimmt besonders die Aufgabe von Kindergärten in den Blick, auf die Bewältigung gegenwärtiger und zukünftiger Lebenssituationen vorzubereiten. Und Kinder mit besonderen Bedürfnissen gehörten eben auch zur Lebenssituation. Die Aufgabe von Fachkräften sei es dabei, flexible und auf die jeweilige Situation angepasste Angebote zur Verfügung zu stellen, wie die Kinder in diesen Lebenssituationen agieren und lernen können.

Entscheidend ist im Bereich der Arbeit mit behinderten und nichtbehinderten Kindern eine inklusionsbezogene Werthaltung, die eine Offenheit für das gesamte Spektrum der Verschiedenheit zeigt und die es als normal erachtet, dass Kinder in den Kindergarten gehen, dass nicht alle mit dem gleichen Maß gemessen werden, dass nicht alle zur gleichen Zeit die gleiche Entwicklung durchmachen und dass auch nicht alle das gleiche Tempo in ihrer Entwicklung an den Tag legen.

Gleichzeitig erfordert die Inklusion von Kindern mit besonderen Fähigkeiten Voraussetzungen, Maßnahmen und Bereitschaften auf ganz unterschiedlichen Ebenen. Auf der organisatorischen Ebene dürfen die Gruppen für kleinere Kinder nicht zu groß sein; der Tagesablauf sollte eine relativ feste Struktur haben. Für einen gemeinsam gelebten Alltag, der aber mehr Betreuungsarbeit nötig macht, ist die Erhöhung und Qualifizierung des Per-

---

[14] Georg Feuser, Behinderte Kinder und Jugendliche zwischen Aussonderung und Integration, Darmstadt 1995.

[15] Vgl. Helmut Reiser/Gabriele Klein/Gisela Kreie/Maria Kron: Integration als Prozeß. Sonderpädagogik 16. 1986, Heft 3, 155–122; Heft 4, 154–160.

[16] Wolfgang Dichans, Der Kindergarten als Lebensraum für behinderte und nichtbehinderte Kinder, Köln 1990.

sonals vonnöten. Darüber hinaus gilt es, die emotionalen Reaktionen, die Behinderungen bei nichtbehinderten Kindern, beim Fachpersonal, aber auch bei den Eltern der behinderten Kinder selbst auslösen können, ernstzunehmen, bewusstzumachen und sie in die gemeinsame Lebenssituation zu integrieren.

Da Kinder im Vorschulalter noch keine klaren Vorstellungen von Behinderung haben und damit auch noch nicht ihrer gesellschaftlichen Definition oder Beurteilung unterliegen, können sie sich anderen Kindern, die zur Gruppe gehören, unbefangen, aber dann auch vielleicht irritiert nähern. Die Herausforderung besteht darin, den Kindern Umgang mit und Distanzierung von Behinderung zu ermöglichen und das Aushalten von Fremdheit einzuüben.

Die Begegnung mit Behinderung kann auch bei dem pädagogischen Personal unterschiedliche Emotionen evozieren (Angst, Wut, Ekel) oder das Gefühl von Hilflosigkeit und fachlicher Inkompetenz hervorrufen, weil die Interventionen, die bei den anderen Kindern eingesetzt werden, keine Wirkung zeigen. Die Herausforderung hier ist, dass die Fachkräfte einerseits im Team ihre Einstellungen reflektieren und andererseits im Umgang mit den Kindern mit besonderen Bedürfnissen das adäquate Maß und geeignete Formen gefunden werden.

Für die Eltern eines behinderten Kindes kann die Herausforderung darin liegen, die Balance zu finden zwischen dem schlechten Gewissen, das sich bei Eltern einstellen kann, wenn sie ihr Kind so früh schon abgeben, und der echten Befreiung, die es für sie bedeutet, wenn sie ihr Kind in eine Gruppensituation geben können, in der seine besonderen Bedürfnisse beachtet werden.[17]

Im Bereich der Schule werden nach wie vor behinderte und nichtbehinderte Jugendliche durch das selektive Schulsystem in ihren Lern- und Erfahrungsumfeldern getrennt. Zwischen einer integrativen pädagogischen Orientierung und den Regelungen zum Fördersystem für Menschen mit Behinderung bestehen noch immer große Unterschiede. Zwar hatte bereits 1973 der Deutsche Bildungsrat die Integration von Schülerinnen und Schülern mit Behinderung in Regelklassen empfohlen und das bestehende Sonderschulwesen in Frage gestellt, in der Schulpraxis wurde diese Empfehlung jedoch zunächst wenig umgesetzt.[18] Eine deutlichere Wahrnehmung erhielt der

---

[17] Robert Trippel, Zur integrativen Betreuung von Kindern mit Behinderung im Krabbelstubenalter, in: Zeitschrift für Inklusion 3. 2010; Vgl. allgemein zu Inklusion in Kindertageseinrichtungen Jo Jerg, Kindertageseinrichtungen, in: Ralph Kunz/Ulf Liedke (Hg.): Handbuch der Inklusion in der Kirchengemeinde, Göttingen 2013, 237–264.

[18] Vgl. Deutscher Bildungsrat, Zur pädagogischen Förderung behinderter und von Behinderung bedrohter Kinder und Jugendlicher. Empfehlungen der Bildungskommission, Stuttgart 1974.

Beschluss der Kultusministerkonferenz (KMK) vom 6. Mai 1994, in dem der einzelne Schüler mit Behinderung in den Vordergrund gesetzt und die Bildung behinderter Menschen „verstärkt als gemeinsame Aufgabe für grundsätzlich alle Schulen“ verstanden wurde.[19] Obwohl bereits zahlreiche Integrationsprojekte das edukativ Gemeinsame aller Menschen betonen und sich um eine Förderung der sozialen Integration bemühen, wird bereits durch die statistischen Veröffentlichungen der Kultusministerkonferenz deutlich, dass eine grundlegende Orientierung an einer sozialen Integration bisher nicht erfolgt ist. Unter quantitativen Gesichtspunkten bleibt Integration ein sektorales Phänomen. Gemeinsamer Unterricht von unterschiedlich begabten Jungen und Mädchen ist das ergänzende Modell, nicht jedoch der Regelfall.[20] In den letzten Jahren ist – bei gleichzeitig zunehmendem sonderpädagogischen Förderbedarf, da mehr Schüler und Schülerinnen entsprechend klassifiziert werden – viel Bewegung in die festgefahrene Situation infolge der BRK-Empfehlungen zur inklusiven Beschulung gekommen.[21] Diese werden in den einzelnen Bundesländern jedoch sehr unterschiedlich umgesetzt, so dass in manchen Bundesländern Befürchtungen bestehen, dass durch unzureichende Rahmenbedingungen die Umsetzung der inklusiven Beschulung diskreditiert und letztlich ins Abseits manövriert wird. Obwohl die Zahl der Sonderschüler relativ konstant geblieben ist und jeder vierte Förderschüler eine reguläre Schule besucht, sind die Unterschiede zwischen

---

19 Vgl. Sekretariat der Ständigen Konferenz der Kultusminister der Länder in der Bundesrepublik Deutschland (Hg.), Statistische Veröffentlichungen der Kultusministerkonferenz, Dokumentation Nr. 177, November 2005.

20 Vgl. Hinz, Von der Integration zur Inklusion, 354–361.

21 Während 2001 ca. 426 000 Förderschüler in Sonderschulen gefördert wurden, waren es 2012 nur noch ca. 366 000. Wurden 2001 ca. 63 000 Förderschüler in allgemeinen Schulen gefördert, waren es 2012 ca. 122 000. Vgl. Sekretariat der Ständigen Konferenz der Kultusminister der Länder in der Bundesrepublik Deutschland (Hg.) (2012b), Sonderpädagogische Förderung in Förderschulen (Sonderschulen) 2011/2012 (abgerufen am 03.06.2013); Sekretariat der Ständigen Konferenz der Kultusminister der Länder in der Bundesrepublik Deutschland (Hg.) (2012a), Sonderpädagogische Förderung in allgemeinen Schulen (ohne Förderschulen) 2011/2012 (abgerufen am 03.06.2013); Sekretariat der Ständigen Konferenz der Kultusminister der Länder in der Bundesrepublik Deutschland (Hg.) (2012c), Sonderpädagogische Förderung in Schulen 2001 bis 2010, Statistische Veröffentlichungen der Kultusministerkonferenz, Dokumentation Nr. 196 (Februar 2012) (abgerufen am 03.06.2013). Vgl. auch Andreas Hinz (Hg.), Auf dem Weg zur Schule für alle. Barrieren überwinden – inklusive Pädagogik entwickeln, Marburg 2011; Andreas Hinz/Ines Boban/Nicola Gille/Andrea Kirzeder/Katrin Laufer/Edith Trescher, Entwicklung der Ganztagsschule auf der Basis des Index für Inklusion. Bericht zur Umsetzung des Investitionsprogramms „Zukunft Bildung und Betreuung“ im Land Sachsen-Anhalt, Bad Heilbrunn 2013; Vera Moser (Hg.), Die inklusive Schule. Standards für die Umsetzung, Stuttgart 2012; Kersten Reich, Inklusion und Bildungsgerechtigkeit. Standards zur Umsetzung einer inklusiven Schule, Weinheim/Basel 2012.

den Ländern erheblich. Während in Bremen und Schleswig-Holstein über die Hälfte der Förderschüler eine reguläre Schule besucht, ist in Nordrhein-Westfalen, Hessen, im Saarland und besonders stark in Baden-Württemberg die Exklusionsquote sogar gestiegen.[22]

Vor diesem Hintergrund ist evident, wie wichtig eine inklusive Jugendarbeit ist, damit zumindest im Freizeitbereich gemeinsam geteilte Erfahrungswelten für nichtbehinderte und behinderte Jugendliche bestehen. Gleichzeitig wird aber auch deutlich, dass nur Schule und schulisches Umfeld *gemeinsam* dazu beitragen können, Schritte auf dem Weg zu einer inklusiven Gesellschaft auch im Kindes- und Jugendalter zu gehen. Dazu soll der Inklusionsansatz neue Anstöße vermitteln. Auf die Schwierigkeiten seiner Rezeption in Deutschland wird im nächsten Abschnitt eingegangen.

4. Vom integrativen zum inklusiven Ansatz

Im Zuge der festgestellten Stagnation der quantitativen und qualitativen Integrationsentwicklung ist in der deutschsprachigen Diskussion das Konzept einer „inclusive education" aufgegriffen worden, das international bereits durch die UNESCO-Konferenz in Salamanca 1994 verbreitet worden war. In der englischen Fassung der Abschlusserklärung von Salamanca zur „Special Needs Education"[23] steht der Begriff der „inclusion" im Mittelpunkt, ohne allerdings genauer definiert worden zu sein. Da es in der deutschsprachigen Diskussion zu diesem Zeitpunkt noch keinen entsprechenden äquivalenten Terminus gab, wurde in der deutschen Übersetzung[24] der Begriff „Inklusion" weitgehend durch „Integration" ersetzt, was in der deutschsprachigen Diskussion häufig zu einer Gleichsetzung beider Begriffe geführt hat bzw. zur Frage nach der Unterscheidbarkeit beider Konzepte. Es lassen sich dabei drei unterschiedliche Verständnisse der Inklusion und ihres Verhältnisses zur Integration feststellen:

---

22 Klaus Klemm, Inklusion in Deutschland – eine bildungsstatistische Analyse. Im Auftrag der Bertelsmann Stiftung, Gütersloh 2013.

23 Die Salamanca Erklärung und der Aktionsrahmen zur Pädagogik für besondere Bedürfnisse, angenommen von der Weltkonferenz „Pädagogik für besondere Bedürfnisse: Zugang und Qualität", Salamanca, Spanien, 7. bis 10. Juni 1994, online unter bidok.uibk.ac.at/ library/unesco-salamanca.html (Zugriff am 24.04.2010).

24 Vgl. ebd.

a) *Gleichsetzung von Inklusion und Integration*

Der inzwischen zunehmende Begriff Inklusion wird häufig synonym für den Begriff „Integration“ verwendet. Aufgrund der oben genannten Belastungen des Integrationsbegriffes wird er dabei als moderner und unbelasteter empfunden. „Der Begriff Integration … wird heute immer mehr vom Begriff Inklusion abgelöst. Da wir unter Integration aber immer schon das gemeinsame Leben, Lernen und Arbeiten aller Menschen verstanden haben und der Begriff Integration in der bildungspolitischen Diskussion noch immer aktuell ist“[25], sprechen sich einige Pädagogen für eine synonyme Verwendung aus.

b) *Inklusion als verbesserte Integration*

Dieses Modell hält an dem Grundgedanken der Integration einer an den Schülerinnen und Schülern orientierten grundlegenden Umgestaltung der schulischen Strukturen fest und versteht die auftretenden Probleme als Phänomene, die in der Disseminationsphase jedes Reformprojektes auftreten, in der die Reform nach ersten Erprobungs- und Implementationsstufen flächendeckend umgesetzt werden soll. Durch fehlerhafte Umsetzung hat sich diesem Ansatz zufolge Integration auf sozialpsychologischer und institutioneller Ebene zu einem „Synonym für Aussonderung“[26] verformt. Durch einen Rückgriff auf die eigentliche Idee der Integration und der Aufnahme des neuen Begriffes der „Inklusion“ soll der „Versandungsgefahr in der Integrationspraxis“[27] begegnet werden. Da sich dieses Inklusionsverständnis im Grunde eng auf das Konzept der Integration bezieht und dieses nicht grundlegend weiterführt, wird von Kritikern darauf hingewiesen, dass diese Form der Inklusion „längst Standard des Integrationsdiskurses“[28] sei.

c) *Inklusion als umfassende Integration*

Einem dritten Verständnis zufolge wird Inklusion als umfassende Integration verstanden. Dieser Ansatz geht von der faktischen Heterogenität jeder Gruppe und damit auch jeder Schulklasse aus und vertritt ein Konzept des gemeinsamen Lernens und Lebens unterschiedlichster Schülergruppen und Schülerpersönlichkeiten und kann gleichermaßen auch in der Jugendarbeit

---

[25] Ewald Feyerer/Wilfried Prammer, Gemeinsamer Unterricht in der Sekundarstufe I, Weinheim/Basel 2003, 15.

[26] Ebd.

[27] Alfred Sander, Konzepte einer inklusiven Pädagogik, in: Zeitschrift für Heilpädagogik 5. 2004, 240–244.

[28] Knauer, Integration, 23.

zugrunde gelegt werden. Dabei wird die Unterschiedlichkeit der einzelnen Kinder sowohl als Ausgangslage als auch als Zielvorstellung pädagogischer Arbeit verstanden, so dass nicht die Voraussetzungen eines Kindes im Vordergrund stehen, sondern die pädagogischen, organisatorischen und kulturellen Potenziale der Schule bzw. Jugendarbeit. Beide sollen von vornherein so gestaltet werden, dass sie verantwortlich sind und fähig werden, auch auf die heterogenen Erziehungs- und Bildungsbedürfnisse derjenigen Kinder und Jugendlichen kompetent einzugehen, die aus unterschiedlichen Gründen besonderer Unterstützung bedürfen: als Schule bzw. Jugendarbeit für alle.[29]

Das Modell einer so verstandenen Inklusion lässt sich folgendermaßen schematisch vom Modell der Integration – bezogen auf die Schule – unterscheiden.

Praxis der Integration	Praxis der Inklusion
– Eingliederung von Kindern mit Behinderung in die allgemeine Schule	– Leben und Lernen aller Kinder in der allgemeinen Schule
– Differenziertes System je nach Schädigung	– Umfassendes System für alle
– Zwei-Gruppen-Theorie (mit Behinderung / ohne Behinderung)	– Theorie einer pädagogisch ununterteilbaren heterogenen Gruppe
– Individuumszentrierter Ansatz	– Systemischer Ansatz
– Fixierung auf die administrative Ebene	– Beachtung der emotionalen, sozialen und unterrichtlichen Ebenen
– Konzentration auf das System Schule	– Einbezug weiterer Systeme
– Ressourcen für Kinder mit besonderem Bedarf	– Ressourcen für ganze Systeme (Klasse, Schule)
– Spezielle Förderung für Kinder mit Behinderungen	– Gemeinsames und individuelles Lernen für alle
– Individuelle Curricula für Einzelne	– Ein individualisiertes Curriculum für alle
– Förderpläne für Kinder mit Behinderungen	– Gemeinsame Reflexion und Planung aller Beteiligter
– Anliegen und Auftrag der Sonderpädagogik und der Sonderpädagoginnen und -pädagogen	– Anliegen und Auftrag der Schulpädagogik und aller Lehrkräfte
– Sonderpädagogen als Unterstützung für Kinder mit Behinderungen	– Sonderpädagogen als Unterstützung für heterogene Klassen und KollegInnen
– Ausweitung von Sonderpädagogik in die Schulpädagogik hinein	– Veränderung von Sonder- und Schulpädagogik

29 Vgl. Moser, Inklusive Schule.

– Kombination von Schul- und Sonderpädagogik	– Synthese von Schul- und Sonderpädagogik

Tabelle 1: Integration und Inklusion nach Hinz[30]

Dieses Verständnis von Inklusion bezieht sich nicht nur auf Kindergarten und Schule als Lernorte, sondern nimmt eine systemische Perspektive auf die Gesellschaft ein, bei der auch weitere Lern- und Lebensumfelder wie die Jugendarbeit in den Blick kommen. Entsprechend lässt sich das Gelingen von Inklusion nicht allein am System Schule ablesen, denn es wird eine das gesamte Leben umfassende Inklusion angestrebt, die im christlichen Kontext natürlich eine inklusive Gemeinde bedeutet.[31] Diese wird jedoch durch gesellschaftliche Positionszuschreibungen, die aufgrund von Funktionseinschränkungen erfolgen und es Menschen mit Beeinträchtigung nicht erlauben, gesellschaftlich als bedeutsam angesehene Funktionen auszuüben, erschwert. Dies steht im Gegensatz zu einer intendierten offenen Gesellschaft, die Vielfalt, Diversity im Zusammenhang mit Alter, Geschlecht und Rasse auf individueller und soziokultureller Ebene respektieren und befördern will. Hier kann die Jugendarbeit einen gewissen Gegenpunkt setzen zu einem Schulwesen, das bislang an Homogenität orientiert war und exkludierende Tendenzen[32] verstärkt hat.

Damit ist offensichtlich, dass im dritten Modell (Inklusion als umfassende Integration) ein wesentlich umfassenderes Inklusionsverständnis zugrunde gelegt wird, als in den beiden anderen Modellen. Auch wenn sich die verschiedenen Verständnisse und Ableitungen des Inklusionsverständnisses im Detail unterscheiden, lassen sich doch zwei gemeinsame Kerngedanken festhalten. Zum einen erheben sie den Anspruch, sämtliche Heterogenitätsdimensionen in den Blick zu nehmen, d. h. neben Behinderung und Benachteiligung auch Geschlecht und soziokulturellen Hintergrund zu berücksichtigen. Zum anderen verlieren binäre Unterscheidungen wie behindert/nichtbehindert, weiblich/männlich, deutsch/nicht-deutsch an Bedeutung bzw. sollten zugunsten einer konsequenten Individualisierung aufgehoben werden.

Inklusion zielt daher auf das Zulassen, Wertschätzen und Fördern jeglicher Heterogenität, die also nicht nur Differenzen zwischen behindert/nichtbehindert, sondern auch schichtspezifische, ethnisch-kulturelle, religiöse usw. Unterschiede aufnimmt und konstruktiv einbindet. Sowohl für Schulen als auch für Kindertagesstätten wurden Indikatoren definiert, die Auskunft

---

30 Hinz, Von der Integration zur Inklusion, 359.

31 Vgl. Ralph Kunz, Inklusive Gemeinde. Die christliche Gemeinde im Horizont ihrer gesellschaftlichen Verortung, in: Kunz/Liedke (Hg.), Handbuch Inklusion, 53–84.

32 Helmut Reiser, Inklusion – Vision oder Illusion?, in: Dieter Katzenbach (Hg.), Vielfalt braucht Struktur: Heterogenität als Herausforderung für die Unterrichts- und Schulentwicklung, Frankfurt a.M. 2007, 99–105: 103.

über die vorhandene oder Orientierung über noch zu erreichende Inklusion geben. Die Indikatoren beziehen sich auf die großen Dimensionen von Kultur, Struktur und Praktiken und zeigen an, ob eine inklusive Kultur geschaffen ist, ob inklusive Strukturen etabliert und inklusive Praktiken entwickelt sind. Im Bereich der Kultur lenken sie den Fokus darauf, ob Gemeinschaft gebildet ist und inklusiv Werte verankert sind, im Bereich der Strukturen darauf, ob eine Kita bzw. Schule für alle entwickelt und Unterstützung für Vielfalt organisiert ist und im Bereich der Praktiken darauf, ob Lernarrangements auf Vielfalt ausgelegt und Ressourcen mobilisiert sind.[33] Erfahrungen in der schulischen Praxis zeigen nämlich, dass die Inklusion behinderter Schülerinnen und Schüler oftmals als Katalysatoren für den förderlichen Umgang mit Vielfalt auch in anderen Dimensionen wirkt und ebenso für nicht-behinderte Kinder entsprechende Vorteile mit sich bringt (Erlernen sozialer Kompetenzen, besseres Klassenklima, individualisiertes Eingehen auf alle Schüler etc.) – und keineswegs mit einem Verlust des Lernniveaus in einer Klasse einhergehen muss.[34]

5. Ethische Unterschiede zwischen integrativem und inklusivem Ansatz[35]

Beim integrativen Ansatz zeichnen sich in qualitativer Hinsicht sektorale Tendenzen ab: Jugendliche mit Lern-, Sprach- und Verhaltensproblemen sind zahlreicher in Integrationsprojekten vertreten als solche mit höherem Unterstützungsbedarf. Der Grad des Förderbedarfs der einzelnen behinderten Jugendlichen steht oftmals in reziprokem Verhältnis zu ihren Integrationschancen, so dass die Anpassungsfähigkeit des Jugendlichen an die Jugendgruppe das entscheidende Kriterium für deren Integration bildet. Damit besteht die Gefahr, dass Jugendliche mit Behinderung sich erst durch entsprechende Fähigkeiten für eine Integration qualifizieren müssen.

Weiterhin bleibt der behinderte Junge oder das behinderte Mädchen – selbst innerhalb integrativer Strukturen – der Jugendliche mit Problemen, der als der „Andere“ oder der „Behinderte“ gesehen wird, bei dem die Alltags-

33 Vgl. Ines Boban/Andreas Hinz, Inklusive Pädagogik, in: Kunz/Liedke (Hg.), Handbuch Inklusion, 113–145 und Ines Boban/Andreas Hinz, „Index für Inklusion“ – ein breites Feld von Möglichkeiten zur Umsetzung der UN–Konvention, in Petra Flieger/Volker Schönwiese (Hg.): Menschenrechte – Integration – Inklusion. Aktuelle Perspektiven aus der Forschung, Bad Heilbrunn 2011, 169–175.

34 Vgl. Anne-Dore Stein, Inklusion. Ein Gewinn für alle!, in: Nachrichtendienst des Deutschen Vereins für öffentliche und private Fürsorge 93/2013, 52–57.

35 Im Folgenden beziehe ich mich auf das im vorhergehenden Kapital unter a) und b) dargelegte Integrationsverständnis.

theorie der Andersartigkeit weiter besteht. Das Anderssein von Jugendlichen mit Behinderung stellt somit nach wie vor das Leitprinzip dar. Zur „normalen“ Jugendarbeit käme allenfalls ein zusätzliches, integratives Moment hinzu. In Bezeichnungen wie „Integration von behinderten und nichtbehinderten Kindern in der Jugendarbeit“ wird diese additive Tendenz sprachlich deutlich. Hinz folgert, dass „es mit der Integration nicht gelungen [ist], die Vorstellung von zwei Gruppen (…) zu überwinden: eine die integriert wird und eine in die integriert wird“[36].

Inklusionsansätze gehen über integrative Ansätze, welche die Verschiedenheit der Jugendlichen in jeder Jugendgruppe als gegeben ansehen, hinaus, indem sie Unterschiedlichkeit explizit als wertvoll und gut bewerten. Daher geht es in ethischer Perspektive nicht nur um die Zusammenführung von Personen und Gruppen (Integrationsansatz), sondern um die Frage, wie Individualität in der Gemeinsamkeit anerkannt werden kann.[37] In pädagogischer Hinsicht bedeutet dies, die erforderlichen fachlichen Qualifikationen subjektorientiert zu entwickeln und diese zugleich auch auf die vollständige Einbeziehung aller Individuen in ihre jeweilige Gruppe auszurichten, „so dass sie ihre Individualität, Identität und Anerkennung aus ihrer Bedeutung für die sie umgebende soziale Gemeinschaft entwickeln können“[38]. Im Gegensatz zur Integration bezieht sich Inklusion nicht mehr alleine auf die zu organisierende Unterstützung, die eine körperliche, psychische oder soziale Beeinträchtigung erforderlich macht. Die pädagogisch-didaktisch begründete Strukturierung von Erziehungs- und Bildungsprozessen sowie die Erhebung des je individuellen Unterstützungsbedarfs müssen grundsätzlich neu vom Standpunkt der Inklusion her gedacht werden.[39] Erziehungs- und Bildungsprozesse sind in Form von Projektarbeit so zu verändern, dass die Einbeziehung aller Kinder und Jugendlichen durch „Lernen am gemeinsamen Gegenstand“ ermöglicht wird.[40] In ethischer Perspektive sind die pädagogischen Ansätze daher daraufhin abzustimmen, dass sie nicht das „Einpassen“ der behinderten Teilnehmenden in ein ansonsten möglichst wenig verändertes Konzept vorsehen, „sondern eine passende Lernumgebung für jeden Einzel-

---

[36] Andreas Hinz, Inklusion – Vision und Realität!, in: Katzenbach, Vielfalt, 81–98: 84.

[37] GEW (Gewerkschaft Erziehung und Wissenschaft), Gemeinsamen Unterricht weiterentwickeln. Beschluss des GEW–Hauptvorstandes vom 28. Februar 2003, Frankfurt a.M., 30.

[38] Anne-Dore Stein, Inkludierende Lern- und Lebensbedingungen herstellen: Begründungen und Ausbildungsziele im Internationalen Studiengang Integrative Heilpädagogik/Inclusive Education an der EFH Darmstadt, in: Gemeinsam leben 15/1. 2006, 4–11: 7.

[39] Vgl. Ebd.

[40] Vgl. Georg Feuser, Allgemeine Pädagogik und entwicklungslogische Didaktik, in: Behindertenpädagogik 28/1. 1989, 4–48; ders., Aussonderung und Integration.

nen schaffen“[41]. Auf diese Weise würde einer ethischen Sicht von Jungen und Mädchen entsprochen, die den Fokus nicht mehr auf deren Behinderungen als Defizite richtet, sondern alle Aspekte von Bildungs- und Jugendarbeit auf allen Ebenen hinsichtlich ihrer inklusiven Qualität in den Blick nimmt (vgl. Hinz 2007b). „Inklusive Kulturen zu schaffen erhebt den Anspruch, dass Gemeinschaften sich als akzeptierend und zusammenarbeitend verstehen, auf alle Mitglieder mit Anerkennung und Wertschätzung zuzugehen und ihnen so ihre je besten Leistungen zu ermöglichen.“[42]

Diese Haltung ist die Basis für die Entwicklung von inkludierenden Strukturen und Praktiken und sollte jedem neuen Mitglied als Konsens der Gemeinschaft vermittelt werden. Darauf aufbauend sind die Organisationsstrukturen und Organisationsprozesse der Jugendarbeit auf ihre Inklusionsförderung auszurichten, d. h. „solche Formen von Unterstützung zu favorisieren, die mit dem verbesserten Eingehen auf die Vielfalt“[43] der Jugendlichen die Partizipationsmöglichkeiten aller zu erhöhen helfen. Zugleich sollten die Praktiken der Jugendarbeit daraufhin befragt werden, ob sie Formen von persönlicher und institutioneller Diskriminierung beinhalten, die aufgedeckt und überwunden werden müssen. Dazu muss Sensibilität für alle Aspekte von Unterschiedlichkeit erzeugt werden. Zugleich müssen die Gruppenprozesse so arrangiert werden, dass alle Jugendlichen gemeinsam teilnehmen können und die Talente, das Wissen und die Erfahrungen jedes Einzelnen einbezogen werden können.

6. Konsequenzen für die kirchliche und diakonische Jugendarbeit

In praktisch-theologischer Perspektive wird das Thema Inklusion inzwischen verstärkt hinsichtlich seiner Konsequenzen für die Praxis der Kirchengemeinde diskutiert.[44] Ebenso wird von diakonischer Seite darauf hingewiesen, dass diakonischen Einrichtungen eine wichtige Bedeutung bei der Umset-

---

41 Christian Lindmeier, Lebenslang gemeinsam lernen, in: Gemeinsam leben 10/3. 2002, 109–111: 111.

42 Ines Boban/Andreas Hinz, Der Index für Inklusion: Eine Hilfe für demokratische Entwicklung in der ›Schule für alle‹, in: Gemeinsam leben 16/3. 2006, 141–149: 145.

43 A.a.O., 146.

44 Vgl. den 2011 erschienenen Band „Inklusive Kirche“ in der Buchreihe „Behinderung – Theologie – Kirche“ beim Kohlhammer Verlag sowie die Heftnummern der Zeitschrift „Pastoraltheologie“ im März 2012 sowie von „Praktische Theologie“ in dritten Quartal 2012. Weiterhin ist das „Handbuch Inklusion in der Kirchengemeinde“ im Frühjahr 2013 bei Vandenhoeck & Ruprecht erschienen.

zung inklusiver Konzepte zukomme,[45] da diese als außerschulische Partner nicht nur über Maßnahmen der Kinder- und Jugendhilfe die Schulentwicklung unterstützen können, sondern zudem wichtige „community links“[46] herstellen können, ohne die gesellschaftliche Teilhabe nicht realisierbar ist. Da selbst die Integration von Kindern und Jugendlichen mit Behinderung in der Freizeit an vielen Orten immer noch die Privatangelegenheit einzelner Eltern oder engagierter Gruppenleiter/innen ist, kommt Kirche und Diakonie im Blick auf die Realisierung einer inklusiven Jugendarbeit eine wichtige Funktion zu.

Auf der Grundlage ihres Bildungsverständnisses sind Kirche und Diakonie gefordert, die Entwicklung inklusiver Pädagogik in der Jugendarbeit zu begleiten und zu fördern, so dass für alle „Teilhabe, Verantwortung und Solidarität als Werte erlebbar werden“[47]. Inklusive Jugendarbeit kommt *allen* beteiligten Jungen und Mädchen zugute. Denn im Gegensatz zur individuellen Integration einzelner Jugendlicher erfordert das Inklusionsmodell einen Ansatz, der die grundsätzliche Heterogenität aller Jugendlichen ernst nimmt und individuell und zieldifferenziert auf die Bedürfnisse der einzelnen Jugendlichen eingeht. Dieser Ansatz entspricht in hohem Maße christlichen Bildern des Menschen, die jeden Menschen als von Gott geliebtes Wesen begreifen. Insofern ist „Menschsein mit einer Behinderung eine *konkrete und je individuelle Gestalt der Gottebenbildlichkeit*“[48]. Unabhängig vom Vorhandensein bestimmter körperlicher Eigenschaften oder Voraussetzungen ist jedem Menschen Anerkennung und Bejahung entgegenzubringen und seine Würde zu achten.[49] In christlicher Praxis darf es folglich keine Abwertungen bestimmter Formen menschlichen Lebens gegenüber anderen Formen geben. Diese Einsicht ist in allen kirchlichen Gruppen und Vollzügen umzusetzen, d. h., alle Praktiken, die absondernd oder gar aussondernd verfahren, sind grundsätzlich in Frage zu stellen und stehen unter einem hohen Rechtfertigungsdruck. In vielen Erzählungen des Neuen Testaments wird vielmehr gerade die Pointe auf die Wiedereingliederung etwa von geheilten Leprakranken oder aussätzigen Menschen gelegt, die man heute zurecht als Im-

45 Vgl. Handreichung des Diakonischen Werkes der EKD „Kooperation Kinder- und Jugendhilfe und Schule: Umsetzung auf der Grundlage des evangelischen Bildungsverständnisses“, hg. vom Diakonischen Werk der EKD, Berlin 2006, 8.

46 Jonathan Steele, Routes to Inclusion, in: Christina Tilstone/Lani Florian/Richard Rose (Hg.), Promoting Inclusive Practice, London/New York 1998, 201–218: 204.

47 Jürgen Gohde, Profile diakonischer Bildung, in: Gottfried Adam/Helmut Hanisch/Heinz Schmidt/Renate Zitt (Hg.), Unterwegs zu einer Kultur des Helfens: Handbuch des diakonisch-sozialen Lernens, Stuttgart 2006, 33–42: 36.

48 Ulf Liedke, Inklusion in theologischer Perspektive, in: Kunz/Liedke, Handbuch Inklusion, 31–52: 38. Hervorh. im Original.

49 Vgl. Eurich, Gerechtigkeit, 284 ff.; Ulf Liedke, Beziehungsreiches Leben. Studien zu einer inklusiven theologischen Anthropologie für Menschen mit und ohne Behinderung, Göttingen 2009, 230 ff.

pulse für eine inkludierende Arbeit in Kirche und Diakonie heranzieht.[50] Dies bedeutet, dass von klein auf in der Sonntagsschule, Kindertagesstätten oder Kindergärten alle Kinder gemeinsam zusammen sind und das Miteinander unterschiedlichster Kinder von Anfang an Normalität sein und eingeübt werden sollte. Dazu dürfen auch behinderte Jungen und Mädchen nicht als außerhalb der Jugend- oder Gemeindearbeit liegend betrachtet werden, sondern als ein unverzichtbarer Bestandteil eines Ganzen, der dann auch bei allen inhaltlichen und organisatorischen Belangen berücksichtigt werden und beteiligend einbezogen werden muss.[51]

Dem stehen jedoch folgende praktische Erschwernisse von behinderten Jugendlichen entgegen: zu wenig allgemein zugängliche Freizeitangebote bzw. Freizeiteinrichtungen, fehlende Kontakte zu Gleichaltrigen bei gleichzeitigen Selbstisolierungstendenzen (Selbstwahrnehmung als Störfaktor), Barriereprobleme (Unzugänglichkeit von öffentlichen Verkehrsmitteln), Erreichbarkeitsprobleme (große Entfernungen bei einer gegenüber Gleichaltrigen häufig verringerten Mobilität), eine starke familiäre oder institutionelle Bindung, weniger Freizeit aufgrund alltäglicher Versorgungsmaßnahmen (Körperpflege, Nahrungszubereitung), teils unzureichende Ausbildung von Interessen und Freizeitgewohnheiten. Eine wichtige Unterstützung bei der Überwindung dieser praktischen Schwierigkeiten können Assistentinnen und Assistenten sein, die auf Grundlage des persönlichen Budgets von Menschen mit Behinderung engagiert werden können. Mithilfe der Assistenz können z. B. Angebote im Rahmen der Erlebnispädagogik[52] in der Jugendarbeit als besondere Chance zur Persönlichkeitsbildung und zur Erhöhung der Inklusion eingesetzt werden. So können durch erlebnisorientierte Aktivitäten die in einer Gruppe eingeschliffenen Rollenmuster aufgebrochen werden, indem beispielsweise Talente und Fähigkeiten zum Einsatz kommen, die bisher eher zweitrangig waren (z. B. die Körpergröße in einer Höhle). Gemeinsame Erlebnisse wie eine Bergtour, eine Höhlenerkundung oder eine Kletterpassage enthalten als wesentliches Element eine Herausforderung an die Teilnehmenden. Wird diese positiv gemeistert, entsteht das Gefühl, etwas Besonderes bewältigt zu haben. Neben dieser Selbstbestätigung entsteht oftmals auch ein Zusammengehörigkeitsgefühl innerhalb der Gruppe. Die einzelnen Mitglieder nehmen sich und die anderen anders wahr und erleben sich in neuen Rollen.

---

50 Vgl. Andreas Lob-Hüdepohl, Bewegende Beziehungen gestalten – Leben aus Gottes Kraft, in: Annette Schavan (Hg.): Leben aus Gottes Kraft. Denkanstöße, Ostfildern 2004, 83–87; ders., Gott in Welt. Heilsames und Unheilvolles im Umgang mit psychisch versehrten Menschen, in: Andreas Heinz u. a. (Hg.), Über Gott und die Welt, Berlin 2005, 23–31.

51 Vgl. Ulf Liedke, Menschen. Leben. Vielfalt. Inklusion als Gabe und Aufgaben für Kirchengemeinden, in: Pastoraltheologie 3. 2012, 71–86.

52 Bernd Heckmair/Werner Michl, Erleben und Lernen: Einstieg in die Erlebnispädagogik, Neuwied ^{3}1998.

Die Angebote kirchlich-diakonischer Jugendarbeit müssen so konzipiert werden, dass annähernd gleiche Bedingungen für alle entstehen, wobei die Aktivitäten allen Jugendlichen Spaß machen und auch für nichtbehinderte Jugendliche eine Herausforderung darstellen sollen.[53] Dabei gilt: der Freizeitbereich sollte nicht zu sehr verzweckt werden und einem bestimmten „pädagogischen“ Ziel oder der Therapie dienen, sondern Aktivitäten in der Freizeit dürfen einfach auch nur Spaß machen! Die Erfahrung vieler betroffener Eltern ist, dass soziale Integration vor allem in der wenig „verregelten“ Freizeit gelingt. Entschleunigung und weniger Leistungsorientierung bedeuten mehr Zeit und Muße für die Gruppe. Nicht mehr das Ziel alleine ist wichtig, sondern der gemeinsame Weg dorthin, wobei die Qualität der Beziehungen untereinander ein wichtiges Kriterium ist. Mitleid oder eine Sonderstellung für die behinderten Jugendlichen sollten ausgeschlossen sein.

Die wichtigsten Barrieren, die im Blick auf eine inklusive Jugendarbeit aus dem Weg zu räumen sind, sind nicht im baulichen Bereich zu finden, sondern in den Köpfen der Beteiligten. Manchmal sind es ohne großen Aufwand zu realisierende Punkte, an die einfach nicht gedacht wird, wie beispielsweise die allgemeinen Angebote für Kinder und Jugendliche mit Behinderung zu öffnen und aktiv zu bewerben; die individuelle Unterstützung der Betroffenen sicherzustellen; ideelle, finanzielle und (gesellschafts)politische Unterstützung zu gewährleisten; eine akzeptierende Grundhaltung im Sinne des christlichen Menschenbildes einzunehmen; offen zu sein gegenüber „Neuem“, „Anderem“; individuelle Bedürfnisse zuzulassen; Spiele, Spielmaterialien und Aktivitäten den Fähigkeiten und Bedürfnissen der einzelnen Gruppenmitglieder anzupassen; nicht sportlichen Ehrgeiz, sondern das gemeinsame Tun in den Vordergrund zu stellen; sich zu informieren und Unterstützung anzunehmen; Ängste und Bedürfnissen aller Beteiligten ernst zu nehmen. Die unterschiedlichen Behinderungen, Bedarfe und Begabungen in einer inklusiven Jugendgruppe fordern alle Beteiligten heraus, neue Möglichkeiten zur Realisierung von beliebten Freizeitaktivitäten oder Sportarten zu suchen. Praxisbezogene Modelle gibt es bereits für die unterschiedlichsten Freizeitbereiche.[54]

7. Ausblick

Eine inklusive Jugendarbeit kann nicht einfach Mitarbeitenden durch Aufnahme unterschiedlich begabter Kinder und Jugendlicher in ihre Gruppe als Aufgabe zugeordnet werden, sondern erfordert auf der Seite der Mitarbeiten-

[53] So erhalten z. B. bei Bewegungsspielen die nichtbehinderten Jugendlichen die „Auflage“, auf einem Bein zu hüpfen.

[54] Vgl. Kapitel III „Sozialintegrative Praxisbeispiele“ in Markowetz/Cloerkes, Freizeit.

den spezifische Kompetenzen. Haupt- wie ehrenamtlich Tätige sind im Blick auf inklusionsorientierte Ansätze fortzubilden und können sich auch für eine „Freizeitassistenz“[55] qualifizieren. Dabei ist ein Bewusstsein und Methodeninventar für Inklusionsprozesse zu vermitteln, so dass Mitarbeitende befähigt werden, inklusionsorientierte Ansätze kompetent in der Praxis umzusetzen. Leitend ist die Maxime, dass an behinderte Jugendliche keine Bedingungen zu stellen sind, die sie erfüllen müssen, um als gleichberechtigte Menschen teilnehmen zu dürfen. Letztlich sollte das christliche Menschenbild den Paradigmenwechsel vom fremdbestimmten zum selbstbestimmten Agieren von behinderten jungen Menschen erleichtern. Es bedarf trotzdem der erhöhten Selbstreflexion der Mitarbeitenden, um die herkömmlichen Rollenverständnisse als Förderer oder Experte zu verlassen und die Rolle als Begleiter, Unterstützerin, Berater oder persönliche Assistentin wahrnehmen und in einen gleichberechtigten Dialog mit behinderten jungen Menschen eintreten zu können.

55 Vgl. Reinhard Markowetz, Gemeindezentrum – Freizeit und Bildung, in: Kunz/ Liedke (Hg.): Handbuch Inklusion, 321–348, 336 f.

Behinderung und Beratung – soziokulturelle Deutungsmuster als „*Kopf*-Barrieren" für gelingende Inklusion

Andreas Lob-Hüdepohl

1. *„wrongful birth"*: ein beinahe alltägliches Fallbeispiel für folgenreiche „Kopf-Barrieren"

Bereits Ende der achtziger Jahre des letzten Jahrhunderts verurteilte das Oberlandesgericht Düsseldorf einen Arzt zu Schadensersatzleistungen gegenüber der Mutter eines mongoloiden Kindes wegen einer aus Sicht des Gerichts fehlerhaften Beratung.[1] Zwar hatte er die werdende Mutter mit dem Hinweis auf „Mongolismus" über die diagnostizierte *Trisomie 21* ihres Kindes informiert. Gleichwohl sah das Gericht seine Beratungspflicht nur unzureichend erfüllt. Der Arzt hätte nämlich, so das Gericht, „unmissverständlich klar machen [müssen], dass das Risiko auch die Entwicklung eines schwerstgeschädigten Kindes beinhalte und dass die Geburt eines so geschädigten Kindes *erfahrungsgemäß zu unerträglichen und furchtbaren Belastungen* führe, vielfach verbunden mit der Notwendigkeit lebenslanger Pflege und Betreuung des genetisch beschädigten Menschen. Diese Auswirkungen sind dem medizinischen Laien regelmäßig nicht bekannt, auch wenn er den Begriff ‚Mongolismus' mit einer Schädigung der Leibesfrucht in Verbindung bringt."[2]

Solche Urteile zu Klagen aus „wrongful birth" („unerwünschte Geburt")[3] lösen erhebliche Kontroversen über die moralischen Grenzen von Schadens-

---

1 Dieses zivilrechtliche Urteil ist durch kein höhergerichtliches Urteil revidiert worden und ist bis heute richtungsweisend.

2 OLG Düsseldorf, NJW 1989, 1580 ff. (Hervorhebung ALH).

3 Als weitere klagerelevante Fallgruppen werden unterschieden: wrongful life (schlechtes Leben auf Grund unterlassener Abtreibung/Verhinderung der Geburt); wrongful pregnancy (misslungene Sterilisation), wrongful parenthood; wrongful adoption. Die Klagegründe sind ebenfalls sehr unterschiedlich: a) Schlechterfüllung des Vertrages (§ 247 ff. BGB); b) deliktisches Handeln (Verletzung persönlicher Integrität § 823 BGB). Ich habe die Problematik Kind als Schaden ausführlich diskutiert in Andreas Lob-Hüdepohl, Kind als Schaden? Ethische Anmerkungen zur aktuellen deutschen Rechtsprechung, in: StdZ 221. 2003, 595–610; eine Kurzform ist erschienen als: Behinderung unerwünscht! „Kind als Schaden" in der aktuellen

ersatzansprüchen gegenüber ärztlichem Handeln aus. Freilich folgen sie zunächst nur den Grundsätzen des bundesdeutschen Arzthaftungsrechts. Diese verpflichten den Arzt zur Einhaltung sowohl der üblichen Regeln der ärztlichen Kunst als auch zur Einhaltung der vertraglich vereinbarten Leistungen. Im Rahmen der medizinischen Schwangerschaftsbetreuung gehört zu den vertraglich vereinbarten Leistungen zwischen Arzt und Mutter bzw. Arzt und Eltern auch, (1) über diagnostizierte Anomalien des Föten ausreichend zu informieren, um so (2) der Mutter/den Eltern die Entscheidung über die Fortsetzung oder den Abbruch der Schwangerschaft zu ermöglichen und (3) gegebenenfalls einen Schwangerschaftsabbruch vorzunehmen. Unterlässt der Arzt übliche Diagnosen oder klärt über die (mutmaßliche) Bedeutung etwaiger Anomalien nicht ausreichend auf, so dass ein Abbruch der Schwangerschaft von den Eltern nicht in Betracht gezogen werden kann und es deshalb zu einer „unerwünschten Geburt“ kommt, dann kann der Arzt wegen Schlechterfüllung seiner Vertragspflichten belangt und zum finanziellen Ausgleich des Schadens verurteilt werden.

Viele Ärzte fühlen sich von solchen Urteilen nach Einschätzung des Medizinrechtlers Hermann Hepp zu einer „Defensivmedizin des Tötens“ gedrängt: „In der konkreten Situation ist zu befürchten“, so Hepp, „dass dieser über die Haftung aufgebaute indirekte Zwang dazu führen wird, im Zweifelsfalle zum Abbruch zu raten und den Arzt zum Abbruch der Schwangerschaft zu drängen.“[4] Auf den ersten Blick scheinen Hepps Befürchtungen unbegründet. Denn der Arzt ist nur dazu verpflichtet, über einen möglichen Befund objektiv zu informieren, keinesfalls aber bestimmte Handlungsoptionen nahe zu legen. Doch was gehört zu einer objektiven Information? Die zitierte Urteilsbegründung ist eindeutig und gibt Hepp letztlich Recht: Der Arzt wird dazu verpflichtet, die drohende Behinderung möglichst drastisch, abschreckend und darin wertend zu beschreiben.

Dieser Sachverhalt macht exemplarisch auf ein ethisches Grundproblem aufmerksam: Unabhängig davon, ob ein Arzt diese Sichtweise persönlich teilt oder nicht, muss er, um sich haftungsrechtlich schadlos zu halten, gegenüber seinen Patienten schon in der Beschreibung einer medizinischen Sachlage jene soziokulturellen Deutungsmuster aktivieren, die die gesellschaftliche wie die individuelle Wahrnehmung bestimmter Behinderungen dominieren und bei allen Beteiligten zu einem erheblichen Entscheidungs-

---

Rechtsprechung, in: Behinderung & Pastoral 2. 2003, 11–14. Eine detaillierte rechtliche Würdigung unterzogen hat Claudia Junker, Pflichtverletzung, Kindesexistenz und Schadensersatz. Wrongful Life, Wrongful Birth, Wrongful Pregnancy, Wrongful Adoption & Wrongful Parenthood, Berlin 2002.

4 Hermann Hepp, Medizinische und ethische Aspekte der Präimplantationsdiagnostik, in: Bundesministerium für Gesundheit (Hg.), Fortpflanzungsmedizin in Deutschland, Baden-Baden 2001, 189–195: 194.

und Handlungsdruck führen.[5] Damit entfalten soziokulturelle Deutungsmuster eine normative Kraft, die auf der Seite der Ratsuchenden für ihre Wahl von Handlungsoptionen entscheidend werden kann. Aufgabe *ethischer* Reflexion ist es deshalb, die oftmals im Hintergrund wirkenden soziokulturellen Deutungsmuster zu rekonstruieren, ihre normative Wirkweise bei der Orientierung menschlichen Handelns zu analysieren sowie – wenn nötig und möglich – „Gegendeutungen" für den Selbstorientierungsprozess der Beteiligten bereit zu stellen.

Damit kommt die (theologische) Ethik einem zentralen Anliegen nach, das die 2006 verabschiedete UN-Behindertenrechtskonvention eindringlich hat: Die Inklusion von Menschen mit Behinderungen wird nämlich nicht zuletzt von den Barrieren in den Köpfen einer Mehrheitsgesellschaft verursacht, die – bewusst oder unbewusst – Menschen mit Behinderungen auf Grund ihrer vermeintlichen Defizite letztlich als Minus-Varianten eines vollgültigen, wirklich lebenswerten und gelingenden menschlichen Lebens wahrnehmen und damit fundamental abwerten. Vor diesen Barrieren sind Kirchenmitglieder keinesfalls gefeit. Selbst Christen nehmen Menschen mit Behinderungen nach wie vor überwiegend als defizitäre Menschen wahr. Sie mögen zwar die beschriebenen Konsequenzen einer ‚wrongful-birth' ablehnen. Dennoch lassen auch sie nicht selten in ihren Reaktionen und Handlungsmustern die betroffenen Menschen diese Abwertung spüren und schädigen damit schwer deren Selbstwertgefühl und Selbstvertrauen in ihr eigenes Humanvermögen. Deshalb fordert die UN-Behindertenrechtskonvention eine umfassende Bewusstseinsbildung sozusagen in der inneren Lebenswelt unserer Gesellschaft: Abbau der „Stereotype, Vorurteile und schädliche[n] Praktiken gegenüber Menschen mit Behinderungen".

Für die theologische Ethik, die sich mit Franz Böckle als „Auslegung des Glaubens im Medium der Ethik"[6] versteht, besteht die besondere Pflicht, die eigenen biblischen bzw. theologischen Traditionen kritisch wie konstruktiv in den Blick zu nehmen und für die notwendige Bewusstseinsarbeit in Kirche und Gesellschaft fruchtbar zu machen. Solche Bewusstseinsarbeit muss an vielen Stellen greifen. Ein privilegierter Ort sind freilich solche Gelegenheiten, in denen kirchliche Einrichtungen ausdrücklich mit Blick auf drohende Behinderungen um Rat gefragt werden. Deshalb kommt der Beratungsarbeit eine besondere Bedeutung zu.

---

5 Vgl. Elisabeth Beck-Gernsheim, Die soziale Konstruktion des Risikos – das Beispiel Pränataldiagnostik, in: Soziale Welt 47. 1996, 286–296: 287 ff.

6 Vgl. Franz Böckle, Art. Ethik, katholisch, in: Peter Eicher, NHThG I (3. A.), München 1993, 396–407: 406.

2. Soziokulturelle Deutungsmuster und die Inszenierung von Behinderung

Unter einem Deutungsmuster möchte ich mit Rolf Arnold jene grundlegenden „Situations-, Beziehungs-, und Selbstdefinitionen" eines Menschen verstehen, mit denen er seine Sicht- und Zugangsweisen zu sozialen Beziehungen und moralischen Problemen orientiert und rechtfertigt.[7] Soziokulturell sind Deutungsmuster, wenn solche „Situations-, Beziehungs- und Selbstdefinitionen" für soziale Gruppen prägend sind und als kulturelles Sinnreservoir für die Bildung individueller Deutungsmuster zur Verfügung stehen.

Heilpädagogische[8] wie medizinsoziologische[9] Studien beschreiben die derzeitige Dominanz eines soziokulturellen Deutungsmusters, das sie der naturwissenschaftlich ausgerichteten Medizin zuordnen und als Medizinierung des Blickes auf Behinderung bezeichnen. Der medizinierte Blick sieht in der Behinderung eines Menschen – idealtypisch zugespitzt – die „irreversible und dauerhafte Beeinträchtigung der Leistungen eines Menschen als Folge der somatischen Verursachung".[10] Diese medizinierte Sicht auf Behinderung ist ambivalent: Einerseits hat die moderne Medizin mit ihren diagnostischen wie therapeutischen Verfahren die Lebenslagen und Lebensführungskompetenzen behinderter Menschen zum Teil enorm verbessert. Andererseits konzentriert sich ihre Sicht allein auf die medizinisch indizierbaren Schädigungen und funktionalen Ausfälle, also auf ein fehlendes Gliedmaß oder auf eine mangelhafte seelisch-geistige Verarbeitungsleistung des versehrten Menschen. Körperliche oder seelisch-geistige Verhaltensbesonderheiten werden auf gestörte Funktionsabläufe des Organischen reduziert und lediglich als die negative Abweichung von einer biologischen Norm gedeutet. Behinderung wird infolgedessen zur *Minus-Variante* eines normalen, vollfunktionsfähigen Lebens, deren Lebensqualität beinahe zwangsläufig eingeschränkt sein muss. Diese hierarchisierende Wertung wird durch eine doppelte Bedeutung von Normalität begünstigt. Normalität bezeichnet nicht mehr allein die statistisch ermittelbare, durchschnittlich erwartbare, körperliche oder seelisch-geistige Ausstattung eines Menschen; sondern sie erhält den Status eines anzustrebenden Idealzustands; Normalität wird *normativ*.

---

7 Vgl. Rolf Arnold, Deutungsmuster und pädagogisches Handeln in der Erwachsenenbildung, Bad Heilbrunn 1981.

8 Vgl. Dieter Mattner/Matthias Gerspach, Heilpädagogische Anthropologie, Stuttgart u. a. 1997.

9 Vgl. z. B. Barbara Duden/Beate Zimmermann, Aspekte des Wandels des Verständnisses von Gesundheit/Krankheit/Behinderung als Folge der modernen Medizin. Gutachten für die Enquete-Kommission des Deutschen Bundestages „Recht und Ethik der modernen Medizin", Berlin 2001, 25 ff.

10 Vgl. Mattner/Gerspach, Heilpädagogische Anthropologie, 25.

Durch die moderne Genetik zeichnet sich eine wichtige Akzentverschiebung im Deutungsmuster Medizinierung ab: Während für die klassische kurative Medizin eine Behinderung noch etwas Erfahrbares und Gegenwärtiges ist, ändert sich dies in einer prädiktiven Medizin, die sich zur Diagnose von Anomalien molekular-genetischer Testverfahren bedient: Für sie gilt bereits das Risiko einer zukünftigen Behinderung als pathologischer Tatbestand. Denn sie diagnostiziert lediglich genetische Auffälligkeiten, die zu Behinderungen führen können, keinesfalls aber immer müssen. Eintrittswahrscheinlichkeit wie vor allem Ausmaß einer Behinderung lassen sich niemals exakt bestimmen. In der Deutung einer breiten Öffentlichkeit hingegen suggeriert die Diagnose einer genetischen Anomalie eine zwangsläufige Ursache-Folge-Kette. Dieses Deutungsmuster dürfte im Hintergrund des eingangs zitierten Urteils stehen: die genetische Anomalie Trisomie 21; das Risiko schwerster Missbildung, „das erfahrungsgemäß zu unerträglichen und furchtbaren Belastungen“ führt.

Die fachwissenschaftliche Diskussion stellt hingegen fest: Die Behinderung eines Menschen ist immer das Ergebnis eines komplizierten Interaktionsprozesses zwischen der durch ein *impairment* versehrten Subjektivität und seiner sozialen Umwelt – selbst da, wo sie durch genetische Dispositionen mit verursacht ist. Nicht die somatische oder geistig-seelische Beschädigung (impairments) *als solche* erschwert dem versehrten Menschen die unproblematische Teilhabe am sozialen Leben (disability) und verursacht damit seine Behinderung („Handicap“), „sondern“, wie der Heilpädagoge Alois Leber feststellt, „die auf ihn und seinen Entwicklungs- und Bildungsprozess, auf sein Selbstverständnis, seine Identitätsfindung zurückwirkende gesellschaftliche Anforderung, die an ihn gestellt wird und die *Resonanz*, die er erfährt, z. B. als Verdikt, nicht vollständig, nicht vollwertig, hilflos, abhängig zu sein.“[11] Die soziale Umwelt wird durch ihre spezifischen Reaktionen auf einen versehrten Menschen zum Co-Akteur eines Geschehens, in dem sich dessen Behinderung ereignet und so besehen sozial inszeniert wird.[12] In dieser sozialen Inszenierung entfalten die jeweiligen Deutungsmuster der Beteiligten ihre normative Kraft.

---

11 Alois Leber, Art. Heilpädagogik, in: Hanns Eyferth u. a. (Hg.), Handbuch der Sozialarbeit/Sozialpädagogik, Neuwied 1987, 475–486: 478.

12 Auch für den versehrten Menschen gilt: Sein Selbst konstituiert sich in der sozialen Interaktion, in der sein Selbstbild schnell dem Sog der auf ihn einwirkenden Fremdbilder seiner sozialen Welt erliegen kann. „Wenn einem Menschen durch Prognosen und durch das Verhalten ihm gegenüber das Behindertensein nahe gelegt wird, er mit Ängsten und Abwehrrektionen konfrontiert wird, ist es sehr wahrscheinlich, dass er das Bild als Behinderter für sich akzeptiert und sich auch entsprechend entwickelt und handelt.“ Holger Lindemann/Nicole Vossler, Die Behinderung liegt im Auge des Betrachters, in: Geistige Behinderung 39. 2002, 100–111; hier: 100; vgl. auch Otto Speck, Menschen mit geistiger Behinderung und ihre Erziehung. Ein Lehrbuch, München 1997.

Theologische Ethik kann diese Analyse moderner Heilpädagogik mit Blick auf Bestände ihrer eigenen Tradition anschaulich erläutern. Gestützt durch exegetische und kirchenhistorische Untersuchungen wird sie auf die in hohem Maß beschädigenden Auswirkungen aufmerksam machen müssen, die die dominanten Bilder und Deutungen von Krankheit und Behinderung im antiken Judentum, in neutestamentlicher Zeit oder auch in der Kirchengeschichte für die Betroffenen hatten.[13] Krankheit sowie körperliche oder geistige Gebrechen deutete das antike Judentum bekanntlich als gerechte Strafe Gottes für schuldhaftes Vergehen.[14] Krankheit und Behinderung dokumentierten damit den Verlust der Gemeinschaft mit Gott. Noch stärker als körperlich kranke und behinderte Menschen galten Menschen mit psychischen Erkrankungen und Behinderungen als von Gott bestraft. Da es für Schizophrenie, Psychosen oder andere geistige Erkrankungen keine Erklärungen gab, deutete sie, wie Helmut Merklein festhält, das jüdisch-antike Denken als Ausdruck einer Besessenheit des Menschen durch „fremde Mächte und Gewalten".[15] Eben weil sie von „fremden Mächten und Gewalten", also von Dämonen besessen galten, wurden sie oftmals von der Alltagsgesellschaft ausgeschlossen – auch hier eine soziale Inszenierung von Behinderung.

3. Deutungsmuster im Prozess der Orientierung menschlichen Handelns und Anknüpfungspunkte ihrer Kritik

Nun legen Deutungsmuster die Handlungsakteure keinesfalls auf bestimmte Handlungsoptionen fest. Aber sie strukturieren das Feld („Gesichtskreis") solcher Handlungsmöglichkeiten vor, die aus der Perspektive des jeweiligen Handlungsakteurs sinnvoll und angemessen erscheinen. Entscheidend ist, dass diese Vorstrukturierung von Handlungsoptionen bereits bei der spezifischen *Wahrnehmung* der konkreten Handlungssituation beginnt.

---

13 Vgl. Hans Herbst, Behinderte Menschen in Kirche und Gesellschaft, Stuttgart 1999, bes. 51–208; Hubertus Lutterbach, Europäisches Jahr der Menschen mit Behinderungen. Kultur- und christentumsgeschichtliche Perspektiven, in: StdZ 128. 2003 623–637; Eberhard Schockenhoff, Ethik des Lebens. Ein theologischer Grundriss, Mainz 1993, 270–285.

14 Vgl. typisch die Frage des Nazareners in Joh 9,1–7 im Kontext der heilsamen Begegnung mit dem Blindgeborenen.

15 Vgl. Helmut Merklein, Der Besessene von Gerasa (Mk 5,1–20), in: Mariano Delgado/Andreas Lob-Hüdepohl (Hg.), Markierungen. Theologie in den Zeichen der Zeit. Berlin 1995, 193–213; Klaus Berger, Historische Psychologie des Neuen Testaments (Stuttgarter Bibelstudien 146/147), Stuttgart ³1995, 64–82, 69.

Im Anschluss an Karl-Otto Apel und Dietrich Böhler[16] lässt sich allgemein die Wirkweise von Deutungsmustern im Prozess der Orientierung menschlichen Handelns handlungstheoretisch wie folgt erläutern: Jeder Handelnde orientiert sein Handeln nicht nur in Ansehung persönlicher Werte, konkreter Handlungsnormen oder allgemeiner ethischer Prinzipien. Sondern er orientiert sein Handeln zunächst immer auch in Ansehung der konkreten Handlungssituation, auf die er durch sein Handeln *re*agiert. *Wie* aber ein Handlungssubjekt auf eine Handlungssituation reagiert, hängt entscheidend davon ab, *wie* und *als was* er sie *versteht.* Dieses Verstehen ist aber ein hermeneutischer Prozess, in dem das Handlungssubjekt sein jeweiliges Vorverständnis an die zu verstehende Handlungssituation anlegt und diese damit mitstrukturiert. Da dieses Vorverständnis durch das jeweilige Deutungsmuster des Handelnden gespeist wird, das individuelle Deutungsmuster wiederum soziokulturelle Deutungsmuster mehr oder minder zunächst nur rezipiert, kann bereits der hermeneutische Prozess des Situationsverstehens als „Transmissionsriemen" für die Übermittlung soziokultureller Deutungsmuster in die individuelle Orientierung menschlichen Handelns wirken.

Bezogen auf die Wirkung von Deutungsmustern in der sozialen Interaktion zwischen behinderten und nichtbehinderten Menschen könnte das heißen: Das Vorverständnis („Bild") eines nichtbehinderten Menschen, das sich aus dem Deutungsmuster Medizinierung speist, nimmt die Situation behinderter Menschen im Wesentlichen in ihrer negativen Abweichung vom „gesunden" Menschen wahr und schränkt den Blick auf dann für ihn sinnvolle Handlungsoptionen ein – etwa auf die bloße Kompensation der wahrgenommenen *Defizite*. Das Deutungsmuster Genetisierung wird – zugespitzt formuliert – im Falle einer pränataldiagnostisch erhobenen Anomalie in erster Linie das abschreckende Risiko in den Blick nehmen und deshalb die rechtzeitige Verhinderung des auffälligen Befundes und damit seines kindlichen Trägers nahe legen – ein Reaktionsmuster, das mittlerweile durch eine Reihe von Studien empirisch belegt ist.[17]

Freilich ist jeder hermeneutische Prozess des Situationsverstehens prinzipiell für kritische wie kreative Impulse offen. Solche kritisch-kreativen Impulse können sich bereits in der Innensicht des Situationsverstehens ergeben; etwa dann, wenn das Vorverständnis des Handlungssubjektes mit der Handlungssituation in keine befriedigende Kohärenz gebracht werden kann und deshalb „angepasst" werden muss („hermeneutischer Zirkel"). Solche kritisch-kreativen Impulse können aber auch von außen kommen; etwa dann, wenn andere auf das Situationsverstehen des Handlungssubjekts durch kritische Nachfrage oder durch alternative Deutungsangebote einwirken. Gerade

---

16 Vgl. Dietrich Böhler, Rekonstruktive Pragmatik, Frankfurt a.M. 1985.

17 Vgl. Ingrid Nippert, Entwicklung pränataler Diagnostik, in: Gabriele Pichlhofer (Hg.), Grenzverschiebungen. Politische und ethische Aspekte der Fortpflanzungsmedizin, Frankfurt a.M. 1999, 63–80: 75 f.

alternative Deutungsangebote können ein Potenzial kontrastierender Erfahrungen bereithalten, die das Handlungssubjekt überraschend neue Perspektiven erkennen lassen und in ihrer Sinnhaftigkeit zu überzeugen vermögen. Damit können diese kritisch-kreativen Impulse die zunächst rezipierten Deutungsmuster in ihrer normativen Kraft eingrenzen, in ihrer Plausibilität aufbrechen oder sogar grundlegend verändern.

In diesem Sinne kann das Verständnis von Behinderung als soziale Inszenierung die bislang dominierenden Deutungsmuster der Medizinierung und der Genetisierung verflüssigen und andere Handlungsmuster etablieren helfen. Denn es öffnet die soziale Interaktion zwischen nichtbehinderten und behinderten Menschen für das, was die moderne Heilpädagogik Ressourcenorientierung nennt. Dabei geht es nicht nur um eine Sensibilität für die vorfindlichen Stärken einer vermeintlich nur schwachen, versehrten Subjektivität. Sondern es geht auch um die Wertschätzung ihres Andersseins als solche. Diesem Anderssein versehrter Menschen wird die Chance eingeräumt, sich eigenständig mit seinem eigenen intrinsischen Sinnpotenzial zu entwickeln;[18] eine menschliche Entwicklung, deren normaler Verlauf sich anders ausnehmen wird als das im Durchschnitt für einen Menschen Erwartbare. Solche „normalen" Eigenheiten versehrter Menschen mögen irritieren und befremden. Sie zeigen aber: Es ist mitunter sehr verschieden, normal zu sein. Dies anzuerkennen wird die ausgrenzende Starrheit hierarchisierender Deutungsmuster Schritt für Schritt erschüttern.

Solche kritisch-kreativen Impulse können im Übrigen wichtige Kontrasterfahrungen christlicher Gottesrede aufgreifen, die im Umfeld Jesu von Nazareth offenkundig werden. Denn die Praxis Jesu gegenüber kranken und behinderten Menschen setzt – wenn ich die Erkenntnisse neutestamentlicher Exegese in ihrer *Quintessenz* richtig verstehe[19] – selbst schon entscheidende Gegenakzente zu den dominanten Deutungsmustern seiner Zeit; also gegen den Tun-Ergehen-Zusammenhang von Behinderung und persönlicher Schuld. Oder gegen die Deutung, dass Menschen mit psychischen Auffälligkeiten „von fremden Mächten und Gewalten" besessen sind und so den Verlust der Nähe und der Gemeinschaft mit Gott symbolisieren. Indem Jesus die Nähe von Kranken und Behinderten zulässt, diese mitunter sogar sucht (vgl. Lk 5,17), um an vermeintlich *Gottfernen* durch deren zeichenhafte Heilung gerade *Gottes Nähe* zu demonstrieren, bricht er mit den Denkgewohnheiten und sozialen Zuschreibungen seiner Zeit. Er nimmt den „Gesunden" und „Normalen" die Möglichkeit, durch die Abwertung, ja Dämonisierung von Kranken und Behinderten all das auf sie hin zu projizieren, was sie selbst als „abstoßend Fremdes" und „Fremdseelisches" deuten und deshalb –

---

18 Mattner/Gerspach sprechen von „fungierende Intentionalität" auch eines versehrten Körpers; dies., Heilpädagogische Anthropologie, 87.

19 Vgl. Herbst, Kirche und Gesellschaft.

im eigentlichen Sinne des Wortes – „auf Abstand“ halten wollen.[20] Und er erschließt innovative Handlungsmodelle: zum Beispiel die Reintegration der Ausgestoßenen in die Mitte der menschlichen Gemeinschaft, die auch für die Normalgesellschaft eine Bereicherung darstellt.

Biblische Handlungsmodelle sind – wenn ich recht sehe – besonders darin innovatorische Handlungsmodelle, dass sie neue Deutungsalternativen zu den herkömmlichen „Lesarten“ prekärer Lebenslagen von Menschen und ihren sozialen Beziehungen bereitstellen.[21] Und sie besitzen in der Regel einen entscheidenden Vorteil: Sie sind in Heilungsgeschichten oder Gleichnissen (Barmherziger Samariter) erzählte Deutungsalternativen, die den Zuhörern Verstehenszugänge eröffnen, die durch strenge argumentative Kritik eher verstellt blieben. Solche erzählten Deutungsalternativen als kritisch-kreative Impulse für eingewöhnte Deutungsmuster heute fruchtbar zu machen, dürfte ein wichtiger Ertrag theologischer Ethik im Sinne einer Auslegung des Glaubens im Medium der Ethik sein.[22]

4. Bearbeitung handlungsorientierender Deutungsmuster durch Beratung

Ein prominenter Ort für die kritisch-kreative Bearbeitung handlungsorientierender Deutungsmuster sind jene Formen professioneller Beratung, die für die Selbstorientierung vieler Menschen in unübersichtlichen Lebenslagen eine wichtige Funktion besitzen. Die gängigen pädagogisch-psychologischen Standards[23] beschreiben professionelle Beratung in Lebensführungsfragen als einen umfassenden Lernprozess, in dem der Ratsuchende – über bestimmte Informationen hinaus – seine grundlegenden Deutungs- und Handlungsmuster ausdifferenziert, um seine eigene Problemlösungskompetenz dauerhaft zu stärken.

Ich möchte mich auf einen Aspekt ethischer Reflexion konzentrieren, der nach wie vor kontrovers diskutiert wird: Ist ein Lernprozess, der die vorfindlichen Deutungs- und Handlungsmuster des Ratsuchenden durch die Inter-

---

20 Vgl. Berger, Historische Psychologie, 69.

21 Ein prominentes Beispiel ist das Gleichnis vom Barmherzigen Samariter (Lk 17,11–19); vgl. auch Sprachbilder bei Paulus 1. Kor 12: Gerade die schwächer scheinenden Glieder des Leibes sind unentbehrlich.

22 Hier könnte man wirklich mit Alfons Auer von der Eröffnung neuer Sinnhorizonte sprechen, die das spezifisch Christliche in den ethischen Diskurs einzuspeisen hat. Vgl. Alfons Auer, Rat als Quelle des Ethischen, in: Werner Stegmaier (Hg.), Rat als Quelle des Ethischen. Zur Praxis des Dialogs, Stuttgart 1993.

23 Vgl. Nando Belardi, Beratung – eine sozialpädagogische Einführung, Weinheim 1993.

ventionen des Beraters bearbeitet, überhaupt mit der persönlichen Autonomie des Ratsuchenden vereinbar?

Im Lichte unserer bisherigen Überlegungen berührt jede professionelle Beratung in Lebensführungsfragen zwangsläufig moralische Aspekte. Und zwar bereits dann, wenn das Beratungsgespräch das spezifische Situationsverständnis des Ratsuchenden ermittelt und damit die normative Kraft und die moralischen Implikationen seiner Deutungsmuster freilegt. Schon aus diesen Gründen ist eine „moralfreie" Beratung, wie sie einigen Beratungskonzepten aus Respekt vor der Autonomie des Ratsuchenden vorschwebt, illusorisch. Eine Beratung, die alle moralischen Aspekte kompromisslos ausklammern oder nur dann zulassen will, wenn der Ratsuchende dem ausdrücklich zustimmt, initiiert kein Lernen und wäre deshalb keine Beratung mehr.[24]

Eine „moralfreie" Beratung wäre für die persönliche Autonomie des Ratsuchenden sogar kontraproduktiv. Natürlich müssen die Einlassungen des Beraters der besseren Selbstaufklärung und Selbstorientierung des Ratsuchenden dienen.[25] Damit respektieren, ja stärken sie genau das, wofür sittliche Autonomie steht. Sittliche Autonomie eines Menschen steht zunächst für die Übereinstimmung seiner Lebensführung mit jenem Entwurf eines gelingenden Lebens, den er sich selbst zueigen macht. Sittliche Autonomie eines Menschen steht sodann für dessen unmittelbare Entscheidungs- und Handlungsfreiheit in Fragen höchstpersönlicher Lebensführung. Sittliche Autonomie heißt aber nicht, den eigenen Entwurf gelingenden Lebens und die sich daraus ergebenen persönlichen Wert- und Handlungsoptionen für sakrosankt zu erklären. Auch bedeutet sie nicht, die eigene Entscheidungs- und Handlungsfreiheit absolut zu setzen. Im Gegenteil, es gilt der fundamentalethische Grundsatz: Sittliche Freiheit ist immer Freiheit in jenen sozialen Bindungen und moralischen Verbindlichkeiten, in denen allein nur eine menschenwürdige Lebensführung gelingen kann. Deshalb ist die sittlich autonome – oder klassisch formuliert – die gewissenhafte Selbstorientierung eines Subjekts weder monologisch noch subjektiv beliebig; sondern sie ist grundsätzlich dialogisch und – sozusagen gerechtigkeitsorientiert – an den vitalen Interessen und Optionen jener interessiert, die von der Handlungsentscheidung eines Einzelnen immer mit betroffen sind.

---

24 Dies zu leugnen käme einer, wie Hans Thiersch es nennt, geheimen Moral der Nicht-Moral gleich, die die moralischen Dimensionen und Verbindlichkeiten menschlicher Lebensführung grundsätzlich bagatellisieren würde. Vgl. Hans Thiersch, Zur geheimen Moral der Beratung, in: Ewald J. Brunner/Wolfgang Schönig (Hg.), Theorie und Praxis der Beratung, Freiburg i. Br. 1990, 129–151.

25 Vgl. hier Ansätze Philosophischer Beratung und Praxis bei Eckart Ruschmann, Philosophische Beratung, Stuttgart 1999; Jens Badura, Die Suche nach Angemessenheit, Münster 2002).

Für die professionelle Beratung in Lebensführungsfragen heißt das: Um die sittliche Autonomie des Ratsuchenden zu respektieren, ist eine direktive Beratung, die bestimmte Einsichten oder Handlungsoptionen aufnötigt, strikt ausgeschlossen. Notwendig eingeschlossen sind aber Einlassungen des Beraters, die sowohl andere moralische Gesichtspunkte und Handlungsoptionen advokatorisch zur Sprache bringen, als auch bereits die Situationsdeutungen und Deutungsmuster des Ratsuchenden durch alternative Deutungen kontrastieren. Nochmals: wer beraten werden will, muss abweichende Situationsdeutungen und Handlungsoptionen zulassen und verstehen wollen, um sich entweder bestätigt oder aber Veränderungsbedarf zu sehen.

Freilich gehört zum Wesen von Beratung wie zum Wesen sittlicher Autonomie insgesamt, dass der Ratsuchende für sich reale Freiheitsräume sieht, solche Kontrastierungen in seine Situationsdeutungen und Handlungspläne einzubauen oder nicht. Solche realen Freiheitsräume sind aber gerade im Setting professioneller Beratung nach zwei Seiten gefährdet: Einerseits besteht eine strukturelle Asymmetrie zwischen Berater und Ratsuchendem, die sich schon durch die Ratlosigkeit des Ratsuchenden und durch einen unterstellten Kompetenzvorsprung des Beraters ergibt. Andererseits ist der konkrete Anlass professioneller Beratung oftmals mit psychosozialen Belastungen des Ratsuchenden verbunden, die ihn zu überwältigen drohen. Gerade bei Beratungen etwa im Umfeld von pränataler Diagnose erfahren Ratsuchende angesichts der Schwere ihrer Entscheidung und der Unabsehbarkeit ihrer Folgen ihre Entscheidungsfreiheit eher als Zumutung und Überforderung, denn als Einladung zu höchstpersönlicher Lebensführung. Angesichts dieser Gefährdungen realer sittlicher Autonomie ist es eine vordringliche Verbindlichkeit jeder professionellen Beratung, die realen Freiheitsräume des Ratsuchenden einerseits offen zu halten oder überhaupt zu öffnen, andererseits aber auch vor Überforderung und Überwältigung zu schützen. Hier professionsmoralische Standards zu formulieren ist die Aufgabe einer Ethik der Beratung, die ich hier nicht weiter ausführen kann.[26]

[26] Vgl. dazu ausführlicher Andreas Lob-Hüdepohl, Nichtdirektivität oder Parteilichkeit? Ethische Aspekte sozialprofessioneller Beratung, in: Soziale Arbeit 52. 2003, 448–455; ders., Berufliche Soziale Arbeit und die ethische Reflexion ihrer Beziehungs- und Organisationsformen, in: Andreas Lob-Hüdepohl/Walter Lesch (Hg.): Ethik Sozialer Arbeit. Ein Handbuch, Paderborn 2007, 113–161.

5. *„Beredtes Schweigen"* im Feld von Behinderung und Beratung

Ein Deutungsmuster von Behinderung, das um die soziale Inszenierung von Behinderung weiß; das die Andersheit der Lebensführungen von Menschen mit Behinderungen respektiert und stützt; das auf Abwertungen verzichtet und die Verschiedenheit von Normalität anerkennt; dieses Deutungsmuster will keinesfalls die Situation behinderter Menschen *verharmlosen*. Die Lebensbewältigung versehrter Menschen ist wie die Lebensführung jener, deren Lebensgeschichte eng mit ihnen verknüpft ist, nicht selten auch ein Leben unter erheblich erschwerten Bedingungen, die als Zumutung, als Überforderung, kurz: als *leidvoll* erfahren werden können. Professionelle Beratung im Kontext von Behinderung darf diese basale Grunderfahrung der Betroffenen nicht ausklammern. Ratsuchende Mütter oder Eltern haben etwa nach indizierter Auffälligkeit ihres werdenden Kindes oftmals mit Zukunftsangst, mit Enttäuschung oder auch mit Wut über das sich abzeichnende Schicksal zu kämpfen. In dieser Situation kann es nicht als erstes darum gehen, die Ratsuchenden von „positiven" Deutungen eines Lebens mit behinderten Menschen zu überzeugen und darüber deren Enttäuschung und Zukunftsängste auszureden. Stattdessen ist solche Trauer und Wut, die sich sogar zur Klage und Anklage gegen Gott steigern mögen, ernst und zum Anlass zu nehmen, sich angesichts solcher Verzweiflung über das als ungerecht empfundene Leid möglicherweise selbst als Berater die eigene Rat*losigkeit* einzugestehen.

Auch das dürfte zur redlichen Auslegung von Glaubenserkundungen – hier zur *Theodizee* – im Medium der Ethik gehören: Christen werden sich selbst und der Welt gegenüber eine letztlich befriedigende Antwort auf die Frage nach dem Sinn von Beschwernis und Leid schuldig bleiben müssen. Gegen eine *augustinische* Antwort wäre beispielsweise zu fragen, wie die Ambivalenz menschlicher Freiheit, als deren Preis Augustinus alle Übel und alles Leid zu veranschlagen bereit ist, wie diese Ambivalenz einen gütigen und allmächtigen Gott entlasten könnte, wo sich doch menschliche Freiheit gerade eines theonomen Ursprungs verdankt?[27] Im Übrigen: Welche Konsequenzen eine solche Rechtfertigung Gottes gerade auch für behinderte Menschen besitzt, zeigt sich bei Augustinus selbst: Missgebildete Gestalten, bilanziert Joseph Neumann das augustinische Denken etwa in „De civitate Dei", „[müssen] letztlich das Ergebnis eines Widerspruchs sein, der sich

---

[27] Vgl. Johann Baptist Metz, Memoria Passionis. Ein provozierendes Gedächtnis in pluralistischer Zeit, Freiburg i. Br. ²2006, 4 ff.

gegen die von Gott gewollte Ordnung richtet."[28] Behinderung erscheint dann als Teil des moralischen Bösen und damit als die logische Folge moralischer Schuld.

Gewiss, im Ringen um eine angemessene Theodizee sind Christen niemals nur Fragende; sie sind immer auch – um eine Formulierung von Thomas Pröpper aufzugreifen – *Gefragte zugleich.*[29] Gefragt ist keine theoretische Beantwortung der Theodizee; sondern gefragt ist eine, wie Regina Ammicht Quinn es nennt, *praktisch-authentische Theodizee.*[30] Darunter ist eine Rechtfertigung Gottes durch eine Praxis von Menschen zu verstehen, die das Leiden etwa von Menschen mit Behinderungen als Leiden an und in ihrer Lebenssituation ernst nimmt; die die sozialen Inszenierungen, die zu solchen Leiden führen, überwindet; und die in dieser solidarischen Praxis jene rettend-heilende Wirklichkeit zur Darstellung bringt, die Christen als ihren Gott bekennen; die in Leben und Schicksal Jesu Christi für Kranke und Behinderte handgreiflich und heilsam geworden ist. Aber: Auch eine praktische *Theodizee* bleibt immer offen: *offen* zunächst mit Blick auf ihr praktisches Gelingen, das immer unter dem Vorbehalt des Fragmentarischen verbleibt; offen vor allem aber als Frage nach dem letzten *Warum* menschlichen Leidens, das ihr entschiedenes Engagement für die Belange behinderter Menschen niemals beantworten kann. In diesem Punkt lässt auch eine praktische Theodizee nur *Ratlosigkeit* zurück.

In seinem „Plädoyer für die Freunde Hiobs" stellt Jürgen Ebach deren *erste* Reaktion auf die Leiden des Hiob heraus. Bevor sie gegenüber Hiob für eine konsequente Auslegung des Tun-Ergehen-Zusammenhangs argumentieren, auf der Gerechtigkeit Gottes beharren und daher auf Hiobs Schuld schließen, schweigen sie mit Hiob und geben so dessen verzweifeltem Ringen mit Gott nicht nur aus taktischen Gründen Raum, sondern – davon ist Ebach überzeugt – auch aus solidarischen, aus mitleidenden Gründen.[31] Hier zeichnet sich die Kontur einer sittlichen Grundhaltung ab, die man *beredtes Schweigen* im Kontext von Behinderung nennen könnte. Sie ist vermutlich ein wichtiger Baustein einer Ethik seelsorgerischer Beratung und Begleitung, die zu entfalten freilich in die Zuständigkeit eines Pastoraltheologen fällt.

---

[28] Josef N. Neumann, Die Missgestalt des Menschen – Ihre Deutung im Weltbild von Antike und Frühmittelalter. Sudhoffarchiv 1992 zitiert in: Lutterbach, Europäisches Jahr, 623–637: 628.

[29] Vgl. Thomas Pröpper, Fragende und Gefragte zugleich. Notizen zur Theodizee, in: Tiemo R. Peters u. a. (Hg.), Erinnern und Erkennen. Denkanstöße aus der Theologie von Johann Baptist Metz, Düsseldorf 1993, 61–73.

[30] Vgl. Regina Ammicht Quinn, Von Lissabon nach Auschwitz. Zum Paradigmenwechsel in der Theodizeefrage, Freiburg i. Ue./Freiburg i. Br. 1992.

[31] Jürgen Ebach, Gott und die Normativität des Faktischen. Plädoyer für die Freunde Hiobs, in: Michael Schibilsky (Hg.), Kursbuch Diakonie, Neukirchen-Vluyn 1991, 161–172.

Was ist gelingendes Leben? Zielvorstellungen und gesellschaftliche Wirklichkeit

Cornelia Coenen-Marx

1. Eigentlich bin ich ganz anders

„Eigentlich bin ich ganz anders, nur komme ich so selten dazu“: Dieses Wort von Ödon von Horvath wandert seit einigen Jahren mit mir durch die Fastenzeit. Die Redaktion von „Andere Zeiten“ hat es entdeckt und druckt es seitdem auf ihre Fastenkarten – mit immer neuen Bildern der spielerischen Lebensfreude und Leichtigkeit. Diesmal war es ein Elefant, der einen Sonnenschirm im Rüssel trägt. „Eigentlich bin ich ganz anders, nur komme ich so selten dazu“ – der Spruch verweist auf die große Sehnsucht, die jeder Mensch in sich trägt. Jenseits der gesellschaftlichen Normen und Erwartungen, jenseits der Rollenzwänge sein zu dürfen, wer wir wirklich sind. Zugleich aber erinnert er an die Grenzen unserer Freiheit, die Abhängigkeit von unserem Umfeld, und hilft damit, uns zu erden. Aber: wer bin ich „eigentlich“? Wenn es so etwas gibt, wie den Kern meiner Person, meinen Charakter, meine persönlichen Gaben, dann ist klar: gelingendes Leben hat damit zu tun, dass wir dem auf die Spur kommen, wir selbst werden, unsere Berufung finden.

Nicht nur die biblischen Texte über die Charismen und die Talente, die wir nicht vergraben sollen, sondern auch viele Märchen und Geschichten locken uns auf diesen Weg. Denken Sie nur an das Märchen von der Grille und der Ameise, an die Geschichte von dem Mäuserich Frederik oder an den Tanz des Clowns Colombin. Sie alle machen deutlich: nicht nur der gesellschaftliche Nutzen, den Erwerbsarbeit bietet, ist ein Kriterium für gelingendes Leben, sondern auch die Fähigkeit zu singen, zu malen, Gedichte zu schreiben oder zu tanzen.

Ich erinnere mich an einen Freund, den ich als Studentin sehr gern mochte. Axel, der Sohn des besten Freundes meines Vaters, hatte mit Anfang 20, als wir beide das Studium begannen, nur noch wenige Jahre zu leben; er hatte Muskelschwund. Aber er studierte mit Leidenschaft; er liebte das Theaterspiel, beteiligte sich an einer Filmproduktion und nutzte die Zeit, um mit seinem Zivildienstleistenden im Rollstuhl durch die Welt zu reisen – von Griechenland bis nach Fernost. Oft habe ich ihn um seine Lebensfreude beneidet – denn mir selbst ging es damals nicht gut; ich war mir unsicher über

Studium und Zukunft. Von Axel habe ich gelernt, das Leben um seiner selbst willen zu lieben – jenseits aller Ziele den Tag zu genießen, jenseits des Nutzens mich an der Schönheit zu freuen. Dabei war mir sehr wohl bewusst, dass Axels radikale Liebe zum Leben wohl mit dem Bewusstsein der Grenze zu tun hatte, mit der er lernen musste umzugehen. Umso mehr kann ich sagen: von Axel habe ich gelernt, mich frei zu machen von falschen Ängsten und Sorgen.

Das ist die Haltung, die Jesus seinen Jüngern in der Bergpredigt[1] vermitteln will – den Tag ernst nehmen, sich an den Lilien auf dem Felde freuen, statt in der Angst vor der Zukunft die Gegenwart zu verraten. So zu leben, können wir von den Kindern lernen. Deshalb stellt Jesus ein Kind in die Mitte des Jüngerkreises und sagt: „Wenn ihr nicht werdet wie die Kinder, so werdet Ihr nicht ins Reich Gottes kommen."[2] So inszeniert Jesus seine Antwort auf die Frage, wer denn der Größte ist vor Gott, welches Leben also wirklich lohnt. Nicht Lebenserfahrung oder Leistung werden hier in den Mittelpunkt gestellt, nicht Gesundheit oder Stärke; gelingendes Leben, wie Jesus es versteht, hat vielmehr damit zu tun, dass wir für den Himmel offen bleiben. Für Gott also, für die Seligkeit. Dass Jesus auch die Leidenden, die Hungernden und Dürstenden selig preist, ist so zu verstehen. Sie machen Erfahrungen, die jenseits unserer Leistungs- und Selbstversorgermentalität liegen: satt werden, getröstet werden, Gott schauen. Kurz gesagt: sich selbst als beschenkt erleben. Johannes Calvin hat in seinem Genfer Katechismus auf die Frage, was der Sinn des Lebens ist, geantwortet: „Gott loben". Wie das Glück liegt auch der Sinn meines Lebens außerhalb meiner selbst, er ist mir nicht verfügbar, ich schaffe ihn nicht, sondern empfange ihn. Auch so kann ich das Wort von Ödon von Horvath verstehen: „Eigentlich bin ich ganz anders". Es hat schon etwas, wenn wir uns gelegentlich daran erinnern lassen, dass wir anders gemeint sind, dass unser Leben auch anders verstanden werden kann, als in einer Arbeits- und Konsumgesellschaft üblich.

2. Allein leben ist die neue Norm

Die Zeitschrift Time-Magazin beschreibt in ihrer März-Ausgabe[3] zehn Trends, die unser Leben verändern. Dazu gehören die Auslagerung unseres Wissens in die Wolke, High Status Stress, das Verschwinden der Privatsphäre und – als allererstes – das Single-Dasein. Allein leben ist die neue Norm, schreibt der Autor, der Soziologieprofessor Eric Klinenberg.[4] 28 Pro-

---

1 Mt 6,25–36 (Vom Schätzesammeln und Sorgen).

2 Mt 18,1–5.

3 10 Ideas That Are Changing Your Life, in: Time, März 2012.

4 Eric Klinenberg, Living alone is the new norm, in: Time 179. 2012, 60.

zent aller US-Haushalte sind heute Single-Haushalte, verglichen mit 9 Prozent in den 1950er Jahren, was einen enormen Anstieg widerspiegelt. In Schweden sind es übrigens 47 Prozent, in Großbritannien 34 Prozent, in Japan 31 Prozent – in Kenia nach wie vor nur 15, in Indien sogar nur 3 Prozent. Klinenberg kommt in seinem Artikel zu dem Ergebnis, dass Alleinleben der beste Weg ist, die modernen Werte einer individualistischen Gesellschaft zu leben: Freiheit, Selbstverwirklichung und Selbstkontrolle.

Wir leben in einer Arbeits- und Konsumgesellschaft, in der Flexibilität zu den wichtigsten Normen gehört. Was Richard Sennet bereits vor ca. zehn Jahren in seinem Buch „Der Flexible Mensch“[5] reflektiert hat, greift mehr und mehr in die Lebensgestaltung aller ein. Der Trend ist ambivalent: einerseits ermöglicht die technologische Entwicklung mehr selbstbestimmte Arbeit, andererseits sind berufliche Karrieren fragiler geworden. Der Zeitstress am Arbeitsplatz steigt, die Grenzen verschwimmen – zwischen Arbeit und Freizeit, zwischen Unternehmern und Angestellten usw. Dabei bestimmen Herkunft und Bildungsabschlüsse nach wie vor die beruflichen Chancen, Unabhängigkeit und gesundheitliche Fitness die Bewegungsfreiheit. Wer nicht mithalten kann, fällt schnell raus: psychisch kranke und ältere Arbeitnehmer, Menschen mit Behinderung, mit unterdurchschnittlichen Schulabschlüssen, aber auch Männer und Frauen, die Erziehungs- und Pflegeaufgaben haben.

Für solche Personen greifen in unserem Sozialstaat die Hilfesysteme; in Einrichtungen beispielsweise der Alten- und Behindertenhilfe werden sie versorgt, sie finden Arbeit in Werkstätten oder auf dem zweiten Arbeitsmarkt; hier müssen sie sich auf andere Weise in Normen einfügen: als Hilfeempfänger, Nutzer, Klient oder Kunde.

3. Martha Nussbaum, Hanna Arendt und die Vision der gerechten Teilhabe

Die amerikanische Philosophin Martha Nussbaum hat beschrieben, wie eine Gesellschaft aussehen könnte, die von Anfang an jedem Menschen die gleiche Würde und die gleichen Rechte zugesteht. Sie unterscheidet nicht zwischen Erwerbs- bzw. Steuerbürgern und Hilfeempfängern; sie geht davon aus, dass jeder Mensch Fähigkeiten mitbringt.[6] Von diesen Fähigkeiten aus entfaltet sie ihre Theorie der Gerechtigkeit – denn aus ihrer Sicht entwickeln sich Selbstbewusstsein und Würde entlang der Möglichkeiten, die Menschen

5 Richard Sennet, Der flexible Mensch oder die Kultur des neuen Kapitalismus, Berlin 1998.

6 Martha C. Nussbaum, Die Grenzen der Gerechtigkeit, Frankfurt a.M. 2010.

haben, ihr eigenes Leben zu gestalten. Zu den grundlegenden Fähigkeiten und Rechten jedes Menschen gehören nach Martha Nussbaum:

- Die Fähigkeit, für sich selbst sorgen zu können, auf die eigene Gesundheit zu achten. Dazu brauchen wir ausreichend Mittel, eine angemessene Unterkunft und bei körperlichen oder geistigen Einschränkungen entsprechende Assistenz.
- Die Fähigkeit, sich frei von einem Ort zum anderen zu bewegen – dazu brauchen wir Respekt vor unserer körperlichen Integrität, Schutz vor Gewalt und sexuellen Übergriffen. Hier sei nur an die erschreckende Zahl der Missbrauchsopfer in den Heimen der letzten Jahrzehnte erinnert. Menschen mit Behinderungen brauchen zudem eine barrierefreie Infrastruktur.
- Die Fähigkeit, das eigene Denken zu entwickeln, sich des eigenen Verstandes zu bedienen, dazu brauchen wir Bildung und Ausbildung, das Recht auf einen Schulplatz, der den eigenen Möglichkeiten entspricht.
- Die Fähigkeit, Bindungen aufzubauen, zu Menschen und zu Dingen und damit die Fähigkeiten, zu lieben, zu trauern, Dankbarkeit und Zorn zu empfinden. Dazu brauchen wir eine Gemeinschaft, die Geborgenheit schenkt. Eine Partnerschaft, eine Familie. Dieses grundlegende Gefühl der Zugehörigkeit gehört zu den zentralen menschlichen Fähigkeiten, genauso wie Anteilnahme an Tieren und Pflanzen zu spüren und sich politisch einbringen zu können. Nicht nur Selbstbestimmung und eigene Lebensgestaltung machen glücklich, sondern auch die Zusammenarbeit mit anderen und Teilhabe an gesellschaftlichen Prozessen.

Das alles brauchen wir, um Selbstachtung zu empfinden. Die Aufzählung macht deutlich, in welchem Maße wir darauf angewiesen sind, in einer menschlichen Umgebung zu leben, um selbstbewusste Menschen zu werden. Menschenwürde und Menschenrechte gehören zusammen. Vom Fähigkeitenansatz her wird erkennbar: das Recht auf körperliche Unversehrtheit, auf ein sozio-ökonomisches Existenzminimum, auf eine eigene Wohnung und eine angemessene Bildung und Ausbildung sind notwendige Rahmenbedingungen zur Entwicklung unseres Selbstwertgefühls und des Gefühls von Würde. Eine gerechte Gesellschaft ist eine wesentliche Voraussetzung dafür, dass alle Menschen sich auf Augenhöhe begegnen können: frei und gleich, ganz unabhängig von den jeweiligen Einschränkungen.

In dem Maße, in dem ein Mensch das, was ihm wichtig ist, nicht, noch nicht oder nicht mehr durch eigenes Tun verwirklichen kann, wird die Teilhabe am Leben der Gemeinschaft bedeutungsvoller. Teilhaberechte zu stärken setzt voraus, dass wir pflegebedürftige oder behinderte Menschen als gleichberechtigte Mitglieder der Gesellschaft, als Gemeindemitglieder und nicht nur als Versorgungsfälle wahrnehmen. Es geht also um mehr als über Pflege- oder Assistenzmodule nachzudenken, um mehr als die Veränderung von Strukturen – gelingendes Leben braucht eine tragfähige Gemeinschaft.

Die Denkschrift der EKD „Im Alter neu werden können“[7] zitiert dazu Hannah Arendt, die in ihrem Werk „Vita activa oder vom tätigen Handeln“[8] die Teilhabe der einzelnen an der Öffentlichkeit als einen wahrhaftigen, ungestörten Austausch zwischen Menschen beschrieben hat. Sie benennt darin drei wichtige und grundlegende Voraussetzungen für ein Leben in gerechter Teilhabe:

- Jeder Mensch hat Zugang zum öffentlichen Raum, konkret ausgedrückt: Kein Mensch wird aus der Gemeinschaft ausgeschlossen.
- Jeder Mensch wird in seiner Einzigartigkeit anerkannt und geachtet.
- Jeder Mensch erhält die Gewissheit, sich in seinem Handeln und Sprechen „aus der Hand geben“ zu können, das heißt, von anderen Menschen angenommen zu sein und diesen vertrauen zu können.

4. Kirche aller

Vor einigen Jahren hat der Zentralausschuss des Ökumenischen Rates der Kirchen eine Erklärung zum europäischen Jahr der behinderten Menschen herausgegeben. Sie trägt den Titel „Kirche aller“[9] und betont, dass in Christus alle Gottes Ebenbild sind – ganz gleich, mit welchen Grenzen und Beeinträchtigungen wir leben. „Ohne die uneingeschränkte Integration von Menschen mit Behinderungen kann die Kirche nicht für sich in Anspruch nehmen, Leib Christi zu sein“, heißt es in „Kirche aller“: „Ohne die Erkenntnisse derer, die mit Behinderung (leben), werden die tiefsten, ureigensten Elemente der christlichen Theologie verfälscht oder verloren gehen.“

Einige Sätze in dieser Erklärung, die von einer Gruppe von behinderten Menschen und ihren Betreuern geschrieben wurde, haben mich besonders beeindruckt: „Menschen mit Behinderungen wissen, was es bedeutet, dass sich das Leben unerwartet von Grund auf verändern kann. Wir waren in jenem Grenzbereich zwischen dem Bekannten und dem Unbekannten, in dem wir nur zuhören und abwarten konnten. Wir sind Gott in jener leeren Dunkelheit begegnet, in der uns bewusst wurde, dass wir ‚die Kontrolle‘ über uns verloren haben, und wir haben gelernt, auf Gottes Gegenwart und Fürsorge zu vertrauen. Wir wissen, was es bedeutet, im Zwiespalt und in-

[7] „Im Alter neu werden können“; eine Orientierungshilfe des Rates der Evangelischen Kirche in Deutschland, Gütersloh 2009.

[8] Hanna Arendt, Vita activa oder vom tätigen Handeln, Stuttgart 1960.

[9] „Kirche aller“ – eine vorläufige Erklärung, Kommission Glaube und Kirchenverfassung 2003, vgl. www.oikoumene.org/de/resources/documents/wcc-commissions/faith-and-order-commission/ix-other-study-processes/a-church-of-all-and-for-all-an-interim-statement.

mitten von Paradoxen zu leben, und wir wissen, dass einfache Antworten und Sicherheiten uns nicht tragen."

Das ist eine Lektion, die wir irgendwann alle lernen müssen. Manche von Geburt an, andere bei einem Unfall, wieder andere bei einer Krebserkrankung, einem Herzinfarkt oder eben im Alter. Wir alle leben mit Verletzungen, mit Wunden und Narben. Diese Erfahrung entspricht der, die in den Seligpreisungen Jesu gepriesen wird: wir leben mit Brüchen und erfahren dennoch Augenblicke der Ganzheit, wir spüren, dass Verletzungen heilen können, wir werden getröstet. Wer durch solche Erfahrungen hindurch geht, kann sie als Stärke erleben: plötzlich wachsen uns ungeahnte Kräfte zu, wir verstehen Zusammenhänge, die uns verborgen blieben. Und dennoch versuchen wir, unsere Krisen und Verletzungen vor den Augen der Öffentlichkeit zu verbergen. Wir leben in einem Charakter- und Rollenpanzer, entsprechen den gesellschaftlichen Normen – und kommen deshalb so selten zu unserem „Anderssein".

Die Theologin Gunda Schneider-Flume spricht in diesem Zusammenhang von der „Tyrannei des gelingenden Lebens"[10]. Unsere Gesellschaft sei so sehr von Machbarkeitsvorstellungen bestimmt, dass suggeriert werde, wir hätten das Gelingen in der Hand. Tatsächlich aber komme es eben darauf an, dass wir lernen, mit Einschränkungen, Schmerzen und Verlusten umzugehen. Das ist für die Kirche des gekreuzigten und auferstandenen Christus eine besondere Herausforderung.

5. Gemeinschaft in Unterschieden

Mit Blick auf die Gesellschaft wird es darauf ankommen, die Vorstellung von Normalität, die uns alle prägt, in Frage zu stellen. Der kleine Elefant mit dem Sonnenschirm im Rüssel von meiner Karte tut das genauso wie die Maus Frederik. Aber auch die wachsende Pluralität unserer westlichen Gesellschaften wird dazu beitragen, dass wir lernen, mit Differenzen zu leben. Und die Erwartungen an Flexibilität werden dazu beitragen, dass wir lernen, mit Brüchen und Fragmenten zu leben. Schon fragen viele, ob es so etwas wie eine Landkarte des normalen Lebens überhaupt noch gibt. Ob letztlich nicht jeder „anders" ist als die anderen, ob wir nicht alle mit Chancen und Begrenzungen leben. Es wäre ein ungeheurer Fortschritt, wenn wir diese Erfahrung nicht mehr an besonders Hilfebedürftige delegieren und auf andere projizieren müssten.

10 Gunda Schneider-Flume, Realismus der Barmherzigkeit. Über den christlichen Glauben, Stuttgart 2012.

Wann immer wir aber an die Grenzen unserer Möglichkeiten stoßen, sind wir in besonderer Weise auf Solidarität angewiesen. Deswegen wird eine Gesellschaft unmenschlich, wenn sie nicht hinreichend Zeit für Selbstsorge, aber auch für die Sorge um andere zur Verfügung stellt. Denn gerade in den Sorgetätigkeiten lässt sich entdecken, dass auch Zuwendung und Angewiesenheit zu einem gelingenden Leben gehören. Das ist es ja, was Partnerschaften und Familien zusammen hält, was Gemeinschaften miteinander verbindet: Es geht nicht nur um gleiche Interessen und Ziele, sondern auch um vielfältige Interaktionen der wechselseitigen Hilfe. Allerdings zeigt der Time-Magazin-Artikel, den ich zu Beginn zitiert habe, in welchem Maße Gemeinschaften heute unter Druck stehen: Familien genauso wie Vereine und Teams. Wenn wir wollen, dass Leben gelingt, dürfen wir deshalb nicht nur auf die Chancen der Einzelnen schauen – es wird auch darum gehen, Gemeinschaften zu stärken: Familien genauso wie Wahlfamilien, Freundschaften, Wohngemeinschaften, aber auch die Tragfähigkeit von Teams in den Unternehmen.

Gemeinschaften stärken, das heißt heute, Unterschiede zu akzeptieren, Vielfalt anzuerkennen und gesellschaftliche Rahmenbedingungen zu schaffen, in denen jeder und jede die eigenen Fähigkeiten entwickeln kann. Dabei geht es selbstverständlich nicht nur um individualethische oder sozialethische, sondern eben auch um politische Fragen. Möglicherweise geht es aber am wenigsten um finanzielle Mittel: Glück und Lebensstandard sind nur insoweit korreliert, als die Basisbedürfnisse erfüllt sein müssen. Von einem gewissen Niveau an, sind Gleichheit und Respekt dann wichtiger als Wohlstand.

6. Mein Engel

Ich habe mit einem Dichterwort und einem Bild begonnen und möchte gern mit einem Bild enden: an meinem Bett hängt ein kleiner Schutzengel, den ich vor langer Zeit von meiner Schwester bekam. Eigentlich ein kleines Mädchen mit blonden Zöpfen, wie ich sie einst hatte. Ich mag menschliche Engel. Dieser ist besonders menschlich: er hat zwar Flügel, aber seine Beine sind unterschiedlich. Das erinnert mich an meine Lieblingstante, die zeitlebens nur mit steifen Beinen gehen konnte, weil sie früher Kinderlähmung hatte. Ich habe sie immer bewundert; sie war eine unabhängige, berufstätige Frau, die erste, die ich gut kannte. Dass sie behindert war, ist mir als Kind nicht aufgefallen – ich sah vor allem ihre Stärke. In meinen Augen ein gelungenes Leben. Wie Axel, von dem ich am Anfang erzählt habe, gehört sie zu meinen Engeln. Ich wünsche uns allen diese Kinderaugen, die jenseits der Rollen und Funktionen sehen, und einen Engel, der uns auf einen solchen Weg führt.

Positionen aus der Ökumene: Die Dokumente „Kirche aller" und „un*Be*hindert Leben und Glauben teilen"

Brigitte Huber

Das Europäische Jahr der Menschen mit Behinderungen 2003 war für die katholischen deutschen Bischöfe Anlass, sich mit dem Wort „un*Be*hindert Leben und Glauben teilen" an Menschen mit Behinderungen zu richten, in dem sie und ihre Angehörigen eine starke Ermutigung erfahren sollten. Im selben Jahr legte der Ökumenische Rat der Kirchen, Genf, das Dokument „Kirche aller – eine vorläufige Erklärung" vor.

Beide Dokumente betonen, dass „Kirche" ein Ort des „un*Be*hinderten" Miteinanders, eine Gemeinschaft von Menschen mit unterschiedlichen Gaben und Begabungen ist. Beide Dokumente haben bisher in den Kirchen nicht die Aufmerksamkeit gefunden, die sie verdienen. Denn sie enthalten immerhin grundsätzliche Aussagen über das Miteinander von Menschen in den Gemeinden. Ziel muss es deshalb sein, Inhalte und Bedeutung beider Dokumente vorzustellen und Ideen zu erarbeiten, wie sie in den jeweiligen Kirchen implementiert werden könnten.

Zur Vorstellung der beiden Dokumente wurden Kleingruppen einige Kernthesen mit der Aufgabe vorgelegt, den Aussagegehalt zu erörtern. Den Workshop leiteten Dr. Simone Bell-D'Avis von der bis Ende 2012 bestehenden Arbeitsstelle Pastoral für Menschen mit Behinderung (seit 2013 wird diese Seelsorge im Sekretariat der Deutschen Bischofskonferenz koordiniert) und Brigitte Huber, Bioethik-Beauftragte des Bundesverbandes evangelische Behindertenhilfe.

Aus dem Wort der deutschen Bischöfe wurden folgende Sätze diskutiert:[1]

- „Wir brauchen eine Kultur der Achtsamkeit im Zusammenleben der Menschen. Ein wichtiges Anliegen ist es in diesem Zusammenhang, Menschen mit Behinderung mehr Zugang und Beteiligung am gesellschaftlichen, aber auch am kirchlichen Leben zu ermöglichen". (3)
- „Dringlich ist vor allem ein mehr an Sensibilität für die Würde des Menschen – in allen Lebensphasen, die Grundrechte auf das Leben und leib-

1 Sekretariat der Deutschen Bischofskonferenz (Hg.), un*Be*hindert Leben und Glauben teilen. Wort der deutschen Bischöfe zur Situation von Menschen mit Behinderung (Die deutschen Bischöfe 70), Bonn 2003.

liche Unversehrtheit, die Achtung der Selbstbestimmungs- und Persönlichkeitsrechte behinderter Menschen." (8)

- „Christen glauben, dass Gott den Wert und die Sinnhaftigkeit eines jeden menschlichen Lebens garantiert. Welchen Sinn und Wert das Leben hat, kann sich der Mensch letztlich nur von Gott sagen lassen." (Ebd.)
- „In einer Welt, die nichtbehinderte Menschen entsprechend ihren Erfordernissen ausgestaltet haben, können Menschen mit Behinderungen eine gleichartige Lebensführung nur schwer, oftmals unmöglich verwirklichen." (9 f.)
- „Dazu gehört auch, sich von einer bestimmten Verhaltensweise des Mitleids zu lösen. Natürlich ist Mitleiden eine menschlichen Grundhaltung, eine wichtige Motivation, sich vom Schicksal benachteiligter Menschen anrühren zu lassen und ihnen zu helfen. Mitleid allein aber erblickt im Bemitleideten oft nur das Bemitleidenswerte und Schmerzliche." (15)
- „Drohende Krankheiten oder Behinderungen des Kindes sind für alle Beteiligten belastend. Keine noch so große Belastung rechtfertigt aber die Verweigerung des Rechts auf Leben." (20)
- „Leben und Glauben mit behinderten Menschen und ihren Angehörigen zu teilen, ruft nach einer lebensfördernden Pastoral" (23)
- „Die deutschen Bischöfe bitten alle in der Kirche und Gesellschaft, die abwendbaren Erschwernisse, denen Menschen mit Behinderungen und ihre Angehörigen ausgesetzt sind, abzubauen und neue Diskriminierungen zu verhindern" (24)
- „Die Kirchengemeinden, christliche Gemeinschaften, Verbände und Organisationen wie auch karitative Werke und Einrichtungen sind aufgerufen, im alltäglichen Zusammenleben Orte eines unbehinderten Miteinanders zu sein und so die christliche Hoffnungsbotschaft glaubhaft und heilsam zu verkörpern." (24)

Folgende Sätze wurden aus dem ÖRK-Papier zur Diskussion vorgelegt:[2]

- „Menschsein bedeutet, ein Leben führen, das von der guten Gabe der göttlichen Schöpfung, aber auch von der Gebrochenheit geprägt ist, die zum menschlichen Leben dazugehört." (These 20)
- „Kernstück christlicher Theologie ist Kritik an Erfolg, Macht und Perfektion, ist Achtung vor Schwachheit, Gebrochenheit und Verletzlichkeit." (These 28)

---

2 Ökumenischer Rat der Kirchen – Zentralausschuss, Genf/Schweiz, 02.09.2003, Dokument PLEN 1.1: Kirche aller. Eine vorläufige Erklärung, abrufbar unter: www2.wcc-coe.org/ccdocuments2003.nsf/index/plen-1.1-ge.html oder www.oikoumene.org/de/resources/documents/wcc-commissions/faith-and-order-commission/ix-other-study-processes/a-church-of-all-and-for-all-an-interim-statement (Zugriff am 09.12.2011 – 11.08.2013).

- „Es … ist die frohe Botschaft des Evangeliums, dass es inklusive Gemeinschaften schafft, indem es unterdrückerische und entmenschlichende Systeme und Strukturen in Frage stellt.“ (These 41)
- „Gottes Wille ist die Annahme jedes Menschen und seine Aufnahme in eine interdependente Gemeinschaft, in der alle einander unterstützen und erbauen, in der jeder und jede Einzelne je nach seinen und ihren besonderen Lebensumständen zur Ehre Gottes ein Leben in Fülle lebt.“ (These 50)
- „Es schmerzt, dass die Kirchen überall in der Welt die Leiden von Marginalisierten, Armen, Blinden, Gehörlosen und physisch und geistig eingeschränkten Menschen nicht entschlossener zu ihrer Aufgabe gemacht haben. Wir brauchen kein Mitleid, auch kein Erbarmen, sondern mitfühlendes Verständnis und Chancen, damit wir unsere Berufung, unsere Möglichkeiten und Fähigkeiten entfalten können.“ (These 69)
- „Das Reich Gottes ist heute da; entscheidet euch jetzt! Nicht mehr die Elite wird eingeladen; nein, alle, die ignoriert, vergessen und übersehen worden sind, sollen kommen. Wenn alle zu diesem Fest geladen, in diese Kirche eingeladen sind, dann stehen auf der Gästeliste auch Menschen mit körperlichen und geistigen Beeinträchtigungen und chronischen Krankheiten.“ (These 73)
- „Ihrem Wesen nach ist die Kirche ein Ort und ein Prozess der Gemeinschaft, der für alle Menschen ohne Diskriminierung offen ist und zu dem alle eingeladen sind. Sie ist ein gastlicher Ort, ein Ort, an dem alle willkommen sind … eine Gemeinschaft von Menschen mit unterschiedlichen, aber sich ergänzenden Gaben.“ (These 85)
- „Ohne einander sind wir keine vollkommene Gemeinschaft. Auf Menschen mit Behinderungen einzugehen und sie voll in unsere Gemeinschaft zu integrieren, ist nicht nur eine Option für die Kirchen Christi. Es ist das Kennzeichen, das Kirche ausmacht.“ (These 87)
- „Wir sind berufen, als eine von Gott und voneinander abhängige Gemeinschaft zu leben. Niemand sollte als Last für die übrigen betrachtet werden; und niemand ist nur Lastenträger. ‚Einer trage des anderen Last, so werdet ihr das Gesetz Christi erfüllen‘ (Galater 6, 2).“ (These 88)

Während das Wort der katholischen Bischöfe als gedrucktes Heft vorliegt, wurde es als Mangel empfunden, dass das ÖRK-Papier bislang nur online verfügbar ist, was die Verbreitung und allgemeine Rezeption des Papiers sehr erschwert. Dennoch sind beide Dokumente, die Jahre vor der UN-Konvention über die Rechte von Menschen mit Behinderungen herausgegeben wurden, grundlegende Inklusionstexte. Die Teilnehmer und Teilnehmerinnen des Workshops kamen überein, dass beide Dokumente ein großes Innovationspotential und wichtige Impulse für eine „Theologie der Befreiung“ im doppelten Sinn enthalten: einerseits Befreiung der Kirchen von starren Strukturen, andererseits Befreiung der Menschen mit Behinderung aus ihrer

Isolation. Ihre individuellen Begabungen sind zu würdigen, da sie eine Bereicherung für Kirche und Gesellschaft sind. Deshalb sollten beide Papiere sowohl in Kirchen und Gemeinden als auch in Diensten und Einrichtungen verstärkt bekannt gemacht und vor allem umgesetzt werden. Die Initiative dazu sollte sowohl „von oben" als auch „von unten" ausgehen.

III. Erfahrungen mit Inklusion im kirchlichen Handeln

Behinderung und Pflegebedürftigkeit: Sozialpolitische Perspektive[1]

Franz Fink

1. Situation

Menschen mit Behinderung erhalten bei entsprechendem Anspruch und Pflegebedürftigkeit auch dann Leistungen der Pflegeversicherung, wenn sie schon Leistungen der Eingliederungshilfe für behinderte Menschen § 53 SGB XII bekommen.

Wenn die Eingliederungshilfe als ambulante Leistung gewährt wird, wird in der Regel dieser Grundsatz auch umgesetzt. Der Anspruch von Menschen mit Behinderung ist jedoch nicht mehr durchsetzbar, wenn sie in einem Wohnheim der Behindertenhilfe wohnen und somit stationäre Leistungen der Eingliederungshilfe erhalten. Dem Druck der Sozialhilfeträger bei Einführung der sozialen Pflegeversicherung, pflegebedürftige Menschen mit Behinderung statt im Wohnheim in einem Pflegeheim unterzubringen, wurde mit einem systemwidrigen Kompromiss begegnet: Nach § 43a SGB XI übernimmt die Pflegeversicherung unabhängig von der Pflegestufe maximal 256 Euro, wenn ein pflegebedürftiger Mensch auf Kosten der Eingliederungshilfe in einem Wohnheim lebt. Wäre die gleiche Person in einem Pflegeheim nach § 43 SGB XI, würde der Sozialhilfeträger viel stärker entlastet. Mit diesem Kompromiss wurde der Druck zwar verringert, aber die Versuche der Sozialhilfeträger blieben, Menschen mit Behinderung auf die Pflegeversicherung zu verweisen und die gesamte Eingliederungshilfe einzusparen.

---

1 Dieser Artikel beruht auf einer Positionierung des Deutschen Caritasverbandes und der Fachverbände der Alten- und Behindertenhilfe vom April 2011.

Einige Träger der stationären Einrichtungen der Behindertenhilfe haben daraufhin Pflegeabteilungen eingerichtet oder das ganze Wohnheim in ein Pflegeheim umgewandelt. Dort sind die Menschen mit Behinderung und hohem Pflegebedarf entweder unter den völlig neuen Bedingungen der Pflegeversicherung geblieben oder umgezogen.

Mittlerweile nützen Sozialhilfeträger die Diskussion über einen sogenannten „teilhabeorientierten" Pflegebedürftigkeitsbegriffs, um die Leistungen der Pflegeversicherung mit den Leistungen der Eingliederungshilfe gleichzusetzen. Nach dieser Vorstellung brauchen Menschen mit Behinderung, die Anspruch auf Leistungen der Pflegeversicherung haben, keine Leistungen der Eingliederungshilfe mehr.

2. Bewertung der Situation

2.1. Der Unterschied

Der Bedarf, der sich aus Funktionsstörungen, Einschränkungen und Behinderung im Sinne des SGB IX und SGB XII ergibt, ist etwas anderes als der Pflegebedarf im Sinne des SGB XI. Die behinderungsbedingte Einschränkung des Zugangs zu allen gesellschaftlichen sozialen und materiellen Ressourcen einer Gesellschaft, also die Einschränkung der Teilhabe, ist eine andere Lebenslage als die Pflegebedürftigkeit. Darum sind Eingliederungsbedarf/-bedürftigkeit und Pflegebedarf/-bedürftigkeit zwei unterschiedliche Phänomene, die sich in ihrer realen Auswirkung überschneiden können.

Auf der Grundlage des Übereinkommens über die Rechte der Menschen mit Behinderung der Vereinten Nationen („Behindertenrechtskonvention") kann diese Argumentation folgendermaßen unterstützt werden: Nach Artikel 26 („Habilitation und Rehabilitation") sind die Vertragsstaaten verpflichtet geeignete und wirksame Maßnahmen zu ergreifen, um ein Höchstmaß an Unabhängigkeit zu ermöglichen. Der Begriff „Höchstmaß an Unabhängigkeit" entspricht dem Ziel der Eingliederungshilfe nach § 53 Abs. 4 SGB XII i. V. m. § 4 Abs. 1 Nr. 4 SGB IX: Eine möglichst selbstständige und selbstbestimmte Lebensführung ist zu ermöglichen.

Auch das geltende Recht in Deutschland geht *nicht* davon aus, dass Leistungen der sozialen Pflegeversicherung und Leistungen der Eingliederungshilfe vollständig miteinander verrechnet werden können. Der Gesetzgeber hat entschieden, dass beide Leistungen nebeneinander gewährt werden können: Wenn Menschen mit Behinderung z. B. in der eigenen Wohnung leben und die Voraussetzung nach § 15 SGB XI erfüllen, erhalten sie zu den Leistungen der Eingliederungshilfe (z. B. zur Teilhabe am Arbeitsleben) auch Leistungen der Pflegeversicherung.

2.2. *Der „teilhabeorientierte" Pflegebedürftigkeitsbegriff*

Unter der Voraussetzung, dass die Pflegebedürftigkeit nicht mehr allein an den körperlichen Einschränkungen festgemacht wird, werden auch mehr Menschen mit Behinderung als pflegebedürftige Menschen und damit als mögliche Leistungsbezieher der Pflegeversicherung anerkannt. Eine Untersuchung von Professor Rothgang der Uni Bremen hat gezeigt[2], dass die Anzahl der möglichen Leistungsbezieher überproportional ansteigen wird, wenn man Menschen mit Behinderung in die Begutachtung einbezieht, die bisher in der sogenannten Pflegestufe 0 waren oder gar nicht begutachtet wurden. Je nach Szenarien sind Mehrkosten von 0,45 bis 3,6 Mrd. Euro für die soziale Pflegeversicherung zu erwarten.

Diese Veränderung würde zwar auch die Kosten der Hilfe zur Pflege ausweiten, aber dennoch erwarten die Sozialhilfeträger insgesamt betrachtet ein hohes Einsparpotenzial. Diese Argumentation und Erwartung gehen jedoch von der falschen Voraussetzung einer Deckungsgleichheit des Pflege- und des Teilhabebedarfs und der Leistungen der Pflegeversicherung und der Eingliederungshilfe aus.

2.3. *Die Nachrangigkeit der Sozialhilfe*

Sozialhilfeträger argumentieren häufig mit der Nachrangigkeit der Sozialhilfe und verweisen Menschen mit Behinderung auf die aus ihrer Sicht, vorrangigen Leistungen der Pflegeversicherung. Dagegen spricht eindeutig die Regelung in § 13 Abs. 3 Satz 3 SGB XI, dass Leistungen der Eingliederungshilfe im Verhältnis zur Pflegeversicherung nicht nachrangig sind. Auch dann, wenn der Pflegebedarf nicht mehr allein durch die körperlichen Einschränkungen definiert wird, ändert sich daran nichts.

2.4. *Scheinbare Privilegierung behinderter Menschen*

Die scheinbare Privilegierung ergibt sich nur daraus, dass der Anspruch auf Leistungen der Eingliederungshilfe von pflegebedürftigen Menschen selten erhoben wird. Sobald auch pflegebedürftige Menschen als behindert oder von Behinderung bedroht gelten, stehen ihnen Leistungen mit der Zielsetzung zu, „die persönliche Entwicklung ganzheitlich zu fördern und die Teil-

---

2 Heinz Rothgang/Maike Holst/Dawid Kulik/Rainer Unger, Finanzielle Auswirkungen der Umsetzung des neuen Pflegebedürftigkeitsbegriffs und des dazugehörigen Assessments für die Sozialhilfeträger und die Pflegekassen – Abschlussbericht, Bremen 2008.

habe am Leben in der Gesellschaft sowie eine möglichst selbstständige und selbstbestimmte Lebensführung zu ermöglichen oder zu erreichen“ (§ 4 Abs. 1 Nr. 4 SGB IX). Besonders bei demenziell erkrankten Menschen wird deutlich, dass die Auswirkungen ihrer Funktionsstörungen und Einschränkungen vergleichbar sind mit anderen Formen der geistigen Funktionsstörungen und Einschränkungen, die eindeutig als Behinderung deklariert und leistungsrechtlich anerkannt werden.

2.5. „Binnendifferenzierung“ oder Pflegeheim mit „Eingliederungshilfe-Zuschlag“

Dem Druck der Sozialhilfeträger bei Einführung der sozialen Pflegeversicherung, pflegebedürftige Menschen mit Behinderung statt im Wohnheim in einem Pflegeheim unterzubringen, wurde mit dem oben geschilderten systemwidrigen Kompromiss begegnet, der im § 43 a SGB XI seinen Niederschlag fand. Damit wurde der Druck zwar verringert, aber die Versuche der Sozialhilfeträger blieben.

Darum wurde die sogenannte „Binnendifferenzierung“ oder das „Pflegeheim mit Eingliederungshilfe-Zuschlag“ entwickelt: Der Träger der Behindertenhilfe wandelt einen Teil des Wohnheims in eine Pflegeabteilung oder das ganze Wohnheim in ein Pflegeheim mit Versorgungsvertrag nach SGB XI um und vereinbart mit dem zuständigen Sozialhilfeträger eine zusätzliche Vergütung aus. Er kann damit einen besseren Personalschlüssel als in einem „normalen“ Pflegeheim finanzieren und den Menschen mit Behinderung durch mehr Personal auch Eingliederungshilfe zusätzlich zu der Pflege bieten.

Allerdings ist diese Situation unbefriedigend, weil eine solche stationäre Einrichtung unter dem Regime der Pflegeversicherung steht. Die Flexibilität, die man bei den Leistungen der Eingliederungshilfe kennt, ist dadurch verloren.

Viel kritischer ist zu sehen, dass hier häufig über die Köpfe der betroffenen Menschen hinweg zwischen Leistungsträgern und Leistungserbringern eine Vereinbarung getroffen wird. Selbstverständlich werden formal der Mensch mit Behinderung und/oder sein rechtlicher Betreuer gefragt, ob er Leistungen der Pflegeversicherung in Anspruch nehmen und darum in das (neue) Pflegeheim umziehen will. Weil jedoch kaum Alternativen zur Verfügung stehen, bleibt den betroffenen Menschen in der Regel keine Wahl.

3. Wie könnte eine Lösung aussehen?

Eine ganzheitliche Leistung zur Teilhabe auch beim Vorliegen eines hohen Pflegebedarfs verlangt ein Gesamtkonzept, das auf die Trennung zwischen Pflegebedarf und Eingliederungshilfebedarf verzichtet. Wenn man Alltagstätigkeiten betrachtet, leuchtet diese Aussage unmittelbar ein. Dazu müssten jedoch die strikten Vorgaben der Pflegeversicherung, unter denen überhaupt Pflege als Leistung erbracht werden kann, verändert werden. Allein eine neue Definition der Pflegebedürftigkeit und ein neues Assessment reichen nicht aus. Ein grundlegender Systemwechsel ist dafür erforderlich.

Da ein solches Gesamtkonzept in naher Zukunft nicht zu erwarten ist, könnten folgende Maßnahmen das Problem lösen:

– Menschen mit Behinderung und ihre rechtlichen Betreuer sind darüber aufzuklären, dass sie auch bei Pflegebedürftigkeit und Anspruch auf Leistungen der Pflegeversicherung zuerst Anspruch auf Leistungen der Eingliederungshilfe haben. Einer nachrangigen Behandlung des Anspruchs auf Eingliederungshilfe muss widersprochen werden. Unter bestimmten Voraussetzungen sind Musterklagen anzustreben.
– Die Kompromisslösung entsprechend dem § 43 a SGB XI, nach der die Pflegeversicherung maximal 256 € leistet, ist unzureichend. Den Versicherten stehen volle Pflegeleistungen zu. Darum muss das Heim der Behindertenhilfe als sogenannte „Häuslichkeit“ anerkannt werden. Behinderte Menschen leben dort nicht nur während eines begrenzten Zeitraums oder während einer bestimmten Phase ihres Lebens. Sie sind dort zu Hause. Diese Aussage kann man als subjektives Gefühl bei den Bewohnern feststellen. Man kann sie auch objektiv mit dem Zeitraum belegen, den sie im Heim verbringen. Dieses Wohnheim ist nicht vergleichbar mit dem Pflegeheim, in dem nach strikten vorgegebenen Regeln Pflegeleistungen erbracht werden. Wird die Häuslichkeit anerkannt, sind ambulante Pflegesachleistungen oder Pflegegeld nach den Regeln des SGB XI ohne weitere gesetzliche Veränderungen möglich.
– Eine sinnvolle Lösung für eine teilhabeorientierte Leistung der Pflegeversicherung für Menschen, die gleichzeitig Anspruch auf Eingliederungshilfeleistungen haben, ist das trägerübergreifende „Persönliche Budget“: Für viele Menschen mit Behinderung, die auch einen Pflegebedarf haben, sind die Pflegeversicherungsleistungen – wie weiter oben ausgeführt – eine Ergänzung zu den Teilhabeleistungen. Damit die Teilhabeorientierung der Pflegeversicherungsleistung verwirklicht werden kann, sind beide Leistungen möglichst als Komplexleistung zu gewähren. Aus der negativen Erfahrung mit der Frühförderung als Komplexleistung gibt es eine sinnvolle und für Menschen mit Behinderung annehmbare Lösung, nämlich das trägerübergreifende Persönliche Budget. Dazu müssen die positiven Erfahrungen aus den Modellversuchen zum

„Pflegebudget“ und „Integrierten Budget“[3] in die Praxis umgesetzt werden und die Pflegeversicherung muss als Rehabilitationsträger in das SGB IX aufgenommen werden. Unter dieser Voraussetzung kann der § 43a SGB XI ersatzlos gestrichen werden.

---

3 Vgl. Das Pflegebudget. Abschlussbericht 2008. Zusammenfassung der einzelnen Abschlussberichte – erstellt von Arbeitsschwerpunkt Gerontologie und Pflege (verantwortlich: Prof. Dr. Thomas Klie), Freiburger Institut für angewandte Sozialwissenschaft e.V. (verantwortlich: Prof. Dr. Baldo Blinkert); http://www.gkv-spitzenverband.de/media/dokumente/pflegeversicherung/forschung/projekte_unterseiten/pflegebudget/1Anlage_PB-Gesamtzusammenfassung_3271.pdf (Zugriff: 27.08.2013).

Das Rückenwindprojekt der Lübecker St. Markus-Gemeinde – *ein Praxisbeispiel*

Bettina Kiesbye und Inge Ostertag

„Gemeinschaft ist Bewältigung der Anderheit
in der gelebten Einheit."
Martin Buber

1. Gemeinde ist immer inklusiv

Es gibt ein Spielgerät in unserer Kirchengemeinde, mit dem wir bildhaft und spielerisch darstellen, was für uns „Gemeinde" bedeutet, nämlich Leben in Vielfalt und Gemeinschaft:

Eine Kirchengemeinde hat eine Basis. Das sind unser gemeinsamer Glaube, unser christliches Menschenbild, unsere christlichen Werte und unser gemeinsames Vorhaben, am Reich Gottes mitzuarbeiten. Diese Basis ist stabil, tragfähig und sicher. Sie wird im Spiel dargestellt durch ein schweres, festes Metallteil.

Dann kommt aber noch etwas dazu – obenauf. Es ist eine Kugel aus Kork, die sich leicht und frei auf dem Metall-Unterteil bewegen lässt. Sie steht für die eher „weltlichen Anforderungen" an unsere Gemeinde, das sind aber auch Regelwerk und Verordnungen der Institution Kirche, aber auch die bewussten und unbewussten Erwartungen, die an die Gemeinde gestellt werden.

Auf den Metallfuß und die Korkkugel wird vorsichtig eine größere Sperrholzscheibe gelegt. Sie symbolisiert die äußeren Bedingungen der Gemeinde selbst. In welcher Stadt, in welchem Stadtteil leben wir? Wie sieht die soziale und finanzielle Situation aus? Welche politischen Bedingungen herrschen? Wie groß ist die Gemeinde? Diese Plattform ist nicht ganz regelmäßig, sie hat eine unregelmäßige Sternform und strahlt sozusagen in andere gesellschaftliche Bereiche hinein. Viel Flexibilität und ein gutes Balancegefühl sind erforderlich. Denn symbolisch befinden wir uns auf der Ebene der praktischen Gemeindearbeit.

Schließlich noch das Wichtigste: Die Menschen, die die Gemeinde bilden. Sie werden in unserem Spiel dargestellt durch sehr unterschiedliche Holzbausteine. Da gibt es einige zentrale Personen (Mitglieder des Kirchengemeinderates, haupt- und ehrenamtliche Mitarbeitende, die PastorInnen),

Menschen, die vor allem die Gottesdienste besuchen, andere, die sich für soziale Projekte engagieren und noch wieder andere, die eher vom Rande aus das Gemeindeleben beobachten.

Nun geht das Spiel los: Die Aufgabe ist, all diese Spielsteine auf dem Brett in Balance zu bringen, sie alle auf dem „Spielfeld" zu platzieren, ohne dass alles ins Rutschen gerät und abstürzt.

All diese Menschen sind nämlich wichtig! Sie spielen in der Gemeinde eine Rolle, und egal auf welchem Platz sie stehen oder welche symbolische Größe sie haben, sie alle sind von Bedeutung für unser Gemeindeleben. Geboren werden, erkranken, sterben, sich treffen, feiern, trauern, Gespräche führen, arbeiten – all dies hat Auswirkungen auf unsere Gemeinde.

Niemand gleicht dem anderen und alle sind miteinander verbunden. Nur wenn wir alle aufeinander und auch auf uns selbst achten, nur dann kann die Gemeinde funktionieren. Gelegentliche Schieflagen sind dabei eingeschlossen, aber auch Erfahrungen gelingender Gemeinschaft.

1.1. Die Idee der Inklusion

Der Begriff „Inklusion" bedeutet für uns nicht „Ein-*ge*-schlossenheit", sondern „Ein-*be*-schlossenheit". D. h.: niemand ist ausgeschlossen auf Grund eines irgendwie definierten „Andersseins".

So zeigt sich in der Wortwahl bereits der Denkansatz. Wenn wir im Zuge der Integrationsbemühungen noch davon ausgegangen sind, dass eine Gruppe von Menschen „anders" ist und darum integriert werden muss, gehen wir heute davon aus, dass grundsätzlich *allen* Menschen die gleichen Rechte und Möglichkeiten der Teilhabe zustehen. Daher müssen wir nicht von einer Aussonderung zu einer Eingliederung kommen, sondern gehen von der natürlichen Ausgangslage aus, dass eine jede/ein jeder gleichwertiges Mitglied unserer Gesellschaft ist. Niemand wird ausgegrenzt – es ist normal, verschieden zu sein!

1.2. Warum Inklusion in der Arbeit einer evangelischen Kirchengemeinde?

Noch immer ist der Inklusionsgedanke ein eher *theoretischer* Ansatz, der gleichermaßen Wissenschaftler und Fachleute aus Politik und Verwaltung beschäftigt. Die praktische Umsetzung steht jedoch noch am Anfang. Unseres Erachtens sind christliche Gemeinden per se Orte gelebter Inklusion. Jesus von Nazareth hat vorgelebt, wie mit Menschen völlig unbefangen umgegangen werden kann, die als „anders" angesehen werden. In der Nachfolge

Christi wollen wir anderen gesellschaftlichen Gruppen ein Stück weit vorleben, wie man einen Weg zu einer inklusiven Gesellschaft finden kann.

Damit steht die St. Markus-Gemeinde zurzeit allerdings noch weitgehend alleine da. Auf der Internetseite der Nordkirche findet man das Stichwort „Behinderung" im Unterpunkt „Diakonie" oder auch im Kollektenplaner. Die Frage der Gemeindearbeit mit Blick auf Menschen mit Beeinträchtigungen dagegen bleibt weitgehend offen. Wir denken, dass im Zuge gesellschaftlicher Umbrüche die *praktische Arbeit* in den Gemeinden gestärkt werden muss, denn wir wissen, dass Barrieren in den Köpfen der Menschen immer noch vorhanden sind.

Immer mehr Menschen mit Behinderung leben nicht mehr in zentralen Einrichtungen der Behindertenhilfe, sondern inmitten des Quartiers, inmitten der Gesellschaft. So wird eine zunehmende Zahl von Kirchengemeinden sich nicht nur auf Grund der geänderten Altersstruktur mit der Frage beschäftigen müssen, wie Gemeindemitglieder mit Beeinträchtigungen gleichberechtigt am Gemeindeleben teilhaben können.

Der Gedanke, dass wir alle geliebte Kinder Gottes sind, zieht nach sich, dass wir darüber nachdenken, wie schnell es zu Ausgrenzung und Benachteiligung auch im Alltag einer Kirchengemeinde kommt. Dies bedeutet nicht, dass alle immerzu alles gemeinsam tun müssen. Denn jeder Mensch mit oder ohne Behinderung hat ein Recht auf Exklusivität. Dies ist jedoch nur dann gut und richtig, wenn der „inklusive Gedanke" die *Grundlage* all dieser Lebensbezüge ist. Wenn wir aufhören, uns gegenseitig zu bewerten, wenn wir versuchen, Gottes Liebe zu uns zu verstehen, dann können wir vorurteilsfrei miteinander leben.

2. Projektidee und Verwirklichung

Die evangelisch-lutherische Kirchengemeinde St. Markus in Lübeck stellt sich ausdrücklich hinter den Inklusionsgedanken und hat darum im Jahr 2008 das „Rückenwind"-Projekt ins Leben gerufen. Wir wollen die Teilhabe am Gemeindeleben *allen* Menschen ermöglichen, und wir freuen uns an Unterschiedlichkeit und „Anders-Sein". Wir feiern, lernen, arbeiten, malen, beten, singen und feiern Gottesdienste in bunter und vielfältiger Gemeinschaft. Dies bereichert uns und bestärkt uns in unserem Tun. Wir gehen davon aus, dass alle Gemeindeveranstaltungen grundsätzlich allen Gemeindemitgliedern offen stehen sollen. Darum versuchen wir, vorhandene Barrieren abzubauen. Es gibt z. B. rollstuhlgerechte Zuwege, Hilfen für schwerhörige oder von Sehbehinderung betroffene Menschen und Angebote in leichter Sprache.

Bei Gottesdiensten und Veranstaltungen versuchen wir, neue Wege zu gehen, sinnlich und sinn-haft miteinander unseren Glauben zu leben. Dies tun wir im Vertrauen auf Gottes Segen, verbunden mit der Sehnsucht, dass sein Geist uns „umwehe“ wie ein frischer Wind.

Die fachliche Umsetzung obliegt einer Sonderpädagogin, die die Pastorinnen und die Diakonin darin unterstützt, gemeinschaftsstiftende, barrierearme Gemeindeangebote zu entwickeln. Unsere Erfahrung ist, dass Inklusion erarbeitet werden muss und ein erhebliches Maß an Wissen und Erfahrung erfordert. Fachkompetenz aber ist immer auch ein Kostenfaktor. Doch wir alle profitieren von dieser Art der Gemeindearbeit.

Als Beispiel: Das Bemühen um *„leichte Sprache“* in der Kirche erleichtert vielen Menschen den Zugang: Kindern und Jugendlichen, Migranten, Neueinsteigern in Sachen Christentum, alten Menschen mit einer Demenzerkrankung, den sehr „kopfgesteuerten“ und eher der hochkulturellen Bildungsschicht angehörenden Menschen und eben auch Menschen mit einer geistigen Behinderung.

2.1. Entstehungsgeschichte

In den Jahren 2006/2007 konnte das St. Markus-Gemeindezentrum grundlegend renoviert und erweitert werden. Bei der Umgestaltung des Eingangs- und Sanitärbereiches wurde auf weitgehende Barrierefreiheit Wert gelegt.

Um zusätzlich zu den äußeren Barrieren auch die Barrieren in den Köpfen abzubauen, beantragte die Kirchengemeinde beim Kirchenkreis Gelder für die Entwicklung eines Modellprojekts. Denn nicht allein der Umbau von äußeren Strukturen reicht, um wirklich einladende Gemeinde zu sein, auch die Bearbeitung von Ängsten und Vorurteilen ist notwendig.

Von Seiten der Vorwerker Diakonie (einer großen diakonischen Einrichtung für Menschen mit geistigen Behinderungen, die innerhalb unserer Gemeinde angesiedelt ist) wurde die Idee erfreut aufgenommen. Sie beteiligt sich im Projektbeirat an der Arbeit.

Unser gemeinsames Interesse liegt darin, „altbewährte“ Abgrenzungen neu zu überdenken und aufzulösen. Das Miteinander von Menschen mit und ohne Behinderung darf nicht von hierarchisch gedachter „christlicher Nächstenliebe“ geprägt sein. Vielmehr sollte es sich entwickeln zu freund- und nachbarschaftlichem Beisammensein! Die Kirchengemeinde als *Begegnungsort* ist hier von unschätzbarem Wert.

2.2. Wir sind auf dem Weg ...

Die eigene Freizeit gestalten zu können, ist ein Grundrecht aller Menschen, auch der Menschen mit hohem Assistenzbedarf. Auch diejenigen Menschen, die auf kommunikativer Ebene vermehrter Hilfe bedürfen, sollen eine Auswahlmöglichkeit haben. Hier bedarf es sensibler Kommunikationspartner, die im engen Kontakt erkennen, welche Bedürfnisse bei den einzelnen Menschen vorliegen.

Eines der Bedürfnisse kann sein, sich am religiösen und sozialen Leben der Kirchengemeinde zu beteiligen.

In der St. Markus-Gemeinde hat auf Grund der Nachbarschaft zur Vorwerker Diakonie die Beteiligung von Menschen mit Behinderung am Gemeindeleben eine lange Tradition. Trotzdem gibt es immer noch Gefühle von Fremdheit und die Angst vor Überforderung bei Gemeindegliedern und Mitarbeitenden in Bezug auf Menschen mit hohem Assistenzbedarf. Das ist zu akzeptieren und ernst zu nehmen! Schrittweise bauen wir jedoch Angst und „Fremdheitsgefühl“ ab. So nehmen mittlerweile auch immer mehr Menschen mit sehr hohem Unterstützungsbedarf an unseren Veranstaltungen teil.

2.3. „Wir wollen werden, was wir sind …“

Das Rückenwindprojekt steht für die Bemühung, Gemeinde im Sinne Jesu zu werden. Gemeinde, in der jede und jeder gleichwertig miteinander aktiv ist, Gemeinde, in der alle eingeladen sind!

Beteiligt an den Prozessen, die bisher in Bewegung gekommen sind, sind wiederum alle: Diejenigen, die zu Recht das Bedürfnis nach der Sicherheit haben, die ihnen die alten und vertrauten Rituale geben. Und ebenso diejenigen Menschen, die sich bisher in der Gemeindearbeit weniger stark artikuliert haben.

Unvermeidbar sind dabei Interessenskonflikte und darum kann dies alles nur geschehen im *Kontakt*. Wir sind im Kontakt mit den beteiligten Gruppen und Organisationen in Gemeinde und Stadt (Schulen, Kindereinrichtungen, Kirchenkreis, etc.), und wir sind in Kontakt mit uns selbst und unseren Eigenwahrnehmungen. Nur durch Selbstreflexion und Erfahrung in Kontaktprozessen ist es uns möglich, auch mit verbal „nichtsprechenden Menschen“ zu kommunizieren. Als MittlerInnen und „ÜbersetzerInnen“ helfen aber auch die direkten Bezugspersonen (Familie, Wohngruppenmitarbeitende …).

2.4. Wir lernen miteinander …

Fremdheit entsteht durch fehlende *Erfahrung*. Darum bieten wir Menschen neue Erfahrungsräume an.

Wir ermöglichen kein Lernen „über etwas“, sondern ein Lernen „durch etwas“. Durch das Miteinandersein, durch das „ganz normale Zusammensein“ lernen wir uns gegenseitig kennen und bauen Ängste und Fremdheit ab! Dies führt zu großer Achtsamkeit im Umgang mit dem oder der Anderen.

Der oder die Andere ist damit meine Nächste oder mein Nächster. Und nur wenn ich mich selbst auch als Nächste oder Nächster wahrnehme, bin ich achtsam mit mir und anderen und kann im jesuanischen Sinne leben und handeln.

Sprache und Begrifflichkeiten werden reflektiert und immer wieder neu hinterfragt. Hiermit sind wir noch nicht am Ende. Wir müssen weiterfragen. Warum sprechen wir beispielsweise in einem Inklusionsprojekt überhaupt noch von „Menschen mit Behinderungen", differenzieren also in „behindert und nichtbehindert"? Warum schreiben wir nicht allgemeingültige Einladungen und gehen davon aus, dass immer und selbstverständlich alle gemeint sind? Und: Wie reden wir überhaupt von „Be-Hinderung" und wann behindert eigentlich eine Behinderung?

Manche Fragen sind mittlerweile beantwortet, an anderen arbeiten wir noch und bemühen uns zumindest um eine bessere Begrifflichkeit. Wir bemühen uns um eine leichte Sprache, die uns allen wohltut, und wir bemühen uns darum, auch jenseits von verbaler Sprache Menschen anzusprechen.

2.5. *Wir strahlen aus ...*

Innerhalb der Nordkirche gibt es nur vereinzelte Ansätze dazu, das Konzept der Inklusion nicht nur zu diskutieren, sondern auch zu leben. So erleben wir ein hohes Maß an Interesse und die Bereitschaft unsere Erfahrungen für die eigene Situation nutzbar zu machen.

All das, was wir ganz konkret und „im Kleinen" in unserer Kirchengemeinde ausprobieren, lässt sich ohne Weiteres auf andere Gemeinden und Gemeinwesen übertragen.

Es geht in unserem Projekt einerseits um das ganz praktische Tun und andererseits um die theoretische Arbeit, die Arbeit an unserer und der gesamtgesellschaftlichen Haltung. Unsere Werte wollen wir hinterfragen und zu immer wieder neuen Diskussionen anregen.

Wir sind Gründungsmitglieder des Netzwerkes „Kirche inklusiv" in der Nordkirche und bemühen uns darum, in Fortbildungen und Veröffentlichungen anderen Interessierten von unseren Erfahrungen zu berichten.

3. Konkretion

Um einen kleinen Einblick zu geben darin, wie dieses „ganz normale Miteinandersein" angeregt werden kann und welche Erfahrungen wir gemacht haben, wollen wir im Folgenden beispielhaft drei Einzelprojekte aus unserer Gemeindearbeit vorstellen.

3.1. Die inklusive Kinder- und Jugend-Theatergruppe

Gemeinsames Leben und gemeinsames Lernen von Kindern und Jugendlichen mit und ohne Behinderung ist heute „eigentlich“ selbstverständlich, gesellschaftlich erwünscht und ethisch-moralisch vorgegeben. Trotzdem geschieht dies im Alltag nicht immer so, wie es sollte. Noch immer werden Kinder und Jugendliche mit Behinderungen gesellschaftlich ausgegrenzt. Sie werden im besten Fall übersehen und in ungünstigeren Situationen wird ihnen mit Angst, Missachtung oder sogar Gewalt begegnet. Häufig ist dies durch Unsicherheit begründet, die sich durch viel zu wenige Berührungspunkte im Alltagsleben der Kinder und Jugendlichen aufbaut.

Das gemeinsame Spiel ist eine Möglichkeit, ohne große Schwierigkeiten in Kontakt zu kommen und Ressourcen und Stärken der jeweils anderen kennen zu lernen. Der Drang zum Spiel liegt als eine Art „Urinstinkt“ in uns allen begründet und kann als kleinster gemeinsamer Nenner aufgefasst werden. In dieser Spielfreude sind wir vereint, ob jung oder alt, ob Kind mit oder ohne Behinderung.

Inklusive Kinder- und Jugendarbeit braucht ein Ziel. Ein gemeinsames Projekt ist gerade für den Anfang sehr hilfreich. Das gemeinsame Projektziel einer tollen Aufführung spornt an und ermöglicht das Freisetzen ungeahnter Kräfte.

Unsere inklusive Theatergruppe besteht aus etwa 20 Kindern und Jugendlichen, von denen sieben eine geistige Behinderung haben. Bei einigen von ihnen liegt eine starke körperliche Einschränkung zusätzlich vor. Unsere Gruppe ist bunt wie das Leben und spiegelt alle Facetten wider. So gibt es Kinder, die gerade eingeschult wurden, andere besuchen bereits weiterführende Schulen. Es gibt Kinder aus Familien mit Migrationshintergrund und Kinder und Jugendliche mit Rollstuhl. Außerdem zählen natürlich auch die Erwachsenen (Diakonin, Sonderpädagogin, Kirchenmusiker und zwei engagierte Mütter) zur Theatergruppe. Auch sie sind ein Teil dieser Buntheit und wollen gemeinsam mit den Kindern Spielfreude erleben. Jede und jeder hat Einfluss auf das Spiel. Wir sprechen miteinander (mit Worten oder mit Mimik) und wir gehen so sehr individuell auf die Vorlieben und Möglichkeiten jedes einzelnen Schauspielers ein.

Die Unterschiedlichkeit in der Gruppe bestimmt auch die Inhalte der Stücke. Müssen wir die Welt nicht manchmal „ganz anders ansehen“? Wer wird wann und warum ausgeschlossen? Macht uns „das Fremde“ Angst? All dies sind Themen, die auch schon Kinder aus ihrem Leben kennen.

Da fertige Theaterstücke der besonderen Situation (mit einigen nichtsprechenden Akteuren) nicht gerecht werden, müssen die Stücke selbst geschrieben werden. Dadurch sind Theaterstücke entstanden, die einerseits die Inhalte von Fremdheit und erfahrener Ausgrenzung vermitteln und andererseits viele Möglichkeiten geben, sinnliche Erlebnisse einzubauen. Diese sind ganz besonders anregend und eindrücklich nicht nur für die schwerstbehinderten Schauspieler, sondern auch für alle Zuschauer. In der Handlung wird immer unser christlicher Glaube deutlich, dass Gott uns alle als seine Ebenbilder erschaffen hat und dass wir gut sind, so wie wir sind.

Die Gruppe spielt mit Worten, mit ganz viel Musik und der Kraft der Phantasie. Es werden verschiedenste Sinne angeregt und die Freude an unserem Sein wird erleb- und erfahrbar gemacht. Dies alles hat schon zu vielen gelungenen Theatervorstellungen geführt. Das Selbstbewusstsein der Teilnehmenden wird gestärkt und ein Gefühl von Aufgehobenheit in der Gemeinschaft vermittelt. Wir alle spielen mit (-einander) im „Theater des Lebens".

3.2. „St. Markus, einfach himmlisch" – eine Snoezelenkirche

Anlässlich der „Nacht der Kirchen" in Lübeck 2010 eröffneten wir für einen Abend eine (die vielleicht bundesweit erste?) „Snoezelenkirche". Unser Ziel war, die Kirche interessant zu machen auch für die Menschen, die bislang kaum Bezug zur Gemeinde hatten und dementsprechend diesen Raum sonst eher nicht betraten. Doch sollte der Kirchenraum auch von den regelmäßigen BesucherInnen einmal ganz neu wahrgenommen werden können. Gleichzeitig sollte der Blick dafür offen werden, dass es Menschen gibt, die anders wahrnehmen, z. B. Menschen, denen es wohltut, Sinnesreize ganz gezielt und getrennt aufzunehmen. Die daraus entstehenden besonderen Angebote sind *für uns alle gleichermaßen* faszinierend und nehmen uns mit hinein in eine fremde Erfahrungswelt.

Dass dieses nicht losgelöst sein soll von der christlichen Botschaft, war uns ein Anliegen. Wir wollten die Kirche nicht nur einfach zum großen Snoezelen-Raum umwandeln, sondern wir wollten vermitteln, was uns in unserer Kirche wichtig ist. Bibelworte zum Thema „Himmel" wurden den Snoezelen-Erlebnissen zugeordnet. Durch diese auf mehreren Sinneskanälen erfahrbaren „himmlischen Botschaften" kam es zu einer gelungenen Kombination von religiös-kultureller Bildung und Kunstgenuss.

Viele Besucher lernten bei der Nacht der Kirchen erstmalig das „Snoezelen" kennen und über das Snoezelen kamen sie wiederum erstmalig in wirklichen Kontakt zu den Menschen, für die es ursprünglich erdacht wurde. So erlebten viele Menschen einen vergnüglichen, anregenden und auch entspannenden Aufenthalt in unserer kleinen Kirche, einen Aufenthalt, der „einfach ganz anders" war.

So wurden die Menschen eingeladen und informiert:

„Himmlische Ruhe“
Erleben Sie heute den Kirchenraum einmal ganz anders: Wenn Vertrautes verändert wird, nehmen wir plötzlich ganz neue Dinge wahr. Darum lassen Sie sich darauf ein, die Markus-Kirche in einem „anderen Licht“ zu sehen.
Gehen Sie an Orte, an denen Sie sonst nicht sind. Der ganze Raum soll „eingenommen werden“. Vielleicht hatten Sie immer schon einmal Lust, selbst auf der Kanzel zu stehen. Natürlich dürfen Sie dort auch Ihre Stimme erheben.
Nehmen Sie doch einmal eine ganz andere Position ein als sonst. Es gibt eine gemütliche Ecke mit Sitzsäcken und Massagesessel. Vielleicht legen Sie sich sogar einmal hin und entdecken „den Himmel“. Ein Kirchenraum wirkt anders auf uns, wenn wir ihn aus verschiedenen Perspektiven betrachten. Natürlich bleiben auch ein paar „ganz normale Kirchenbänke“ stehen, die dazu einladen, zu verweilen, nachzudenken, zu beten, die Eindrücke wirken zu lassen …
Probieren Sie die unterschiedlichen Geräte und Stationen aus. Töne und Geräusche werden uns begleiten, doch sollen keine allzu lauten Gespräche unsere himmlische Ruhe stören.

„Himmlische Erlebnisse“ – eine „Snoezelen-Kirche“ –
Das Wort Snoezelen kommt aus dem Niederländischen, denn dort wurde eine Möglichkeit entwickelt, Menschen mit schweren Beeinträchtigungen besondere und eindrückliche Erlebnisse zu ermöglichen.
Intensive Sinneseindrücke regen unsere Wahrnehmung an, machen Spaß und wecken Freude. Die besonderen Reize bieten allen Menschen (ob mit oder ohne Behinderung) in gleicher Weise die Möglichkeit, sich selbst neu wahrzunehmen.
Wir haben versucht, Elemente des „Snoezelens“ mit biblischen Bezügen zu verbinden. Herausgekommen ist eine spannende Möglichkeit, biblische Worte nicht nur zu lesen oder zu hören, sondern zu erspüren und sinn-haft wahrzunehmen.

3.3. „Der Weg zur Krippe“ – unser Weihnachtsspiel

Weihnachten ist *das* christliche Fest im Jahreslauf, das die meisten Menschen anzieht. Es ist aber auch das Fest, das am meisten verkitscht, vermarktet und seiner Botschaft beraubt wird. Wir wollen einen Kontrapunkt setzen und gleichzeitig ein besonderes Erleben für all die Menschen möglich machen, die durch die Elemente einer traditionellen Christvesper (kleine Bilder, leise Musik, viele Worte) nicht angesprochen werden. So entstand unser alljährliches Weihnachtsspiel am heiligen Abend um 11 Uhr, das die zentrale Botschaft ausdrücken will: Jesus wurde nicht in einem Schloss fernab der einfachen Menschen geboren, sondern in einem Stall. Sein Lebensbeginn war alles andere als „gemütlich“, „kitschig“, „weihnachtlich“.

Darum nehmen wir, wenn wir die Weihnachtsgeschichte erzählen, die Menschen mit hinaus in die Kälte. Alle GottesdienstbesucherInnen gehen, bzw. rollen mit Maria und Josef und den Engeln einen weiten Weg bis zum Stall. Dort draußen können wir ganz sinnlich erfahren und ganz körperlich nachvollziehen, dass es kein einfacher Weg war.

Der Gottesdienst beginnt in der Kirche, die verdunkelt ist. So werden die Besucher eingestimmt auf die dunkle Zeit damals und auf die Hoffnung auf Rettung. Mit der Verkündigung der Geburt Jesu an Maria wird die Kirche heller. Marias Unsicherheit wird gezeigt und auch die gemeinsame Freude der beiden Frauen, Maria und Elisabeth. Dann geht es nach draußen – auf den langen Weg. Eine Holzhütte auf dem Gelände der Vorwerker Diakonie steht für den Stall von Bethlehem. Wir schlagen damit nicht nur symbolisch den Bogen zu unserer benachbarten diakonischen Einrichtung. Die Verbindung wird ganz konkret spürbar!

Auf dem Weg begleitet uns Marias Esel und die gesamte Gemeinde macht sich auf. An zwei Häusern klopfen wir an und werden fortgeschickt. Die Hirten im Park (unsere Pfadfindergruppe), die um das Feuer sitzen mit Schafen und Hütehund, weisen uns den Weg nach „Bethlehem“. Dort in der kleinen Holzhütte finden Maria und Josef schließlich Platz. Alle Menschen betrachten die Krippenszene, sie sind ZuschauerInnen und MitspielerInnen gleichermaßen. Die Engel singen und wir alle stimmen ein in ihre Lieder. So erleben wir Weihnachten „hautnah“.

Ein weiterer Höhepunkt ist das Nahen der Drei Weisen aus dem Morgenland. Sie werden begleitet von einem echten zentralasiatischen Kamel, ein höchst seltener Anblick in unserem Stadtteil. So vermitteln wir die Weihnachtsbotschaft ohne allzu viele Worte. Wir können eine ganz besondere Stimmung spüren, die sich auf alle überträgt und auch die Menschen mit schweren Beeinträchtigungen können durch Bewegung, besondere Sinnesreize und die Raumveränderungen viel von dieser Stimmung mitnehmen.

Unvergesslich ist natürlich auch die Begegnung mit den Tieren der Weihnachtsgeschichte. Sie wird ermöglicht durch Unterstützung eines Tierarztes aus der Umgebung. Wir dürfen die Tiere anschauen und streicheln, ihre Wärme und ihr Duft lassen die Weihnachtsbotschaft konkret werden.

4. Was braucht es also, damit Inklusion in Kirchengemeinden Realität wird?

Es braucht vor allem *Raum* (barrierefrei, „beweglich“ und auch Frei-Raum in unserem Kopf).

Es braucht *Zeit* (Die Prozesse müssen angebahnt werden, Menschen dürfen nicht überfordert werden, sie sollen vielmehr in ihrer verständlichen Unsicherheit begleitet werden. Darum ist es wichtig, zusätzliche personelle Kräfte zu haben).

Es braucht *Phantasie* (Lust auf Neues, Ideen für schwierige Zeiten, Visionen von einem klein wenig Himmelreich auf Erden …).

Es braucht *Fachkenntnis*. (Daher sind wir sehr froh, eine Sonderpädagogin in unserem Team zu haben.)

Es braucht *Mut* (den Mut, Grenzen zu überwinden, Starrheit aufzulösen).

Und es braucht *Glauben* (Denn es ist ganz sicher Gottes Wille, dass wir in einer Welt ohne Ausgrenzung leben).

Noch ist viel zu tun.

Inklusion ist nicht „durchsetzbar", sondern vielmehr ein „kleines Pflänzchen", das seine Zeit braucht, um zu wachsen und zu gedeihen.
Sich auf den Weg zu machen zu einem Mehr an Miteinander in unseren Gemeinden, bedeutet auf einem guten Weg zu sein.
Inklusives Miteinander in Kirchengemeinden ist keine „Extraaufgabe" nebenher, es bewirkt vielmehr eine Vertiefung des Gemeindelebens, der Verkündigung und der religionspädagogischen Angebote.
Gott hat diese Welt so geschaffen, wie sie ist – mit all ihren Unterschiedlichkeiten und mit all ihren „Unwägbarkeiten" – Es ist gut so, wie es ist: Das Leben ist BUNT!

Weg-weisen.de – Ein Projekt zu inklusiver Pastoral im Bistum Limburg

Jochen Straub

1. Anstöße: Zielführung

Wenn ich in mein Auto steige, um ein unbekanntes Reiseziel anzusteuern, bittet mich mein Navigationsgerät um Angaben zum Ziel, damit ich mit dessen Unterstützung zum Ziel geführt werden kann. Eine solche Zielführung hat Johannes Paul II. der katholischen Kirche gegeben. Im ausgehenden letzten Jahrtausend sagte er bei einem Empfang von Mitgliedern der Arche-Bewegung: „Führt die Kirche ins nächste Jahrtausend." Diese Zielführung und Wegweisung wurde infolge von mehreren Positionierungen verstärkt. Bischof Dr. Franz Kamphaus betonte im Jahr 2002 die Würde behinderter Menschen[1]. 2003 ermutigte die Deutsche Bischofskonferenz die gesamte bundesdeutsche Kirche zum „Unbehindert leben und Glauben teilen"[2]. Gesamtgesellschaftlich ist die Bedeutung der UN-Konvention über die Rechte behinderter Menschen unumstritten. Die Konvention wurde vom Deutschen Bundestag ratifiziert und hat damit Gesetzeskraft erlangt. An vielen Orten wird die These vertreten, dass die katholische Kirche als Körperschaft öffentlichen Rechts bedingungslos verpflichtet ist, die UN-Konvention umzusetzen. Dies betont auch Valentin Aichele, Leiter der Monitoring-Stelle zur VN-Behindertenrechtskonvention, dem in dieser Frage sicherlich eine besonderes Gewicht zukommt.[3]

Alle diese Gedanken nötigen uns zu der Frage nach der Gestalt von Kirche in Zeiten inklusiven Wandels und strukturell-pastoralen Umbruchs. Wie werden sich behinderte und nicht-behinderte Menschen erleben als Verkündigende (Martyria), Helfende (Diakonia), Feiernde (Liturgia) und gemeinsam Handelnde (Koinonia)? Welche Wünsche haben sie an die bestehende und sich wandelnde Kirche, insbesondere an die Gemeinde als Kirche vor und am Ort? Diese Fragen in einem dialogischen Prozess mit behinderten

---

1 Franz Kamphaus, Die Würde behinderter Menschen, Fastenhirtenbrief 2002.

2 Un*B*ehindert leben und Glauben teilen, Hirtenwort der Deutschen Bischofskonferenz 2003, Bonn.

3 Grenzenlos leben? Die Umsetzung der Behindertenrechtskonvention in hessischen Sozialräumen, Dokumentationsband zur Tagung vom 6. und 7. Dezember 2011, Wiesbaden 2012, 23 ff.

und nicht-behinderten Menschen anzuschauen, hat uns zu dem Projekt ,Wegweisen.de' motiviert.

2. Grundsätzliches: Wegsuche

Wie kann ein solcher Weg inklusiv gelingen?

Ursprünglich ausgehend von dem Begriff Heimat und dem Anspruch folgend, dass Kirchengemeinden behinderten Gemeindemitgliedern dieses Gefühl vermitteln, also Heimat sein wollen, stellte sich die Frage nach dem Weg und den Möglichkeiten zur Erreichung dieses Zieles. Was lag näher, als die Menschen zu befragen, um die sich Gemeinde bemühen will und soll. Es bedurfte der Beschreibung von Mitteln und Möglichkeiten, von Faktoren und Anhaltspunkten; es bedurfte einer Wegbeschreibung, das Ziel Inklusion erreichen zu können. So wurde die Zielgruppe selbst zum Wegweiser, ihre Wünsche und Bedürfnisse zu Hinweisschildern.

Welche Kooperationspartner braucht es für den Weg? Wer begleitet das Projekt? Fangen wir beim letzten Fragezeichen an: Es wurde eine Projektgruppe gebildet, bestehend aus Abteilungsleitern des Caritasverbandes Westerwald-Rhein-Lahn und dem Referatsleiter für die Seelsorge für Menschen mit Behinderung im Bistum Limburg. Mit Herrn Erwin Peetz war damit der Zugang zu dem Bereich Arbeit und Fördern erschlossen. Mit Herrn Peter Roos war der Zugang zu den Bereichen ambulantes und stationäres Wohnen, Kita und Schule geöffnet. Über Herrn Jochen Straub öffnete sich der Bereich Pastoral für Menschen mit Behinderung und die Verbindung zu den Gemeinden und Bezirken des Bistums. Je klarer die Methode wurde, desto eindeutiger die Notwendigkeit, bei katholischen Trägern zu verbleiben und einladend, aber nicht vereinnahmend auf andere zuzugehen: Inklusion geht alle an! Dies war besonders im Blick auf die kommunale Erweiterung des Vorhabens der Fall. Im Blick auf die kommunalen Gemeinden wurden die beiden Landräte für den Westerwald, Herr Landrat Achim Schwickert, und Rhein-Lahn, Herr Landrat Günter Kern, eingeladen, zuerst das Projekt als Schirmherren zu unterstützen und dann weiter zu führen. Aus Gründen der Machbarkeit und mit Blick auf die verfügbaren Personalressourcen wurde das Projekt auf den Zuständigkeitsbereich des Caritasverbandes Westerwald-Rhein-Lahn und damit auf die beiden Landkreise Westerwald und Rhein-Lahn beschränkt.

Inklusion ist Chefsache: Der Limburger Diözesanbischof Dr. Franz-Peter Tebartz-van Elst übernahm die Schirmherrschaft mit seinen beiden Bezirksdekanen für den Westerwald und den Rhein-Lahn-Bereich.

3. Begriffliches: Weg und Weg-weisen.de

Bei der Beschäftigung mit dem Titel „Weg-weisen.de“ ist uns oft die Lautmalerei des Wortes Weg-weisen bewusst geworden. Ganz allgemein die Themen Weg als eine Bewegungsfläche und Bewegungsrichtung. „Weg“ und „weg-sein“ als „nicht-da-sein“. „Weg“ ohne „–weisen“ von „bitte nicht eintreten“ bis „Zutritt nur für Bedienstete“, wegweisen, ausgrenzen, abgesondert werden und nicht-willkommen sein gehören unabhängig von Behinderung oder Nichtbehinderung zum Alltag einer Gesellschaft.

Das Wort „Weise“ im Sinne von weise und klug sein, das Weisen als eine Geste: viele Assoziationen verbinden sich mit dem Titelmotto. Es ist eine Form von Weisheit in der Kunst der Unterscheidung, den richtigen Weg zu finden. Es ist das Weg-weisen im Sinne von „vieles weist uns unseren Weg“: Schilder und Menschen, Bilder, Gedanken, Ratschläge, Träume …

Weg-weisende: Oft bekommt ein Mensch den Weg gewiesen, oft weist er dem anderen den Weg. Wir wollen den Blick auf die Menschen lenken, die in Gemeinden des Bistums solche Wege miteinander gehen.

Wegweisende: Dazu gehören das Nicht-können oder –dürfen. Das sind urmenschliche Erfahrungen. Mit diesen Gefühlen wollen wir arbeiten. An diese Erfahrungen wollte das Projekt anknüpfen.

4. Weg-weiser als Projekt – Visualisierung

Bei einem Dialogprojekt braucht es einen Kommunikationsträger. Nichts lag näher als sich an Wegweisern zu orientieren, die in unserem Alltag regelmäßig auftauchen. Große Hinweisschilder mit Richtungspfeilen analog den Beschilderungen an Bundesstraßen in einer Größe von ca. 30 x 120 cm sind die Kommunikationsträger des Projektes. Auf ihnen sind auf der Vorderseite drei 30 x 30 cm große Felder durch gefräste Linien zu erkennen. Daneben bleibt ein dreieckiger Pfeil- und Richtungsweiser übrig. Auf die drei Felder können maximal drei Wünsche aufgebracht werden. Die Ersteller der Wünsche werden eingeladen, auf der Rückseite des Wegweisers ein Bild von sich zu kleben und ihren Namen und Heimatgemeinde darauf zu schreiben, damit Empfänger der Wünsche auch antworten können. Mit ihrer Größe sind die Wegweiser Mahnung, mit ihrer Spitze sind sie Stachel und mit ihren vielfältigen Wünschen sind sie bunte Präsenz einer noch bunteren aber oft vernachlässigten Gruppe in unserer Kirche und Gesellschaft. Die Weg-weiser als Wegschilder sollen Kommunikationsmittel und Symbol zugleich sein. Die Projektgruppe, beteiligte Träger und kirchliche Strukturen verstehen sich als Kommunikationsassistenz.

5. Dialogischer Weg – Schritte

Erste Weg-schritte:

Von Anfang an ist das Projekt auf Dialog angelegt. Nach den Erstentwürfen der Vorbereitungsgruppe wurden Menschen mit Behinderung um Feedbacks gebeten und die Inhalte des Projekts alternativ in leichter Sprache kommuniziert (siehe Internetseite www.weg-weisen.de) Es wurden mehrere dezentrale Auftaktveranstaltungen in Kooperation mit Schirmherren, Menschen mit Behinderung und Assistenten aus den Einrichtungen durchgeführt. Danach konnten behinderte Menschen entscheiden, ob sie an dem Projekt teilnehmen oder nicht. In der Äußerung und noch mehr in der Gestaltung ihrer Wünsche wurden sie von Fachpersonal begleitet.

Begegnungs-wege:

In dezentralen Übergabeveranstaltungen haben behinderte Menschen unter Assistenz ihre Schilder an die Vertreter der Kirchengemeinden übergeben mit der Bitte, auf die „ge-schilderten" Wünsche zu antworten. Die große Menge von über 150 Schildern und damit mehr als 350 Wünschen war beeindruckend und herausfordernd zugleich. Bedingt durch das Format, aber auch die Visualisierung der Wünsche wurden die Wegweiser sorgsam und respektvoll in Empfang genommen, aber auch von den behinderten Menschen als Wünschendem verabschiedet – mehr, als dies bei einer Wortbotschaft der Fall hätte sein können. Die Übergabeveranstaltungen waren geprägt durch Begegnung mit Musik und gemeinsamem Essen. Die Antwortphase auf die Schilder war ebenso dialogisch, aber mehr im Bereich der Kirchengemeinden. Es wurden z. T. gemeinsame Gottesdienste gestaltet, Pfarrgemeinderats-, Verwaltungsrats- und sonstige Sitzungen zu dem Thema durchgeführt und beraten, wie eine Umsetzung der Wünsche erfolgen kann.

Weg-pausen – Innehalten:

Auf dem Weg war eine wichtige Veranstaltung der sogenannte Zwischenhalt: „Auf halbem Weg". Hier begegneten sich die Wünschenden und die Antwortenden zu einer Sichtung des momentanen Ergebnisstands. Ca. 150 Menschen schilderten einander ihre Probleme mit dem Warten auf die Antworten auf der einen Seite, aber auch mit der Erfüllung einiger Wünsche auf der anderen Seite. Die Emotionen kamen in Gleichklang, wurden in einem Gottesdienst gefeiert und das Aushalten einer Klärungsphase mit vorrangiger

Kommunikation im Bereich der Menschen ohne Behinderung wurde somit erleichtert. Bischof Dr. Tebartz-van Elst deutet dies in seiner Grußbotschaft so: „Auf Ihrem Weg von Jerusalem nach Emmaus begegnet den Jüngern der Herr. Vielleicht noch auf halbem Weg, erkennen Sie ihn nicht. Angekommen in Emmaus drängen Sie ihn: „Bleib doch bei uns, denn es wird bald Abend und der Tag hat sich schon geneigt." (Lk 24.29) – die Jünger wollen nicht, dass Jesus von Ihnen fortgeht, sie wollen, dass er bei ihnen bleibt (…). Dieses Bild passt gut zu Weg-weisen.de und zur Veranstaltung auf halbem Weg: An vielen Stellen ist das Projekt schon weit fortgeschritten. Erste Wünsche und Bedürfnisse behinderter Menschen konnten erfüllt werden, andere sind auf einem guten Weg. Gute Wege brauchen manchmal Zeit – die Jünger von Emmaus waren gut zwanzig Kilometer weit und zwanzig Kilometer lang auf dem Weg. Doch bereits unterwegs geschieht etwas ganz wesentliches: „Sie sprachen über das, was sich ereignet hatte (Lk 24,14)."[4]

Wegende?

Auf dem Weg zur Inklusion bzw. einem solchem unterstützenden Projekt kann es keinen Abschluss geben, sondern nur ein „Wie machen wir weiter?". Deshalb gab es auch keine abschließende Veranstaltung, sondern eine Pressekonferenz, die die Projektphase beendete, aber das Ziel große Zukunftsaufgabe für die Kirche weiter betonte. Bischof Dr. Franz-Peter Tebartz-van Elst und die Bezirksdekane für zwei große Regionen im Bereich des Bistums Limburg waren als kirchliche Schirmherren und Vertreter anwesend. Die Landräte der Landkreise waren als Schirmherren für die politische Ebene in den Projektregionen anwesend. Bei der Pressekonferenz waren neben den Schirmherren ebenso Menschen mit Behinderung anwesend und haben ihre Sicht auf das Projekt elementar verdeutlicht. Signal der Pressekonferenz war, dass Weg-weisen.de ein Anstoß ist, aber im Blick auf die UN-Konvention über die Rechte von Menschen mit Behinderung nur ein Türöffner oder ein Aufbruchsignal am Beginn des Weges sein kann. Die große Gruppe der Menschen mit Behinderung und die Menschen, die wir nicht behindert nennen, müssen weiter im Dialog mit ihren Wünschen und Hoffnungen, mit ihren Freuden und Sehnsüchten, Realität vor Ort gestalten.

---

4 Bischof Dr. Franz-Peter Tebartz-van Elst, Grußwort zur Veranstaltung, Limburg im September 2010.

6. Weg-Wünsche

Zur Konkretion des Beschriebenen lade ich zur Wahrnehmung einer Auswahl von Wünschen ein, die auf den Wegweisern entweder in Schrift- oder Bildsprache zu finden waren und an die Gemeinden übergeben wurden. Die meisten Wünsche sind denen nicht-behinderter Christen sehr ähnlich. Die meisten unterstützen uns in der Wahrnehmung, dass wir mit den Bemühungen um inklusive Gemeinde auf dem richtigen Weg sind. Viele Wünsche sind beantwortet und im Idealfall erfüllt, zumindest aber kommuniziert worden. Die Auswahl bezieht sich auf die genannten Bereiche (s. o.) als Wesensvollzüge von Kirche:

Liturgia, als Feier unseres Christlichen Glaubens

- Es ist schön, dass ich barrierefrei in die Kirche fahren kann
- Ich möchte Messdiener sein
- Ich möchte Messdiener werden
- Öfter Kirchgang, schönerer Gottesdienst
- Messdienen, Kirchgang mit der Mutter
- Ich wünsche mir moderne Musik in der Kirche
- Einfache Lieder im Gottesdienst
- Integration und Behinderung im Gottesdienst öfter ansprechen
- Rampe für Rollstühle an der Pfarrkirche
- Messdiener werden, Freunde haben
- im Chor singen
- bei Gottesdienstvorbereitungen helfen
- interessante Predigten
- Musik machen mit anderen
- bei Messvorbereitungen helfen
- Musik machen mit anderen, singen und in der Messe Fürbitten vorlesen
- Messdiener werden, Kommunionhelfer
- Die Feiern im Kirchenjahr sind für mich wichtig zur Orientierung
- Gottesdienst in leichter Sprache
- Kirchenchor
- ökumenischer Gottesdienst
- den Kindergottesdienst mitgestalten
- weihrauchfreier Gottesdienst
- Möglichkeit zur Beichte
- Weihnachten mit der Gemeinde feiern

Martyria, als gelebtes Zeugnis unseres Christlichen Glaubens

- Ich möchte ein Sternsinger sein
- Ich wünsche mir, dass uns unser Pfarrer Herr Much noch lange erhalten bleibt
- Ich möchte aus der Bibel vorgelesen bekommen, mit jungen Menschen zusammen sein
- bei Sammelaktionen helfen
- über die Bibel sprechen
- Glaubenskreis gerne 2 x im Monat
- mehr über die Kirche erfahren
- am Umwelt- und Naturschutz teilnehmen mit der Gemeinde
- Lebendige, farbenfrohe Kirche
- Solidarität in der Gemeinde (Starke helfen Schwachen)
- Kollekte sammeln
- Besuch einer Bücherei mit christlichen Büchern
- Gemeindemitglieder sollen meinen Wegweiser in der Kirche angucken können
- Fahrt zu Tagen zum Aufatmen der katholischen Kirche,
- Erhalt der Kirche Hattert
- keine Ausländerfeindlichkeit, keine Hänselungen

Diakonia als tätige Nächstenliebe in unserem christlichen Glauben:

- Ich möchte ein Sternsinger sein;
- beim Pfarrfest bei der Essensausgabe helfen;
- Treff 90: Teilnehmer benötigt Begleitung beim Hin- und Heimbringen;
- Treff 81 in Lahnstein unterstützen;
- Mobilität in der Gemeinde (Fahrdienste für Menschen ohne eigenes Fahrzeug);
- dass die Menschen in meiner Familie, Werkstatt und meiner Gemeinde füreinander da sind;
- Begleitung vom WH Nisterpfad zum Gottesdienst;
- Begleitung zur Kirche;
- beim Putzen in der Gemeinde helfen;
- Begleitung vom Kurhaus in die evangelische Kirche in Rennerod;
- Begleitung zu Pfarrfesten in der Umgebung, Mitarbeit in der katholischen Bücherei Höhn;
- Miteinander sprechen statt übereinander;
- Unterstützung für kranke und behinderte Menschen;
- Unterstützung von der Gemeinde;

- Caritas-Spendengelder einsammeln gehen.

Koinonia als Gemeinschaft im christlichen Glauben

- Ich möchte schwimmen;
- Ich möchte Pizza essen;
- Da ich oft zur Toilette muss, würde ich mich freuen, wenn es bei der Kirche eine Toilette geben würde;
- Ich freue mich, dass mich die Menschen in meiner Kirchengemeinde mit einigen Handicaps akzeptieren und ich wünsche mir dies auch für alle behinderten Menschen;
- Ich möchte einen Ausflug zu Fuß machen;
- Ich möchte Fußball spielen;
- Ich möchte wandern;
- Fahrdienst der Kirchengemeinde zum Gottesdienst;
- Jemand soll kommen und mit mir basteln;
- Ich wünsche mir barrierefreie Ausflüge mit der Pfarrgemeinde;
- Ich wünsche mir eine bunte Gemeinde mit viel Fröhlichkeit;
- Ich wünsche mir einen Ausflug in den Zoo;
- Ich wünsche mir einen Ausflug in ein Schmetterlingsmuseum;
- Ich wünsche mir einen Einkauf im Kaufhaus;
- Ich wünsche mir ein gemeinsames Karnevalsfest, denn das finde ich wichtig für die Gemeinde;
- Offen bleiben für neue Wege;
- Ferienfreizeit für Kinder mit Behinderung;
- Integrativer Spielkreis für Schulkinder am Nachmittag;
- Spielplatz behindertengerecht gestalten;
- Fortführung des Brückenkopf-Modells;
- Integrative Kirchenführung;
- etwas in der Gruppe unternehmen, basteln, Spieleabend, Eis essen und Minigolf;
- mit der Pfarrgemeinde einen Ausflug machen;
- Leute treffen und mich mit denen unterhalten und einen Ausflug machen;
- mit anderen kochen und ein großes Bild malen und mit Leuten singen;
- mit Menschen aus der Gemeinde basteln und kegeln;
- Kontakt zu anderen Menschen, Freizeit mit denen verbringen, wandern, ins Kino gehen und einen Sonnenuntergang anschauen;
- Jugendtreff, friedlicherer Umgang in Herschbach, Menschen mit denen ich reden kann;
- von Mitmenschen ernst genommen werden;
- für den Basar basteln, Frauenkaffee und Karneval teilnehmen, brauche jemanden, der mich zu Veranstaltungen begleitet;

- mit anderen malen, was unternehmen;
- Kontakt zu anderen Menschen;
- basteln, kochen mit anderen Menschen und welche kennen lernen;
- die Umwelt sauber halten;
- mit jungen Leuten treffen;
- Kaffee trinken mit Pfarrer Karbach;
- beim Seniorenkaffee dabei sein;
- mit anderen grillen, kegeln, wandern;
- wandern, schwimmen und ins Kino gehen;
- Drachen steigen lassen, Schwimmen und Cricket;
- Gesellschaftsspiele, schwimmen und singen;
- Kaffee trinken und Kuchen essen mit anderen;
- mehr über die Kirche erfahren;
- Ich mag die Feste in meiner Gemeinde;
- Veranstaltungen in der Gemeinde, Feiern und Feste;
- Frieden und Völkerverständigung (Mitwirkung der Gemeinde);
- Völkerverständigung und Dialog in meiner Gemeinde auch religionsübergreifend;
- friedliches Miteinander in der Gemeinde und Einsatz für den Frieden;
- die Gemeinde soll zusammen halten;
- Toleranz in einer warmherzigen, offenen Kirchengemeinde, die jeden willkommen heißt;
- gemeinsame Unternehmungen und Ausflüge;
- christliche Spielenachmittage / Tischtennisgruppe und Bastelrunde;
- Mir sind Familie und Gemeinschaft / Gemeinde wichtig;
- sportliche Aktivitäten (Fußball) könnten von der Gemeinde Unterstützung finden;
- das Fest der Liebe mit der ganzen Familie feiern, Freunde kennenlernen und die Menschen sollen sich bei Gott bedanken für die Eltern und dass es ihnen gut geht;
- Kochkurs und Tischtennisgruppe in der Gemeinde;
- Teilnahme an Tischtennisgruppe, Ausflüge, Musikkreis, Sport;
- PC-Kurs, Begleitung in die Kletterhalle in Eichenstruth;
- Bastel- und Handarbeitskreis / Spieleabende für Jung und Alt;
- Besuch des Klosters Marienstatt (zu einem Konzert);
- gemeinsame Ausflüge;
- Pizza essen gehen, ohne Eltern was unternehmen, Tischtennisgruppe;
- Kickergruppe;
- Eintritt in die Fußballmannschaft Unnau, Camp-Radtour an der Lahn mit der Gemeinde;
- Spielenachmittag mit Senioren;
- Fahrt zum Weihnachtsmarkt mit der Gemeinde;
- Kegelgruppe;
- Playstationabend oder Kinofahrt in der Gemeinde;

- Spielenachmittage/-abende, Kochkurs, tanzen gehen mit der Gemeinde;
- Achtung und Toleranz gegenüber Menschen mit Behinderung, Zusammenhalt;
- Miteinander und Zusammenhalt, keine Gewalt mehr an Schulen und dass Menschen besser behandelt werden;
- Ausflug mit der Kirchengemeinde, Hilfe für Familien gegen häusliche Gewalt;
- Camping;
- lobt den Treff 81, Tanzabend in St. Goarshausen;
- wünscht sich einen Jugendraum und einen Urlaub;
- Wandergruppe, Familiencafé;
- schwimmen gehen, Wandergruppe und in den Urlaub fliegen;
- Wandergruppe, Völkerballverein, Kunstgruppe;
- einen Weihnachtsmarkt in der Gemeinde;
- eine Flugreise, Frieden und dass alle Kinder fröhlich sind;
- einen Kochkurs;
- ins Fußballstadion, mit anderen sportliche Hobbys mit der Gemeinde nachgehen, in Urlaub fliegen;
- ein Tagesausflug, dass Leute nicht mehr streiten;
- mit anderen schwimmen;
- Tischtennis, einen Discoabend, mal auf einen Reiterhof;
- Gymnastikgruppe, Computerkurs und einen Kochkurs;
- mit der Gemeinde in den Urlaub, spazieren gehen und in den Zoo mit der Gemeinde;
- Musical besuchen mit der Gemeinde, mehr Zusammenhalt, Seidenmalerei-Kurs;
- schöneren Kirchturm, schönere Fenster, Plätzchen backen mit der Gemeinde, Tanzkurs;
- Urlaub, mit Motorradclub auf Tour gehen, eigenes Haus, Boot und Auto;
- mit dem FC Bayern Fußball spielen, ein Trikot bekommen, Dampferfahrt;
- ein christlicher Markt, unter Anleitung Adventskranz basteln;
- Konzert der Zillertaler Schürzenjäger;
- einen Hasen, Urlaub und ein Fest;
- ein Fußballstadion in Weisel und Trikots in schwarz, im Verein Fußball spielen, nachts Fußball spielen.

7. Stolpersteine auf dem Weg

Über mehrere Dinge sind wir auf dem Weg gestolpert. Diese möchten wir nicht unterschlagen.

- Zu klein gedacht: Die Schilder als Kommunikationsmittel haben eine beachtliche Größe (s. o.) Zu klein gedacht haben wir bei der Anzahl der teilnehmenden Menschen mit Behinderung. Über 150 Menschen äußerten Ihre Wünsche. Aneinandergereiht sind dies über 150 laufende Meter Wünsche! Als Fläche ausgelegt immerhin noch über 45 Quadratmeter ohne Lücke!!! Das brachte die Projektgruppe logistisch ins Schwitzen. Alle Schilder wurden bei den Erstellenden eingesammelt, die Wünsche erfasst und zu den Übergabeveranstaltungen gebracht. Da es zwei dezentrale Übergabeveranstaltungen gab, wurde es etwas einfacher, aber die Dimensionen waren gewaltig. Der Vorteil: Jeder Pastorale Raum in den genannten Regionen war dadurch betroffen, häufig mit mehreren Gemeinden. Dadurch kam das Projekt gut in die Fläche und das Anliegen gut in die Kommunikation.
- Ökumene: Da die Kommunikation durch die Übergabe der Schilder sehr einfordernd war, hatten wir Sorge die evangelischen Christen mit ihren Gemeinden zu vereinnahmen. Dennoch meldeten sich im Verlauf von Weg-weisen.de viele evangelische Christen und wollten auch ihre Wünsche äußern. Natürlich konnten wir uns dem nicht verschließen. Dem Wunsch folgend haben wir die evangelischen Kirchengemeinden angesprochen und trafen offene Türen und großes Verständnis. In den jeweiligen betroffenen Gemeinden gab es eigene Übergabeveranstaltungen. Die weitere Kommunikation der Inhalte lief allerdings losgelöst von uns.
- Trauer und Misstrauen unterschätzt: Gerade die Eltern kleiner Kinder mit Behinderung (Kita, Schule) wollten häufig keine Teilnahme ihrer Kinder oder eine entpersonalisierte Teilnahme. Dadurch ergaben sich im Sinne der Seelsorge viele gute Gespräche. Herausragende Themen waren die Trauer, ein Kind mit Behinderung zu haben oder die Befürchtung, mit einer inadäquaten Reaktion der Gemeinde rechnen zu müssen bzw. auf offene Ablehnung oder Ausgrenzung zu stoßen. Von Behinderung als Person oder Familie betroffen zu sein, wird als Stigma empfunden.

Hier liegt eine große Verantwortung der beiden großen christliche Kirchen für die Zukunft: Nicht nur im Sinne der in UN-Konvention geforderten Bewusstseinsbildung[5] sondern auch und erst recht im Sinne der frohen Botschaft Jesu müssen diese um ihrer eigenen Glaubwürdigkeit willen gegen Phänomene struktureller und personale Schuld kämpfen.

---

[5] UN-Konvention über die Rechte von Menschen mit Behinderung, Artikel 8.

8. Weitergehen auf dem Weg – Weg-Perspektiven

Dazu abschließend einige Stichpunkte:

- Das Thema Inklusion wird im Bistum Limburg an vielen Stellen weiter bearbeitet. Eine Form ist das Projekt Weg-weisen.de. Als ständige Erinnerung ist ein immerwährender Kalender entstanden – das Thema ist nicht auf ein Jahr beschränkt. Der Kalender hängt in vielen Kirchengemeinden und zeigt die Wünsche offen und dauerhaft[6].
- Beim Caritasverband Westerwald-Rhein-Lahn hat sich die ehrenamtlich besetzte „Projektgruppe Menschen mit Behinderung in der Gemeinde“ dem Projekt Weg-weisen.de nachhaltig verschrieben und bietet u. a. Gemeinden Unterstützung bei der Beantwortung von Wünschen an.
- In einer Pfarrei hat sich ein Parlament, bestehend aus behinderten Menschen, gegründet. Diese nehmen unter Assistenz die Vertretung ihrer Interessen in Richtung Kirchengemeinde und kommunaler Gemeinde aktiv wahr. Eine Gründung weiterer Parlamente in anderen Pfarreien wird von der „Projektgruppe Menschen mit Behinderung in der Gemeinde“ angeregt und begleitet.
- Kurz nach dem Projekt erfolgte über das Bistum hinaus eine Positionierung der hessischen Bischöfe im Rahmen des Aktionsplanes im Land Hessen[7]. Auch im Bistum Limburg ist ein eigener Aktionsplan in Arbeit. Im kommunalen Bereich arbeiten die beiden Landräte mit dem Projekt Weg-weisen.de und seinen Ergebnissen weiter.
- Im Bistum und über das Bistum hinaus werden Vorträge und Workshops über das Projekt angeboten und immer wieder nachgefragt. Sie dienen zum einen der theologischen Durchdringung des Themas, aber auch der kirchlich-diakonischen Praxis.

---

6 Weg-weisen.de – Ein immerwährender Kalender, Limburg, 2011. Der Kalender kann bezogen werden beim Bischöflichen Ordinariat Limburg.

7 Aktionsplan des Landes Hessen, Wiesbaden 2012.

„Mit dabei“ – inklusiver Gottesdienst. Außergewöhnliche Begegnung sensibilisiert für andere Lebenswelten

Kyra Seufert und Gerd Frey-Seufert

Seit vier Jahren feiert die „Evangelische Gemeinde Käfertal und im Rott“ (5 300 Gemeindeglieder) in Mannheim inklusive Gottesdienste. Als Pfarrerin und Pfarrer sind wir uns dessen bewusst, dass jeder Gottesdienst von seinem Grundverständnis ein inklusiver Gottesdienst ist.[1] Dennoch, wenn wir nachfolgend von inklusiven Gottesdiensten sprechen, dann meinen wir damit Gottesdienste, die in ihrer Vorbereitung, Thematik und Durchführung sich explizit an den Bedürfnissen von Menschen mit Behinderung orientieren.

Schwerpunkt unserer Konfirmandenarbeit ist die Begegnung mit Menschen, die einen erhöhten Unterstützungsbedarf haben und anders leben als wir. Das jährlich stattfindende „Konfirmandengespräch“ wird von den Jugendlichen, in Zusammenarbeit mit Konfirmanden-Teamern und uns Pfarrern bewusst als inklusiver Gottesdienst vorbereitet und gefeiert. Die Projekterfahrungen der Jugendlichen mit den Menschen, die eine Beeinträchtigung haben, fließen in diese Gottesdienste mit ein.

Hintergrund dieser Arbeit war die Errichtung eines Tagesförderzentrums der Diakonie-Werkstätten Rhein-Neckar des Vereins für Gemeindediakonie in Mannheim, das im Herbst 2008 nahe dem Ortszentrum im Mannheimer Stadtteil Käfertal eröffnet wurde. Die Einrichtung hat 42 Plätze zur Förderung und Beschäftigung Erwachsener mit geistiger und schwer mehrfacher Behinderung. Uns Pfarrern und den Verantwortlichen in der Gemeindeleitung war es wichtig, gleich nach Eröffnung des Tagesförderzentrums aktiv die Integration der Einrichtung und der Beschäftigten im Stadtteil zu fördern – geschlossene Systeme sind unproduktiv und verhindern Teilhabe. Ziel war es von vornherein, dass einerseits die Beschäftigten des Tagesförderzentrums am Leben im Stadtteil und damit der Pfarrgemeinde partizipieren und andererseits die Bürgerinnen und Gemeindeglieder die Lebenswelt von Menschen mit Beeinträchtigung kennenlernen und somit Vorurteile abgebaut bzw. Ausgrenzung verhindert werden kann. Alle Beteiligten erleben, welche Sensibilität im Miteinander-Leben und Feiern notwendig ist („gelebte Inklu-

[1] Auch für Christian Bindseil ist „per se … ein Gottesdienst zutiefst inklusiv. Alle Menschen sind prinzipiell willkommen“. Christiane Bindseil, Inklusiver Gottesdienst – Theorie und Praxis am Beispiel eines Heidelberger Projektes, in: Johannes Eurich/Andreas Lob-Hüdepohl (Hg.): Inklusive Kirche, Stuttgart 2011, 199.

sion“). Es galt von Anfang an soziale Räume so zu gestalten, dass Menschen mit Beeinträchtigung am kulturellen Leben teilnehmen können.

Uns Pfarrern und den Verantwortlichen in der Gemeindeleitung ist es wichtig zu bekunden, dass Menschen mit erhöhtem Unterstützungsbedarf gleichberechtigte Bürger und Träger aller Rechte sind, auf die sich auch nichtbehinderte Menschen berufen. „Anderssein muss Normalität werden. Unsere Aufgabe als Christen ist es, Bedingungen zu schaffen, dass wir miteinander leben können. Das wollen wir besonders unseren Jugendlichen, den Konfirmanden vermitteln“, so Wolfgang Mentzel, Vorsitzender der Evangelischen Gemeinde Käfertal und Im Rott; und die beiden Pfarrer Kyra Seufert und Gerd Frey-Seufert bei einer Podiumsdiskussion zum Thema „Inklusion in der Gemeinde“ im März 2010. Aus diesem Grunde finden während der Konfirmandenzeit Projekttage für die Jugendlichen statt, deren Ziel die Begegnung mit Menschen ist, die anders leben, als sie selbst.

Aus diesem Ansatz hat sich auch in den vergangenen Jahren der Schwerpunkt „Diakonie in Käfertal“ als Profil der Gemeindearbeit entwickelt. Denn Inklusion fängt in den ganz konkreten Bezügen vor Ort an.“[2] Inklusion prägt eine Gemeinde in ihrer Ganzheit. Um das Miteinander im Stadtteil weiter zu intensivieren werden im Bereich Diakonie Fundraising – Projekte durchgeführt (z. B. „all inclusive-Ausflug“ ins Grüne für Menschen mit oder ohne Unterstützungsbedarf, für Menschen jeden Alters).

1. Begegnungen, die sensibilisieren

Das Thema „Inklusion“ ist innerhalb der Jugend- und Konfirmandenarbeit der Gemeinde in besonderer Weise verortet; d. h. alle Konfirmanden müssen ein Praktikum im Tagesförderzentrum machen. Sie lernen die Einrichtung kennen, Begegnungen finden statt. Die weiteren Praktika sind freiwillig. Die Intention hierbei ist folgende: Nur wer Menschen mit Beeinträchtigung kennengelernt hat und weiß, wie sie betreut und gefördert werden, kann sich eine Meinung bilden, die Thematik „Inklusion“ begreifen und Kirche als Garant einer anderen Lebenswirklichkeit schätzen lernen.

„Als ich gehört habe, dass wir ins TfZ (Tagesförderzentrum) gehen, habe ich mich gefragt, ob die Behinderten Sport machen .... Ich fand es cool, keine Schule zu haben ... Ich wusste überhaupt nicht, was auf uns zukommt .... Ich wollte da zuerst gar nicht hin, weil es unheimlich ist ...am Anfang hatten die meisten von uns Berührungsängste, aber dann hatten wir viel Spaß miteinander .... ich finde es klasse, dass Behinderte auch gut im Sport sind .... Sie sind genauso glücklich, wie wir .... Als wir im TfZ waren, durften wir uns auch in den Lifter setzen, wir wurden gewickelt und hatten die Augen verbunden. Ich habe gemerkt, wie sich ein Behinderter fühlen muss, der selber nichts machen kann.... Ich bekam die Augen verbunden und dann hat mich eine Beschäftigte gefüttert mit Joghurt und mir den Mund abgewischt. Ich konnte nichts machen. Ich habe gemerkt, was es heißt, abhängig zu sein. .... Als ich im Rollstuhl gefahren bin, habe ich gemerkt, wie viel Kraft die Behinderten in ihren Armen brauchen .... wir haben im Flur vom TfZ Rollstuhlrennen gemacht. Das hat Spaß gemacht. .... Ich habe auch mitbekommen, wie es sich anfühlt im Rollstuhl zu sitzen und in der Öffentlichkeit von den Leuten angestarrt zu werden. Ich bin dankbar, dass ich mein Leben ohne Hilfe von anderen, führen kann ... man merkt, wie einem die Blicke anderer Passanten förmlich durchbohrten und wie Menschen schnell an uns vorbeiliefen, nur um möglichst schnell von uns weg zu kommen, viele machten auch einen großen Bogen um uns ... Es war ein großes Verantwortungsgefühl, einen Behinderten im Rollstuhl zu schieben ...[2]

Ein Resultat dieser Begegnungen sind die inklusiven Gottesdienste, die in der Gemeinde gefeiert werden.

2. Inklusiver Gottesdienst

Das „Konfirmandengespräch“ (früher: „Prüfung“ vor der Konfirmation) ist ein Gottesdienst, den die Konfirmanden gestalten und mit dem sie ihr Verständnis von Glauben ausdrücken. Das „Konfirmandengespräch“ als inklusiver Gottesdienst ist Schwerpunkt des Konfirmandenprojekts „Begegnung mit behinderten Menschen. Begegnung mit Menschen, die anders leben, als ich“. In die Feier dieses Gottesdienstes fließen die konkreten Projekterfahrungen der Jugendlichen ein. Der inklusive Gottesdienst findet seine Fortsetzung in einem gemeinsamen Mittagessen aller Beteiligten und der feiernden Gemeinde im angrenzenden Gemeindehaus. Auf den Gottesdienst wird im Rahmen der Öffentlichkeitsarbeit gezielt hingewiesen. Vor diesem Hintergrund möchten wir zehn Thesen in Bezug auf inklusive Gottesdienste formulieren:

(1) Jede christliche Gemeinde ist von ihrem Auftrag und Selbstverständnis her dazu aufgefordert, inklusive Gottesdienste zu feiern.[3] Die Feier inklusiver Gottesdienste kann nicht ausschließlich der Auftrag von TheologInnen mit Zusatzausbildung sein und darf sich nicht in gesonderten sozialen Räumen (Gottesdienste in Einrichtungen für Menschen mit Behinderung) er-

[2] Äußerungen von Jugendlichen aus der Konfirmandengruppe.

[3] Vgl. die 6. These der Barmer Theologischen Erklärung: „die Botschaft von der freien Gnade Gottes ist auszurichten an alles Volk“. Bindseil betont: „Der Konzeption des Projektes lag die Überzeugung zu Grunde, dass vor allem Begegnungen und gegenseitiges Kennenlernen Inklusionsprozesse in Gang bringen“ (Bindseil, Inklusiver Gottesdienst, 202).

schöpfen. Denn der gesellschaftliche Umgang mit Anderssein, mit Menschen, die Unterstützung brauchen, ist zentrale Aufgabe der Kirche.

(2) Christliche Gemeinde lebt von der biblischen Botschaft, dass Jesus sich allen Menschen zugewandt hat. Er stand auf der Seite der Bedrängten und Ohnmächtigen. Behinderte Menschen haben seine Nähe erfahren. Berührung spielte eine große Rolle. Das Reich Gottes, von dem Jesus gepredigt hat, kann darum nur inklusiv gedacht werden. Es geht um Einstellung und Haltung gerade gegenüber Menschen, die auf Unterstützung angewiesen sind; es geht um Teilhabe, nicht um Duldung, um Förderung, nicht Mitleid.

(3) Ziel inklusiver Gottesdienste ist es, die biblische Botschaft erlebbar zu machen: Der Leib hat wahrlich viele (auch unterschiedliche) Glieder (1. Kor 12,12 ff.); jeder braucht jeden; jeder Mensch ist irgendwann einmal auf Unterstützung angewiesen; jeder Mensch braucht eine helfende Hand; Gemeinschaft und Teilhabe gilt für jeden Menschen (vgl. die UN-Behindertenrechtskonvention).

(4) Jeder Gottesdienst ist von seinem Grundverständnis ein inklusiver Gottesdienst, denn jede und jeder ist in jedem Gottesdienst willkommen.

(5) Jede christliche Gemeinde ist in der Lage, inklusive Gottesdienste zu feiern. Diese Gottesdienste müssen jedoch in der Vorbereitung und Durchführung der Zielgruppe angemessen sein. Auch die liturgische Verantwortung ist inklusiv zu gestalten (d. h. mehrere Liturgen, auch Menschen mit Beeinträchtigungen, die alle als Liturgen gekennzeichnet sind; z. B. liturgische Schals).

(6) Inklusive Gottesdienste sind eingebettet in eine Gemeindearbeit, die „all – inclusive“ denkt und handelt. Inklusion ist der Schwerpunkt innerhalb der Arbeit mit den KonfirmandInnen (Profil der Konfirmandenarbeit). Durch die Begegnungsarbeit mit den Beschäftigten gewinnen die Jugendlichen einen Zuwachs an sozialer Kompetenz. Bildungs-, Verantwortungs-, Gemeinschafts- und Integrationspotentiale werden gestärkt. Die Jugendlichen erhalten ein Zertifikat als Beilage für das Zeugnis. Ziel ist die Förderung des ehrenamtlichen Engagements Einzelner.

(7) Inklusive Gottesdienste finden in Kooperation mit den Einrichtungen für Menschen mit erhöhtem Unterstützungsbedarf statt.

(8) Inklusive Gottesdienste thematisieren gesellschaftspolitische Themen, indem sie biblische Texte gesellschaftspolitisch beleuchten (z. B. „10 Gebote im Umgang mit Menschen, die anders leben als ich“).

(9) Miteinander leben und miteinander feiern sensibilisiert für andere Lebenswelten, stellt gesellschaftliche Ideale wie Fitness, Flexibilität, Leistung, Schönheit in Frage. Wie definiert sich eine Gesellschaft? Welche Impulse setzt eine christliche Gemeinde in der Gesellschaft? Welche Ideale und Werte gibt eine christliche Gemeinde in ihrer Kinder- und Jugendarbeit weiter?

(10) Inklusive Gottesdienste sind nicht nur in den Gemeinden zu feiern, sondern haben ihren Ort auch in der Schule.

Bündelung der Thesen: Inklusive Gottesdienste sind keine Kindergottesdienste für Erwachsene. Es sind anspruchsvolle Gottesdienste, die in der Kirche stattfinden, eben mittendrin, „mit dabei". Sie sind milieuübergreifend. Sie sprengen Grenzen. Das Lachen hat dort seinen Platz und auch Tränen dürfen fließen. Sie zeigen, was sein kann. Sie sind unmittelbar, lebendig und voller Lebensfreude. Sie sind wahrlich Familiengottesdienste für alle, in denen Menschen viel voneinander lernen. Inklusive Gottesdienste sind authentische Gottesdienste.

3. Bausteine inklusiver Gottesdienste

3.1. Zum Aufbau inklusiver Gottesdienste

Der Aufbau orientiert sich an den Gegebenheiten der feiernden Gemeinde, den Menschen mit geistiger und schwer mehrfacher Behinderung, den Konfirmanden und ihren Eltern und Verwandten, der sonntäglichen Gemeinde. Eine adäquate Organisation ist notwendig.

- „Begrüßung und Votum" (zu Beginn) und „Vater unser und Segen" (am Schluss) sind die festen Bestandteile des Gottesdienstes, alle anderen Elemente sind variabel. Es gibt keine klassische Predigt.
- Musik ist ein zentrales Gestaltungselement (Pop Musik – z. B. das Lied „We are the world" von Michael Jackson; oder modernes geistliches Liedgut), Begleitung durch eine Band; Liedbegleitung mit Percussionselementen; Einsatz von Tüchern; Refrain von Liedern mit Gesten unterstreichen.
- Gebete und Texte (auch Erfahrungsberichte aus den Projekten) werden von den Jugendlichen selber verfasst. (Beispiel für ein Eingangsgebet: „*.... Mitten unter uns leben Menschen, die viele Dinge anders machen, als wir ...guter Gott, wir haben uns in den vergangenen Wochen kennengelernt. Wir haben selber ausprobiert, was es heißt, behindert zu sein. Behinderte Menschen sind genauso glücklich, wie wir; und sie können viel machen, wenn wir sie unterstützen. Gott, wir wollen einander Hände reichen").*
- Auseinandersetzung mit biblischen Texten; z. B. Konfirmanden formulieren zehn Gebote für den Umgang mit behinderten Menschen („*Jeder ist ein einmaliges Geschöpf Gottes. Denke daran. Lache nicht über behinderte Menschen. Achte darauf, dass Menschen mit Rollis überall hinkommen. Behandle sie nicht anders, als andere Menschen. Ignoriere sie nicht. Hilf ihnen, wenn sie Hilfe brauchen. Aber sie sollen so viel, wie möglich, selber machen können. Liebe sie, wie deinen Nächsten. Setze dich für ihre Rechte ein. Sei Gott dankbar für deine Gesundheit").*

- Es findet ein Wechsel statt zwischen Elementen, die mit den Beschäftigten gemeinsam erarbeitet wurden (Lieder, Geschichten, Aktionen) und Beiträgen der Jugendlichen, die sich mit dem Thema „Behinderung" auseinandersetzen (z. B. Anspiele, Erfahrungsberichte, Umschreibung von Rechtstexten in der Sprache der Konfirmanden oder auch Interviews mit Mitarbeitenden aus dem Tagesförderzentrum)
- Erzählung einer biblischen Geschichte mit einem Medium, das vorher bei den Projekttagen schon eingesetzt wurde, z. B. eine Handpuppe. Die Erzählung wird von den Jugendlichen selbst geschrieben.
- Fotos oder Filmsequenz, die die stattgefundenen Begegnungen dokumentieren (wichtig für die Beschäftigten: das Sich-Wiedererkennen). Das Fotomaterial wird zum Teil von den Jugendlichen selbst hergestellt (Aufgabe: Haltet mit der Kamera einen besonderen Moment; eine beglückende Erfahrung fest).
- Etwas gemeinsam „Erstelltes" (z. B. ein Leintuch mit den Handabdrücken der Jugendlichen und der Beschäftigten)wird präsentiert. Ziel hierbei ist es: Im Gottesdienstraum wird etwas vom gemeinsam Erlebten aus der Begegnung sichtbar; auch hier ist der Wiedererkennungswert für die Beschäftigten zentral.
- Das „Vater Unser" wird in gebärdenähnlicher Sprache (von den Jugendlichen selbst erarbeitet) gebetet. Die Beschäftigten sind in der Rolle der „Vorbeter". Dies erfüllt sie auch mit Stolz, ob ihres Könnens.
- „Give away" am Ende. Die Besucher erhalten ein Geschenk zum Andenken; z. B. Buttons zum Thema, die die Jugendlichen selber erstellt haben.
- Eine gemeinsame Aktion steht am Ende des Gottesdienstes. Das Spielen mit einem großen bunten Fallschirm zeigt die Freude am Spiel, am Miteinander, an der gemeinsamen Feier. In diese Aktion werden bewusst auch alle Besucher des Gottesdienstes miteingebunden.
- Eine adäquate Organisation ist notwendig: Uhrzeit des Gottesdienstes ist im Hinblick auf die Wohnsituation (Bringdienste aus den Wohnheimen) und den Lebensrhythmus der Beschäftigten festzulegen. Die Betreuung ist zu regeln, auch in finanzieller Hinsicht. Barrierefreiheit in den genutzten Räumlichkeiten muss gewährleistet sein.

3.2. Chancen und Grenzen inklusiver Gottesdienste

- Inklusive Gottesdienste bedeuten einen Reichtum im Erleben, im gemeinsamen Feiern. Sie sind ein Stück sichtbares Reich Gottes auf Erden.
- In inklusiven Gottesdiensten können kleine Wunder geschehen, „Fenster" gehen auf, die man für verschlossen hielt; z. B. wenn eine Beschäftigte, die ansonsten eher teilnahmslos ist, aufmerksam wird und aktiv am Gottesdienst teilnimmt.

- Die Beschäftigten erleben, was sie alles können, und das erfüllt sie mit Freude und Stolz.
- In den inklusiven Gottesdiensten kommen andere Gestaltungselemente zum Tragen
- Grenzen? Es gibt keine ... nur „Einschränkungen“!

3.3. Reaktionen

„Endlich einmal ein anderes soziales Projekt für die Jugendlichen und nicht immer nur das Praktikum im Kindergarten oder im Altersheim“, so ein Rektor einer Schule.

„‚Miteinander leben. Kann das sein?‘ Mir war am Anfang schon mulmig. Ich konnte mir gar nichts unter schwer mehrfach behinderten Menschen vorstellen und was man überhaupt mit ihnen machen kann; und wie soll man zusammen einen Gottesdienst feiern. Aber das war dann alles echt gut. Sie können nämlich ganz viel, nur eben anders, als wir. Da hört sogar einer heavy metal. Ich habe durch die Projekttage viel mitgekriegt, was ich vorher nicht wusste; z. B. dass in dem Tagesförderzentrum nicht nur auf die Menschen aufgepasst wird, sondern dass es da FuB Gruppen gibt. FuB bedeutet fördern und betreuen. Die Beschäftigten können nämlich ganz viel, wenn man sie fördert und ihnen nicht alles abnimmt. Die Menschen mit ihren handicaps sind auch Menschen wie wir, nur eben anders. Sie merken auch, wenn man sie mag. Und sie sind genauso glücklich oder traurig, wie andere auch. Sie freuen sich über ganz kleine Dinge; wenn man sie gern hat, ihnen hilft und sie einfach so nimmt, wie sie sind“, ein Jugendlicher, 14 Jahre alt.

„Jeder Mensch ist eine eigene Persönlichkeit. Wir haben mehr gemeinsam, als uns unterscheidet.“[4]

---

[4] „Betheler Erklärung“/Arbeitspapier „Übereinkommen der Vereinten Nationen über die Rechte von Menschen mit Behinderung“, Bethel 2003.

Sexualität als gelebte Leiblichkeit: Formen – Fragen – Tabus

Thorsten Hinz und Joachim Walter

Sexualität stellt nach biblischem Verständnis eine Gabe Gottes dar, die auch die lustbetonten und sinnenfreudigen Aspekte des sexuellen Erlebens einschließt, das in personaler Würde und leib-seelischer Einheit selbstbestimmt und verantwortlich gestaltet werden soll.

„Nach den Aussagen der Bibel ist der Mensch in seiner Leibhaftigkeit ein konstitutiv sexuelles Wesen. Er ist von Gott erschaffen als Mann und Frau. Diese Polarität wird in den biblischen Schöpfungsberichten unmittelbar in Beziehung gesetzt zu den beiden Grundelementen der Sexualität: der Weitergabe von Leben (Gen 1,27) sowie der lustvollen Zuwendung und Vereinigung (Gen 2,24 sowie die beeindruckenden Texte des Hohen Lieds). Von dieser Geschlechtergemeinschaft zwischen Mann und Frau kommt alles menschliche Leben her. Von ihr stammt jeder Mensch ab. In ihr findet menschliche Sexualität ihre Erfüllung."[1] Bis heute ist es in beiden Kirchen nicht immer einfach über Sexualität zu sprechen. In 2008 hatte sich beispielsweise die KirchenVolksBewegung noch in einer Pressemitteilung zum 40. Jahrestag der Enzyklika „Humanae Vitae" wie folgt ausgedrückt: „Die römisch-katholische Kirche braucht einen neuen angstfreien, liebevollen und menschenfreundlichen Blick auf Sexualität als lebensspendende Kraft des von Gott geschaffenen und bejahten Menschen. [...] Die katholische Reformbewegung bedauert, dass das Ziel der Enzyklika, die Liebe in der ehelichen Partnerschaft und die Gestaltung der Sexualität über den Zweck der Lebensweitergabe zu stellen, kaum von den Gläubigen wahrgenommen werden konnte."[2]

Das Themenfeld Sexualität und Behinderung ist noch viel weniger in beiden Kirchen ein Thema – dies trifft insbesondere für Menschen mit geistiger Behinderung. Vielfach wird das Thema nur in konfessionellen Fach- und Expertenkreisen diskutiert. Noch seltener sind es Menschen mit Behinderung selbst, die in ihrer jeweiligen Kirche über ihre Sexualität sprechen können und für deren Rechte eintreten. Diese Situation hat sich durch die

---

1 Aus: Mit Spannungen leben. Orientierungshilfe des Rates der EKD, Hannover 1996, zitiert nach www.ekd.de/familie/spannungen_1996_2.html (letzter Zugriff 18.11.2012).

2 Zitiert nach www.wir-sind-kirche.de/?id=128&id_entry=1592 (letzter Zugriff 18.11.2012).

Verabschiedung der UN-Konvention über die Rechte von Menschen mit Behinderungen (2009 in Deutschland ratifiziert) geändert. Menschen mit Behinderung treten intensiv für ihre Rechte und ihre Selbstbestimmung ein – auch für ihr Recht auf Sexualität, Partnerschaft und Familie.

Lange Zeit war für Menschen mit einer Behinderung Sexualität tabuisiert und deren Verhinderung oder Ablenkung insbesondere bei Menschen mit geistiger Behinderung durchgängig pädagogisches Ziel. Sexualfeindliche Rahmenbedingungen in Elternhaus, Schule und Heim ergaben eine „sekundäre soziale Behinderung" in einer infantilisierenden Umgebung.

Inzwischen setzt sich auch unter dem Aspekt der Normalisierung die Erkenntnis immer mehr durch, den Menschen mit Beeinträchtigungen und Behinderungen dieselben Persönlichkeitsrechte auf freie Entfaltung ihrer Sexualität zuzugestehen, wie in der Gesellschaft allgemein üblich. Der aktuelle behindertenpädagogische Paradigmenwechsel „von der Betreuung zur Assistenz" unterstützt Selbstbestimmung auch auf dem Gebiet der Sexualität.

Die UN-Konvention über die Rechte von Menschen mit Behinderungen (BRK) fordert, „den vollen und gleichberechtigten Genuss aller Menschenrechte und Grundfreiheiten durch alle Menschen mit Behinderungen zu fördern, zu schützen und zu gewährleisten und die Achtung der ihnen innewohnenden Würde zu fördern" (Artikel 1).

Die Realisierung sexueller Selbstbestimmung durch Menschen mit Behinderungen führt zu entsprechenden Standards bzw. Kriterien, die als Rechte benannt werden: das Recht auf Privatheit und eigene Intimsphäre, das Recht auf individuelles Sexualleben und eigene sexuelle Identität, das Recht auf physische und psychische Unversehrtheit, das Recht auf Sexualpädagogik und Sexualberatung, das Recht auf Sexualassistenz, das Recht auf Familie und eigene Kinder, das Recht auf sexualfreundliche institutionelle Rahmenbedingungen.

Das Recht auf Sexualassistenz oder Sexualbegleitung ist in der öffentlichen Debatte vielfach verbunden mit dem Namen Nina de Vries. Die Holländerin hatte 1994 begonnen, Menschen mit Behinderung in ihrer Suche nach Sexualität, Lust und Zärtlichkeit zu helfen. Die Gewährung von Sexualassistenz in Einrichtungen und Diensten der konfessionellen Behindertenhilfe ist bis heute vielfach tabuisiert. Über die Beratungsstellen von *pro familia Deutsche Gesellschaft für Familienplanung, Sexualpädagogik und Sexualberatung e.V.* wird seit rund zehn Jahren für einen offenen Umgang mit Sexualassistenz geworben. Zu beachten ist dabei immer die rechtliche Ebene, dass sich strafbar macht wer sexuelle Handlungen an Abhängigen vollzieht.[3]

Das lange Zeit gültige Ignorieren der Sexualität von Menschen mit Behinderung hat mit dazu beigetragen, dass sexuelle Gewalt vielfältig auftrat

---

3 Vgl. Joachim Walter (Hg.), Sexualbegleitung und Sexualassistenz bei Menschen mit Behinderungen, Heidelberg 2004.

und in der Regel verschwiegen wurde. Es gibt bislang wenige Forschungen, die Ausmaß und Qualität von sexueller Gewalt an Menschen mit Behinderung belegen. Das was bekannt ist, verlangt aber dringend nach Gegenstrategien und Präventionsmaßnahmen.[4] Politik und Gesellschaft sind hier insbesondere beim Thema häusliche Gewalt gegenüber Menschen mit Behinderung gefragt. Die professionelle Behindertenhilfe muss selbstkritisch ihre strukturell gefährdenden Faktoren bearbeiten.

Menschen mit Behinderung sind nicht nur Opfer sondern auch Täter von sexueller Gewalt. Gerade mit Blick auf die BRK wird deutlich, dass hier das Recht auf selbstbestimmte Sexualität auch in Spannung zu Schutzrechten und –pflichten treten kann.

In der Behindertenhilfe und Psychiatrie wird seit geraumer Zeit daran gearbeitet, die strukturellen Gefährdungsmomente von sexueller Gewalt zu minimieren. Die „Leitlinien zum Umgang mit und zur Prävention von sexueller Gewalt in der Caritas Behindertenhilfe und Psychiatrie“ (2011) sind ein Beispiel dafür.[5]

Um Sexualität grundsätzlich offener und im Sinne einer „gelebten Leiblichkeit“ für Menschen mit einer Behinderung nicht nur zu gewährleisten sondern notwendigerweise weiter zu stärken und zu fordern, braucht es vielfältige Anstrengungen. Innerhalb der Kirchen und konfessionellen Behindertenhilfe müssen Leitbilder und Moralvorstellungen im Interesse der Menschen menschennaher und körperfreundlicher werden. Sexualität ist jedem Menschen gegeben und damit Teil der Gottes Gaben. Es braucht achtsame Strategien der Sexualpädagogik für Menschen mit Behinderung, es braucht dazu aber genauso sexualpädagogische Aufklärung und Hilfen für Fach- und Pflegekräfte in der Behindertenhilfe. Menschen mit Behinderung brauchen „angemessene Vorkehrungen“ im Sinne von Artikel 2 der BRK um ihre Sexualität bei eigener Intimsphäre, in Selbstbestimmung und in Würde zu leben.

---

4 Folgende aktuelle Studie belegt dies am Beispiel von Frauen mit Behinderung: Monika Schröttle u. a., Lebenssituation und Belastungen von Frauen mit Beeinträchtigungen und Behinderungen in Deutschland, Bielefeld/Berlin 2012 (BMFSFJ).

5 Siehe unter www.cbp.caritas.de.

Autorinnen, Autoren und Herausgeber

Dr. Esther Bollag ist Pastorin. Ihre Haupttätigkeit im Bereich „Diakonische Profilentwicklung" der Evangelischen Stiftung Alsterdorf, Hamburg, hat sie als Dozentin für Theologie und Ethik am Zentrum für Disability Studies (ZeDiS) der Universität Hamburg.

Cornelia Coenen-Marx ist Oberkirchenrätin und Referentin für sozial- und gesellschaftspolitische Fragen der Evangelischen Kirche in Deutschland (EKD), Hannover.

Dr. Johannes Eurich ist Professor für Praktische Theologie/Diakoniewissenschaft und Direktor des Diakoniewissenschaftlichen Instituts der Universität Heidelberg.

Dr. Franz Fink leitet das Referat Alter, Pflege, Behinderung des Deutschen Caritasverbandes e.V., Freiburg.

Gerd Frey-Seufert ist Pfarrer in den Evangelischen Gemeinden in Käfertal, Mannheim.

Dr. Thorsten Hinz ist Geschäftsführer des Bundesverbandes Caritas Behindertenhilfe und Psychiatrie, Freiburg/Breisgau.

Brigitte Huber ist Bioethik-Beauftragte des Bundesverbandes evangelische Behindertenhilfe e.V., Berlin.

Thomas Jakubowski ist Pfarrer und Beauftragter für Behindertenseelsorge und inklusive Gemeindekultur, Vertrauensperson der schwerbehinderten Pfarrerinnen und Pfarrer in der Evangelischen Kirche der Pfalz und Vorsitzender des Verbandes der evangelischen Pfarrerinnen und Pfarrer in Deutschland e.V.

Bettina Kiesbye ist Pastorin der Ev.-Luth. St. Markus-Gemeinde in Lübeck.

Dr. Lob-Hüdepohl ist Professor für Theologische Ethik an der Katholischen Hochschule für Sozialwesen Berlin.

Dr. Johannes von Lüpke ist Professor für Systematische Theologie an der Kirchlichen Hochschule Wuppertal/Bethel.

Dr. Manfred Oeming ist Professor für Altes Testament an der Theologischen Fakultät der Universität Heidelberg.

Inge Ostertag ist Sonderschullehrerin und entwickelte das Rückenwind-Projekt der Evang.-Luth. St. Markus-Gemeinde in Lübeck.

Dr. Sabine Schäper, Diplom-Theologin und Diplom-Sozialpädagogin, ist Professorin für Heilpädagogische Methodik und Intervention an der Katholischen Hochschule NRW, Abteilung Münster.

Dr. Markus Schiefer Ferrari ist Professor für Katholische Theologie mit den Schwerpunkten Biblische Theologie, Exegese des Neuen Testaments und Bibeldidaktik am Institut für Katholische Theologie der Universität Koblenz-Landau (Campus Landau).

Dr. Thomas Schüller ist Professor für Kirchenrecht an der Universität Münster und Direktor des Instituts für Kanonisches Recht (IKR).

Dr. Wolfhard Schweiker, Diplom-Sonderpädagoge und Pfarrer, ist Dozent für den Fachbereich Sonderschulen am Pädagogisch-Theologischen Zentrum Stuttgart-Birkach der Evangelischen Landeskirche in Württemberg.

Kyra Seufert ist Pfarrerin in den Evangelischen Gemeinden im Käfertal, Mannheim.

Jochen Straub leitet das Referat „Seelsorge für Menschen mit Behinderung" im Dezernat Pastorale Dienste des Bischöflichen Ordinariats Limburg.

Dr. Dr. Günter Thomas (Th.M.) ist Professor für Systematische Theologie, Ethik und Fundamentaltheologie an der Evangelisch-Theologischen Fakultät der Universität Bochum.

Prof. Dr. Joachim Walter war Vorstandsvorsitzender des Epilepsiezentrums Diakonie Kork.